高职高专工学结合、课程改革规划教材

交通职业教育教学指导委员会
路桥工程专业指导委员会　组织编写

Gonglu Ceshe Jishu

公路测设技术

道路桥梁工程技术专业用

王建林　主　编
赵亚兰　副主编
杨少伟[长安大学]
单光炎[浙江交通建设集团]　主　审

人民交通出版社

内 容 提 要

本书是高职高专工学结合、课程改革规划教材，是在各高等职业院校积极践行和创新先进职业教育理念，深入推进“校企合作，工学结合”人才培养模式的大背景下，由交通职业教育教学指导委员会路桥工程专业指导委员会根据新的课程标准编写而成。

本教材以公路路线设计的全过程为主线，共设置九个学习情境，主要内容包括公路勘测设计的认知、路线平面、线路纵断面、路基横断面及路线交叉口、公路选线、公路定线与放线、公路外业勘测、公路路线 CAD 新技术等。

本书可作为高职院校道路桥梁工程技术专业的教学用书，也可供公路勘测设计、施工、养护的工程技术人员学习参考。

图书在版编目(CIP)数据

公路测设技术/王建林主编．—北京：人民交通出版社，2011．3

高职高专工学结合、课程改革规划教材

ISBN 978-7-114-08897-1

Ⅰ．①公… Ⅱ．①王… Ⅲ．①道路测量—高等学校：技术学校—教材 Ⅳ．①U412．24

中国版本图书馆 CIP 数据核字(2011)第 023850 号

高职高专工学结合、课程改革规划教材

书　　名：公路测设技术
著 作 者：王建林
责任编辑：任雪莲
出版发行：人民交通出版社股份有限公司
地　　址：(100011)北京市朝阳区安定门外外馆斜街 3 号
网　　址：http://www.ccpress.com.cn
销售电话：(010)59757973
总 经 销：人民交通出版社股份有限公司发行部
经　　销：各地新华书店
印　　刷：北京虎彩文化传播有限公司
开　　本：787×1092　1/16
印　　张：17．25
字　　数：424 千
版　　次：2011 年 3 月　第 1 版
印　　次：2022 年 7 月　第 9 次印刷
书　　号：ISBN 978-7-114-08897-1
定　　价：43．00 元

序

为深入贯彻落实教育部《关于全面提高高等职业教育教学质量的若干意见》及全国普通高等学校教学工作会议的有关精神，积极推行与生产劳动和社会实践相结合的学习模式，把工学结合作为高等职业教育人才培养模式改革的重要切入点，带动教学内容和教学方法改革。交通职业教育教学指导委员会路桥工程专业指导委员会在完成《道路桥梁工程技术专业教学标准和课程标准研究》的基础上，按照职业岗位(群)的任职要求，构建了突出职业能力培养的“教学标准”和“课程标准”，并据此组织全国20多所交通高职高专院校道路桥梁工程技术专业的教师编写了14门课程的工学结合、课程改革规划教材。专业“教学标准”和“课程标准”是全国道路桥梁工程技术专业多年建设成果的总结和提炼。

按照2010年4月路桥工程专业指导委员会所确定的编写原则，本套教材力求体现如下特点：

体系规范。以工学结合、校企合作所开发的教材为切入点，在“教学标准”和“课程标准”确定的框架下，改革教学内容和教学方法，突出专业教学的针对性，选定教材的内容。

内容先进。用新观点、新思想审视和阐述教材内容，所选定的教材内容适应公路建设发展需要，反映公路建设的新知识、新技术、新工艺和新方法。

知识实用。以职业能力为本位，以应用为核心，以“必需、够用”为原则，教材紧密联系生活和生产实际，加强了教学的针对性，能与相应的职业资格标准相互衔接。

使用灵活。体现教学内容弹性化，教学要求层次化，教材结构模块化；有利于按需施教，因材施教。

交通职业教育教学指导委员会
路桥工程专业指导委员会
2010年12月

前　言

本书是高职高专工学结合、课程改革规划教材，是在各高等职业院校积极践行和创新先进职业教育理念，深入推进"校企合作，工学结合"人才培养模式的大背景下，由交通职业教育教学指导委员会路桥工程专业指导委员会根据新的课程标准编写而成。

本教材的编写模式充分体现了工学结合的原则，即"学习的内容是工作，通过工作实现学习"，实现工作与学习的整合，理论与实践的整合，专业能力、方法能力和社会能力的整合。其内容编排上打破了传统的章节体例格式，以公路路线设计的全过程为主线，共设置九个学习情境，每个学习情景设置若干个工作任务，主要内容包括公路勘测设计的认知、路线平面、路线纵断面、路基横断面及路线交叉、公路选线、公路定线与放线、公路外业勘测、公路路线 CAD 等。

在编写过程中，编者注重学生个性与创新精神及实践能力的培养，教材在内容编写上以实用、实际、实效为原则，力求使本教材能反映当前公路工程设计技术的新理论、新技术、新方法，紧密跟踪公路设计的发展趋势，教材内容符合最新的国家及行业标准、规范、规程及职业技能鉴定的要求，并为学生获得双证书做好了准备。教材编写所采用的标准和规范为：《公路工程技术标准》(JTG B01—2003)；《公路路线设计规范》(JTG D20—2006)；《公路勘测规范》(JTG C10—2007)。

本教材由浙江交通职业技术学院王建林主编并统稿，由陕西交通职业技术学院赵亚兰任副主编。具体编写情况如下：学习情境一、学习情境二、学习情境五、学习情境九，由浙江交通职业技术学院王建林编写；学习情境三、学习情境七、学习情境八，由陕西交通职业技术学院赵亚兰编写；学习情境四、学习情境六，由浙江交通职业技术学院吴颖峰编写。

本教材由长安大学杨少伟教授和浙江交通建设集团总工单光炎教授级高工共同主审。

本教材可作为高职院校道路桥梁工程技术专业的教学用书，也可供公路勘测设计、施工、养护的工程技术人员学习参考。

本教材编写过程中参考了有关标准、规范、手册、教材和有关论著，在此谨向有关编著者表示衷心的感谢。

因编者水平有限，教材内容编排不当、错误或遗漏之处在所难免，敬请读者指正。

浙江交通职业技术学院
王建林
2010年7月

目　录

学习情境一　公路勘测设计的认识

工作任务一　公路发展情况调查

学习目标

1. 叙述公路的发展概况；
2. 知道我国公路目前的发展规划；
3. 分析公路运输在现代交通运输网中的地位和作用；
4. 根据教材相关知识，完成课后[自测1]～[自测5]；
5. 完成《公路发展情况调查报告》。

任务描述

教师准备有关国内外公路发展历史的参考文献及交通部《公路、水路交通中长期科技发展规划纲要》(2006～2020年)等文件，学生分组(视班级总人数可分5～6人/组)，每组推选一名组长负责任务的组织与实施，最终以组为单位完成《公路发展情况调查报告》。各组在接到任务后，认真学习教材相关知识，通过互联网或图书阅览室等途径，查阅参考文献和发展纲要等材料，结合教师讲课并视需要收集其他相关信息，每名组员单独准备分析材料，然后分组讨论，由一人做好记录，并整理上交调查报告。

学习引导

本工作任务沿着以下脉络进行学习：

1. 任务布置(提供参考文献、规划纲要等学习材料，提出完成任务的内容与要求)；
2. 课堂教学(公路发展情况调查)；
3. 课后思考与总结；
4. 分组讨论并整理，完成第二部分的相关任务；
5. 上交《公路发展情况调查报告》；
6. 学生自测与自评；
7. 组长对组员考核。

一、相关知识

(一)公路的发展

公路是现代交通运输发展的产物，是人类文明的象征、科学进步的重要标志。

我国的道路发展从商周的“周道如砥，其直如矢”，一直到清朝修建长约15万km的“邮差路线”，已有两千多年的历史。但作为公路建设的起点，即真正按一定标准修建公路，是1913年在湖南长沙修建的湘潭公路。此后，各省、市(西藏除外)先后动工建设公路。由于当时我国经济落后和战乱的影响,20 世纪前几十年,公路的发展十分缓慢。至 1949 年,全国仅有公路 8 万 km,而且分布极不合理,大部分公路集中在东部沿海地区,路况很差,其绝大部分甚至达不到现在最低的技术等级,铺筑沥青类或水泥路面的公路总计不超过 300km,无法满足公路运输的需要。交通不便,不仅制约了经济的发展,也给人民群众的生活造成了很大困难。

新中国成立后,为了恢复和发展国民经济、改善人民生活,党和国家对公路建设给予了大力支持。一方面对原有公路进行修复、改造,另一方面在西南、西北和广东、福建、江西、浙江等省展开了规模较大的国防公路建设,至 1957 年年底,全国公路里程超过 25 万 km。著名的川藏、青藏、昆洛、海榆、敦格、福温等公路相继建成通车。1958 年,全国掀起了群众性的公路建设高潮,创造了两年修建公路 16 万多公里的最高记录。到 1959 年末,全国公路里程突破 50 万 km 大关。

自 1978 年改革开放以后,随着交通量的迅速增加,交通部于 1981 年公布实施了《国家干线公路网试行方案》,1982 年又提出了"普及与提高相结合,以提高为主"的公路建设方针。同时组织力量论证公路在国民经济中的地位和作用,阐述修建高速公路的经济效益和社会效益,使"要想富,先修路;公路通,百业兴"的口号,逐步成为多数人的共识。在这个基础上,交通部经过认真研究提出了以下具体措施:征收车辆购置附加费(现改为汽车购置税)作为公路发展的专项资金;提高养路费的征收标准;利用国内外贷款修建高等级公路、大型桥梁和隧道,建成后收取通行费;动用国家库存物资,以工代赈修建县乡公路等。这些举措经国务院批准后于 1984 年和 1985 年相继付诸实施,从而使我国的公路建设进入了一个新的快速发展时期,不仅公路里程持续增长,高速公路也从无到有,在公路现代化的道路上迈出了可喜的一步。

从 20 世纪 90 年代开始,我国的公路建设进入了飞速发展的时代,各级政府对公路建设的投入力度之大,投资数量之多,建设标准之高,都是历史上从来没有的。到 2009 年年底,全国公路总里程达 386.08 万 km,其中国道 15.85 万 km,省道 26.60 万 km,县道 51.95 万 km,乡道 101.96 万 km,专用公路 6.72 万 km,村道 183.00 万 km;按公路技术等级统计,高速公路 6.5 万 km,一级公路 5.95 万 km,二级公路 30.07 万 km,三级公路 37.90 万 km,四级公路 225.20 万 km,等外公路 80.46 万 km,实现了县县通公路,99.60% 的乡(镇)和 95.77% 以上的建制村通了汽车。

高速公路是一个国家现代化的重要标志。改革开放 30 多年来,我国高速公路建设经历了从无到有、从起步建设到拥有 6.5 万 km 的巨大变化,实现了跨越式发展。

1988 年 10 月,沪嘉(上海—嘉定)高速公路建成通车,这条高速公路全长 18.2km,双向 4 车道,设计行车时速为 120km,中央分隔带宽 3m,全封闭,全立交,沿线建有大型互通式立交桥 3 座,设有完整的交通标志、标线和交通监控系统。

1990 年 9 月,沈阳至大连高速公路建成通车。沈大高速公路全长 375km,连接沈阳、辽阳、鞍山、营口、大连 5 个城市,是当时公路建设项目中由我国自行设计施工、规模最大、标准最高的工程,开创了我国建设长距离高速公路的先河,为 20 世纪 90 年代大规模的高速公路建设积累了经验。

1993 年,京津塘(北京—天津—塘沽)高速公路建成通车,这是我国第一条经国务院批准,利用世界银行贷款进行国际公开招标建成的高速公路。

到 1997 年年底,我国相继建成了沈大、京津塘、成渝、济青等一批具有重要意义的高速公路,通车总里程达到4 771km。

1999年,我国高速公路里程首次突破1万km。2000年,全国高速公路总里程达到1.6万km,居世界第三位。京沈、京沪高速公路建成通车后,在我国华北、东北、华东之间形成了快速、安全的公路运输通道。2001年,有"西南动脉"之称的西南公路出海通道——重庆至湛江高速公路经过10多年的艰苦建设实现了全线贯通,西南地区从此与大海不再遥远。同年,我国高速公路里程超过加拿大,位居世界第二。2002年年底,我国高速公路通车里程一举突破2.5万km,此后一路突飞猛进,在2004年、2005年、2007年、2008年和2009年分别突破3万km、4万km、5万km、6万km和6.5万km,目前在世界上仅次于美国。除西藏外,各省、自治区和直辖市都已拥有高速公路,全国有6个省份的高速公路里程超过3 000km。我国用了不到20年时间,走过了许多发达国家一般需要30年到40年才能走完的路,创造了世界瞩目的发展速度。

我国公路建设虽然得到快速发展,但仍不能完全适应国民经济发展对公路运输的要求,而且与世界上发达国家相比,存在着较大的差距。公路网标准低、基础设施薄弱,密度小,通行能力差,抗灾能力弱,服务水平不高和布局不尽合理,仍是当前存在的突出问题。从高速公路在各地区的分布情况看,东、中、西各地区公路总量以及所占比例都存在较明显的差异。据统计,我国东部地区共有高速公路25 562km,占全国高速公路总里程的42.39%;中部地区18 285km,占30.32%;西部地区16 456km,仅占全国高速公路总里程的27.29%。公路密度低,高等级公路总量不足,制约了西部地区经济发展水平的进一步提高。在通车里程中,我国二级及二级以上的高等级公路里程为39.97万km,只占等级公路总里程的14.39%(其中东部为6.44%,中部为4.37%,西部仅为3.58%)。在全国公路总里程373.02万km中,铺有沥青混凝土、水泥混凝土等高级路面里程为146.28万km,只占全国公路总里程的39.21%;简易铺装路面53.08万km,占14.23%;未铺装路面173.45万km,占46.50%;达不到技术标准的等外公路95.17万km,占全国公路总里程373.02万km的25.51%。因此,加快公路网新线建设,对原有公路进行技术改造,逐步提高技术标准和通行能力,仍然是我国当前的主要任务。

(二)公路的发展规划

根据交通部《公路、水路交通中长期科技发展规划纲要》(2006~2020年),为满足经济社会发展的需要,贯彻落实科学发展观,提出了"到2010年,公路、水路运输紧张状况得到总体缓解,对国民经济的制约状况得到总体改善;到2020年,基本适应经济增长、社会进步、国家安全的需要"的新的跨越式发展目标。到2020年,公路网总规模将达到300万km,其中高速公路里程8.5万km。

在经济社会和交通加快发展的新形势下,2004年,交通部提出并经国务院审议通过了《国家高速公路网规划》。我国高速公路网规划采用放射线与纵横网格相结合的布局方案,形成由中心城市向外放射以及横连东西、纵贯南北的大通道,由7条首都放射线、9条南北纵向线和18条东西横向线组成,简称为"7918网",总规模约8.5万km,其中,主线6.8万km,地区环线、联络线等其他路线约1.7万km。具体是:

首都放射线7条:北京—哈尔滨、北京—上海、北京—台北、北京—港澳、北京—昆明、北京—拉萨、北京—乌鲁木齐。

南北纵向线9条:鹤岗—大连、沈阳—海口、长春—深圳、济南—广州、大庆—广州、二连浩特—广州、包头—茂名、兰州—海口、重庆—昆明。

东西横向线18条:绥芬河—满洲里、珲春—乌兰浩特、丹东—锡林浩特、荣成—乌海、青岛—银川、青岛—兰州、连云港—霍尔果斯、南京—洛阳、上海—西安、上海—成都、上海—重庆、杭州—瑞丽、上海—昆明、福州—银川、泉州—南宁、厦门—成都、汕头—昆明、广州—昆明。

此外,规划方案还包括:辽中环线、成渝环线、海南环线、珠三角环线、杭州湾环线共5条地区性环线,两段并行线和30余段联络线。

我国高速公路网将连接所有人口在20万以上的319个城市,包括所有的省会城市以及港澳台地区。届时,我国汽车的经济运距将大幅度提高,东部、中部和西部地区平均上高速的时间可缩短为半小时、1h和2h,大城市间、省际和经济区域间,逐步形成400~500km内当日往返,800~1 000km内朝发夕至的现代高等级公路网。我国的公路交通必将出现一个崭新的局面。

(三)公路运输的地位和作用

现代交通运输由铁路、公路、水运、航空及管道五种运输方式组成,这些运输方式各具特点。铁路运输具有运输量大、速度快及定点远行等优点,但中转多、不能直达;水上运输具有动力高、运输量大、能耗小、运输成本低等优点,但其速度慢、中转多;航空运输具有速度快、成本高、用量小等特点;管道运输具有连续性强、运输成本低、损耗少、安全性好的特点,目前多用于运输液体、气体和粉状货物;公路运输,是指以公路为运输线,利用汽车等陆路运输工具,做跨地区或跨国的移动,以完成旅客或货物位移的运输方式。公路运输是对外贸易运输和国内客货运输的主要方式之一,它既是独立的运输体系,也是车站、港口和机场物资集散的重要手段。公路运输与其他运输方式相比,具有以下几方面特点。

1. 机动灵活,适应性强

由于公路运输网一般比铁路、水路网的密度要大十几倍,分布面也广,因此,公路运输车辆随处可见。公路运输在时间方面的机动性也比较大,车辆可随时调度、装运,各环节之间的衔接时间较短。尤其是公路运输对客、货运量的多少具有很强的适应性,汽车的载质量有小(0.25~1t)有大(200~300t),既可以单个车辆独立运输,也可以由若干车辆组成车队同时运输,这一点对抢险、救灾工作和军事运输具有特别重要的意义。

2. 可实现"门到门"的直达运输

由于汽车体积较小,中途一般也不需要换装,除了可沿分布较广的路网运行外,还可离开路网深入到工厂企业、农村田间、城市居民住宅等地,即可以把旅客和货物从始发地门口直接运送到目的地门口,实现"门到门"直达运输。这是其他运输方式无法与公路运输比拟的特点之一。

3. 在中、短途运输中,运送速度较快

在中、短途运输中,由于公路运输可以实现"门到门"直达运输,中途不需要倒运、转乘就可以直接将客货运达目的地,因此,与其他运输方式相比,其客、货在途时间较短,运送速度较快。

4. 运量较小,运输成本较高

目前,世界上最大的汽车是美国通用汽车公司生产的矿用自卸车,长20多米,自重610t,载重350t左右,但装载量仍比火车、轮船少得多;由于汽车载重量小,行驶阻力比铁路大9~14倍,其所消耗的燃料又是价格较高的液体汽油或柴油,因此,除了航空运输,汽车运输成本相对较高,但随着高速公路建设日趋成熟,以及汽车制造业的不断发展与改进,公路运输的成本也会随之下降。

综上所述,公路运输作为交通运输体系的重要组成部分,在当今国民经济发展中正发挥着越来越重要的作用。它以强大的通行能力、快捷的运行速度、灵活的运行方式,极大地提高和丰富了运输的能力和内容。另外,公路运输对创造就业机会、调整产业结构、合理开发自然资源以及发挥城市的经济辐射作用均有着重要意义,国民经济的发展离不开公路运输的支撑。公路运输在整个交通运输中的地位十分突出,起着举足轻重的作用。

二、任 务 实 施

(一)任务布置

课题一:公路发展情况调查

1.基本资料

(1)建国初期,全国(港、澳、台地区除外)公路通车里程仅为8万km,经过建国后几十年的建设,到2009年年底,全国公路总里程达386.08万km。从建国初期到目前为止,我国公路发展大致经历了五个阶段,分别为国民经济恢复时期(1949~1953年)、"大跃进"和国民经济调整时期(1958~1966年)、"文革"时期(1966~1976年)、社会主义经济建设时期(1977年至今)。

(2)2004年,交通部提出并经国务院审议通过了《国家高速公路网规划》。

2.任务

(1)收集我国公路发展的五个时期中公路建设情况,并完成表1-1-1。

(2)结合各个省公路建设情况,收集自1987年来各级公路建设情况,并完成表1-1-2。

我国公路发展情况调查表 表1-1-1

项　目	1949~1953年	1958~1966年	1966~1976年	1977年至今
通车总里程				
有路面公路				
无路面公路				

1987~2010年________省公路发展情况调查表 表1-1-2

项　目	1987年	1995年	2000年	2005年	2010年
通车总里程					
高速公路					
一级公路					
二级公路					
三级公路					
四级公路					
等外公路					

(3)根据我国高速公路“7918 网”的相关说明,在合适的中华人民共和国地图上标出南北纵向线 9 条及东西横向线 18 条高速公路的具体位置。

(4)结合各个省公路建设情况,调查本省范围内 2010 ~ 2020 年高速公路建设规划。

(5)结合任务(1) ~ (4)的调查结果,分组讨论,分析我国公路的发展现状,完成公路发展情况报告。

3. 要求

(1)根据班级人数分成若干组,一般为 6 ~ 8 人/组。

(2)以组为单位,各组员完成上述任务(1) ~ (4),组长负责检查并统计各成员的调查结果,做好记录供集体讨论。

(3)全组共同完成上述任务(5),组长负责成果的记录与整理,按任务目标的要求上交《公路发展情况调查报告》,供教师批阅。

(二)课堂教学

课堂教学以我国公路发展为主线,围绕我国解放以来公路发展情况、近年来公路发展现状、高速公路发展规划,以及公路在整个交通运输网中的地位与作用等方面展开教学,计划安排 1 学时。

课堂教学可按如下步骤进行:

(1)结合相关知识讲述我国公路发展的 3 个主要阶段:古代道路、近代道路和现代公路,特别强调我国现代公路建设经历的 5 个阶段,即国民经济恢复时期、“大跃进”和国民经济调整时期、文革时期和改革开放后到现在的公路建设情况。

(2)通过数据分析的方法讲述近十年来我国各级公路建设情况,课堂讲述时须特别强调高速公路建设情况,利用图 1-1-1 讲述高速公路“7918 网”的含义,并举例说明 7 条首都放射线的具体位置,课堂教学时注意师生互动。

(3)结合各省的具体情况,简要讲述本省公路建设情况及公路发展规划。

(4)简要讲述现代交通运输的 5 种方式以及公路运输在交通运输网中的地位与作用。

工作任务二　公路的分级与标准、控制要素和测设程序认知

学习目标

1. 了解道路分类、公路分级及其功能;
2. 熟悉各级公路的主要技术指标、设计控制要素和测设程序;
3. 分析各级公路技术指标的含义;
4. 根据教材相关知识,完成课后[自测 6] ~ [自测 10];
5. 正确完成各级公路主要技术指标的汇总工作。

任务描述

教师准备《公路工程技术标准》(JTG B01—2003)(以下简称《标准》)、《公路路线设计规范》(JTG D20—2006)(以下简称《规范》)等相关参考资料,学生分组(视班级总人数可分 5 ~ 6 人/组),每组推选一名组长负责任务的组织与实施,最终以组为单位完成公路分级与技术指标认知报告。各组在接到任务后,认真学习《标准》及《规范》的相关要求,结合教师讲课并视需要收集其他相关信息,每组各成员单独准备基础材料,然后分组讨论,由一人做好记录并整

理上交《公路分级与技术指标认知报告》。

学习引导

本工作任务沿着以下脉络进行学习：

1. 任务布置（下达任务并提出完成任务的内容与要求）；
2. 课堂教学（公路分级、技术标准、控制要素和程序认知）；
3. 课后思考与总结；
4. 分组讨论并整理，完成第二部分的相关任务；
5. 上交成果：《公路分级与技术指标认知报告》；
6. 学生自测与自评；
7. 组长对组员考核；
8. 教师考核。

一、相关知识

（一）道路的分类

道路的主要功能是供各种车辆和行人通行。根据道路的服务对象不同可分为公路、城市道路、林区道路、厂矿道路及乡村道路等。如图1-2-1所示为公路和城市道路。公路是连接各城市与城市之间的通道，而城市道路则是连接城市各功能区之间的通道。

a)

b)

图1-2-1 道路的服务功能分类

a）公路；b）城市道路

公路主要供汽车行驶，并具备一定的技术标准和交通设施。公路按其重要性、使用性质和行政等级又可划分为国家干线公路（简称国道）、省干线公路（简称省道）、县公路（简称县道）、乡村道路（简称乡道）以及专用公路等。

国道是指在国家干线网中，具有全国性的政治、经济、国防意义的主要干线公路，包括重要的国际公路，国防公路，连接首都与各省、自治区、直辖市首府的公路，连接各大经济中心、港站枢纽、商品生产基地和战略要地的公路。

省道是指在省（自治区、直辖市）公路网中，具有全省性的政治、经济、国防意义，并由省级公路主管部门负责修建、养护和管理的省级公路干线。

县道是指具有全县政治、经济意义，连接县城和县内主要乡（镇）、主要商品生产和集散地的公路，以及不属于国道、省道的县际间公路。县道由县、市公路主管部门负责修建、养护和管理。

乡道是指直接或主要为乡村经济、文化、生产、生活服务以及乡村与外部联系的公路。乡道由县统一规划，由县、乡组织修建、养护和使用。由于乡村道路主要为农业生产服务，一般不列入国家公路等级标准。

专用公路是指专供或主要供厂矿、林区、农场、油田、旅游区、机场、港口、军事基地等与外部联系的公路。专用公路由专用单位负责修建、养护和管理，也可委托当地公路部门修建、养护和管理。专用公路的技术要求应按其专门制定的技术标准或参照公路工程技术标准执行。

在城市范围内，除供车辆及行人通行外，还作为城市埋设各类管线及其他公共用地的总称，并具备一定技术条件和设施的道路统称城市道路。城市道路的功能除了把城市各部分联系起来为城市各种交通服务外，还起着形成城市结构布局的骨架，提供通风、采光，反映城市面貌和建筑风格，保持城市生活环境以及为防火、绿化提供场地的作用。

按照城市道路在城市道路网中的地位、交通功能以及对沿线建筑物的服务功能等，城市道路分为快速路、主干路、次干路、支路四类。

由于各类道路所处位置、交通性质及服务功能完全不同，并且其设计依据、对应的技术标准和具体要求也不相同，在设计时应特别注意。

（二）公路分级与技术标准

1. 公路分级

根据公路的使用任务、功能、路网规划和适应的交通量情况，《公路工程技术标准》（JTG B01—2003）把公路分为五个等级：高速公路、一级公路、二级公路、三级公路和四级公路。

（1）高速公路。高速公路为专供汽车分向、分车道行驶并应全部控制出入的多车道公路。它具有4条或4条以上车道，设有中央分隔带，全部立体交叉，并具有完善的交通安全设施、管理设施和服务设施。

4车道高速公路应能适应将各种汽车折合成标准小客车的年平均日交通量为25 000 ~ 55 000辆，6车道为45 000 ~ 80 000辆，8车道为60 000 ~ 100 000辆。

（2）一级公路。一级公路为供汽车分向、分车道行驶，并可根据需要控制出入的多车道公路。当作为集散公路时，其纵横向干扰较大，为保证供汽车分道、分向行驶，可设慢车道供非机动车交通行驶；当作为干线公路时，为保证运行速度、交通安全和服务水平，应根据需要采取控制出入的措施。

4 车道一级公路应能适应将各种汽车折合成标准小客车的年平均日交通量为 15 000 ~ 30 000辆，6 车道为 25 000 ~ 55 000 辆。

(3) 二级公路。二级公路为供汽车行驶的双车道公路。为保证汽车的行驶速度和交通安全，在混合交通量大的路段，可设置慢车道供非机动车交通行驶。

双车道二级公路应能适应将各种汽车折合成标准小客车的年平均日交通量为 5 000 ~ 15 000辆。

(4) 三级公路。三级公路为供汽车行驶的双车道公路，同时也允许拖拉机、畜力车、人力车等非机动车交通使用车道。

双车道三级公路应能适应将各种车辆折合成标准小客车的年平均日交通量为 2 000 ~ 6 000辆。

(5) 四级公路。四级公路为主要供汽车行驶的双车道或单车道公路，同时也允许拖拉机、畜力车、人力车等非机动车交通使用的车道。

双车道四级公路应能适应将各种车辆折合成标准小客车的年平均日交通量在 2 000 辆以下。单车道四级公路应能适应将各种车辆折合成标准小客车的年平均日交通量在 400 辆以下。

以上五个等级的公路构成了我国的公路网。其中，高速公路、一级公路为公路网骨干线，二、三级公路为公路网内基本线，四级公路为公路网的支线。

2. 技术标准

《公路工程技术标准》(JTG B01—2003) 是国家颁布的法定性技术准则，它反映了我国公路建设的方针、政策和技术要求，是公路勘测设计、修建和养护的依据。因此，在公路设计、施工和养护中，必须严格遵守。同时，在符合《标准》要求和不过分增加工程造价的前提下，根据技术经济原则，应尽可能采用较高的技术指标，以充分提高公路的使用质量和效益。

为正确指导公路建设，《标准》具有时效性，我国目前所采用的《标准》为交通部于 2004 年 1 月颁布，自 2004 年 3 月起实施。

《标准》分为九章，分别是总则、控制要素、路线、路基路面、桥涵、汽车及人群荷载、隧道、路线交叉、交通工程及沿线设施。

《标准》的控制要素是指设计车辆、交通量、设计速度、公路服务水平、公路建筑限界及抗震设计等相关指标。

(三) 公路等级的选用

在选用公路等级时，应根据公路的使用功能、公路网规划、交通量，从全局出发，并充分考虑项目所在地区的综合运输体系、社会经济、远期发展等因素，经综合论证后确定。在确定公路等级时，应明确以下几个问题。

(1) 公路等级的确定，应首先确定该公路的功能是干线公路还是集散公路，即该公路是属于直达还是连接，以及是否需要控制出入等，根据设计交通量初拟公路等级；然后再结合地形、交通组成等，确定设计速度、路基宽度。

(2) 公路等级应与该路段所对应的设计交通量相适应。各级公路所能适应的年平均日交通量是指设计交通量。高速公路和具干线功能的一级公路的设计交通量应按 20 年预测；具集散功能的一级公路，以及二、三级公路的设计交通量应按 15 年预测；四级公路可根据实际情况确定；设计交通量预测的起算年应为该项目可行性研究报告中的计划通车年；设计交通量的预测应充分考虑走廊带范围内远期社会、经济的发展和综合运输体系的影响。

(3)当公路里程较长时，可分段选用不同的公路等级、不同的设计速度和路基宽度，但不同公路等级、设计速度、路基宽度间的衔接应协调，要结合地形的变化设置过渡段，使主要技术指标随之逐渐过渡，避免出现突变。不同设计路段相互衔接的地点，应选择在驾驶员能够明显判断路况发生变化而需要改变行车速度的地点，如村镇、车站、交叉口或地形明显变化等处，并应设置相应的标志。

(4)一级公路既可作为干线公路，也可作为集散公路。当作为集散公路时，纵横向干扰较大，为保证供机动车分道、分向行驶，可设慢车道供非机动车交通行驶；作为干线公路时，为保证运行速度、交通安全和服务水平，应根据需要采取控制出入措施。

(5)干线公路宜选用二级及二级以上公路。当干线公路采用二级公路标准时，应采取增大平面交叉间距，主路优先交通管理方式，以及渠化平面交叉等措施，以减小横向干扰，且平面交叉间距不应小于500m。

(6)当集散公路采用二级公路标准时，在非机动车交通量较大的路段，可采取设置慢车道，采用主路优先或信号控制等交通管理方式，以及优化平面交叉等措施，以减小纵、横向干扰，其平面交叉间距不应小于300m。

(7)设计路段的长度不宜过短。一般情况下，高速公路不宜小于15km；一级公路、二级公路不宜小于10km；三、四级公路可根据实际情况适当缩短。

(8)支线公路或地方公路可选用三级公路或四级公路，允许各种车辆在车道内混合行驶。

(四)公路勘测设计的控制要素和程序

公路建设应按一定的程序进行，在公路勘测阶段，应按已批准的计划任务书和《标准》的要求进行。无论是新建公路还是改建公路，都应有合理的设计控制要素，其中最基本的控制要素包括设计速度、设计车辆和交通量。

1. 公路勘测设计的控制要素

(1)设计速度。设计速度是指在正常的气候和交通条件下，车辆运行时只受公路自身条件（路线几何要素等）影响，具有中等驾驶技术的人员能够安全、顺适驾驶车辆的速度。

设计速度与运行速度是不同的两个概念。运行速度是指车辆在公路上的实际行驶速度，它受气候、地形、交通密度以及公路本身条件的影响，同时与驾驶员的技术水平也有很大的关系。在设计速度低的路段上，当行车条件（交通密度、气候、地形等）比较好时，行车速度常接近或超过设计速度，设计速度越低，出现这种现象的概率越大。考虑到这一特点，同一等级的公路按不同的条件采用不同的设计速度是合适的。同时，超过设计速度的情况是危险的，所以在地形良好，线形顺适，视野开阔，容易产生超速行驶（超过设计速度）的路段，要特别注意曲线半径、超高、纵坡等方面的合理配置。

设计速度是决定公路几何线形的最基本的控制要素。公路圆曲线半径、超高、行车视距、合成坡度、路幅宽度和纵断面竖曲线设计等，都直接或间接与设计速度有关，所以它是体现公路等级的一项重要技术指标。

《标准》根据公路建设的难易程度、工程量大小及技术经济的合理性，规定了各级公路的设计速度，供设计时结合交通需求的变化、技术经济的合理性、公路所在地形的协调性、视线与景观的互动性，作出合理的设计。

《标准》规定的各级公路的设计速度见表1-2-1。

各级公路设计速度 表 1-2-1

公路等级	高速公路			一级公路			二级公路		三级公路		四级公路
设计速度(km/h)	120	100	80	100	80	60	80	60	40	30	20

公路设计速度的选用应符合下列要求：

①各级公路设计速度应根据公路的功能、等级、交通量，并结合沿线地形、地质等状况，经论证确定。

②高速公路应根据交通量、地形等情况选用高的设计速度。位于地形、地质等自然条件复杂的山区及交通量较小的高速公路，经论证，设计速度可采用60km/h 。

③一级公路作为干线公路，且纵、横向干扰小时，设计速度宜采用100km/h 或80km/h 。一级公路作为集散公路时，根据混合交通量、平面交叉间距等因素，设计速度宜采用60km/h 或80km/h 。

④二级公路作为干线公路时，设计速度宜采用80km/h 。二级公路作为集散公路时，在混合交通量较大、平面交叉间距较小的路段，设计速度宜采用60km/h 。二级公路位于地形、地质等自然条件复杂的山区，经论证，该路段的设计速度可采用40km/h 。

⑤三级公路作为支线公路时，设计速度宜采用40km/h；在地形、地质等自然条件复杂的路段，设计速度可采用30km/h 。

⑥地形、地质等自然条件复杂的山区，或交通量很小的路段，可采用设计速度为20km/h的四级公路。

(2)设计车辆。在公路上行驶的车辆主要有机动车和非机动车两类，其中机动车有摩托车、小客车、大客车、载重汽车、拖拉机和大型集装箱车等，非机动车有自行车、三轮车、板车和畜力车等。根据公路的使用任务和性质，高速公路、一级公路专供机动车行驶，二、三、四级公路可供各种车辆(包括非机动车和行人)行驶。

车辆的外廓尺寸是公路几何设计的重要依据，如路幅组成、平曲线加宽、视距、交叉口设计等都与车辆的外廓尺寸密切相关。规范对各种车辆进行归类，将其尺寸标准化，称为设计车辆。我国《标准》将设计车辆分为小客车、载重汽车和鞍式列车三类。各类设计车辆的基本尺寸见表1-2-2 和图1-2-2。

设计车辆外廓尺寸表(单位:m) 表 1-2-2

项目 车辆类型	总　长	总　宽	总　高	前　悬	轴　距	后　悬
小客车	6	1.8	2	0.8	3.8	1.4
载重汽车	12	2.5	4	1.5	6.5	4
鞍式列车	16	2.5	4	1.2	4+8.8	2

注：自行车的外廓尺寸采用宽0.75m，高2.00m。

(3)交通量。交通量是指道路某断面在单位时间内通过往返车辆总数，其单位为辆/d 或辆/h。交通量的大小与社会经济发展速度、气候、物产、文化生活水平等多方面因素有关，且随着时间、地点的不同而随机变化。其具体数值可通过交通调查和交通预测确定。

①年平均日交通量。交通量通常用年平均日交通量(简称 AADT 表达)，即一年 365d 交通量观测结果的平均值，其表达式为：

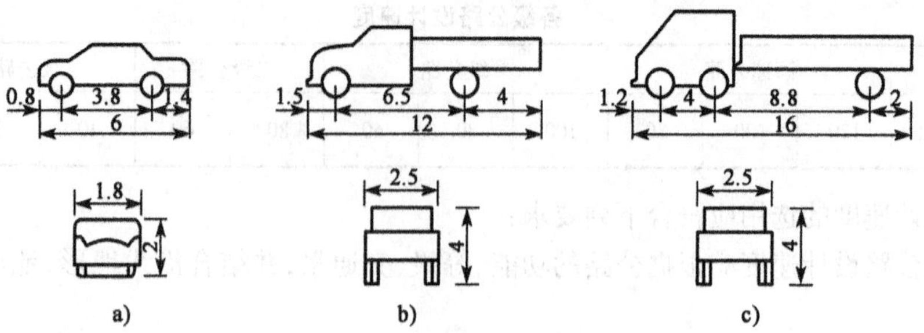

图 1-2-2　公路设计车辆外形尺寸(尺寸单位:m)

a)小客车;b)载重汽车;c)鞍式列车

$$N=\frac{1}{365}\sum_{i=1}^{365}Q_{\mathrm{i}} \tag{1-2-1}$$

式中:N——年平均日交通量,辆/d;

Q_{i}——一年内日交通量,辆/d。

②设计交通量。设计交通量是指达到预测年限时的年平均日交通量,它是规划道路、交通设施,确定道路等级,论证道路、交通设施建设可行性的主要依据。设计交通量与公路使用的功能、任务和性质有关,一般按年平均增长率计算确定。

$$N_{\mathrm{d}} = N_0(1+\gamma)^{t-1} \tag{1-2-2}$$

式中:N_{d}——达到设计年限时的年平均日交通量,辆/d;

N_0——起始年平均日交通量,辆/d;

γ——年平均增长率,%;

t——设计年限,按公路等级确定。

③设计小时交通量的推算。设计小时交通量是合理确定车道数、评价公路运行状态和服务水平的重要参数。研究认为,取一年中第 30 位最大小时交通量为设计小时交通量最合适,即将一年中测得的 8 760h 交通量按大小顺序排列,取序号为第 30 位的小时交通量作为设计小时交通量。如图 1-2-3 所示,在第 30 位小时交通量以上,曲线斜率急剧加大,第 30 位以下,曲线变化明显变缓,采用第 30 位小时交通量作为设计依据,每年只有 29 个小时的交通量超过设计小时交通量,保证率达 99.67%。目前,许多国家均采用第 30 位左右小时交通量作为设计依据,我国规定按不同情况可采用第 20 ~ 40 位小时交通量作为设计小时交通量。

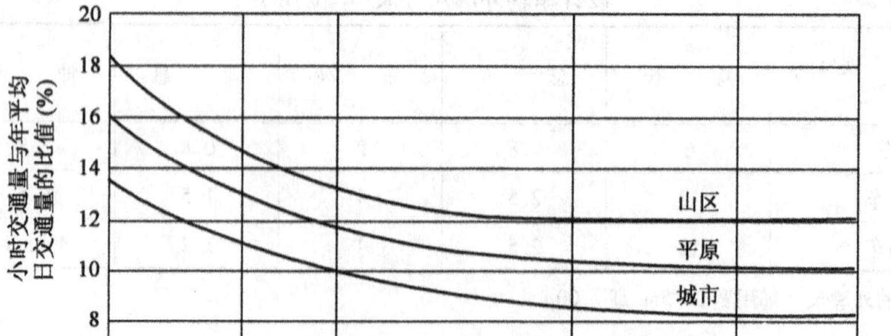

图 1-2-3　年平均日交通量与小时交通量关系曲线图

设计小时变通量一般按预测年度的年平均日交通量计算,计算式如下:

$$\mathrm{DDHV} = \mathrm{AADT}\cdot D\cdot K \tag{1-2-3}$$

式中：DDHV——单向设计小时交通量，辆/h；

AADT——预测年度的年平均日交通量，辆/d；

D——方向不均匀系数，宜取50% ~60%，亦可根据当地交通量观测资料研究确定；

K——设计小时交通量系数，取值如下：a. 新建公路的设计小时交通量系数，可参照公路功能、交通量、地区气候、地形等条件相似公路的预测数据确定；b. 缺乏资料地区的设计小时交通量系数，一般平原区 K 取13% ~15%，山区 K 取15% ~17%。

④交通量换算。《标准》规定，在确定某公路的设计交通量时，应将各种车辆折算为标准车型。我国公路设计时是以小客车为标准车型。设计时应将公路行驶的各种车辆（含非机动车辆）按规定折合成小客车的年平均日交通量。各种汽车的折算必须有统一尺度时才能比较交通量的大小。确定公路等级的各汽车代表车型和车辆折算系数，如表1-2-3所示。

各汽车代表车型与车辆折算系数 表1-2-3

汽车代表车型	车辆折算系数	说　明
小客车	1.0	≤19座的客车和载质量≤2t的货车
中型车	1.5	>19座的客车和载质量>2t、≤7t的货车
大型车	2.0	载质量>7t、≤14t的货车
拖挂车	3.0	载质量>14t的货车

注：1. 畜力车、人力车、自行车等非机动车，在设计交通量换算中按路侧干扰因素计。

2. 一、二级公路上行驶的拖拉机按路侧干扰因素计；三、四级公路上行驶的拖拉机每辆折算为4辆小客车。

3. 公路通行能力分析所要求的车辆折算系数应针对路段、交叉口等形式，按不同的地形条件和交通需求，采用相应的折算系数。

2. 公路勘测设计的程序和内容

公路勘测设计，是指完成一条公路的外业勘测和内业设计工作，包括经济调查和技术勘测两部分。它是在公路网规划的基础上对一条公路进行具体布局、测量和设计。建设一条公路，首先必须进行工程可行性研究，然后进行相应的公路勘测与设计。根据公路建设的规模及投资等因素，公路勘测设计可包括初步设计、技术设计与施工图设计。

（1）工程可行性研究。工程可行性研究是公路基本建设前必须进行的一项重要内容，是建设项目决策和编制设计（计划）任务书的依据。工程可行性研究的目的是对建设项目的必要性、技术的可行性、经济的合理性、实施的可能性以及宏观和微观经济效益，进行科学的评价和评估，并拟出多种比较方案，作为决策的依据。

公路工程可行性研究一般应包括以下内容：

①概述。主要论述任务依据和历史背景、研究范围、研究的主要结论、主要存在的问题和建议。

②现有公路技术状况及问题。主要阐述现有公路技术现状和适应程度，拟建项目在交通网中的作用、存在的主要问题。

③运输量和交通量发展预测。主要阐述项目所在地的经济特性、经济增长与客货运输增长的关系，交通调查情况和交通量发展预测。

④公路建设规模及标准。主要论证公路等级和桥梁的结构规模、征地范围、技术标准等重要指标。

⑤建设条件与方案选择。主要阐述地理位置、自然条件对工程方案、施工条件和工程造价的影响，社会环境及地方经济对建设项目的影响，工程方案的比选与推荐意见。

⑥投资估算及资金筹措。根据主要工程数量、建设用地、拆迁数量进行投资估算，并说明资金来源和筹集办法。

⑦实施方案。提出设计和施工安排、工期和投资安排、工程管理和技术管理等方面的意见。

⑧经济评价。主要指直接经济效益计算、经济投资费用计算、经济与社会效益分析等。

对上述内容经研究后写出工程可行性研究报告，作为工程项目的决策依据。工程可行性研究报告经批准后，不得随意修改和变更。

(2)设计(计划)任务书。公路勘测与设计工作是根据批准的设计任务书进行的，设计任务书由提出计划的主管部门下达或由下级单位编制后按规定上报审批。设计任务书包括以下基本内容：

①建设依据和意义；

②公路的建设规模和修建性质；

③路线基本走向和主要控制点；

④工程技术标准和主要技术指标；

⑤按几阶段设计，各阶段完成的时间；

⑥建设期限和投资估算，分期修建的应提出每期的建设规模和投资估算；

⑦施工力量的原则安排；

⑧路线示意图、工程数量、三材数量及投资估算表等。

(3)设计阶段。公路工程基本建设项目的勘测设计阶段可分为“一阶段设计”、“两阶段设计”和“三阶段设计”三种。通常采用两阶段设计，即初步设计和施工图设计。对技术简单、方案明确的小型建设项目，可采用一个阶段设计，即一阶段施工图设计。当技术复杂而又缺乏经验的建设项目或建设项目中有个别路段、特殊大桥、互通式立体交叉、隧道等，必要时可采用三阶段设计，即初步设计、技术设计和施工图设计。

一阶段设计是根据批准的设计任务书(或测设合同)的要求，进行定线测量，编制施工图设计文件和施工预算，作为公路施工的依据。

两阶段设计是根据批准的设计任务书(或测设合同)的要求，经过初步测量，编制初步设计文件和设计概算，再根据批准的初步设计，进行定线测量，编制施工图设计文件和施工预算，作为施工的依据。

三阶段设计是在初步设计文件和设计概算批准后，通过补充测量，然后编制技术设计文件和修正概算，最后根据批准的技术设计文件经过定线测量(或补充定测)，编制施工图设计文件和施工预算，作为公路施工的依据。

在采用一阶段设计、两阶段设计或三阶段设计时，不论是新建公路还是改建公路，在公路勘测设计之前，均必须进行视察和工程可行性研究工作。视察和工程可行性研究虽不单独作为一个设计阶段，但它们是勘测设计工作之前都必须进行的重要步骤。

二、任 务 实 施

(一)任务布置

课题二：公路分级与主要技术指标认知报告

1. 基本资料

(1)《公路工程技术标准》(JTG B01—2003)；

(2)《公路路线设计规范》(JTG D20—2006)。

2. 任务

(1)组织学习《标准》中“总则”、“控制要素”及“路线”的相关内容，总结以上三方面的内容要点。

(2)根据《标准》和《规范》相关内容，完成表1-2-4。

各级公路主要技术指标表 表1-2-4

公路等级		高速公路、一级公路								
设计速度(km/h)		120			100			80		60
车道数(条)		8	6	4	8	6	4	6	4	4
行车道宽度(m)										
路基宽度(m)	一般值									
	最小值									
圆曲线最小半径(m)	极限值									
	一般值									
停车视距(m)										
最大纵坡(%)										
车辆荷载										

公路等级		二、三、四级公路				
设计速度(km/h)		80	60	40	30	20
车道数(条)		2	2	2	2	2或1
行车道宽度(m)						
路基宽度(m)	一般值					
	最小值					
圆曲线最小半径(m)	极限值					
	一般值					
会车视距(m)						
最大纵坡(%)						
车辆荷载						

3. 要求

(1)根据班级人数分成若干组，一般为6~8人/组。

(2)以组为单位，各组员分别完成上述任务(1)与(2)。

(3)组长负责成果的记录与整理，按要求完成任务并上交报告，供教师批阅。

(二)课堂教学

课堂教学以学习《标准》和《规范》为主线，围绕公路分级、公路设计的控制要素、公路建设程序等内容组织实施，计划安排1学时。

课堂教学可按如下步骤进行：

(1)讲述道路分类时，一方面阐述公路与城市道路之间不同的服务功能、对象和特点，另一方面适当分析我国公路中按重要性、使用性质和行政等级划分的国道、省道及县乡道路。

(2)公路分级应重点讲明各级公路在使用任务、功能、性质和适应的交通量等方面的区别,通过学习要求学生知道各级公路的准确定义。

(3)《标准》以学生自学为主,课堂教学主要讲述《标准》与公路分级的关系,以及讲明《标准》在公路设计、施工以及养护中的重要性。

(4)公路设计的控制要素是本工作任务的学习重点,课堂教学时应重点描述最基本的控制要素,即设计速度、设计车辆与交通量,同时适当提及公路通行能力、服务水平、公路建筑限界等概念,要求学生认真学习和讨论《标准》、《规范》,进一步认知相关知识,课堂教学以双向互动为主。

(5)交通量是本工作任务的一个重要概念,特别强调在确定公路等级时的交通量是指以“小客车为标准车的远景年限交通量”,采用案例法教学。

[案例] 某公路通过交通流量调查,获得其当年的年平均日交通量,如表1-2-5所示。若该公路拟按二级标准重建,试推算该公路的远景年限交通量(注:年平均增长率 $\gamma=5\%$)。

交通流量调查表 表1-2-5

车　型	小型客车	小型货车	中型货车	大型货车	拖挂车
交通量(辆/d)	500	1 200	1 200	1 000	550

解:(1)由表1-2-3可知,首先须将各种车型的交通量换算成标准车,计算如表1-2-6所示。

交通流量换算表 表1-2-6

车　型	小型客车	小型货车	中型货车	大型货车	拖挂车
换算前交通量(辆/d)	500	1 200	1 200	1 000	550
换算系数	1	1	1.5	2.0	3.0
换算后交通量(辆/d)	500	1 200	1 800	2 000	1 650
合计	7 150(辆/d)				

(2)按《标准》要求,二、三级公路的设计年限为15年,则由式(1-2-2)得:

$$N_d = N_0(1+\gamma)^{t-1} = 7\,150\times(1+0.05)^{15-1} = 14\,156(\text{辆}/\text{d})$$

由《标准》要求,双车道二级公路应能适应将各种汽车折合成标准小客车的年平均日交通量为5 000~15 000辆,说明该公路拟按二级标准重建满足设计交通量要求。

学习效果评价反馈

(一)学生自评

每位学生根据学习情境一的相关知识及各工作任务的学习目标,自主完成下述[自测1]~[自测10],并根据表1-3-1的要求,完成自评。

[自测1]我国公路发展经历了哪几个阶段?

[自测2]高速公路与其他公路相比,有哪些特点?

[自测3]公路与城市道路在功能上有哪些区别?

[自测4]我国把公路划分成几级?公路等级的选用一般要考虑哪些方面的因素?

[自测5]《标准》主要由哪几部分组成?

[自测6]什么是公路设计控制要素?《标准》提出的公路设计控制要素主要有哪些?

[**自测7**]什么是设计速度？为什么设计速度是公路设计的最基本控制要素？

[**自测8**]为什么说把第30位小时交通量作为设计小时交通量是合理的？

[**自测9**]简述可行性研究一般包括哪些内容？

[**自测10**]公路勘测设计可分为哪几个阶段？简述各阶段的主要任务。

学 生 自 评 表 表1-3-1

任务名称:公路勘测设计的认识							
组号		姓名		学号		自评成绩	
题号		自测1	自测2	自测3	自测4	自测5	合计
满分		10	10	10	10	10	100
得分							
题号		自测6	自测7	自测8	自测9	自测10	
满分		10	10	10	10	10	
得分							

（二）学习小组评价

主讲教师根据班级人数、学生学习情况等因素合理分组，然后以学习小组为单位，完成授课前布置的课题一、课题二的相关任务，组长根据组员的完成情况，按表1-3-2的相关要求，完成学习小组评价。

学习小组评价表 表1-3-2

组号		姓名			学号		成绩	
课题			计算(分析)正确性	熟练程度	独立完成能力	参与主动性	创新能力	得分
			15%	10%	10%	10%	5%	50%
课题一:公路发展情况调查								
课题二:公路分级与技术指标认知								
组长签名			日期			合计		
备注:本学习情境共设置两个课题,每课题各占50%								

（三）任课教师评价

主讲教师根据学生的学习态度，在公路发展阶段、公路发展规划、公路分级与标准、公路勘测设计控制要素及公路设计程序五个方面的分析问题能力及学习主动性等方面进行评价，按表1-3-3的要求，完成教师对学生的评价。

教师对学生的学习效果评价表 表1-3-3

组号		姓名		学号		成绩	
任务名称:公路勘测设计的认知							
评价内容			评价依据			分数	得分
学习态度情况			上课纪律、学习主动性等评价			10	
任务自测情况			自测成果的正确性与准确性、完成成果的质量、上交资料的规范程度等评价			30	

续上表

组号		姓名		学号		成绩	
小组成果报告情况				公路发展阶段、发展规划、分级与标准、控制要素及设计程序等方面的分析能力评价		30	
在小组中所起的作用				学生参与讨论时发表的观点、在成果中采纳的情况等评价		10	
完成的工作量				参与完成小组工作的贡献大小(完全参与为满分,基本参与得基本分)		10	
学生独立解决问题能力				主要对学生的创新思维能力、组织能力,以及学生在遇到问题时的判断能力等进行评价		10	
教师签名			日期			合计	

学习情境二　路 线 平 面

工作任务一　路线平面线形组成分析

学习目标

1. 叙述平面线形三要素(直线、圆曲线和缓和曲线)的含义及相关要求;
2. 熟悉平面线形的基本组合及特点;
3. 分析组成平面线形各要素取值的合理性及各基本组成的优点与缺点;
4. 根据教材相关知识完成课后[自测1]~[自测4];
5. 正确完成长度为2~3km路线的平面线形组成分析报告。

任务描述

教师根据全班组数准备若干套路线平面设计图及相关设计要素(包括公路等级、路线平面线形三要素等),学生分组(视班级总人数可分5~6人/组),每组推选一名组长负责任务的组织与实施,最终以组为单位上交平面线形组成分析报告。各组在接到任务后,认真学习《标准》及《规范》的相关要求,结合教师讲课内容并视需要收集其他相关信息,每组各成员单独准备分析材料,然后分组讨论,由一人做好记录,并整理上交《××公路路线平面线形组成分析报告》。

学习引导

本工作任务沿着以下脉络进行学习:

1. 任务布置(平面设计图及相关设计要素,提出完成任务的内容与要求);
2. 课堂教学(公路平面线形组成分析);
3. 课后思考与总结;
4. 完成第二部分的任务(1)、(4);
5. 课堂教学(公路平面线形的组合);
6. 课后思考与总结;
7. 各组成果检查,完成第二部分任务中的(2)、(3);
8. 课堂教学(公路平面线形设计);
9. 课后思考与总结;
10. 分组讨论,完成第二部分任务中的(5);
11. 上交成果:《××公路路线平面线形组成分析报告》;
12. 学生自测与自评;
13. 组长对组员考核。

一、相关知识

(一)公路平面线形组成

公路线形是指公路路线的空间形状。如图 2-1-1 所示,路线 *ABC* 为公路中心线,简称中线。为研究方便和直观起见,对该空间线形进行三视图投影。中线在水平面上的投影称作公路的平面线形;沿中线竖直剖切并展开构成纵断面线形;沿中线上任一点的法向切面构成横断面线形。

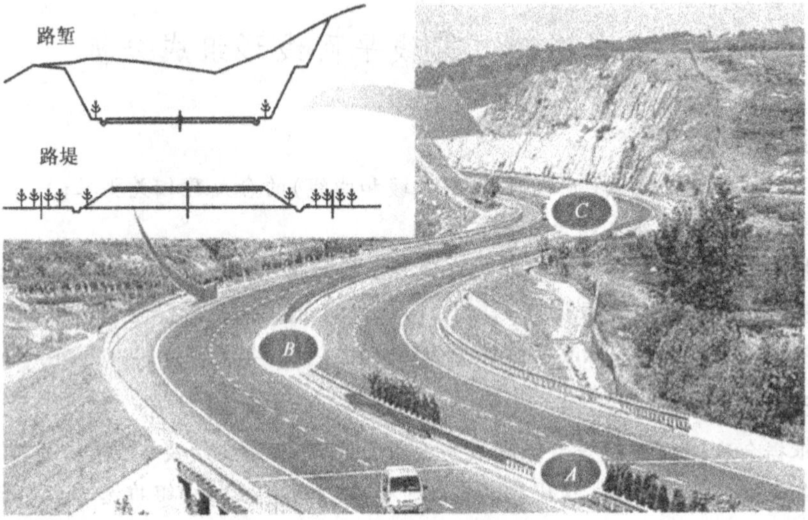

图 2-1-1　公路空间线形

公路线形的设计实际上是确定平面、纵断面及横断面线形的尺寸和形状,也就是通常所指的平面设计、纵断面设计和横断面设计。三者之间既相互联系又相互制约,因此在路线设计时,必须综合考虑。

公路的平面线形因为受到技术条件、自然地理与社会经济等因素制约,从路线的起点到终点之间不可能是一条直线,往往由许多直线段和曲线段(包括圆曲线和缓和曲线)构成,如图 2-1-2 所示。

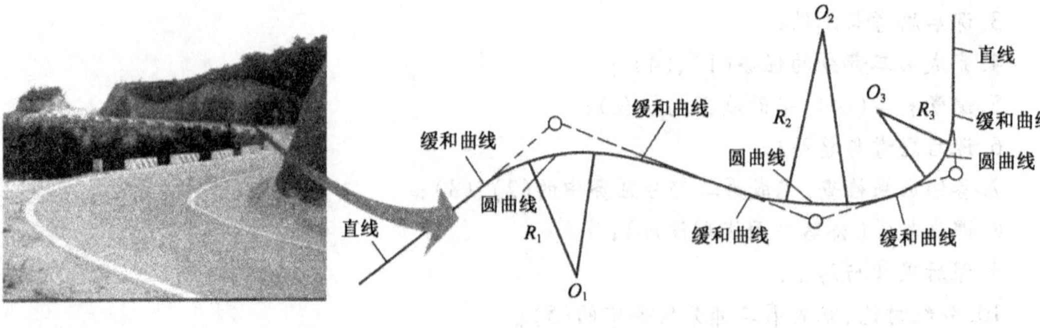

图 2-1-2　平面线形构成

就平面线形而言,可分解为直线、圆曲线及缓和曲线,因此对线形的研究,实际上是对直线、圆曲线和缓和曲线三要素的研究,并对三要素进行恰当组合,适应自然地形,以保证车辆在公路上能安全、顺适运行。

1. 直线

直线是两点间距离最短的线形，一般情况下，这种线形测设、施工简单，视线良好，运行距离短，可降低汽车的运营成本，因而在公路设计中被广泛运用。

但由于直线线形的灵活性差，受地形、环境等条件限制，并且直线线形很容易导致驾驶员的思想麻痹，经常性超车，从而易发生交通事故。所以，在设计中应合理取用直线长度。直线段的长度很难从理论上进行论述，但在实际应用时，根据地形、安全性及景观效果，从以下几个方面考虑。

(1)直线的最大长度。直线过长，行车单调，驾驶员易犯困，尾随车辆不容易估计车速，易造成车速过快而发生交通事故。对直线最大长度的控制主要是考虑了驾驶员的视觉反应及心理承受能力，同时还与地形条件有关。《标准》规定：直线的最大长度应有所限制，尽量避免使用长直线。设计人员在实际工作中，应根据地形、自然景观以及工作经验等来判断决定。当因故必须采用长直线时，为弥补长直线路段景观单调的缺陷，应结合沿线具体情况采取相应技术措施。

(2)直线的最小长度。

①同向曲线间的直线最小长度。同向曲线指的是两个转向相同的相邻曲线连接以直线而构成的平面线形。互相通视的同向曲线间若插以短直线，容易产生把直线和两端曲线看成反向曲线的错觉，通常把这种线形称为断背曲线，如图 2-1-3 所示。此类线形不连续，容易造成驾驶员操作失误，设计中应尽量避免。《规范》规定，当设计速度 $V\geqslant60$km/h 时，同向曲线间的直线长度(以 m 计)应以不小于该公路设计速度(以 km/h 计)的 6 倍为宜。

图 2-1-3 断背曲线的视觉效果

②反向曲线间的直线最小长度。反向曲线指的是两个转向相反的相邻曲线中间连以直线所形成的线形。考虑到为设置超高和加宽缓和段的需要以及驾驶员转向的操作要求，如无缓和曲线时，宜设置一定长度的直线。《规范》规定反向曲线间最小直线长度(以 m 计)以不小于行车速度(以 km/h 计)的 2 倍为宜。若两反向曲线已设缓和曲线，在受到限制的地点也可将两反向缓和曲线首尾相接构成 S 形曲线。

对于设计速度小于 40km/h 的公路，曲线间最小长度可参照上述①、②执行。

(3)适宜采用直线的场合。

①不受地形、地物限制的平坦地区和山间的开阔地段；

②城镇及其近郊或规划方正的农耕区等以直线条为主体的地区；

③长大桥梁、隧道等结构物地段；

④路线交叉点前后；

⑤双车道公路供超车的路段。

(4)当采用长直线线形时，应注意：

①纵坡不宜过大，一般应小于 3%；

②同大半径凹形竖曲线组合为宜，如图 2-1-4 所示；

图 2-1-4　长直线与凹形竖曲线组合前后的视觉效果

a)长直线与直线坡组合,视觉效果差;b) 长直线与凹形竖曲线组合,视觉效果好

③两侧地形过于空旷时,宜采取种植不同树种或设置一定建筑物等措施;

④长直线或长下坡尽头的平曲线,除曲线半径、超高、视距等必须符合规定要求外,还必须采用设置标志、增加路面抗滑能力等安全措施;

⑤对较高车速的公路($V \geqslant 60$km/h),其直线长度宜控制在 70s 左右时间的行程距离内。

2. 圆曲线

圆曲线是平面线形中的主要组成部分。在平面线形中的单曲线、复曲线、虚交点曲线和回头曲线等,一般都包括圆曲线。圆曲线具有与地形适应性强、可循性好、线形美观和易于测设等优点,使用十分普遍。

(1)圆曲线最小半径的理论公式:

$$R = \frac{V^2}{127(\mu \pm i_h)} \tag{2-1-1}$$

式中:V——各级公路的设计速度,km/h;

μ——横向力系数;

i_h——路拱横向坡度,以小数计。

由式(2-1-1)可知,圆曲线半径与横向力系数密切相关,在确定圆曲线的最小半径时,应考虑横向力系数的合理取值,即综合考虑汽车行驶的安全、迅速、舒适和经济,并兼顾线形的美观与顺适,使确定的最小半径能满足某种程度的行车要求。《标准》根据各级公路的不同要求,规定了圆曲线最小半径有三类:极限最小半径、一般最小半径和不设超高的最小半径。其中,极限最小半径主要应满足行车安全,并适当考虑舒适性;一般最小半径主要考虑汽车行驶的安全性和舒适性;不设超高的最小半径是考虑即使不设超高也能保证汽车行驶的安全性和舒适性。

在一定车速 v 的条件下,要满足三类最小半径不同要求的安全性和舒适性,关键在于横向力系数 μ 值的合理确定:

①行车安全性分析。汽车在弯道上安全行驶的必要条件是轮胎不会在路面上产生侧滑。它要求横向力系数 μ 要小于或等于轮胎与路面之间的横向摩阻系数 φ,即

$$\mu \leqslant \varphi \tag{2-1-2}$$

式中,φ 为轮胎与路面的横向摩阻系数,它与路面的粗糙程度和潮湿泥泞程度,轮胎花纹和气压,车速和荷载等有关,可按表 2-1-1 选用。

路面横向摩阻系数表 表 2-1-1

路面类型	路面状况			
	干燥	潮湿	泥泞	冰滑
水泥混凝土路面	0.7	0.5	—	—
沥青混凝土路面	0.6	0.4	—	—
过渡式及低级路面	0.5	0.3	0.2	0.1

②行车舒适性分析。根据国内外大量资料分析，随 μ 值的变化，乘客的心理反应如下：

当 $\mu<0.1$ 时，乘客不感到有曲线存在，很平稳，近似于在直线上行驶；

当 $\mu=0.15$ 时，乘客感到有曲线存在，但尚平稳；

当 $\mu=0.2$ 时，乘客感到有曲线存在，略感不平稳；

当 $\mu=0.35$ 时，乘客感到明显不平稳；

当 $\mu>0.4$ 时，乘客感到非常不平稳，有倾倒的危险感。

由此可知，从乘客的舒适性出发，μ 值以不超过 0.10 为宜，最大不得超过 0.20。

③行车的经济性分析。通过大量研究，μ 值的大小与燃料消耗与轮胎磨损有关。试验表明，μ 值增大则车辆的运营经济性明显下降，如表 2-1-2 所示。

横向力系数 μ 与燃料消耗、轮胎磨损对照表 表 2-1-2

横向力系数 μ	燃料消耗(%)	轮胎磨损(%)
0	100	100
0.10	110	220
0.15	115	300
0.20	120	390

综上分析，μ 值的大小与行车安全、经济与舒适等密切相关。因此，μ 值的选用应根据行车速度、圆曲线半径及超高横坡度的大小，在合理的范围内选择。

(2)圆曲线最小半径的含义。

①极限最小半径。设计公路路线时，为满足安全要求，兼顾舒适性，《标准》提出的极限最小半径指标主要是控制 μ 值的选用，可按公式(2-1-3)确定。

$$R_{min}=\frac{V^2}{127(\mu_{max}+i_{max})} \tag{2-1-3}$$

式中：R_{min}——极限最小半径，m；

μ_{max}——极限最小半径所对应的横向力系数，见表 2-1-3；

i_{max}——最大超高横坡度，见表 2-1-3。

极限最小半径横向力系数及超高横坡度取用表 表 2-1-3

设计速度 V(km/h)	120	100	80	60	40	30	20
μ_{max}	0.10	0.12	0.13	0.15	0.15	0.16	0.17
i_{max}(%)	8	8	8	8	8	8	8

②一般最小半径。在路线设计时，为避免只考虑节约投资，不考虑线形的整体协调和今后提高公路等级而过多采用极限最小半径的倾向，以及考虑在地形相对复杂的情况下不会过多增加工程量，也具有充分的舒适感，一般最小半径可按式(2-1-4)计算。

$$R_{一般}=\frac{V^2}{127(\mu_{一般}+i_b)} \tag{2-1-4}$$

式中：$R_{一般}$——一般最小半径，m；

i_b——路拱超高横坡度，见表2-1-4；

$\mu_{一般}$——一般最小圆曲线半径所对应的横向力系数，见表2-1-4。

一般最小圆曲线半径横向力系数及超高横坡度取用表 表2-1-4

设计速度(km/h)	120	100	80	60	40	30	20
$\mu_{一般}$	0.05	0.05	0.06	0.06	0.06	0.05	0.05
i_b(%)	6	6	7	8	7	6	6

③不设超高最小半径。当路线某一半径大于一定值时，即使汽车在圆曲线外侧行驶也能保证足够的安全性和很好的舒适性。这时路面可不超高，即路拱为双向横坡度，与直线段的路拱横坡度相同，不设超高的最小圆曲线半径可按式(2-1-5)计算。

$$R_{免}=\frac{V^2}{127(\mu_{免}-i_1)} \tag{2-1-5}$$

式中：$R_{免}$——不设超高最小半径，m；

i_1——路拱横坡度，二级及以上等级公路，取$i_1=0.01\sim0.02$；二级以下公路，取$i_1=0.03\sim0.04$；

$\mu_{免}$——不设超高横向力系数，一般取$\mu_{免}=0.035\sim0.06$。

表2-1-5为《标准》规定的各级公路圆曲线最小半径。

各级公路的圆曲线最小半径 表2-1-5

设计速度(km/h)		120	100	80	60	40	30	20
极限最小半径(m)		650	400	250	125	60	30	15
一般最小半径(m)		1 000	700	400	200	100	65	30
不设超高最小半径(m)	路拱≤2.0%	5 500	4 000	2 500	1 500	600	350	150
	路拱>2.0%	7 500	5 250	3 350	1 900	800	450	200

《标准》对各级公路圆曲线最小半径的要求有以下几点：

①选用圆曲线半径时，应与设计速度相适应，并应尽可能选用较大的圆曲线半径；

②一般情况下，尽量选用大于或等于一般最小半径，只有受地形限制及有其他特殊困难时，才可采用极限最小半径；

③在桥位处两端设置圆曲线时，应大于一般最小半径；

④在隧道内必须设置圆曲线时，应大于不设超高最小半径；

⑤长直线或陡坡尽头，不得采用小半径圆曲线；

⑥不论偏角大小，均应设置圆曲线；

⑦改建公路工程中利用现有公路路段，设计速度为40km/h的最小圆曲线半径，可采用50m；设计速度为30km/h的最小圆曲线半径，可采用25m；

⑧半径过大也无实际意义，故一般宜小于10 000m。

3. 缓和曲线

缓和曲线是设置在直线与圆曲线之间或大圆与小圆之间的过渡线形，它是道路平面线形三要素之一。它的主要特征是曲率连续均匀变化。《标准》规定，除四级公路可不设缓和曲线外，其他各级公路，当圆曲线半径小于不设超高的最小半径时，均应设缓和曲线。在进行公路线形设计时，合理地使用缓和曲线可增加汽车行驶的安全性与舒适性，并可美化线形。

（1）缓和曲线的作用。

①便于驾驶员操纵转向盘。汽车从直线进入圆曲线，或从大半径圆曲线驶入小半径圆曲线时，插入缓和曲线可使汽车前轮转向角逐渐从0°至α转向，从而有利于驾驶员操纵转向盘，保证安全行驶。

②满足乘客乘车的舒适与稳定，减小离心力变化。离心力的大小与汽车行驶的曲率半径大小成反比。在直线段中，离心力为零；在圆曲线上，离心力最大。当插入缓和曲线时，因为缓和曲线的曲率是逐渐变化的，可以消除离心力突变，从而保证乘客乘车的舒适与稳定。

③满足超高、加宽缓和段过渡，利于平稳行车。当圆曲线上有超高与加宽时，由直线段上无超高及加宽过渡到主圆曲线的全超高及全加宽时，必须有一个缓和段，而设置了缓和曲线，可以通过缓和曲线完成超高及加宽的逐渐过渡。

④与圆曲线配合得当，增加线形美观。圆曲线与直线径向连接，在连接处曲率突变，存在折点和扭曲现象，在视觉上有不平顺的感觉，视觉效果差，如图2-1-5a）所示。设置缓和曲线后，使线形连续圆滑、美观，同时获得了良好的视觉效果和心理效果，如图2-1-5b）所示。

a) b)

图2-1-5　设置缓和曲线前后效果图

a）未设缓和曲线的视觉效果；b）设置缓和曲线后的视觉效果

（2）缓和曲线的性质。当汽车逐渐由直线驶入圆曲线，为简便起见，可作两个假定：一是汽车作匀速行驶；二是驾驶员操纵转向盘作匀角速转动，即汽车的前轮转向角由直线上的0°均匀地增加到圆曲线上φ角值，如图2-1-6所示。

由图2-1-6可得：

$$s=\frac{A^2}{\rho} \tag{2-1-6}$$

式中：s——汽车从曲线起点行驶至所求点之距离，m；

A——参数，m；

ρ——曲线上所求点处的曲率半径，m。

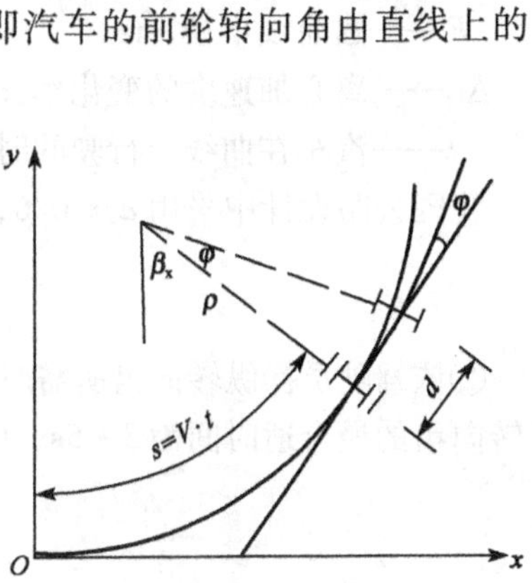

图2-1-6　汽车行驶轨迹图

式（2-1-6）为汽车转弯时的理论轨迹方程，从中可以得出两个结论：一是该曲线上任一点的曲率半径与该点至曲线起点的距离成反比，它符合汽车在道路上的行驶轨迹；二是参数A对某一曲线来说，是一个常数，但对整个公路线形而言，其实质为一个放大倍数，它适应于不同的情况。

由式（2-1-6），令：

$$s=l_h$$

则：

$$\rho = R$$

得：

$$l_h = \frac{A^2}{R} \tag{2-1-7}$$

（3）缓和曲线最小长度。缓和曲线的长度应保证驾驶员操纵转向盘所需的时间，限制离心加速度的增长，满足设置超高与加宽过渡以及驾驶员视觉的平顺感要求。

①根据离心加速度变化率求缓和曲线最小长度。为了保证乘客乘车的舒适性，需控制离心力的变化率。

在缓和曲线起点处：

$$\rho = \infty, a_1 = 0$$

在缓和曲线终点处：

$$\rho = R, a_2 = \frac{v_2{}^2}{\rho} = a_{max}$$

如果汽车从缓和曲线起点行驶到终点的行程时间为 t，则：

$$t = \frac{l_h}{v}$$

离心加速度平均增长率为：

$$a_s = \frac{\Delta a}{t} = \frac{a_2 - a_1}{t} = \frac{a_{max}}{t} = \frac{v^3}{l_h R} = \frac{V^3}{47 l_h R}$$

则：

$$l_h \geqslant \frac{V^3}{47 R a_s} \tag{2-1-8}$$

式中：V——设计速度，km/h；

R——圆曲线半径，m；

Δa——离心加速度的变化率，m/s^3；

t——汽车在曲线上行驶的时间，s，一般取用 t = 3s。

我国公路设计中采用 $a_s \leqslant 0.6$，则缓和曲线的最小长度：

$$l_h \geqslant 0.035\frac{V^3}{R} \tag{2-1-9}$$

②依驾驶员操纵转向盘所需时间计算缓和曲线长度。试验表明，驾驶员在缓和曲线上操纵转向盘的最合适时间为 3 ~ 5s，我国采用 3s，所以缓和曲线最小长度为：

$$l_h = vt = \frac{V}{3.6}t = \frac{V}{1.2} \tag{2-1-10}$$

式中：V——设计速度，km/h。

式(2-1-10)表明，最短的缓和曲线与半径的大小无关，即使圆曲线半径较大，当汽车高速行驶时，也应有个转变过程，因而式(2-1-10)是高等级公路设置缓和曲线的校核式。

③根据超高附加纵坡不宜过陡来确定缓和曲线最小长度。超高附加纵坡（即超高渐变率）是指缓和曲线上设置超高缓和段后，因路基外侧由双向横坡逐渐变成单向超高横坡后，所

产生的附加纵坡，当附加纵坡过小时，不利于排水；当附加纵坡过大时，路容不美观。

为了保证适中的超高渐变率，需确定合适的缓和曲线长度。由超高缓和段长度计算公式知：

$$l_c = \frac{h_c}{p}$$

即

$$l_h \geqslant \frac{h_c}{p} \tag{2-1-11}$$

式中：l_c——超高缓和段长度，m；

l_h——缓和曲线长度，m；

h_c——路基外侧的全超高断面处的全超高值，m；

p——超高渐变率。

④满足视觉上应有的平顺感计算缓和曲线最小长度。根据视觉要求，缓和曲线的起点和终点的切线角β最好在3°~29°，这样可获得良好的视觉效果。由图2-1-7可知：

$$\beta = \frac{l_h}{2R}$$

而

$$R = \frac{A^2}{l_h}$$

则

$$\beta = \frac{{l_h}^2}{2A^2}$$

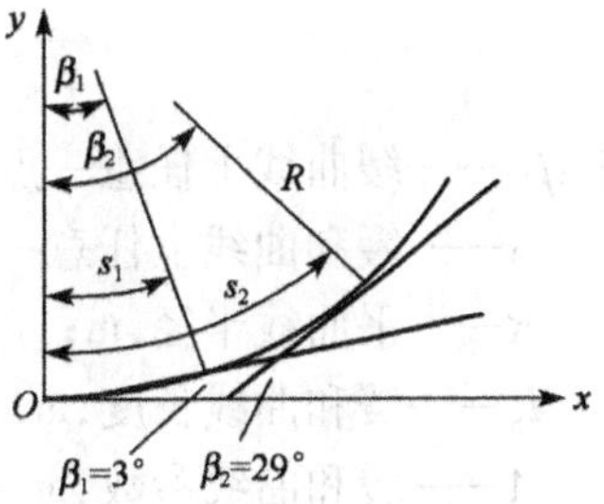

图2-1-7　按视觉要求的回旋线长度范围

将　$\beta=3°$及$\beta=29°$代入上式，则得：

$$\frac{R}{3} \leqslant A \leqslant R \tag{2-1-12}$$

或

$$s_1 \leqslant l_h \leqslant s_2 \tag{2-1-13}$$

按上述四点要求，计算缓和曲线长度公式与行车速度关系最大，与半径的关系则有差异，其中第②、③点与半径无关，第①、④点则算得结果相反。为此，《标准》规定按设计速度来计算缓和曲线最小长度，同时考虑了行车时间和附加纵坡的要求，因此在相同设计速度的公路上，不论曲线半径大小如何，都可取同一个缓和曲线长度。各级公路最短缓和曲线长度见表2-1-6。

各级公路缓和曲线最小长度　　表2-1-6

设计速度(km/h)	120	100	80	60	40	30	20
最小长度(m)	100	85	70				20

注：四级公路的缓和曲线最小长度为超高加宽缓和段长度。

在确定缓和曲线长度时需考虑以下几点：

a.缓和曲线作为公路平面线形的三要素之一，在线形设计中应作为主要线形要素加以应用，不能仅视为一种过渡线形，设计时要注意其与直线和圆曲线的协调性，以保证线形的美观和良好的视觉效果；

b. 缓和曲线的参数 A 是反映曲率变化缓急的重要参数,其值除满足式(2-1-12)外,还应满足下列条件:

当 R 接近于 100m 时,取 A 等于 R;当 R 小于 100m 时,则取 A 等于或大于 R。当 R 较大或接近于 3 000m 时,取 A 等于 $R/3$;当 R 大于 3 000m 时,则取 A 小于 $R/3$;

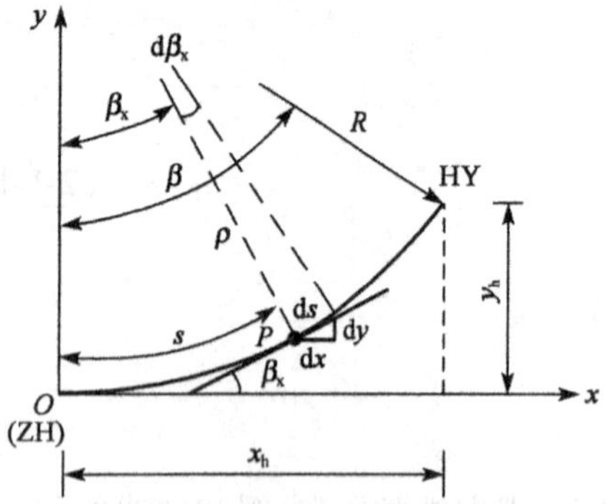

图 2-1-8　缓和曲线上的直角坐标

c. 缓和曲线长度除满足表(2-1-6)的规定外,还应保证大于超高过渡段长度。

(4)缓和曲线的直角坐标。

①缓和曲线的切线角。

a. 缓和曲线上任意点的切线角 β_x。缓和曲线的切线角,是指缓和曲线上任一点的切线与该缓和曲线起点的切线所成的夹角。如图 2-1-8 所示,在缓和曲线上任意一点 P,取微分弧段 ds,按泰勒级数展开式的前两项并整理,其计算式如下所示:

$$\beta_x = \frac{s\mathrm{d}s}{A^2} = \frac{s^2}{2A^2} = \frac{s^2}{2Rl_h} \tag{2-1-14}$$

式中:β_x——缓曲线上任意一点的切线角,rad;

s——缓和曲线上任意一点至起点之距离,m;

R——平曲线半径,m;

l_h——缓和曲线长度,m;

A——缓和曲线参数,m。

b. 缓和曲线的总切线角 β。在 l_h 终点处将 $s = l_h$ 代入式(2-1-14),则得

$$\beta = \frac{l_h}{2R} \cdot \frac{180}{\pi} \tag{2-1-15}$$

式中:β——缓和曲线总切线角,°;

其他符号意义同上。

②缓和曲线直角坐标。在图 2-1-8 中,任意一点 P 处的微分弧段 ds,其所对应的中心角为 dβ_x,则:

$$\begin{cases} \mathrm{d}x = \mathrm{d}s \cdot \cos\beta_x \\ \mathrm{d}y = \mathrm{d}s \cdot \sin\beta_x \end{cases} \tag{2-1-16}$$

经积分并整理得:

$$\begin{cases} y = \dfrac{s^3}{6Rl_h} - \dfrac{s^7}{336R^3 l_h^3} \\ x = s - \dfrac{s^5}{40R^2 l_h^2} \end{cases} \tag{2-1-17}$$

式中:x, y——缓和曲线任意一点的切线支距值,m;

其他符号意义同上。

当 $s = l_h$ 时,则缓和曲线终点的坐标为:

$$y_h = \frac{l_h^2}{6R} - \frac{l_h^4}{336R^3}$$

$$x_h = l_h - \frac{l_h^3}{40R^2} \tag{2-1-18}$$

式中：x_h，y_h——缓和曲线终点 HY（或 YH）的切线支距值，m；

其他符号意义同上。

③缓和曲线常数。为了能在直线与圆曲线之间插入缓和曲线，必须将原有圆曲线向内移动一定的距离 p。圆曲线向内移动有两种方法：一种是圆心不变，使圆曲线半径减小，从而使圆曲线向内移动；另一种是半径不变，而圆心沿分角线方向内移，使圆曲线向内移动。由于后者是不平行移动，圆曲线上的各点的内移值不相等，测设工作繁琐，因此采用第一种方法。

采用圆心不动的平行移动方法，可以假设圆曲线在未设置缓和曲线时的圆曲线半径为 $R+p$，而该圆曲线要插入缓和曲线，就需向内移动距离 p 后，圆曲线半径正好减小一个 p 值，即为 R，如图 2-1-9 所示。

a. 主曲线的内移值 p 及切线增长值 q，由图 2-1-9 可知：

$$p = x_h + R\cos\beta - R = x_h - R(1 - \cos\beta)$$

$$q = x_h - R\sin\beta$$

将 $\sin\beta_x$ 及 $\cos\beta_x$ 用函数幂级数展开可得

$$p = \frac{l_h^2}{24R} \tag{2-1-19}$$

$$q = \frac{l_h}{2} - \frac{l_h^3}{240R^2} \tag{2-1-20}$$

b. 起、终点的切线交点距起、终点之距离 T_d 及 T_k，由图 2-1-10 可知：

$$T_d = x_h - y_h\cot\beta$$

$$T_k = y_h\csc\beta$$

同理，将 $\cot\beta$、$\csc\beta$ 级数展开并化简得：

$$\begin{cases} T_d = \dfrac{2}{3}l_h + \dfrac{11l_h^3}{360R^2} \\ T_k = \dfrac{1}{3}l_h + \dfrac{l_h^3}{126R^2} \end{cases} \tag{2-1-21}$$

c. 缓曲线的总偏角及总弦长。

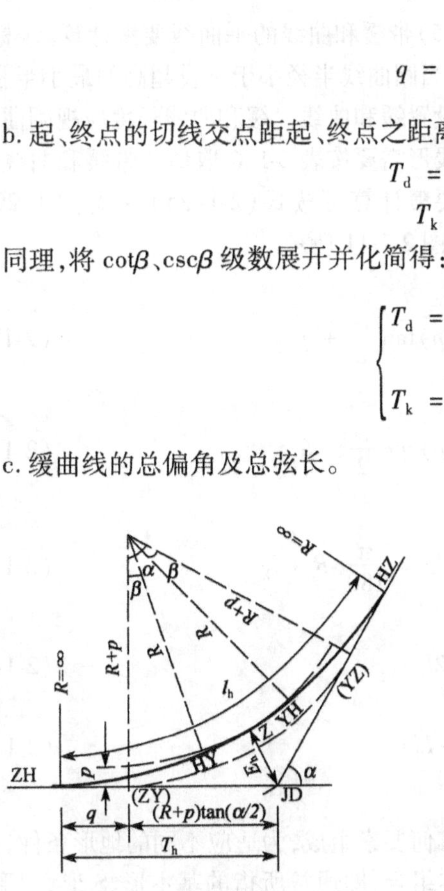

图 2-1-9　主圆曲线的"p"与"q"

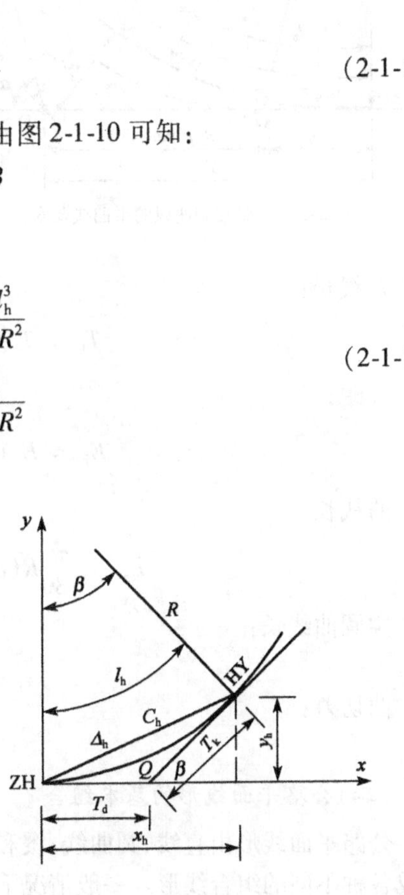

图 2-1-10　缓和曲线常素

由图 2-1-10 可知，缓和曲线的弦长 C_h（又称动径）及该弦与横轴之夹角即总偏角 Δ_h。因为 Δ_h很小，则 $\sin\Delta_h \approx \tan\Delta_h \approx \Delta_h$。

则

$$\Delta_h \approx \tan\Delta_h = \frac{x_h}{y_h} \approx \frac{y_h}{l_h}$$

因 $y_h \approx \frac{l_h^2}{6R}$（取公式的前一项），又 $\beta = \frac{l_h}{2R}$

则

$$\Delta_h = \frac{l_h^2/6R}{l_h} = \frac{l_h}{6R} = \frac{\beta}{3} \qquad (2\text{-}1\text{-}22)$$

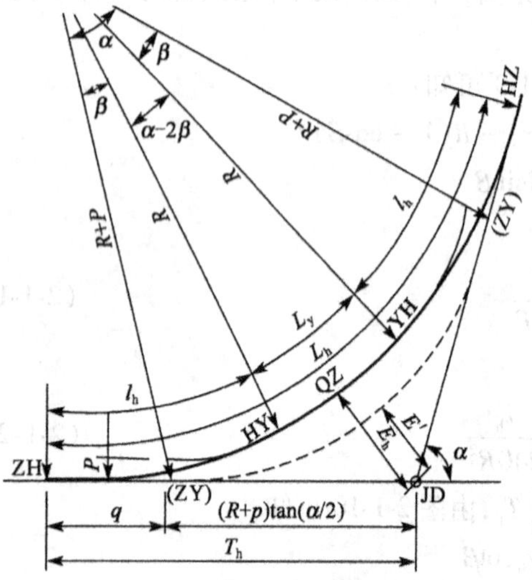

图 2-1-11　带缓和曲线的平曲线要素

同理，由图 2-1-10 知

$$C_h = x_h \sec\Delta_h \qquad (2\text{-}1\text{-}23)$$

将 $\sec\Delta_h$用级数展开得

$$\sec\Delta_h \approx 1 + \frac{\Delta_h^2}{2}\text{（取级数的前两项）}$$

将上式代入式(2-1-23)并简化得：

$$C_h = l_h - \frac{l_h^3}{90R^2} \qquad (2\text{-}1\text{-}24)$$

（5）带缓和曲线的平曲线要素计算。《标准》规定，当圆曲线半径小于不设超高的最小半径时，必须设置缓和曲线。缓和曲线长度应视圆曲线半径及线形需要按表 2-1-6 取值。带缓和曲线的平曲线要素计算可按式(2-1-25)～式(2-1-29)计算，如图 2-1-11 所示。

切线长：

$$T_h = T + q = (R + p)\tan\frac{\alpha}{2} + q \qquad (2\text{-}1\text{-}25)$$

外距：

$$E_h = E + p = (R + p)\sec\frac{\alpha}{2} - R \qquad (2\text{-}1\text{-}26)$$

曲线长：

$$L_h = \frac{\pi}{180}R(\alpha - 2\beta) + 2l_h = \frac{\pi}{180}\alpha R + l_h \qquad (2\text{-}1\text{-}27)$$

主圆曲线长：

$$L_y = L_h - 2l_h \qquad (2\text{-}1\text{-}28)$$

曲切差：

$$D_h = 2T_h - L_h \qquad (2\text{-}1\text{-}29)$$

（二）公路平面线形的基本组合

公路平面线形由直线、圆曲线、缓和曲线三个几何要素组成，为适应不同的地形条件，可以组成各种不同的组合线形。一般情况下有 7 种基本组合，即通常所指的基本形、S 形、卵形、凸形、复合形、C 形和回头曲线。

1. 基本形

按直线—回旋线—圆曲线—回旋线—直线的顺序组合起来的形式称基本形，如图 2-1-12 所示。基本形的两个回旋线参数应符合相关规定。两个回旋线的参数可根据地形条件设计成对称的或非对称平曲线 。

图 2-1-12　基本形

回旋线、圆曲线在长度组合时尽可能满足：回旋线∶圆曲线∶回旋线 = 1∶1∶1。

2. S 形

两个反向圆曲线用回旋线连接组合的线形为 S 形，如图 2-1-13 所示。

S 形的两相邻回旋线参数 A_1 与 A_2 宜相等。当采用不同参数时，A_1 与 A_2 之比应小于 2.0，有条件时，以小于 1.5 为宜。当 $A_2 \leqslant 200$ 时，A_1 与 A_2 之比应小于 1.5 。

S 形的两反向回旋线以径向衔接为宜，当受地形条件限制必须插入短直线或当两圆曲线的回旋线相互重合时，短直线或重合段长度应符合式(2-1-30)的要求。

$$l \leqslant \frac{A_1 + A_2}{40} \qquad (2\text{-}1\text{-}30)$$

式中：l——反向回旋线间或重合段长度，m；

A_1、A_2——回旋线参数。

两圆曲线半径之比不宜过大，以 $R_1/R_2 \leqslant 2$ 为宜（R_1为大圆曲线半径，R_2为小圆曲线半径）。

图 2-1-13　S 形

3. 卵形

用一个回旋线连接两个同向圆曲线的组合的平面线形为卵形，如图 2-1-14 所示。

卵形回旋线的参数应符合式(2-1-31)规定的范围：

$$\frac{R_2}{2} \leqslant A \leqslant R_2 \qquad (2\text{-}1\text{-}31)$$

式中：A——回旋线参数；

R_2——小圆的圆曲线半径，m。

两相邻圆曲线半径之比，以 $R_2/R_1=0.2\sim0.8$ 为宜。

两圆曲线的间距，以 $D/R_2=0.003\sim0.03$ 为宜。D 为两圆曲线间的最小间距(m)。

图 2-1-14　卵形

4. 复合形

两个以上同向回旋线间在曲率相等处相互连接的形式为复合曲线，如图 2-1-15 所示。

复合形的两个回旋线参数之比以小于 1∶1.5 为宜。

复合曲线在受地形条件限制或互通式立体交叉的匝道设计中可采用。

图 2-1-15　复合形

5. 凸形

受地形条件限制时，可将两同向回旋线在曲率相同处径相衔接而组合为凸形曲线，如图 2-1-16所示。

凸形曲线只有在路线严格受地形限制，且对接点的曲率半径相当大时方可采用。

凸形曲线的回旋线参数及其对接点的曲率半径，应分别符合容许最小回旋参数和圆曲线最小半径的规定。

对接点附近的 0.3V 长度范围内(以 m 计；其中，V 为设计速度，按 km/h 计)，应保持以对接点的曲率半径确定的路拱横坡度。

6. C 形

同向曲线的两回旋线在曲率为零处径相衔接(即连接处曲率为 0，$R=\infty$)的形式为 C 形曲线，如图 2-1-17所示。

C 形曲线仅限于地形条件特殊困难，路线严格受限制时，方可采用。

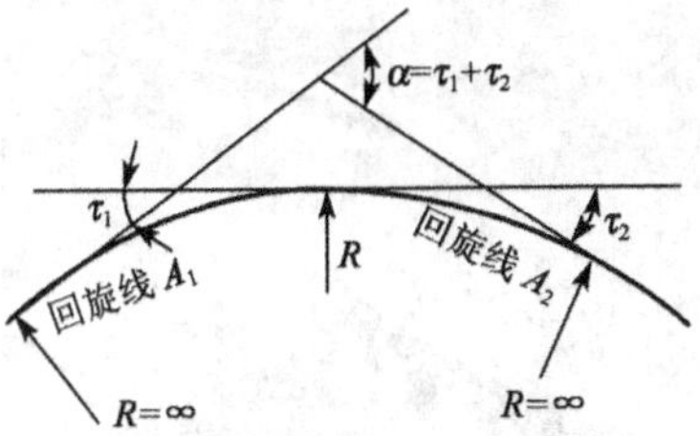

图 2-1-16　凸形

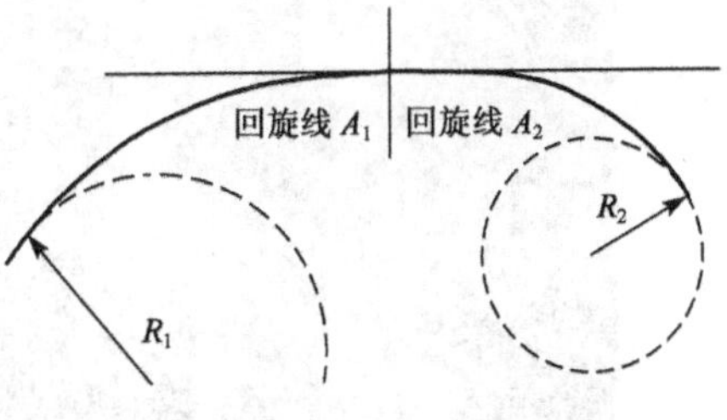

图 2-1-17　C 形

7. 回头曲线

为克服山区公路高差，公路路线在同一坡面上展线，且其圆心角大于或接近于 180°的曲线称为回头曲线，如图 2-1-18 所示。

a)　　　　b)

图 2-1-18　回头曲线图

a) 回头曲线实景；b) 回头曲线线形示意图

回头曲线的前后线形应连续，两端以布设过渡性曲线（辅助曲线）为宜，此外还应设置限速标志，并采取合适的技术措施以获得良好的通视。回头曲线的主要技术指标见表 2-1-7。

回头曲线技术指标　　　　表 2-1-7

主线设计速度（km/h）	40		30	20
回头曲线设计速度（km/h）	35	30	25	20
圆曲线最小半径（m）	40	30	20	15
缓和曲线最小长度（m）	35	30	25	20
超高横坡度（%）	6.0			
双车道路面加宽值（m）	2.5	2.5	2.5	3.0
最大纵坡（%）	3.5	3.5	4.0	4.5

（三）公路平面线形设计

在平面线形设计时，不仅要保证直线、缓和曲线及圆曲线三要素的合理取用，还应考虑三者之间的相互配合，即直线的最大长度及曲线间直线的最短长度取用、直线与圆曲线间的缓和曲线设置都应综合考虑该公路等级的设计速度、地形、地物及地质等自然条件，考虑立体线形的视觉效果，保证公路线形的行车安全与舒适。设计时，一般要考虑以下几个方面要求。

（1）平面线形应短捷、连续，并与地形相适应，与周围环境相协调。在地势平坦开阔的平原微丘区，路线应直捷舒顺，其线形三要素中的直线将占主导地位；而在地势有很大起伏的山岭和重丘区，路线应随地形起伏布设成以曲线为主的线形，如图 2-1-19 所示。因此，如何合理解决路线与地形之间的关系，这既是美学问题，也是经济问题和生态环境保护问题。平面线形三要素的选用与合理组合取决于地形与周围环境。

a)

b)

图 2-1-19　公路线形布设示意

a)平坦地区，长直线与大半径曲线组合直捷舒顺；b)山岭地区，连续曲线组合与地形充分融合

(2)各级公路不论转角大小均应敷设曲线，并宜选用较大的圆曲线半径。转角过小时，应调整平面线形。当不得已而设置小于 7°的转角时，则必须按规定设置足够长的曲线。

公路平曲线长度取值，可从以下三个方面加以确定：

①平曲线长度至少应保证两条缓和曲线插入，以满足公路线形要求；

②满足驾驶员操纵转向盘所需时间以及乘客的心理需求，也须保证两条缓和曲线的长度；一般情况下，平曲线长度的取值应满足表 2-1-8 的要求。

各级公路平曲线最小长度　　表 2-1-8

设计速度(km/h)	120	100	80	60	40	30	20
一般值(m)	600	500	400	300	200	150	100
最小值(m)	200	170	140	100	70	50	40

③对小偏角弯道，还应从驾驶员的视角及心理出发考虑其行驶的安全性，即驾驶员在高速行驶时，会认为该弯道的曲线长度及曲线半径比实际要小，从而降低了行车速度，或不想降速时，因采用增大行车转弯半径而侵入其他车道，造成交通事故。

《规范》规定，当路线转角等于或小于 7°时，应设置较长的平曲线，其长度应大于表 2-1-9 的要求。

公路转角等于或小于 7°时的平曲线长度　　表 2-1-9

设计速度(km/h)	120	100	80	60	40	30	20
一般值(m)	1 400/θ	1 200/θ	1 000/θ	700/θ	500/θ	350/θ	280/θ

注：表中的 θ 为路线转角值(°)，当 $\theta<2°$时，按 $\theta=2°$计算。

(3)平面线形设计应保持线形的均衡与连贯。设计时，应充分注意各线形要素的连续性，不得出现技术指标的突变，并应符合以下几点要求：

①两同向圆曲线间应设有足够长度的直线，否则应调整线形，设置为单曲线或复曲线。

②两反向圆曲线间不应设置短直线段，否则应调整线形，设置为 S 形曲线。

③六车道及其以上的高速公路，同向或反向圆曲线间插入的直线长度，还应符合路基外侧边缘超高过渡渐变率规定的要求。

④设计速度等于或小于 40km/h 的双车道公路，两相邻反向圆曲线有超高时，可径相衔接，无超高有加宽时，应设置长度不小于 10m 的加宽过渡段；两相邻反向圆曲线设有超高时，

地形条件特殊困难路段的直线长度不得小于15m 。

⑤设计速度等于或小于40km/h 的双车道公路,应避免连续急弯的线形。地形条件特殊困难时,应在曲线间插入规定的直线长度或回旋线。

(4)线形设计的要求与内容应随公路等级和设计速度的不同而异。对于高速公路、一级公路以及设计速度≥60km/h 的公路,应注重立体线形设计,尽量做到线形连续、指标均衡、视觉良好、景观协调、安全舒适。设计速度越高,线形设计时所考虑的因素越应周全。对于设计速度为≤40km/h 的公路,首先应在保证行驶安全的前提下,正确地运用线形要素规定值(包括最大、最小值),在条件允许的情况下,力求做到各种线形要素的合理组合,并尽量避免不利的组合,以期充分发挥投资效益。

(5)在路线交叉前后,应尽可能采用技术指标较高的线形,保证行驶安全和提高公路的通行能力。

(6)应解决好线形与桥、隧道轴线之间的关系。原则上,对于大桥、特大桥或隧道,以路线服从为主,即尽可能采用直线线形,但应视具体情况及其他条件选用适当的曲线线形,并应满足视距要求。

二、任 务 实 施

(一)任务布置

课题一:××公路路线平面线形组成分析

1. 基本资料

某山岭区三级公路为双车道,设计速度为30km/h,平面基础资料如表2-1-10所示。

某公路路线平面设计资料一览表 表2-1-10

交点编号	交点桩号	交点偏角		半径(m)	缓和曲线长度(m)
		左偏	右偏		
起点	K0 +000				
JD_1	K0 +198.882		58°32′50.1″	100	30
JD_2	K0 +509.284	11°38′06.9″		180	35
JD_3	K0 +813.393	38°16′08.6″		120	30
JD_4	K1 +077.748		24°56′57″	120	25
JD_4	K1 +267.814		12°45′38.2″	280	50
JD_5	K1 +669.545	25°14′49.3″		220	50
JD_6	K2 +012.127		42°14′35.1″	260	60
JD_8	K2 +305.638	20°47′49.7″		210	40
JD_9	K2 +724.689		57°35′53.4″	120	50
JD_7	K2 +990.891	15°32′06.8″		300	50
JD_8	K3 +239.228	43°42′40″(Z)		100	30
JD_9	K3 +572.367	21°10′02.3″		160	30
JD_{10}	K3 +936.263	41°56′00.7″		180	50
终点	K4 +327.569				

2. 任务

(1)完成表2-1-10中各弯道的平曲线要素计算,并提供相应的计算书。

(2)根据表2-1-10及已计算的平面设计资料,以各学习小组为单位,绘制一张1:2 000的路线草图，在图中注明各弯道的曲线主点位置(包括第一缓和曲线起点 HZ、第一缓和曲线终点 HY、曲线中点、第二缓和曲线终点 YH 及第二缓和曲线起点)，并注明对应各点的里程桩号。

(3)由路线起点开始，计算各交点间距，并以此计算各交点间因设置平曲线以后的交点间直线段长度，并分析设计路段的直线段长度是否合理。

(4)计算各缓和曲线参数，并分析其设置的合理性。

(5)根据图 2-1-19 的公路平面线形布置图，分组讨论并详细分析各图中公路平面线形的合理性。

3. 要求

(1)根据班级人数分成若干组，一般为 6～8 人/组。

(2)以组为单位，各组员完成上述任务(1)、(3)、(4)，组长负责检查各成员的计算或分析结果，做好记录供集体讨论。

(3)全组共同完成上述任务(2)、(5)，组长负责成果的记录与整理，按任务目标的要求上交《××公路路线平面线形组成分析报告》，供教师批阅。

(二)课堂教学

课堂教学以公路平面线形组成分析为主线，围绕公路平面线形三要素的基本知识、线形的基本组合及线形设计的方法与步骤组织实施，计划安排 6 学时。

课堂教学可按如下步骤进行：

(1)结合图 2-1-1 或其他合适图片展开课堂教学，提出公路平面线形组成。

(2)直线是最基本的要素之一，应重点讨论最大直线长度与最小直线长度在设计中的取用。

(3)“断背曲线”采用教师讲解与学生课后思考相结合的方式组织教学。

(4)圆曲线最小半径含义较难理解，一方面采用课堂讲解与课后组织讨论相结合；另一方面则围绕《标准》提供的相关半径，结合案例展开教学。

(5)案例分析。

[案例 1] 某二级公路，设计速度 $V=80\text{km/h}$，试问该等级公路的极限最小半径为多少。

解：由表 2-1-3 可知，横向力系数 $\mu=0.13$，$i_{\max}=0.08$

根据公式(2-1-3)，极限最小半径为：

$$R_{\min}=\frac{V^2}{127(\mu_{\max}+i_{\max})}=\frac{80^2}{127\times(0.13+0.08)}=239.97(\text{m})$$

《标准》规定的最小半径为 250m(表 2-1-5)。

[案例 2] 某三级公路，其设计车速 $V=30\text{km/h}$，试问该公路的一般最小半径为多少。

解：由表 2-1-4 可知，横向力系数 $\mu=0.05$，$i_{\text{b}}=0.06$

根据公式(2-1-4)，一般最小半径为：

$$R_{一般}=\frac{V^2}{127(\mu_{一般}+i_{\text{b}})}=\frac{30^2}{127\times(0.05+0.06)}=64.42(\text{m})$$

《标准》规定为 65m(表 2-1-5)。

[案例 3] 已知某高速公路，其设计速度 $V=120\text{km/h}$，设该公路的路面横坡度采用 $i_1=1.5\%$。试计算该等级公路不设超高的最小半径为多少，并与《标准》进行比较。

解：已知 $i_1=0.015$，设 $\mu=0.035$。根据公式(2-1-5)不设超高的最小半径公式：

$$R_{免} = \frac{V^2}{127(\mu_{免} - i_1)} = \frac{120^2}{127 \times (0.035 - 0.015)} = 5\,569.29(\mathrm{m})$$

由表 2-1-5 可知,不设超高最小半径当 $i_1 \leqslant 2.0\%$ 时,$R = 5\,500\mathrm{m}$,与《标准》的规定相符合。

(6)结合图 2-1-5 或其他合适的图片展开教学,提出设置缓和曲线的作用,分析缓和曲线基本方程,提出缓和曲线最小长度确定的依据,通过案例分析并结合《标准》,总结缓和曲线长度确定的方法与步骤。

[案例 4] 某新建二级公路,设计速度为 80km/h,今有一弯道,其圆曲线半径 $R = 260\mathrm{m}$,路基宽度为$(9 + 2 \times 1.5)\mathrm{m}$,路拱横坡度为 2.5%。试合理确定该平曲线的缓和曲线长度。

解:根据题意,缓和曲线长度的确定可根据以下三方面考虑:

由式(2-1-10)可得:

$$l_{\mathrm{h}} = vt = \frac{V}{3.6}t = \frac{V}{1.2} = \frac{80}{1.2} = 66.67(\mathrm{m})$$

由式(2-1-9)可得

$$l_{\mathrm{h}} \geqslant 0.035\frac{V^3}{R} = 0.035 \times \frac{80^3}{260} = 68.92(\mathrm{m})$$

缓和曲线的设置必须保证超高缓和段长度,由式(2-1-11)可得:

$$l_{\mathrm{h}} \geqslant \frac{h_{\mathrm{c}}}{p} = \frac{bi_{\mathrm{b}}}{p}$$

查表 2-1-3 得超高横坡度为 8%,查表 2-2-3 得 $p = 1/150$,代入上式得:

$$l_{\mathrm{h}} = \frac{9 \times 0.08}{1/150} = 108(\mathrm{m})$$

综合考虑以上三方面,并取 5m 的整数倍,取该平曲线的缓和曲线长度为 110m。

则:

$$A = \sqrt{Rl_{\mathrm{h}}} = \sqrt{260 \times 110} = 169.1(\mathrm{m})$$

另外,缓和曲线长度还应考虑线形的平顺感,故按式(2-1-12):

$$\frac{R}{3} \leqslant A \leqslant R$$

即

$$86.67 \leqslant A \leqslant 260$$

所以,该平曲线缓和曲线长度以取 110m 为宜。

(7)缓和曲线常数是平面线形学习中的重点与难点,课堂教学以图形分析为主,结合工程案例分析完成课堂教学。

[案例 5] 某二级公路,设计速度为 80km/h,今有一弯道,其圆曲线半径 $R = 260\mathrm{m}$,其缓和曲线 $l_{\mathrm{h}} = 70\mathrm{m}$,交点 JD 桩号为 K16 + 721.26,其交点偏角为 $\alpha = 29°23'24''$,试计算该曲线的平曲线要素。

解:(1)计算缓和曲线常数:

$$p = \frac{l_{\mathrm{h}}^2}{24R} = \frac{70^2}{24 \times 260} = 0.78(\mathrm{m})$$

$$\beta = \frac{l_{\mathrm{h}}}{2R} \times \frac{180}{\pi} = \frac{70 \times 180}{2 \times 260 \times \pi} = 7°42'46''$$

$$x_h = l_h - \frac{l_h^3}{40R^2} = 70 - \frac{70^3}{40 \times 260^2} = 69.87(\text{m})$$

$$y_h = \frac{l_h^2}{6R} - \frac{l_h^4}{336R^3} = \frac{70^2}{6 \times 260} - \frac{70^4}{336 \times 260^3} = 3.14(\text{m})$$

(2)判断能否设置缓和曲线,即$\alpha > 2\beta$是否成立:

$$2\beta = 2 \times 7°42'46'' = 15°25'32'' < \alpha = 29°23'24''(\text{符合要求})$$

(3)曲线要素计算:

切线长:

$$q = \frac{l_h}{2} - \frac{l_h^3}{240R^2} = \frac{35}{2} - \frac{70^3}{240 \times 260^2} = 34.98(\text{m})$$

$$T_h = (R + p)\tan\frac{\alpha}{2} + q = (260 + 0.78)\tan\frac{29°23'24''}{2} + 34.98 = 103.37(\text{m})$$

曲线长度:

$$L_h = \alpha R\frac{\pi}{180} + l_h = 29°23'24'' \times 260 \times \frac{\pi}{180} + 70 = 203.36(\text{m})$$

外距:

$$E_h = (R + p)\sec\frac{\alpha}{2} - R = (260 + 0.78)\sec\frac{29°23'24''}{2} - 260 = 39.30(\text{m})$$

圆曲线长度:

$$L_y = L_h - 2l_h = 203.36 - 140 = 63.36(\text{m})$$

曲切差:

$$D_h = 2T_h - L_h = 2 \times 103.37 - 203.36 = 3.38(\text{m})$$

(8)根据《标准》与《规范》,以平面线形7种基本组合的课堂教学为主线,结合图2-1-12~图2-1-18,分析各种不同组合的优点与缺点,阐明线形设计时对圆曲线半径、缓和曲线参数A的不同要求。

(9)公路平面线形设计的重点是:正确理解线形设计与设计速度、地形、地物及地质等自然条件的关系,考虑立体线形的视觉效果,保证公路线形的行车安全性与舒适性。课堂组织以提供丰富的具有代表性的公路图片为背景,结合《规范》及已有设计成果组织教学;另一方面,平曲线最小长度也是公路线形设计的一个重要方面,课堂教学可采用《规范》要求及案例组织教学。

[案例6] 已知某平原区三级公路,设计速度$V = 80\text{km/h}$,其中某弯道的偏角为$\alpha = 2°30'$。求该弯道最小圆曲线半径应为多少?(设该公路的路拱横坡度为2%)

解:由表2-1-9可知,三级公路

$$L \geqslant \frac{700}{\theta} = \frac{700}{2.5} = 280(\text{m})$$

暂取该弯道的缓和曲线长度:

$$l_h = 70\text{m}$$

因为

$$L = \alpha R\frac{\pi}{180} + l_h$$

则

$$R = \frac{L - l_h}{\pi\alpha} \times 180 = \frac{280 - 70}{2.5\pi} \times 180 = 4\,812.85(\text{m})$$

由表2-1-5可知，$R_{免}=2\,500\text{m}$，则该弯道不需要设置缓和曲线。

即

$$L = \alpha R \frac{\pi}{180}$$

则

$$R = \frac{180L}{\pi\alpha} = \frac{180 \times 280}{\pi \times 2.5} = 6\,417(\text{m})$$

取100m的整数倍，则$R=6\,500\text{m}$，才能保证该平曲线的最小长度。

工作任务二　平曲线超高、加宽计算

学习目标

1. 叙述平曲线超高与加宽的原因、超高横坡度与加宽值的确定方法与相关要求；
2. 掌握超高方式、超高缓和段构成、超高值计算、加宽缓和段长度的计算方法；
3. 分析在平曲线内设置超高与加宽的相关设计要点与计算要点；
4. 根据教材相关知识完成课后[自测5]~[自测8]；
5. 正确完成长度为2~3km，由5~8个弯道组成的平曲线超高与加宽设计计算书。

任务描述

教师准备若干套路线平面设计图及相关设计要素（包括公路等级、公路平面设计资料），学生分组（视班级总人数可分5~6人/组），组长负责任务的组织与实施，最终以组为单位上交平曲线超高与加宽设计计算书。各组在接到任务后，认真学习《标准》及《规范》的相关要求，结合教师讲课并视需要收集其他相关信息，每组各成员单独准备分析材料，然后分组讨论，由一人做好记录，并整理上交《××公路平曲线超高与加宽设计计算书》。

学习引导

本工作任务沿着以下脉络进行学习：

1. 任务布置（提供公路等级、路线平面基本设计资料，提出完成任务的内容与要求）；
2. 第一次课堂教学（超高横坡度确定的方法与要求，超高缓和段长度，超高值计算）；
3. 课后思考与总结；
4. 实训教学（观看超高与加宽模型或图片）；
5. 完成第二部分的任务(1)和任务(3)；
6. 第2次课堂教学（加宽值确定，加宽缓和段长度确定，缓和段上加宽值计算）；
7. 课后思考与总结；
8. 各组成果检查，完成第二部分的任务(2)；
9. 分组讨论，完成第二部分的任务(4)和任务(5)；
10. 上交成果：《××公路平曲线超高与加宽设计计算书》；
11. 学生自测与自评；
12. 组长对组员考核。

一、相 关 知 识

（一）平曲线超高

1. 超高及其作用

如图 2-2-1 所示，在平曲线设计时，常将弯道外侧车道抬高，构成与内侧车道同坡度的单向坡，这种设置称为平曲线超高，设置超高的目的是为了使汽车在圆曲线上行驶时能获得一个指向内侧的横向分力，用以克服离心力，减少横向力，从而保证汽车行驶的稳定性及乘客的舒适性。

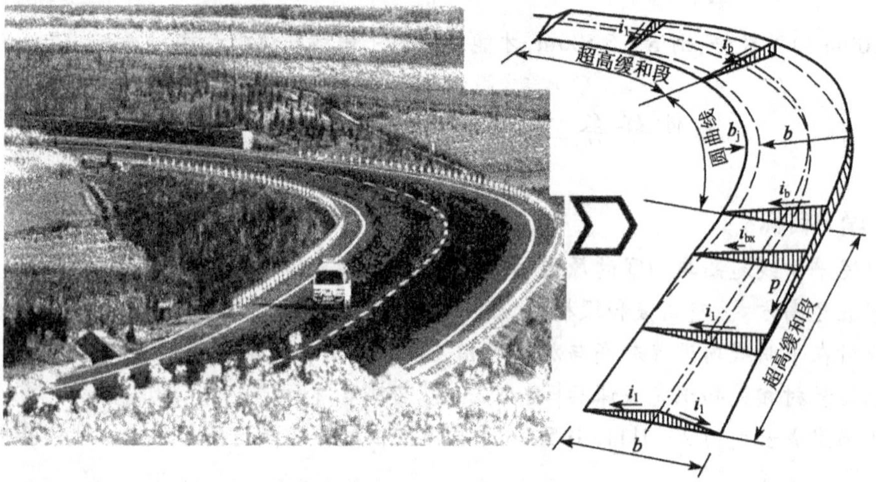

图 2-2-1　平曲线超高，超高实景与超高断面构成

2. 超高横坡度的考虑因素

超高横坡度的大小与设计速度、圆曲线半径及公路所处的环境、自然条件、路面类型、车辆组成等因素有关。

超高横坡度可按式（2-2-1）计算，即

$$i_b = \frac{V^2}{127R} - \mu \tag{2-2-1}$$

式中：i_b——超高横坡度，以小数计；

V——各级公路的设计速度，km/h；

μ——横向力系数。

式（2-2-1）中横向力系数的取值，主要考虑设置超高后抵消离心力的剩余横向力系数，其值的大小在 0 ~ μ_{max} 之间，也与多种因素有关，如车速大小、快慢车的不同要求、乘客的舒适与路容之间的矛盾等。因此，对于确定的行车速度，最大超高值的确定主要取决于曲线半径、路面粗糙程度及当地气候条件。

3. 设置超高的一般规定和要求

（1）高速、一级公路最大超高值的取值范围为 8% ~10%，正常情况下采用 8%；对设计速度高，或经验算运行速度高的路段，宜采用 10%。二、三、四级公路限定最大超高为 8% 是适宜的。但对于积雪冰冻地区，考虑其以货车为主通行的特点，限定最大超高为 6% 比较安全。

（2）圆曲线半径小于表 2-1-5 规定的不设超高圆曲线最小半径时，应在曲线上设置超高。超高横坡度应根据设计速度、圆曲线半径、路面类型、自然条件和车辆组成等情况确定，设计时根据表 2-2-2，依据半径值查，表合理确定该平曲线的相应超高值，必要时应按运行速度予以验算。

(3)各级公路平曲线部分的最小超高值应与该公路直线部分的正常路拱横坡度值相同。

(4) 二、三、四级公路接近城镇且混合交通量较大的路段，在车速受到限制时，其最大超高值采用表 2-2-1 所列值。

车速受限制时最大超高值 表 2-2-1

设计速度(km/h)	80	60	40、30、20
超高值(%)	6	4	2

(5)位于曲线上的行车道、硬路肩，均应根据设计速度、圆曲线半径、自然条件等设置超高值。

(6)在有纵坡的弯道上设置超高时，应考虑合成坡度的要求。

$$i_k = \sqrt{i_{纵}^2 + i_b^2} \tag{2-2-2}$$

式中：$i_{纵}$——道路纵坡，%；

i_k——合成坡度，%。

4. 超高过渡方式

从直线上的路拱双向坡断面，过渡到圆曲线上具有超高横坡度的单向坡断面，要有一个逐渐变化的区段，这一区段称为超高缓和段。它有不同的过渡方式，一般有两种情况(无中央分隔带和有中央分隔带公路)共六种形式，如图 2-2-2 所示。

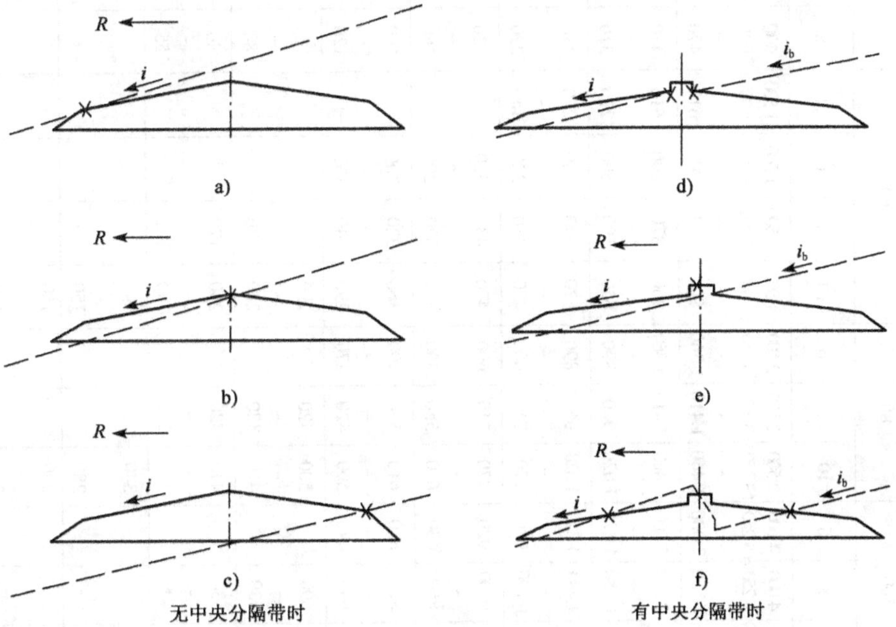

图 2-2-2 超高过渡方式

(1)无中央分隔带公路。

①绕路面未加宽时的内侧边缘旋转，简称内边轴旋转，如图 2-2-2a)所示；

②绕路面中心线旋转，简称中轴旋转，如图 2-2-2b)所示；

③绕路面外侧边缘旋转，简称外边轴旋转，如图 2-2-2c)所示。

(2)有中央分隔带的公路。

①绕中央分隔带两侧边缘分别旋转，如图 2-2-2d)所示；

②绕中央分隔带中心旋转，如图 2-2-2e)所示；

圆曲线半径与超高值 表 2-2-2

设计速度（km/h）		120			100			80			60				40				30				20			
最大超高（%）		10	8	6	10	8	6	10	8	6	10	8	6	4	8	6	4	2	8	6	4	2	8	6	4	2
超高（%）	2	5 500（7 550）~2 950	5 500（7 550）~2 860	5 500（7 550）~2 730	4 000（5 250）~2180	4 000（5 250）~2 150	4 000（5 250）~2 000	2 500（3 350）~1 460	2 500（3 350）~1 410	2 500（3 350）~1 360	1 500（1 900）~900	1 500（1 900）~870	1 500（1 900）~800	1 500（1 900）~610	600（800）~470	600（800）~410	600（800）~330	600（800）~75	350（450）~250	350（450）~230	350（450）~150	350（450）~40	150（200）~140	150（200）~110	150（200）~70	150（200）~20
	3	2 950~2 080	2 860~1 990	2 730~1 840	2 180~1 520	2 150~1 480	2 000~1 320	1 460~1 020	1 410~960	1 360~890	900~620	870~590	800~500	610~270	470~310	410~250	330~130		250~170	230~140	150~60		140~90	110~70	70~30	
	4	2 080~1 590	1 990~1 500	1 840~1 340	1 520~1 160	1 480~1 100	1 320~920	1 020~770	960~710	890~600	620~470	590~430	500~320	270~150	310~220	250~150	130~70		170~120	140~80	60~35		90~70	70~40	30~15	
	5	1 590~1 280	1 500~1 190	1 340~970	1 160~920	1 100~860	920~630	770~610	710~550	600~400	470~360	430~320	320~200		220~160	150~90			120~90	80~50			70~50	40~30		
	6	1 280~1 070	1 190~980	970~710	920~760	860~690	630~440	610~500	550~420	400~270	360~290	320~240	200~135		160~120	90~60			90~60	50~35			50~40	30~15		
	7	1 070~910	980~790		760~640	690~530		500~410	420~320		290~240	240~170			120~80				60~40				40~30			
	8	910~790	790~650		640~540	530~400		410~340	320~250		240~190	170~125			80~55				40~30				30~15			
	9	790~680			540~450			340~280			190~150															
	10	680~570			450~369			280~220			150~115															

注：1. 括号内为路拱大于 2% 时不设超高的最小半径。

2. 表中圆曲线半径单位为米（m）。

③绕各自的行车道中心旋转,如图 2-2-2f)所示。

5. 主圆曲线上全超高值计算

为便于施工放样,在设计中一般要计算出路基的左、中、右实际高程,或实际高程与设计高程的差值,这一差值即为“超高值”。在主圆曲线上,全超高断面所对应的超高值为“全超高值”。其超高值计算与超高过渡方式有关。这里,仅介绍无中央分隔带时绕内边轴旋转与中轴旋转的全超高值计算。

(1)绕内边轴旋转。如图 2-2-3 所示,经超高后的路基左侧、路中心及路基右侧的超高值 h_c、h_c'、h_c''可分别按式(2-2-3)~式(2-2-5)计算。

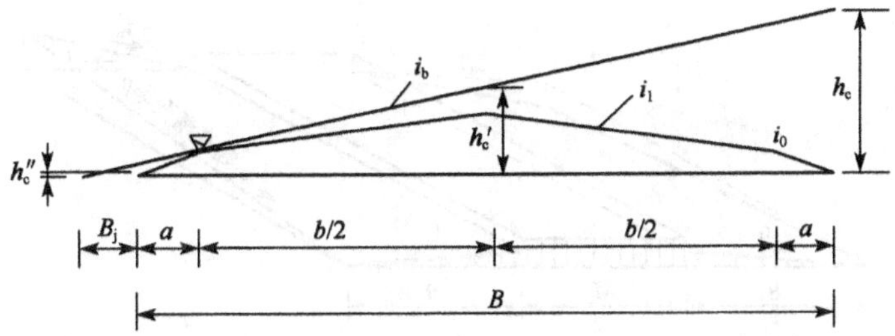

图 2-2-3　绕内边轴旋转的全超高断面

$$h_c = ai_0 + (a + b)i_b \tag{2-2-3}$$

$$h_c' = ai_0 + \frac{b}{2}i_b \tag{2-2-4}$$

$$h_c'' = ai_0 - (a + B_j)i_b \tag{2-2-5}$$

式中:a——土路肩宽度,m;

i_0——土路肩横坡度,%;

b——路面宽度,m;

i_1——路拱坡度,它与路面类型有关,%;

B_j——圆曲线部分的全加宽值,m,见表 2-2-5。

(2)绕中轴旋转。如图 2-2-4 所示,经超高后的路基左侧、路中心及路基右侧的超高值 h_c、h_c'、h_c''可分别按式(2-2-6)~式(2-2-8)计算。

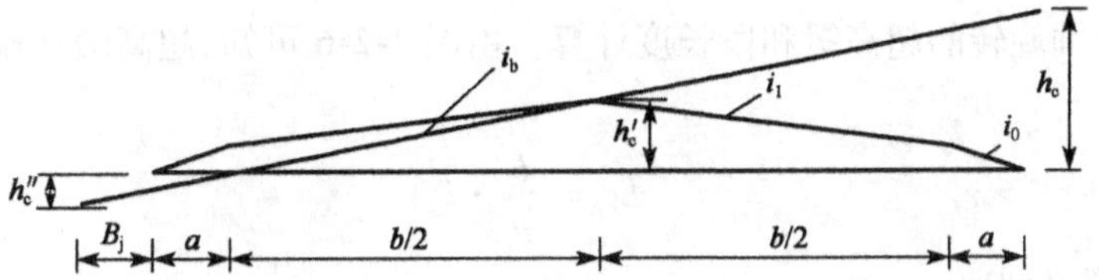

图 2-2-4　绕中轴旋转的超高

$$h_c = ai_0 + \frac{b}{2}i_1 + \left(a + \frac{b}{2}\right)i_b \tag{2-2-6}$$

$$h_c' = ai_0 + \frac{b}{2}i_1 \tag{2-2-7}$$

$$h''_c = ai_0 + \frac{b}{2}i_1 - \left(a + \frac{b}{2} + B_j\right)i_b \quad (2\text{-}2\text{-}8)$$

式中符号意义同前。

6. 超高缓和段长度的确定

为满足行车舒适、路容美观及排水的要求，超高缓和段必须有一定的长度。超高缓和段长度的确定一般以"超高渐变率"来控制。所谓超高渐变率，是指在超高缓和段上由于外侧路基逐渐抬高(或降低)，其路基边缘纵坡较原来设计纵坡增加了一个附加纵坡，如图2-2-5所示。超高渐变率过大，会造成行车不适，路容不美观；但若过小，则易在路面内侧积水。我国《规范》规定的超高渐变率见表2-2-3。

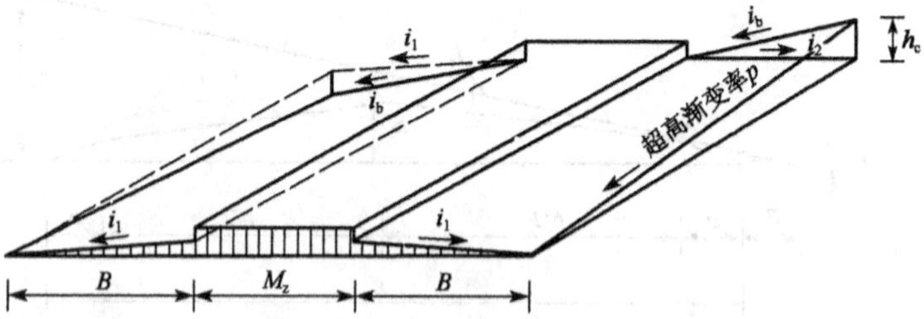

图2-2-5 超高渐变率(附加纵坡)

超高渐变率表 表2-2-3

设计速度(km/h)	超高旋转轴位置		设计速度(km/h)	超高旋转轴位置	
	中轴	边轴		中轴	边轴
120	1/250	1/200	40	1/150	1/100
100	1/225	1/175	30	1/125	1/75
80	1/200	1/150	20	1/100	1/50
60	1/175	1/125			

由图2-2-5可知，超高缓和段长度计算的一般式见式(2-2-9)。

$$L_c = \frac{h_c}{p} \quad (2\text{-}2\text{-}9)$$

式中：L_c——超高缓和段长度，m；

其余符号意义同前。

具体计算时，超高缓和段长度随超高过渡方式的不同有对应的计算公式：

(1)绕内边轴旋转的超高缓和段长度计算。由图2-2-6可知，超高缓和段长度可近似按式(2-2-10)计算：

$$L_c = \frac{b}{p} \cdot i_b \quad (2\text{-}2\text{-}10)$$

式中符号意义同前。

(2)绕中轴旋转的超高缓和段长度计算。如图2-2-7所示，超高缓和段长度可近似按式(2-2-11)计算，则：

$$L_c = \frac{b}{2} \cdot \frac{i_1 + i_b}{p} \quad (2\text{-}2\text{-}11)$$

式中符号意义同前。

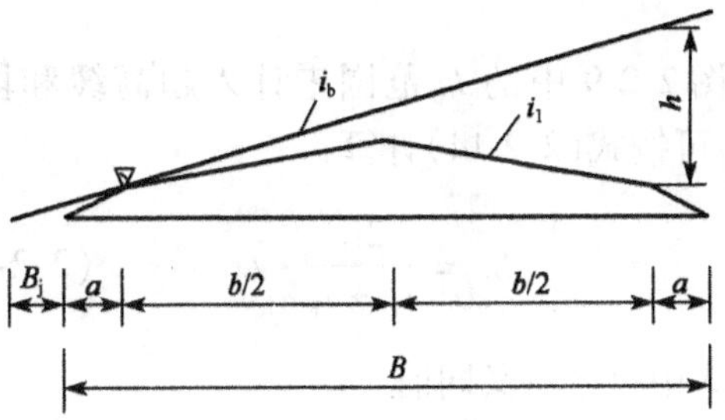

图 2-2-6　绕内边轴旋转时

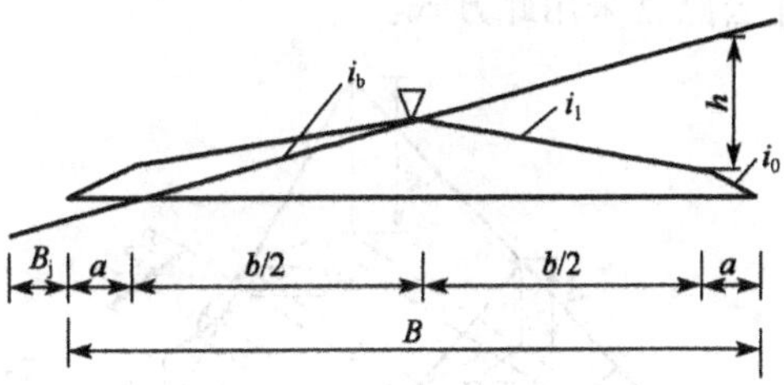

图 2-2-7　绕中轴旋转时

(3)对于有中央分隔带的 3 类超高过渡方式可按式(2-2-11)计算。对式(2-2-10)及式(2-2-11)进行归纳得出一般式为：

$$L_c = \frac{b'}{p} \cdot \Delta i \tag{2-2-12}$$

式中：b'——超高旋转轴至路面外侧边缘之间的距离，m；

Δi——超高旋转轴外侧的最大超高横坡度与原路面横坡度的代数差，%；

p——超高渐变率，参照表 2-2-3；

L_c——超高缓和段长度，取 5m 的整倍数，并不小于 20m 的长度值，m。

7. 超高缓和段的构成

超高缓和段是完成双向横坡向全超高断面逐渐变化的过渡段，在这一过渡段内由不同的阶段构成，通常称之为超高缓和段构成，它随超高方式的不同而异。

(1)绕内边轴旋转。如图 2-2-8 所示，在超高缓和段起点之前将路肩的横坡逐渐变为路拱横坡(L_0范围)，再以路中线为旋转轴，逐渐抬高外侧路面与路肩，使之达到与路拱坡度一致的单向横坡(L_1范围)，然后整个断面再绕未加宽前的内侧车道边缘旋转，直至达到超高横坡度为止(L_2范围)，一般新建公路多采用此种方式。

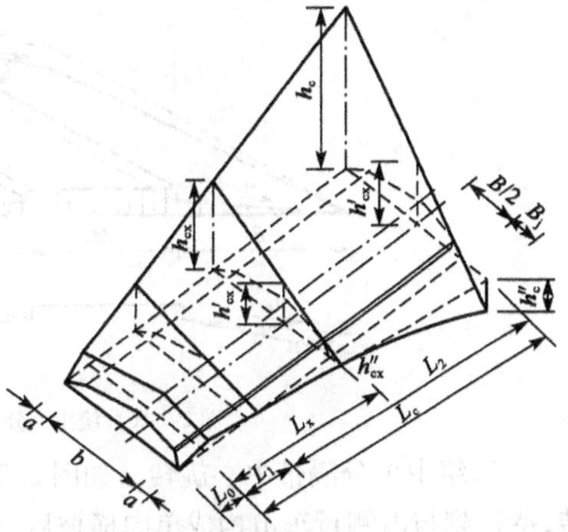

图 2-2-8　绕内边轴旋转的超高过渡方式

图 2-2-8 中的 L_0范围未计入超高缓和段范围，L_1可按式(2-2-13)计算：

$$L_1 = \frac{i_1}{i_b} \cdot L_c \tag{2-2-13}$$

式中：L_1——超高缓和段上临界断面至超高缓和段起点之间的距离，m；

i_1——路拱横坡度，%；

i_b——超高横坡度，%；

L_c——超高缓和段长度，一般情况下取该弯道的缓和曲线长度，并按式(2-2-10)验算，m。

(2)绕中轴旋转。如图 2-2-9 所示，在超高缓和段起点之前将路肩的横坡逐渐变为路拱横坡(L_0范围)，再以路中线为旋转轴，逐渐抬高外侧路面与路肩，使之达到与路拱坡度一致的单向横坡(L_1范围)，然后整个断面再绕中心轴旋转，直至达到超高横坡度为止(L_2范围)，一般改建公路常采用此方式。

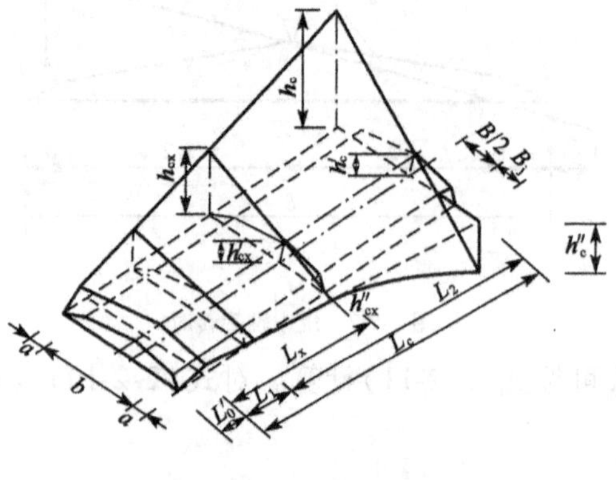

图 2-2-9　绕中轴旋转的超高缓和段过渡方式

图 2-2-9 中的 L_0 范围未计入超高缓和段范围，L_1 可按式(2-2-14)计算：

$$L_1 = \frac{2i_1}{i_1 + i_b} \cdot L_c \qquad (2\text{-}2\text{-}14)$$

式中符号意义同前。

(3)绕外边缘旋转。先将外侧车道绕路面外边缘旋转，与此同时，内侧车道随中线的降低而相应降坡，待达到单向横坡后，整个断面仍绕外侧车道边缘旋转，直到超高横坡度为止。此种方法仅在特殊设计时采用(如山区公路高填方或深挖方路段)。

(4)绕中央分隔带边缘旋转。如图 2-2-10 所示，将两侧行车道分别绕中央分隔带边缘旋转，使之各自成为独立的单向超高断面，此时中央分隔带维持原水平状态。各种宽度不同的中央分隔带均可选用此种方式。

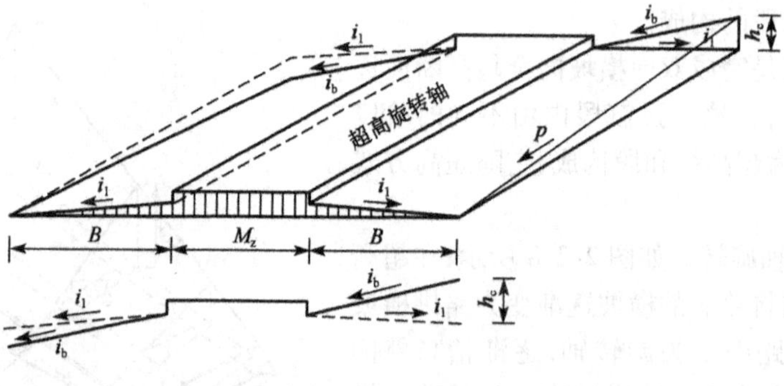

图 2-2-10　绕中央分隔带边缘旋转的超高缓和段构成

(5)绕中央分隔带中心旋转。如图 2-2-11 所示，先将外侧行车道绕中央分隔带的中心旋转，待达到与内侧行车道构成单向横坡后，整个断面一同绕中心线旋转，直至超高横坡值。此时，中央分隔带呈倾斜状。宽度小于或等于 4.5m 的公路可采用此方式。

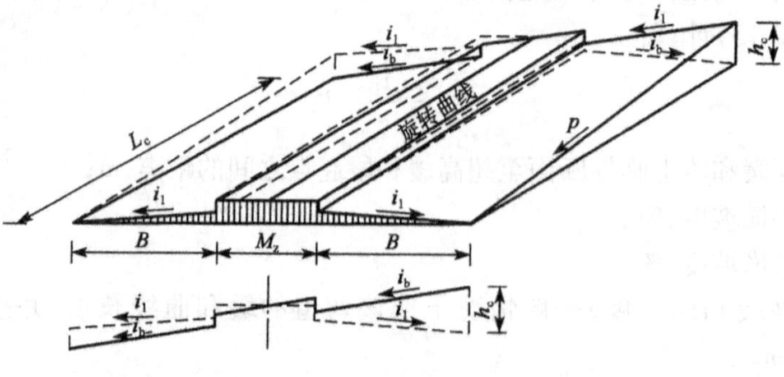

图 2-2-11　绕中央分隔带中心旋转的超高缓和段构成

(6)绕各自行车道中线旋转。如图 2-2-12 所示，将两侧行车道分别绕各自的中线旋转，使之各自成为独立的单向超高断面。此时中央分隔带两边缘分别升高与降低而成为倾斜断面。

单向车道数大于四条的公路可采用此种方式。

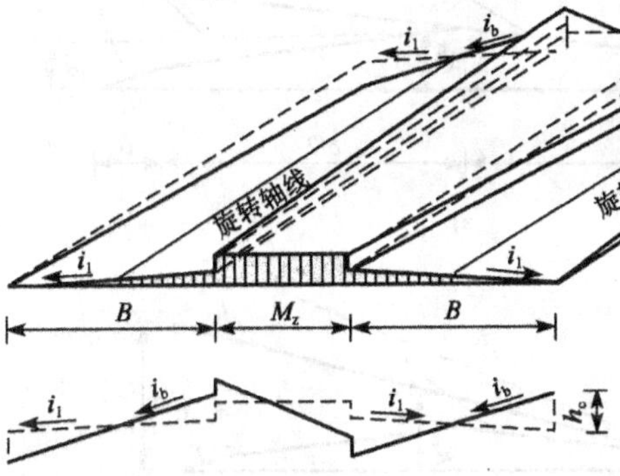

图 2-2-12　绕各自行车道中心旋转的超高缓和段构成

8. 超高缓和段上超高值的计算

(1)绕内边轴旋转时超高值的计算。

①在临界断面之前:$0 \leqslant x \leqslant L_1$。

由图 2-2-8 和图 2-2-13a)可得:

$$h_{cx} = a(i_0 - i_1) + [ai_1 + (a+b)i_b]\frac{x}{L_c} \approx \frac{x}{L_c} \cdot h_c \tag{2-2-15}$$

$$h'_{cx} = ai_0 + \frac{b}{2}i_1 \tag{2-2-16}$$

$$h''_{cx} = ai_0 - (a + b_{jx})i_1 \tag{2-2-17}$$

式中:L_1——临界断面位置距超高缓和段起点的距离,$L_1 = \frac{i_1}{i_b} \cdot L_c$,m;

b_{jx}——超高缓和段上的加宽值,$b_{jx} = \frac{x}{L_c} \cdot B_j$,m;

B_j——圆曲线上全加宽值,按《标准》取用,m;

x——缓和段上任一断面至缓和段起点的距离,m;

i_b——超高横坡度,%;

i_1——路拱横坡度,%;

L_c——超高缓和段长度,m;

其他符号意义同前。

②在临界断面之后:$L_1 \leqslant x \leqslant L_c$。

由图 2-2-8 和图 2-2-13b)可得:

$$h_{cx} = a(i_0 - i_1) + [ai_1 + (a+b)i_b]\frac{x}{L_c} \approx \frac{x}{L_c} \cdot h_c \tag{2-2-18}$$

$$h'_{cx} = ai_0 + \frac{b}{2}i_{bx} \tag{2-2-19}$$

$$h''_{cx} = ai_0 - (a + b_{jx})i_{bx} \tag{2-2-20}$$

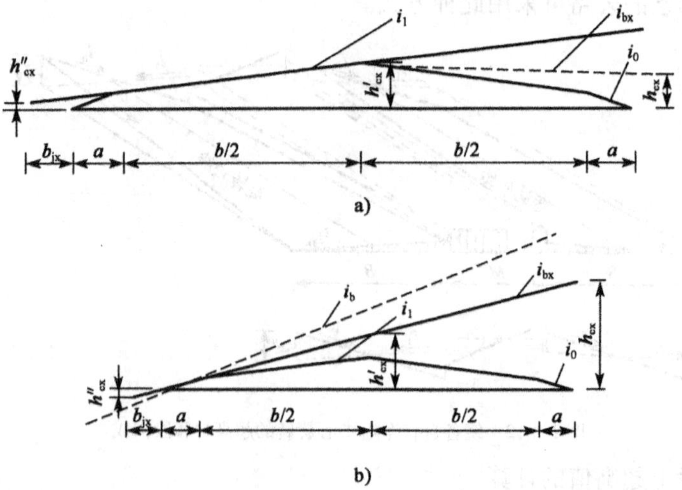

图 2-2-13　绕内侧边轴旋转的超高缓段上的超高值

a）在临界断面之前的超高断面；b）在临界断面之后的超高断面

式中：i_{bx}——临界断面之后，在超高缓和段上任一断面的超高横坡度，

$$i_{bx}=\frac{x}{L_c}i_b$$

其他符号意义同前。

（2）绕中轴旋转时超高值的计算。

根据绕中轴旋转的过程，同理可以建立其相应的超高值计算公式，如表 2-2-4 所示。

绕中轴旋转的超高值计算公式　　表 2-2-4

超高值	计算公式		备注
	$0\leqslant x\leqslant L_1$	$L_1\leqslant x\leqslant L_c$	
h_{cx}	$h_{cx}=a(i_0-i_1)+(a+\frac{b}{2})(i_1+i_b)\frac{x}{L_c}$或$h_{cx}=\frac{x}{L_c}h_c$		各超高值均为未加宽超高前路基边缘高程（设计高程），其中：$L_1=\frac{2i_1}{i_1+i_b}L_c$ $b_{jx}=\frac{x}{L_c}B_j$ $i_{bx}=\frac{x}{L_c}(i_1+i_b)-i_1$
h'_{cx}	$h'_{cx}=ai_0+\frac{b}{2}i_1$		
h''_{cx}	$h''_{cx}=ai_0-(a+b_{jx})i_1$	$h''_{cx}=ai_0+\frac{b}{2}i_1-(a+\frac{b}{2}+b_{jx})i_{bx}$	

（二）平曲线加宽

1. 加宽及其作用

汽车在曲线上行驶与在直线上行驶的状态有所不同，为保证安全，公路的弯道上的路面宽度应有所拓宽，所谓平曲线加宽（Curve Widening），是指为适应汽车在平曲线上行驶时后轮轨迹偏向曲线内侧的需要，平曲线内侧相应增加的路面、路基宽度。由图 2-2-14 可知，汽车在曲线上行驶，四个车轮轨迹半径不同，其中前轴外轮轨迹半径最大，后轴内轮的轨迹半径最小，因而需要比直线上更大的宽度。另外，汽车在曲线上行驶时，其行驶轨迹并不完全与理论行驶轨迹相吻合，而是有一定的摆动偏移，故需要路面加宽来弥补，以策安全。

2. 平曲线全加宽值计算

平曲线的全加宽值与圆曲线半径、车型尺寸及会车时的行车速度有关。由理论分析可知，平曲线加宽主要包括两方面，即汽车转弯的几何特征所需的加宽值与车速摆动偏移所需的加宽值，有关平曲线加宽的相关知识分述如下。

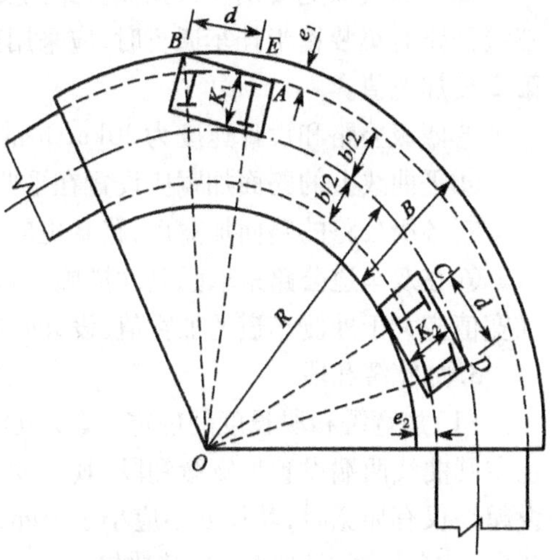

图2-2-14 圆曲线上加宽值计算图示

$b/2$-一条车道宽；B-加宽后路面宽；K_1、K_2-车箱外廓宽度，取一条车道宽；d-汽车后轮轴至前缘保险杠之距离；e_1、e_2-分别为内、外车道的加宽值

（1）根据汽车转弯的几何特征所需的加宽值：

$$e \approx \frac{d^2}{R} \tag{2-2-21}$$

（2）根据不同车速摆动偏移所需的加宽值：

$$e' = \frac{0.1V}{\sqrt{R}} \tag{2-2-22}$$

（3）平曲线上的全加宽值。由式（2-2-21）及式（2-2-22）可得，平曲线上的全加宽值为：

$$B_j = \frac{d^2}{R} + \frac{0.1V}{\sqrt{R}} \tag{2-2-23}$$

式中：B_j——平曲线上路面的全加宽值，m；

d——汽车后轴至汽车前缘保险杠的距离，m；

R——圆曲线半径，m；

V——各级公路的设计速度，一般取 $V = 40$km/h。

（4）鞍式列车对加宽的要求。鞍式列车等大型车辆对加宽的要求，包括牵引车、拖车及汽车摆动幅度的变化值，由三部分组成。可按式（2-2-24）计算：

$$B_j = \frac{{d_1}^2}{R} + \frac{d_2^2}{R} + \frac{0.1V}{\sqrt{R}} \tag{2-2-24}$$

式中：d_1——牵引车后轴至保险杠前缘的距离，m；

d_2——拖车后轴至牵引车后轴的距离，m；

其他符号意义同前。

（5）平曲线加宽的相关规定。

①二级公路、三级公路、四级公路的圆曲线半径小于或等于250m 时，应设置加宽。双车道公路路面加宽值规定如表2-2-5所示。

平曲线加宽值（单位：m） 表2-2-5

加宽类别	圆曲线半径 / 加宽值 / 汽车轴距加前悬	250～200	200～150	150～100	100～70	70～50	50～30	30～25	25～20	20～15
1	5	0.4	0.6	0.8	1.0	1.2	1.4	1.8	2.2	2.5
2	8	0.6	0.7	09	1.2	1.5	2.0	—	—	—
3	5.2+8.8	0.8	1.0	1.5	2.0	2.5	—	—	—	—

注：单车道公路路面加宽值应为表列规定值的一半。

②平曲线加宽类别应根据该公路的交通组成确定。二级公路以及设计速度为40km /h 的三级公路有集装箱半挂车通行时,应采用第 3 类加宽值;不经常通行集装箱半挂车时,可采用第 2 类加宽值。

③四级公路和设计速度为 30km/h 的三级公路可采用第 1 类加宽值。

④平曲线上的路面加宽应设置在平曲线内侧。

⑤各级公路的路面加宽后,路基也应相应加宽。

⑥在双车道公路采取强制性措施实行分向行驶的路段,其圆曲线半径较小时,内侧车道的加宽值应大于外侧车道的加宽值,设计时应通过计算确定其差值。

3. 加宽缓和段

(1)加宽缓和段长度的确定。《规范》规定,在平曲线上加宽时,应在主圆曲线上全加宽,在主圆曲线两端设置加宽缓和段,其长度一般与超高缓和段或缓和曲线长度相同;当平曲线不设超高仅有加宽时,其长度不应小于 10m,但加宽缓和段长度和全加宽值的比例应按其加宽渐变率 1∶15 计算,且取 5m 的整数倍。

四级公路的超高、加宽过渡段,应设在紧接圆曲线起点或终点的直线上。受地形条件或其他特殊情况限制时,允许将超高、加宽过渡段的一部分插入曲线,但插入曲线内的长度不得超过超高、加宽过渡段长度的一半。

不同半径的同向圆曲线径相连接构成的复曲线,其超高、加宽过渡段应对称地设在衔接处的两侧。

(2)加宽值计算。

①二、三、四级公路设置加宽时,其加宽缓和段上的加宽值一般采用式(2-2-25)计算:

$$b_{jx} = \frac{x}{L_j} \cdot B_j \qquad (2\text{-}2\text{-}25)$$

式中:b_{jx}——加宽缓和段上的加宽值,m;

x——加宽缓和段上任一点至加宽缓和段起点之间的距离,m;

L_j——加宽缓和段长度,可取缓和曲线长度超高缓和段长度,m。

②高速、一级公路设置加宽时,其加宽缓和段上的加宽值应采用高次抛物线过渡,如图 2-2-15a)所示。任一点的加宽值可按式(2-2-26)计算:

$$b_{jx} = (4k^3 - 3k^4) B_j \qquad (2\text{-}2\text{-}26)$$

式中:k——加宽值参数,$k = \frac{x}{l_h}$;

l_h——缓和曲线长度,m;

其他符号意义同前。

③在城郊路段、桥梁、高架桥、挡土墙、隧道等结构物及各种安全防护设施的地段,也可插入缓和曲线过渡,如图 2-2-15b)所示。

二、任 务 实 施

(一)任务布置:

课题二:× ×公路平曲线超高、加宽的设计与计算

1. 基本资料

某山岭区三级公路为双车道,设计速度为 30km/h,平面基础资料如表 2-2-6 所示。

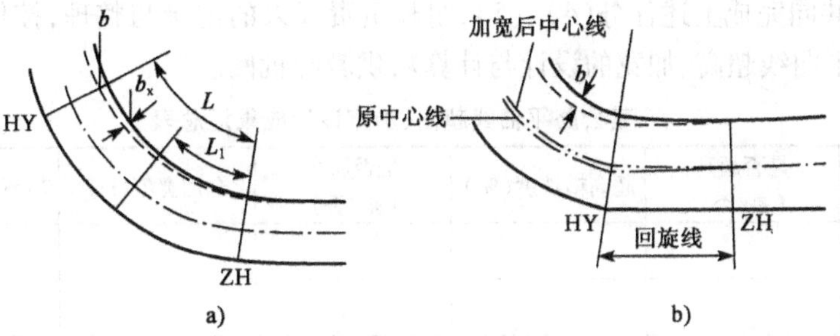

图 2-2-15　加宽形式

a）高次抛物线加宽形式；b）回旋线加宽形式

某公路路线平面设计资料一览表　　表 2-2-6

交点编号	交点桩号	交点偏角		半径(m)	缓和曲线长度(m)
		左偏	右偏		
起点	K0 +000				
JD_1	K0 +198.882		58°32′50.1″	100	30
JD_2	K0 +509.284	11°38′06.9″		180	35
JD_3	K0 +813.393	38°16′08.6″		120	30
JD_4	K1 +077.748		24°56′57″	120	25
JD_5	K1 +267.814		12°45′38.2″	280	50
JD_6	K1 +669.545	25°14′49.3″		220	50
JD_7	K2 +012.127		42°14′35.1″	260	60
JD_8	K2 +305.638	20°47′49.7″		210	40
JD_9	K2 +724.689		57°35′53.4″	120	50
JD_{10}	K2 +990.891	15°32′06.8″		300	50
JD_{11}	K3 +239.228	43°42′40″(Z)		100	30
JD_{12}	K3 +572.367	21°10′02.3″		160	30
JD_{13}	K3 +936.263	41°56′00.7″		180	50
终点	K4 +327.569				

2. 任务

（1）判断上述路线中各弯道是否需要超高，若需超高，则完成需超高各弯道的超高横坡度取值，并填入表 2-2-7。

（2）判断上述路线中各弯道是否需要加宽，若需加宽，则完成需加宽各弯道的加宽取值，并填入表 2-2-7。

（3）完成需超高弯道的全超高值计算，并填入表 2-2-7。

（4）综合分析、合理确定需超高弯道的超高缓和段长度，并填入表 2-2-7。

（5）计算需超高弯道的整 20m 桩号的超高值，并整理计算成果。

3. 要求

（1）根据班级人数分成若干组，一般为 6 ~ 8 人/组。

（2）以组为单位，各组员完成上述任务（1）、（2）、（3），组长负责检查各成员的计算结果，做好记录供集体讨论。

（3）全组共同完成上述任务（4）、（5），组长负责成果的记录与整理，按任务目标的要求上交《××公路平曲线超高、加宽的设计与计算》，供教师批阅。

某公路平曲线超高、加宽设计成果汇总表 表 2-2-7

交点编号	是否超高（是/否）	超高横坡度（%）	是否加宽（是/否）	全加宽值（m）	超高或加宽缓和段长度（m）
起点					
JD_1					
JD_2					
JD_3					
JD_4					
JD_5					
JD_6					
JD_7					
JD_8					
JD_9					
JD_{10}					
JD_{11}					
JD_{12}					
JD_{13}					
终点					

（二）课堂教学

课堂教学以公路平曲线超高、加宽的设计与计算为主线，围绕超高横坡度确定，超高方式、超高缓和段构成及长度确定，超高值计算，加宽值确定等基本知识与设计计算技能组织课堂教学，计划安排 5 学时。

课堂教学可按如下步骤进行：

（1）结合图 2-2-1 或其他合适图片展开课堂教学，提出公路平曲线超高的基本概念。

（2）根据《规范》的相关要求，认识公路最大超高横坡度的合理取值，结合典型工程案例，指导学生根据圆曲线半径，按表 2-2-2 查取公路某弯道的超高横坡度。

（3）结合图 2-2-3、图 2-2-4 讲述公路全超高的应用。课堂上教师给定某平曲线全超高设计案例，师生互动共同完成该弯道的全超高设计与计算。

［案例 1］ 某新建三级公路，设计速度 $V = 40\text{km/h}$，路基宽度 $B = 8.5\text{m}$（$b = 7.0\text{m}$，$a = 0.75\text{m}$，路拱横坡度 $i_1 = 2\%$，路肩横坡度 $i_0 = 3\%$），现有某弯道，半径 $R = 150\text{m}$。试计算：①该弯道的超高横坡度；②计算弯道的全超高值。（设该路段的最大超高横坡度为 $i_{\text{bmax}} = 6\%$）

解：①由 $V = 40\text{km/h}$，$i_{\text{bmax}} = 6\%$，$R = 125\text{m}$，按题意，查表 2-2-2 可得：$i_b = 4\%$；

②因为该公路为新建，所以其超高方式为绕内边轴旋转，由 $b = 7.0\text{m}$，$a = 0.75\text{m}$，$i_1 = 2\%$，$i_0 = 3\%$，根据公式（2-2-3）可得：

$$h_c = ai_0 + (a + b)i_b = 0.33(\text{m})$$

根据公式(2-2-4)可得：

$$h'_c = ai_0 + \frac{b}{2}i_b = 0.16(m)$$

查表2-2-5,取 $B_j = 1.0$,代入公式(2-2-4)可得：

$$h''_c = ai_0 - (a + B_j)i_b = -0.05(m)$$

(4)结合图2-2-2或其他合适图片展开课堂教学,提出6种超高方式及其对应的适用场合。

(5)以图2-2-8～图2-2-12展开课堂教学,指导学生认识在不同超高方式下的超高缓和段构成,同时提出超高渐变率的概念,结合典型工程案例,指导学生掌握超高缓和段的确定。

[案例2] 某三级公路,设计速度 $V=30km/h$,有一半径 $R=125m$ 的弯道,求超高为绕内边轴旋转的缓和段长度?

解：由 $V=30km/h, b=6m, R=125m$,查表2-2-5可得 $i_b=4\%$,查表2-2-3可得 $p=1/75$,则

$$L_c = \frac{b}{p}i_b = \frac{6}{1/75} \times 4\% = 18 \approx 20(m)$$

[案例3] 某二级公路,已知设计速度 $V=60km/h$,有一半径 $R=200m$ 的弯道,求超高为绕中轴旋转的缓和段长度?

解：按题意,查表2-2-2可得：$i_b=7\%$,查表2-7可得 $p=1/175$,按《标准》,$b=7m$,并取路拱横坡度 $i_1=3\%$,则

$$L_c = \frac{b}{p} \cdot \frac{i_1 + i_b}{2} = \frac{7}{1/175} \times \frac{7\% + 3\%}{2} = 61.25 \approx 60(m)$$

(6)超高缓和段上超高值计算是本工作任务的难点与重点,课堂教学以无中央分隔带的内边轴与中轴为主线,结合图2-2-8、图2-2-9及图2-2-13展开课堂教学,然后以典型工程案例指导学生掌握相关计算。

[案例4] 某三级公路弯道,交点桩号为K3+572.37,交点偏角 $\alpha=21°10'02''$,取缓和曲线长 $l_h=30m$,其他条件同[案例1]。试计算该弯道K3+540、K3+550二桩号的路基左、中、右超高值。

解：①由题意,计算得该弯道的曲线要素分别为：$T_h=43.07m, L_h=85.42m, L_y=25.42m$。同时,计算得该弯道的5个主点桩号,如图2-2-16所示。

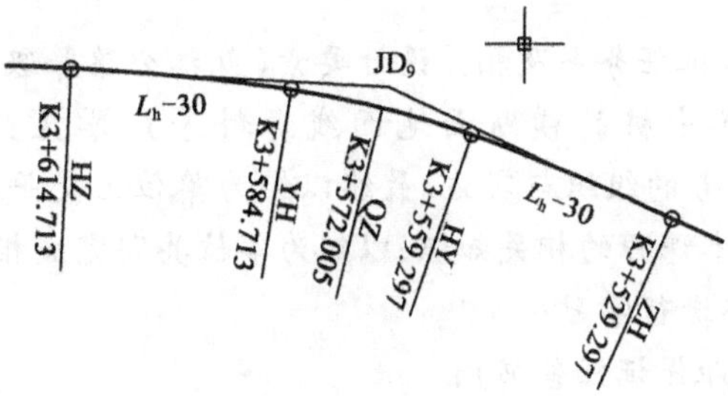

图2-2-16 平曲线要素计算图

②取超高缓和段长度 $L_c = l_h = 30m$,则由ZH～HY的临界断面位置距ZH桩号的距离：

$$L_1 = \frac{i_1}{i_b} \cdot L_c = 15(m)$$

即临界断面桩号为：ZH + 15 = +529.30 + 15 = 544.30

由题意，+540 桩号在临界断面之前，+550 桩号在临界断面之后。

+540 的超高值计算：$x = +540 - (+529.30) = 10.70$，分别代入式(2-2-15)～式(2-2-17)得：

$$h_{cx} \approx \frac{x}{L_c} \cdot h_c = \frac{10.7}{30} \times 0.33 = 0.12(\mathrm{m})$$

$$h'_{cx} = ai_0 + \frac{b}{2}i_1 = 0.09(m)$$

$$h''_{cx} = ai_0 - (a + b_{jx})i_1 = 0.75 \times 0.03 - \left(0.75 + \frac{10.7}{30} \times 1.0\right) \times 0.02 = 0$$

+550 的超高值计算：$x = +550 - (+529.30) = 20.70$，分别代入式(2-2-18)～式(2-2-20)得：

$$h_{cx} \approx \frac{x}{L_c} \cdot h_c = 0.23(\mathrm{m})$$

$$h'_{cx} = ai_0 + \frac{b}{2}i_{bx} = 0.75 \times 0.03 + \frac{7.0}{2} \times \frac{20.7}{30} \times 0.04 = 0.12(\mathrm{m})$$

$$h''_{cx} = ai_0 - (a + b_{jx})i_{bx} = -0.02(\mathrm{m})$$

(7)结合图2-2-14展开课堂教学，指导学生认知加宽的原因，然后紧紧围绕《标准》展开教学，以典型工程案例指导学生掌握加宽的相关计算。

工作任务三　平面视距要求及保证

学习目标

1. 了解平面视距的基本含义、平面视距分类及各自的适用场合；
2. 熟悉停车视距及超车视距的组成；
3. 掌握平面视距是否保证的一般步骤；
4. 根据教材相关知识完成课后[自测9]～[自测11]；
5. 正确完成某公路平面弯道的平面视距保证计算书。

任务描述

教师准备平面视距保证任务书及相关设计要素(包括公路等级、平面设计资料、标准横断面设计图、设计范围内各中桩的横断面地面线资料等)，学生分组(视班级总人数可分5～6人/组)，组长负责任务的组织与实施，最终以组为单位上交平面视距保证计算书。各组在接到任务后，认真学习本课程的相关知识，以组为单位共同完成相关任务。

本任务沿着以下脉络进行学习：

1. 任务布置(平面视距保证任务书)；
2. 课堂教学(公路平面视距保证)；
3. 课后思考与总结；
4. 各组讨论与检查，完成第二部分的相关任务；
5. 上交成果：《××公路平面视距保证分析与设计》；
6. 学生自测与自评；

7. 组长对组员考核。

一、相 关 知 识

(一)视距的认知

驾驶员在公路上行驶时,应能看到前方一定距离内的路面状况,当发现障碍物或对向来车时,能及时采取措施,使汽车在一定的车速下及时制动或绕过。汽车在这段时间内沿路面所行驶的最短距离称为行车视距。行车视距将直接关系到汽车行驶的安全,它是公路设计的主要技术指标之一。因此,无论在公路的平面上或纵断面上,都应保证必要的行车视距,如图 2-3-1 所示。在平面设计中,行车视距包括停车视距、会车视距、超车视距和错车视距。

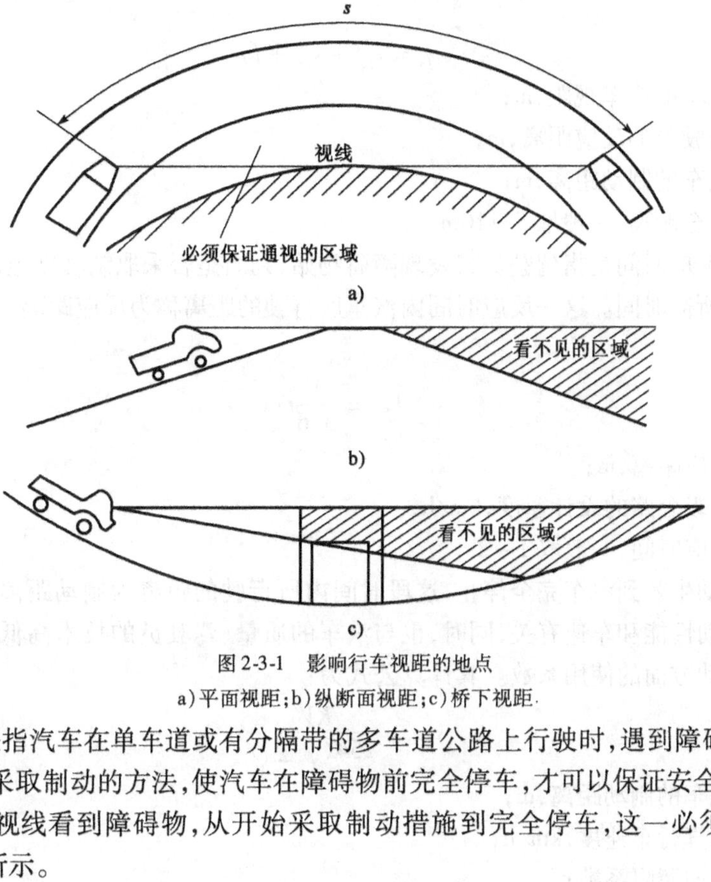

图 2-3-1 影响行车视距的地点

a)平面视距;b)纵断面视距;c)桥下视距

停车视距是指汽车在单车道或有分隔带的多车道公路上行驶时,遇到障碍物或路面破坏处,驾驶员只有采取制动的方法,使汽车在障碍物前完全停车,才可以保证安全;驾驶员在距离路面 1.2m 高的视线看到障碍物,从开始采取制动措施到完全停车,这一必须保证的最短视距,如图 2-3-2 所示。

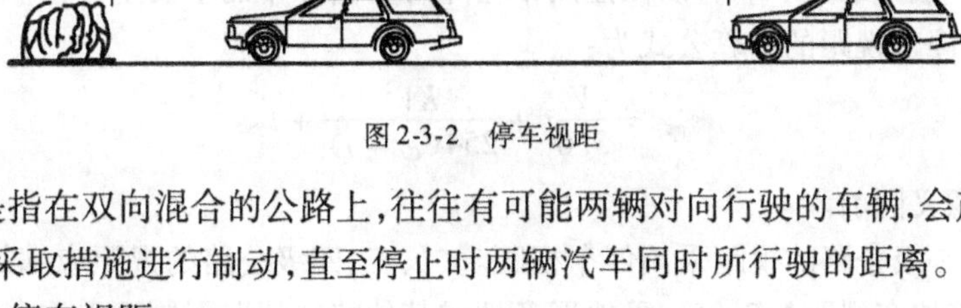

图 2-3-2 停车视距

会车视距是指在双向混合的公路上,往往有可能两辆对向行驶的车辆,会产生相互碰撞的可能,致使双向采取措施进行制动,直至停止时两辆汽车同时所行驶的距离。根据计算,会车视距约为 2 倍的停车视距。

超车视距是指在双向行驶的公路上，当车辆相对比较密集时，后车会超越前车，如图2-3-3所示，从开始驶离原车道起算，至可见逆行车并能超车后安全驶回原车道时，所需的安全距离。

错车视距是指在没有明确划分车道线的道路上，两对向行驶的汽车相遇，驾驶员发现后，立即采取减速避让措施安全错车所需的最短距离。

在本工作任务中，主要讲述的是平面视距，对于纵面视距，将在纵断面设计中讲述。

（二）停车视距

停车视距由三部分组成，如图2-3-2所示，它包括反应距离、制动距离和安全距离，停车视距可按式(2-3-1)计算。

$$s_{停} = l_{反} + s_{制} + l_{安} \tag{2-3-1}$$

式中：$s_{停}$——汽车的停车视距，m；

$l_{反}$——驾驶员的反应距离，m；

$s_{制}$——汽车的制动距离，m；

$l_{安}$——安全距离，一般取5～10m。

驾驶员的反应时间是指驾驶员自发现障碍物始，判断是否采取制动措施，到决定制动且制动开始生效的所需时间。这一反应时间内汽车所行驶的距离称为反应距离。反应距离可按式(2-3-2)计算：

$$l_{反} = \frac{V}{3.6}t \tag{2-3-2}$$

式中：$l_{反}$——反应距离，m；

V——各级公路的设计速度，km/h；

t——反应时间，一般取1～2s。

汽车从制动生效到汽车完全停止，这段时间内所行驶的距离为制动距离。制动距离的大小与汽车的制动性能和车速有关，同时，也与汽车的质量、驾驶员的技术高低等有关，因此，还需考虑汽车制动方面的使用系数。其计算公式为：

$$s_{制} = \frac{KV^2}{254(\varphi \pm i)} \tag{2-3-3}$$

式中：$s_{制}$——汽车的制动距离，m；

V——计算行车速度，km/h；

φ——纵向摩阻系数；

i——公路纵坡，以百分数计；

K——制动使用系数，一般取1.2～1.4。

安全距离一般可取5～10m，以保证汽车在障碍物前停车而不发生冲撞。

综上所述，停车视距的计算公式为：

$$s_{停} = \frac{V}{3.6}t + \frac{KV^2}{254(\varphi \pm i)} + l_{安} \tag{2-3-4}$$

式中符号意义同前。

高速公路、一级公路的视距采用停车视距。二、三、四级公路的视距应满足会车视距要求，其长度应不小于停车视距的2倍。受地形条件或其他特殊情况限制而采取分道行驶措施的地段，可采用停车视距。各级公路的停车视距见表2-3-1。

各级公路的停车视距　　表2-3-1

设计速度(km/h)	120	100	80	60	40	30	20
停车视距(m)	210	160	110	75	40	30	20

注：积雪冰冻路段的停车视距宜适当增长。

(三)超车视距

超车视距，是指在对向混合行驶的双车道公路上，各种车辆的行驶速度不同，快速行驶的车辆追上慢速行驶的车辆并超车，需占用对向一定长度的车道，为保证车辆行驶安全，驾驶员必须看见前面足够长度的车流空隙，以便顺利完成超车，并在超车过程中不影响被超车的行驶状态及其他车流所需的安全距离。如图2-3-3所示。

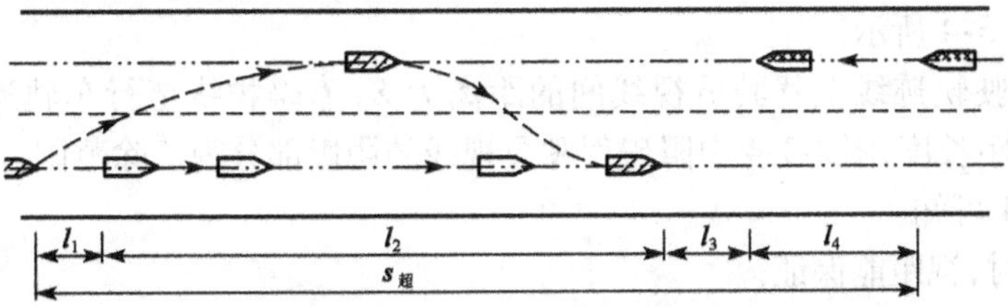

图2-3-3　超车视距图示

超车视距由四部分组成：

$$s_{超} = l_1 + l_2 + l_3 + l_4 \tag{2-3-5}$$

式中：l_1——加速行驶距离，可按 $l_1 = \frac{V_0}{3.6}t_1 + \frac{1}{2}at_1$ 计算，m；

V_0——被超汽车的速度，km/h；

t_1——加速时间，s；

a——平均加速度，m/s^2；

l_2——超车汽车在对向车道行驶的距离，可按 $l_2 = \frac{V}{3.6}t_2$ 计算，m；

V——超车汽车的速度，km/h；

t_2——超车汽车在对向车道行驶时间，s；

l_3——超车完以后超车汽车与对向车之间的安全距离，一般取15～100m；

l_4——超车汽车从开始超车至超车完成后对向汽车的行驶距离，按式 $l_4 = \frac{V_1}{3.6}(t_1 + t_2)$ 计算；

V_1——对向汽车的速度，km/h。

当地形困难时，超车视距也可按式(2-3-6)计算：

$$s_{超} = \frac{2}{3}l_2 + l_3 + l_4 \tag{2-3-6}$$

式中符号意义同前。

二、三、四级公路所规定的超车视距见表2-3-2。

二、三、四级公路超车视距　　表 2-3-2

设计速度(km/h)	80	60	40	30	20
一般值(m)	550	350	200	150	100
最小值(m)	350	250	150	100	70

《规范》规定,二、三、四级公路除应符合停车视距的规定外,还应在适当间隔内设置满足表 2-3-2 所列超车视距"一般值"的超车路段。当地形及其他原因不得已时,超车视距长度可适当缩短,最小不应小于表 2-3-2 所列的"最小值"。二级公路宜在 3 ~ 4min 的行驶时间内,提供一次满足超车视距要求的超车路段。一般情况下,超车路段长度不小于路线总长度的 20%。

(四)平面视距保证

平曲线上的视距是否足够,应按汽车沿曲线内侧行驶,假定驾驶员视线高出路面 1.2m(货车可取 2.0m),距内侧路面未加宽前 1/2 车道宽处,汽车轨迹与视距线之间的横净距 Z 进行检查,如图 2-3-4 所示。

设汽车行驶轨迹线至驾驶员视线间的距离为 Z,障碍物线至行车轨迹线之间的距离为 Z_0,s 为平面视距长度,图 2-3-4 中阻碍驾驶员视线的阴影部分为清除范围。

由图 2-3-4 可知:

当 $Z < Z_0$时,视距能保证;

当 $Z > Z_0$时,视距不能保证,应进行障碍物清除。

为了保证汽车行驶的平面视距,需通过计算确定最大横净距值 Z,而 Z_0值则可在公路横断面图上量取,如图 2-3-5 所示。

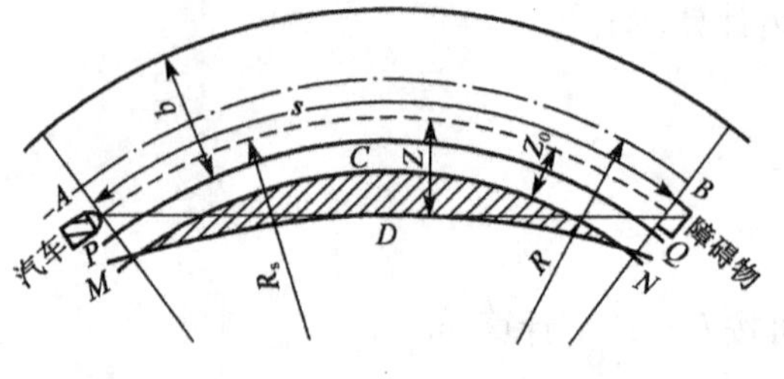

图 2-3-4　平面视距

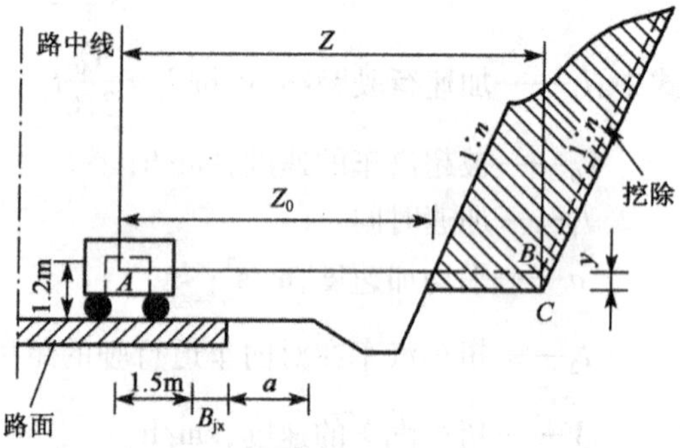

图 2-3-5　视距平台

最大横净距值的确定,可按有无缓和曲线以及视距与汽车行驶轨迹长度的关系分几个方面进行计算。

1. 无缓和曲线时的横净距的计算

(1)当视距 s 小于主圆曲线长度 L_s时,由图 2-3-6a)可知:

$$Z = R_s - R_s\cos\frac{\gamma}{2} = R_s\left(1 - \cos\frac{\gamma}{2}\right) = \frac{s^2}{8R_s} \tag{2-3-7}$$

式中:R_s——汽车行驶轨迹半径,为路面未加宽前内侧边缘加 1.5 的半径;

Z——最大横净距,m;

s——行车视距,m。

(2)当视距 s 大于主圆曲线长度 L_s时,如图 2-3-6b)可知:

$$Z = Z_1 + Z_2 = R_s\left(1 - \cos\frac{\alpha}{2}\right) + \frac{s - L_s}{2}\sin\frac{\alpha}{2}$$

$$Z = \frac{L}{8R_s}(2s - L) \tag{2-3-8}$$

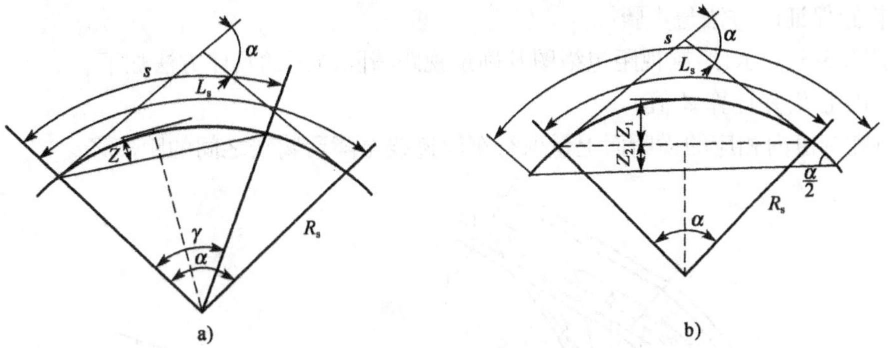

图 2-3-6　无缓和曲线时的最大横净距计算图示

a) $L_s > s$；b) $L_s < s$

2. 有缓和曲线时横净距的计算

(1) 当视距长度 s 小于主圆曲线长度 L_s 时：

$$Z = R_s\left(1 - \cos\frac{\gamma}{2}\right) = \frac{s^2}{8R_s} \tag{2-3-9}$$

(2) 当 $L_Y \leqslant s \leqslant L'_s$ 时，由图 2-3-7a) 可知：

$$Z = Z_1 + Z_2 = R_s\left(1 - \cos\frac{\alpha - 2\beta}{2}\right) + (l - l_0)\sin\left(\frac{\alpha}{2} - \delta\right)$$

$$\delta = \arctan\left\{\frac{1}{6} \cdot \frac{l_h}{R_s}\left[1 + \frac{l_0}{l_h} + \left(\frac{l_0}{l_h}\right)^2\right]\right\} \tag{2-3-10}$$

式中：β——缓和曲线的切线角，rad；

l_h——缓和曲线长度，m；

l_0——汽车计算位置（M 或 N）到缓和曲线起点的距离，m，$l_0 = \frac{1}{2}(L'_s - s)$；

L'_s——行车轨迹线上的平曲线长度，m。

(3) 当 $s > L'_s$ 时，如图 2-3-7b) 可知：

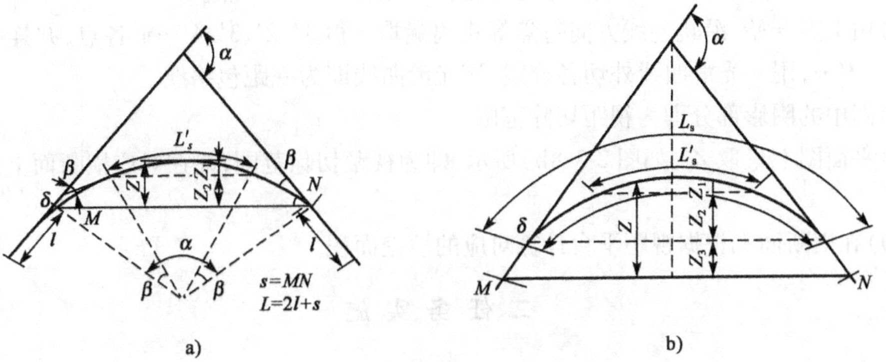

图 2-3-7　有缓和曲线时的最大横净距计算图示

a) $L_Y \leqslant s \leqslant L'_s$；b) $s > L'_s$

$$Z = R_s\left(1 - \cos\frac{\alpha - 2\beta}{2}\right) + l_h\sin\left(\frac{\alpha}{2} - \delta\right) + \frac{s - L_s'}{2}\sin\frac{\alpha}{2} \tag{2-3-11}$$

式中符号意义同前。

3. 视距保证的方法与步骤

如图 2-3-8 所示，绘制视距包络图及确定视距清除范围的具体方法如下。

(1)确定 R_s并计算 Z 值。

(2)在弯道内相应的横断面上量取行车轨迹线至障碍物线之间的距离 Z_0。

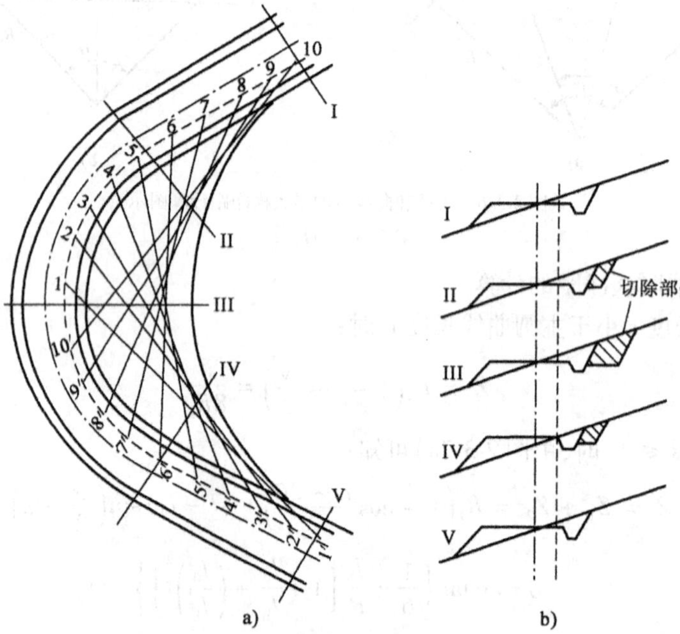

图 2-3-8　图解法确定视距切除范围示意图

a)平面；b)横断面

(3)判断视距是否保证，若视距不能保证，则需进行下列工作。

(4)按比例绘制弯道平面图，要求在该图中绘出道路中心线、障碍物线、行车轨迹线位置。

(5)在平面图上距行车轨迹线起点(或终点)处分别向直线方向两端量取 s 长度得 0 点及 n 点。

(6)将 0 ~ n 长度范围平分成若干等分，得 0、1、2、3、4…n 各点。

(7)由 1 点开始，沿轨迹线方向每隔等距离量取 s 得 1′、2′、3′、4′…n'各点，并连接 1—1′、2—2′、3—3′…，用一光滑曲线外切各连线，该光滑曲线即为视距包络线。

(8)图中的阴影部分即为视距切除范围。

(9)平面图上量取 Z_0，如图 2-3-8b)所示，即为视距切除范围，并在对应横断面上绘出视距平台。

(10)在横断面上根据视距平台计算对应的填挖面积。

二、任 务 实 施

(一)任务布置

课题三：× ×公路平面视距保证分析与设计

1. 设计资料

某山岭区三级公路为双车道,设计速度为 30km/h,其他设计资料如下。

(1)平面设计资料如表 2-3-3 所示。

平面设计资料一览表 表 2-3-3

交点号	交 点 桩 号	转 角 值	曲线要素值(m)				曲线主点桩号	
			半径	缓和曲线长度	切线长度	曲线长度	ZH	HZ
JD_0	K0 +000							
JD_1	K0 + 239.342	121°18′48.6″(Z)	80	30	158.122	199.3856	K0 + 081.220	K0 + 280.606
JD_2	K0 + 562.462	139°53′11.7″(Y)	50	30	153.955	152.0741	K0 + 408.508	K0 + 560.582
JD_3	K0 + 723.551	64°42′25.4″(Z)	100	50	88.955	162.9351	K0 + 634.596	K0 + 797.531
JD_4	K0 + 983.067	131°50′12.8″(Y)	50	30	128.501	145.0494	K0 + 854.566	K0 + 999.615
JD_5	K1 + 315.427	143°47′45.8″(Z)	50	30	170.2	155.4857	K1 + 145.227	K1 + 300.713
JD_6	K1 + 783.846							

(2)路基标准横断面图,如图 2-3-9 所示。

(3)横断面地面线资料及各桩号填挖值如表 2-3-4 所示。

(4)设计时不考虑弯道超高。

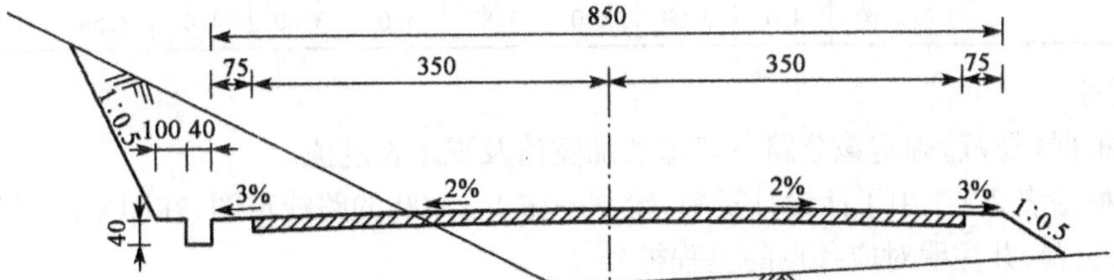

图 2-3-9 路基标准横断面图(尺寸单位:cm)

纵、横断面地面线资料及各桩号填挖值一览表(m) 表 2-3-4

桩号	填挖值	位置	距离	高差	距离	高差	距离	高差	距离	高差	距离	高差
K0 + 160.0	+1.05	左侧	4.0	1.70	4.0	1.63	4.0	2.68	4.0	2.86	4.0	3.00
		右侧	4.0	−1.60	4.0	−1.62	4.0	−1.67	4.0	−0.58	4.0	−0.24
K0 + 180.9	−0.56	左侧	4.0	1.71	4.0	1.60	4.0	1.66	4.0	1.55	4.0	1.57
		右侧	4.0	−1.65	4.0	−0.31	4.0	−0.27	4.0	0.06	4.0	0.18
K0 + 220.0	+0.12	左侧	4.0	0.77	4.0	1.44	4.0	1.52	4.0	1.46	4.0	1.43
		右侧	4.0	−0.73	4.0	−0.56	4.0	0.00	4.0	0.00	4.0	0.00
K0 + 460.0	+0.58	左侧	4.0	−1.28	4.0	−1.07	4.0	0.00	4.0	0.00	4.0	0.00
		右侧	4.0	1.76	4.0	2.04	4.0	1.03	4.0	1.07	4.0	1.89
K0 + 484.6	−0.35	左侧	4.0	−0.55	4.0	−0.56	4.0	−0.38	4.0	0.00	4.0	0.00
		右侧	4.0	0.80	4.0	1.73	4.0	1.17	4.0	1.15	4.0	1.12
K0 + 540.0	−1.02	左侧	4.0	−0.05	4.0	−0.05	4.0	−0.05	4.0	−0.05	4.0	−0.05
		右侧	4.0	0.12	4.0	0.38	4.0	1.42	4.0	1.96	4.0	2.18

续上表

桩号	填挖值	位置	距离	高差	距离	高差	距离	高差	距离	高差	距离	高差
K0 +900.0	-0.25	左侧	4.0	-0.37	4.0	-0.37	4.0	-0.37	4.0	-0.37	4.0	-0.53
		右侧	4.0	1.12	4.0	1.97	4.0	2.89	4.0	3.76	4.0	3.70
K0 +927.1	+0.56	左侧	4.0	-0.47	4.0	-0.44	4.0	-0.42	4.0	-0.89	4.0	-1.19
		右侧	4.0	0.47	4.0	1.61	4.0	1.76	4.0	2.46	4.0	3.22
K0 +940.0	+0.42	左侧	4.0	-1.04	4.0	-1.14	4.0	-0.86	4.0	-0.76	4.0	-1.56
		右侧	4.0	0.66	4.0	0.74	4.0	1.74	4.0	2.05	4.0	2.60
K1 +220.0	-1.05	左侧	4.0	2.84	4.0	2.88	4.0	3.40	4.0	4.40	4.0	2.90
		右侧	4.0	-2.75	4.0	-2.93	4.0	-2.86	4.0	-2.63	4.0	-4.37
K1 +220.3	-0.29	左侧	4.0	2.84	4.0	2.84	4.0	3.41	4.0	4.48	4.0	2.97
		右侧	4.0	-2.75	4.0	-2.91	4.0	-2.80	4.0	-2.62	4.0	-4.31
K1 +222.9	-0.35	左侧	4.0	2.65	4.0	2.63	4.0	3.10	4.0	5.17	4.0	3.69
		右侧	4.0	-2.70	4.0	-2.74	4.0	-2.75	4.0	-2.67	4.0	-3.58
K1 +240.0	+0.36	左侧	4.0	3.32	4.0	2.23	4.0	2.21	4.0	2.10	4.0	2.05
		右侧	4.0	-3.50	4.0	-3.00	4.0	-2.84	4.0	-3.45	4.0	-3.31
K1 +740.0	-1.18	左侧	4.0	0.00	4.0	0.00	4.0	0.00	4.0	2.13	4.0	2.95
		右侧	4.0	3.09	4.0	3.87	4.0	3.60	4.0	3.58	4.0	3.92

2. 任务

(1)根据《规范》确定该公路各弯道的加宽值及视距长度值。

(2)根据表 2-3-3 中平面设计资料,绘制一张 1:2 000 的路线草图,在图中注明各弯道的平曲线主点位置,并注明对应各点的里程桩号。

(3)初步分析各弯道的平面视距保证情况,并撰写视距保证分析报告。

(4)绘制 JD_1、JD_2、JD_4、JD_5、JD_6、JD_7六个弯道的视距包络图。

(5)绘制表 3-3-4 中各桩横断面设计图,并绘制相应的视距平台。

3. 要求

(1)根据班级人数分成若干组,一般为 6 ~ 8 人/组。

(2)以组为单位,组长分配任务,独立完成上述任务(1)、(2)、(3)。

(3)全组共同完成上述任务(4)、(5),组长负责成果的记录与整理,按任务目标的要求上交《× ×公路平面视距保证分析与设计》,供教师批阅。

(二)课堂教学

课堂教学以公路平面视距保证为主线,围绕行车视距基本认知、停车视距组成、视距保证分析、视距包络图及视距平台绘制等主要内容展开教学,计划安排 2 学时。

课堂教学可按如下步骤进行:

(1)结合图 2-3-1 或其他合适图片展开课堂教学,明确行车视距内涵及保证的必要性。

(2)停车视距及其组成为任务的一个重要方面,课堂教学可在图 2-3-2 的基础上组织实施,重点讲述《规范》对行车视距的相关要求。

(3)视距保证为本任务的重点与难点,课堂教学以公路设计案例为主线,把视距保证的方法与步骤展示于学生。

[案例] 某二级公路，路基宽度 $B=12m$，设计速度 $V=80km/h$，试问该等级公路的行车视距为多少？

解：按表2-3-1可知，该公路的停车视距为110m，又因为该公路的路基宽度 $B=12m$，根据《规范》相关要求，该公路属混合交通，所以：

$$行车视距=2\times停车视距=220(m)$$

工作任务四 中桩坐标计算

学习目标

1. 了解中桩坐标计算的目的及计算原理；
2. 了解平曲线中桩坐标计算、坐标转换中各公式及符号的含义；
3. 分析中桩坐标计算、坐标转换在实际工程中的应用方法；
4. 根据教材相关知识完成课后[自测15]；
5. 正确完成长度为1～2km路线中桩坐标计算书。

任务描述

教师准备典型公路路线平面设计资料（包括平面控制点坐标、路线各交点偏角、半径、缓和曲线长度、交点里程桩号等），学生分组（视班级总人数可分5～6人/组），组长负责任务的组织与实施，最终以组为单位上交路线中桩坐标计算书。各组在接到任务后，认真学习课程的相关知识，结合教师讲课并视需要收集其他相关信息，各组员单独准备计算材料，然后分组检查讨论，由一人做好记录，并整理上交中桩坐标计算书。

学习引导

本工作任务沿着以下脉络进行学习：

1. 任务布置（路线平面设计资料及相关计算要素，提出完成任务的内容与要求）；
2. 课堂教学（中桩坐标计算）；
3. 课后思考与总结；
4. 完成第二部分的相关任务；
5. 分组检查讨论计算成果并汇总；
6. 上交成果：《××公路路线中桩坐标计算书》；
7. 学生自测与自评；
8. 组长对组员考核。

一、相关知识

公路勘测、施工前中线恢复、公路中桩放样以及交竣工验收时的公路几何线形检测，往往采用坐标法施测以提高测量精度，所以计算公路中桩坐标十分必要。

（一）坐标系统的采用

根据测区内原坐标系统，一般可进行下列几种选择。

1. 大地坐标系统

在大地坐标系中，地面点在地球表面上的投影位置用大地经度和大地纬度表示，地面点的大地坐标是根据大地测量数据由大地坐标原点推算而得，我国大地坐标原点位于陕西泾阳县永乐镇境内,在西安市以北约40km处。

2. 高斯3°平面直角坐标系统

我国从1952年开始采用高斯投影系统,以高斯投影的方法建立了高斯直角坐标系统。地面点的高斯平面坐标与大地坐标可以相互转换。高等级公路的勘测设计和施工放样都采用高斯平面直角坐标。

3. 平面直角坐标系统

三级及以下公路、独立桥梁、隧道及其他构造物等小区域内,可不经投影,采用平面直角坐标系统在平面上直接进行计算。

4. 在已有平面控制网地区,应尽量沿用原有的坐标系统,如精度不合要求,也应充分利用其点位,选用其中一点的坐标及含此点的方位角,作为平面控制的起算依据。

(二)中桩坐标计算

在公路中线上,根据《规范》要求确定的各中桩点,其坐标计算和测量的方法应服从整体到局部的原则。其步骤表述如下。

1. 计算导线点坐标

采用两阶段勘测设计的公路或一阶段设计但遇地形困难的路段,一般都要先作平面控制测量,而路线的平面控制测量多采用导线测量的方法,在有条件时可优先采用全球定位系统(简称GPS)测量的方法。用GPS定位技术观测,则可在测站之间不通视的情况下,高精度、高效率地获得测点的三维坐标。另外,导线测量可采用经纬仪导线法和全站仪导线法,其中全站仪可以直接读取导线点的坐标,经纬仪导线法可以在测得各边边长及其夹角后,用坐标增量法逐点推算其坐标。

(1)方位角确定。如图2-4-1所示,若已知A、B两点坐标,则直线与x轴的夹角:

$$\beta = \arctan \frac{Y_B - Y_A}{X_B - X_A} \tag{2-4-1}$$

直线AB的方位角α_{AB}与β的关系式如图2-4-1所示。

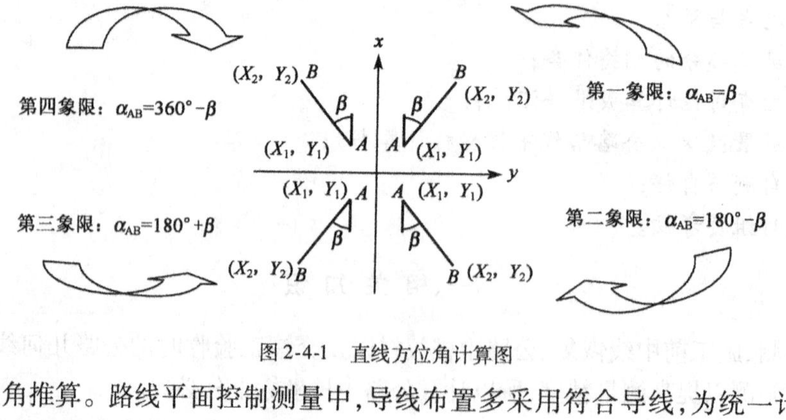

图2-4-1　直线方位角计算图

(2)方位角推算。路线平面控制测量中,导线布置多采用符合导线,为统一计算,导线间水平夹角有左角与右角之分,如图2-4-2所示。

BC边的方位角可按式(2-4-3)推算:

$$\alpha_{BC} = \alpha_{AB} + 180° - \beta_{右} \tag{2-4-2}$$

即

$$\alpha_{后} = \alpha_{前} + 180° - \beta_{右} \tag{2-4-3}$$

CD 边的方位角可按式(2-4-5)推算：

$$\alpha_{CD} = \alpha_{BC} - 180^\circ + \beta_{左} \tag{2-4-4}$$

即

$$\alpha_{后} = \alpha_{前} - 180^\circ + \beta_{左} \tag{2-4-5}$$

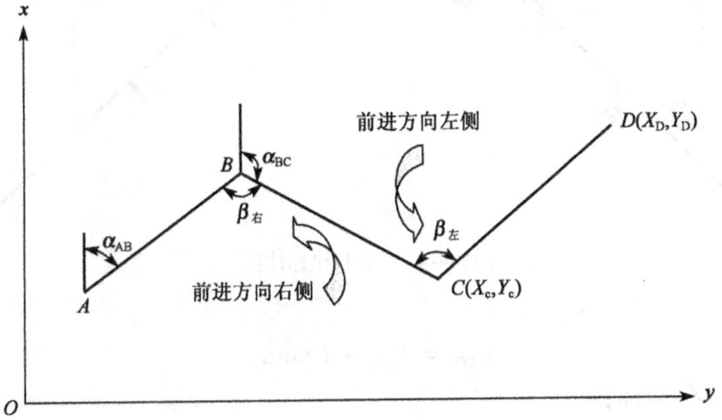

图 2-4-2　导线方位角及坐标推算图

(3)坐标计算。如图 2-4-2 所示，导线点坐标可按式(2-4-6)和式(2-4-7)计算：

$$X_{后} = X_{前} + D\cos\alpha \tag{2-4-6}$$

$$Y_{后} = Y_{前} + D\sin\alpha \tag{2-4-7}$$

式中：D——计算导线边的边长，m；

α——计算导线边的方位角，°。

2. 计算交点坐标

根据公路路线平面设计成果，在图上(或现场实测)求得路线起、终点与平面控制点之间的几何关系，按符合导线控制网计算的有关要求，计算公路起点、各弯道交点及终点坐标，如图 2-4-3 所示，其方法与导线点坐标计算相同。

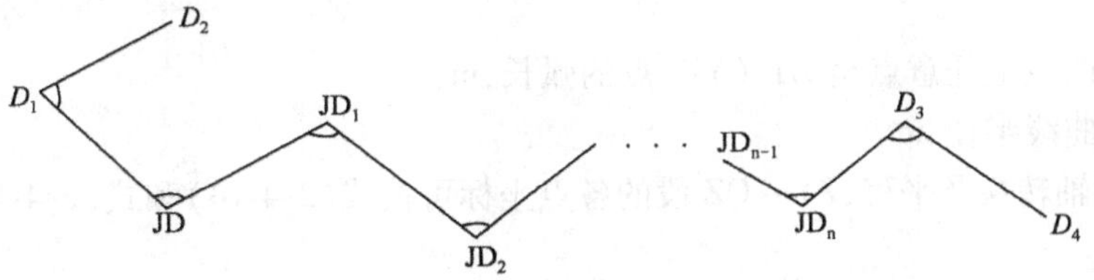

图 2-4-3　交点坐标推算

3. 计算各中桩坐标

可先计算位于直线段的主要控制点、交点及曲线上各主点坐标，然后计算缓和曲线、圆曲线上各中桩坐标，如图 2-4-4 所示。

(1)未设缓和曲线的单圆曲线坐标计算。

①圆曲线起、终点坐标计算。如图 2-4-4 所示，JD 点坐标为(X_{JDi}、Y_{JDi})，交点前后直线边的方位角分别为 α_{0i}、α_{i1}，圆曲线的半径为 R，平曲线切线长为 T_i，曲线起、终点的坐标可用下式计算：

圆曲线起点(ZY)坐标：

$$X_{ZYi} = X_{JDi} - T_i\cos\alpha_{0i} \tag{2-4-8}$$

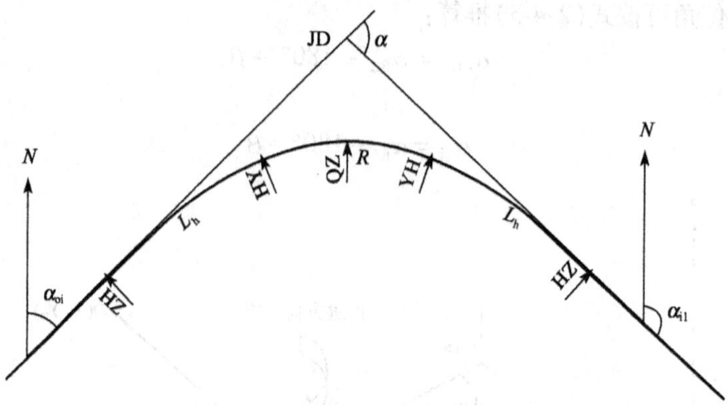

图 2-4-4 平曲线坐标计算

$$Y_{ZYi} = Y_{JDi} - T_i \sin\alpha_{0i} \tag{2-4-9}$$

圆曲线终点(YZ)坐标:

$$X_{YZi} = X_{JDi} + T_i \cos\alpha_{i1} \tag{2-4-10}$$

$$Y_{YZi} = Y_{JDi} + T_i \sin\alpha_{i1} \tag{2-4-11}$$

②圆曲线任意点坐标计算。ZY ~ QZ 段(YZ ~ QZ 段)的坐标计算以曲线起点 ZY(曲线终点 YZ)为坐标原点,切线为 X'轴,法线为 Y'轴建立直角坐标系:

$$X' = R\sin\left(\frac{180l}{\pi R}\right) \tag{2-4-12}$$

$$Y' = R - R\cos\left(\frac{180l}{\pi R}\right) \tag{2-4-13}$$

式中:l——圆曲线上任意点至 ZY (YZ)点的弧长,m;

R——圆曲线半径,m。

利用坐标轴转换及平移,ZY ~ QZ 段的各点坐标可按式(2-4-14)和式(2-4-15)计算:

$$X = X_{JDi} - X'\cos\alpha_{0i} - \xi Y'\sin\alpha_{0i} \tag{2-4-14}$$

$$Y = Y_{JDi} + X'\sin\alpha_{0i} + \xi Y'\cos\alpha_{0i} \tag{2-4-15}$$

式中:ξ—— 路线转向,右转角时 $\xi = 1$,左转角时 $\xi = -1$;

l——圆曲线上任意点至 ZY 点的弧长,m;

其他符号意义同前。

同理,YZ ~ QZ 段的各点坐标可按式(2-4-16)和式(2-4-17)计算:

$$X = X_{YZ(或HZ)i} - X'\cos\alpha_{i1} - \xi Y'\sin\alpha_{i1} \tag{2-4-16}$$

$$Y = Y_{YZ(或HZ)i} - X'\sin\alpha_{i1} + \xi Y'\cos\alpha_{i1} \tag{2-4-17}$$

式中：l——圆曲线上任意点至 YZ 点的弧长，m；

其他符号意义同前。

(2)带缓和曲线的单曲线坐标计算。

①平曲线起、终点坐标计算。如图 2-4-4 所示，设平曲线切线长为 T_h，带缓和曲线的单曲线起点(ZH)、终点(HZ)坐标可按式(2-4-18)~式(2-4-21)计算。

平曲线起点(ZH)坐标：

$$X_{ZHi} = X_{JDi} - T_h\cos\alpha_{0i} \tag{2-4-18}$$

$$Y_{ZHi} = Y_{JDi} - T_h\sin\alpha_{0i} \tag{2-4-19}$$

平曲线终点(HZ)坐标：

$$X_{HZi} = X_{JDi} + T_h\cos\alpha_{i1} \tag{2-4-20}$$

$$Y_{HZi} = Y_{JDi} + T_h\sin\alpha_{i1} \tag{2-4-21}$$

②平曲线任意点坐标计算。ZH ~ QZ 段的坐标计算以曲线起点 ZH 为坐标原点，切线为 X'轴，法线为 Y'轴，建立直角坐标系。

a. 计算点在 ZH ~ HY 段的 X'、Y'，可按式(2-4-22)和式(2-4-23)计算：

$$X' = l - \frac{l^5}{40R^2{l_h}^2} \tag{2-4-22}$$

$$Y' = \frac{l^3}{6Rl_h} - \frac{l^7}{336R^3l_h^3} \tag{2-4-23}$$

式中：l——缓和曲线上任意点至 ZH 点的弧长，m；

其他符号意义同前。

b. 计算点在 HY ~ QZ 段的 X'、Y'，可按式(2-4-24)和式(2-4-25)计算：

$$X' = R\sin\left(\frac{2l - l_h}{2R}\cdot\frac{180}{\pi}\right) + q \tag{2-4-24}$$

$$Y' = R\left[1 - \cos\left(\frac{2l - l_h}{2R}\cdot\frac{180}{\pi}\right)\right] + p \tag{2-4-25}$$

式中：p——带缓和曲线的主曲线内移值，可按式(2-1-19)计算，m；

q——带缓和曲线的切线增长值，可按式(2-1-20)计算，m；

其他符号意义同前。

同理，可利用坐标轴转换及平移，ZH ~ QZ 段的各点坐标可按式(2-4-14)和式(2-4-15)计算，QZ ~ HZ 段的各点坐标可按式(2-4-16)和式(2-4-17)计算。

(3)直线段中桩坐标计算。如图 2-4-5 所示，M 点位于 ZH 之前或 HZ 点之后的直线段上，该点的中桩坐标可利用 JD 点坐标、ZH(或 HZ)坐标与该点的距离 D，按式(2-4-26)及

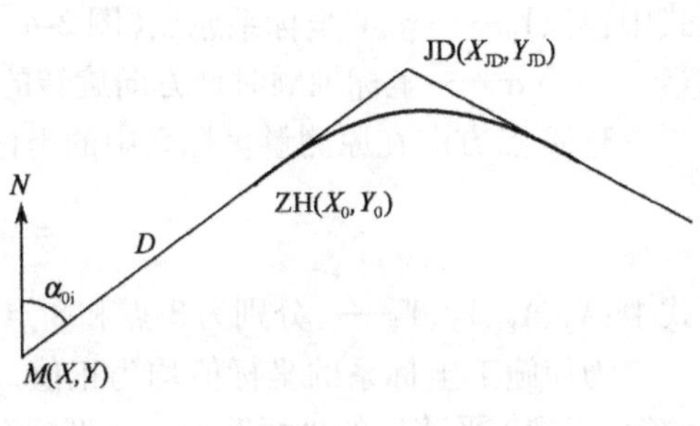

图 2-4-5　直线段坐标计算图

式(2-4-27)计算出该点的坐标：

$$X = X_0 - D\cos\alpha_{0i} \tag{2-4-26}$$

$$Y = Y_0 - D\sin\alpha_{0i} \tag{2-4-27}$$

(三)测量坐标与施工坐标的换算

为了计算和施工时使用方便，在施工时常采用控制网坐标系的一个坐标轴(X 轴或 Y 轴)平行或重合于路线中线的较长直线段的方向。在施工中，所有导线点、路线中线点，观其坐标，就可知这些点是否在中线上。所以，在施工中，常常需要将地面控制测量坐标变换为施工坐标。

如图2-4-6所示，地面三角网原采用的测量坐标系为 X、Y。隧道路线中线进口端为曲线，出口端为直线。施工坐标拟采用 x 轴与隧道路线中线直线部分平行，即平行于曲线切线方向，且使各点坐标均为正值，便于施工中使用。

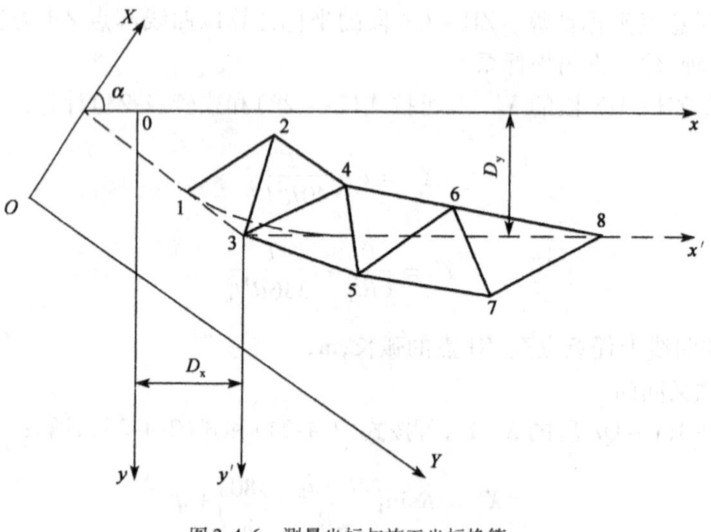

图2-4-6 测量坐标与施工坐标换算

图2-4-6中3点为曲线交点，3—8点为切线方向。首先将原测量坐标系 X、Y 变换为以3点为原点，3—8点切线方向为 x 轴的坐标系 x'、y'。变换公式为：

$$x' = (X - X_0)\cos\alpha + (Y - Y_0)\sin\alpha \tag{2-4-28}$$

$$y' = (Y - Y_0)\cos\alpha - (Y - Y_0)\sin\alpha \tag{2-4-29}$$

式中：X_0、Y_0——x'、y'坐标系原点(图2-4-6中的3点)在原测量坐标系内的坐标；

α——坐标轴顺时针方向旋转的角度。

3—8点方向在原测量坐标系中的坐标方位角，可按式(2-4-30)计算：

$$\alpha = \arctan\frac{|Y_8 - Y_3|}{|X_8 - X_3|} \tag{2-4-30}$$

式中：X_3、X_8、Y_3、Y_3——分别为3点和8点在原测量系中的横、纵坐标。

为使施工坐标系的坐标值均为正值，还应将 x'、y'坐标系平移，使整个控制网置于坐标系的第Ⅰ象限，平移后的坐标系为 x、y 坐标系。设 x 轴平移 D_y 距离，y 轴平移 D_x 距离，所以最终使用的施工坐标 x、y 为：

$$x = (X - X_0)\cos\alpha + (Y - Y_0)\sin\alpha + D_x \quad (2\text{-}4\text{-}31)$$

$$y = (Y - Y_0)\cos\alpha - (Y - Y_0)\sin\alpha + D_y \quad (2\text{-}4\text{-}32)$$

二、任 务 实 施

(一)任务布置

课题四:××公路路线中桩坐标计算

1.基本资料

××平原区二级公路,设计速度为80km/h,平面基础资料如表2-4-1所示,其中$JD_1 \sim JD_2$与平面控制网之间的关系表示如图2-4-7所示。

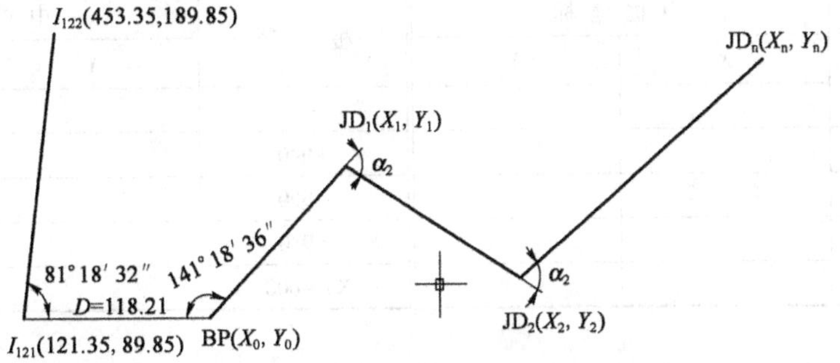

图2-4-7 平面控制网与公路路线关系图

××公路路线平面设计资料一览表 表2-4-1

交点编号	交点桩号	交 点 偏 角	半径(m)	缓和曲线长度(m)	交点间距(m)
起点	K0+000				
JD_1	K0+394.127	28°20′55.8″(Y)	300	70	394.127
JD_2	K0+963.495	30°27′00.6″(Z)	400	80	572.784
JD_3	K2+356.732	36°52′14″(Y)	400	70	1398.722
JD_4	K2+864.108	77°06′58.1″(Z)	392.755	70	516.965
JD_5	K3+808.287	23°43′53.2″(Z)	420	70	1042.492
JD_6	K4+632.272	43°02′54.8″(Y)	260	70	826.704
JD_7	K5+279.066	51°12′39.1″(Z)	280	70	657.110
JD_8	K5+720.863	29°46′54.7″(Y)	350	70	460.568
终点	K6+226.422				510.056

2.任务

(1)根据图2-4-7及表2-4-1的相关数据,完成表中起点(BP)、各交点及终点(EP)的坐标值,并把计算结果填入表2-4-2中。

(2)完成K1+100~K4+000范围内的平曲线主点及整20m桩号的中桩坐标计算,并把计算结果整理汇总至表2-4-3中。

某公路路线交点坐标表 表 2-4-2

交点编号	交点坐标		交点编号	交点坐标	
	X	Y		X	Y
BP			JD_5		
JD_1			JD_6		
JD_2			JD_7		
JD_3			JD_8		
JD_4			EP		

某公路路线逐桩坐标表 表 2-4-3

桩号	中桩坐标		桩号	中桩坐标	
	X	Y		X	Y
K1 +100			…		
ZH +118.24			+940		
+120			+960		
+140			+980		
…			K4 +000		

3. 要求

(1)根据班级人数分成若干组，一般为 6 ~8 人/组。

(2)以组为单位，由组长分配任务，各组员分别完成上述任务(1)、(2)。

(3)组员间相互检查对方的计算结果，组长汇总计算结果，按任务目标的要求上交《× ×公路路线中桩坐标计算书》，供教师批阅。

(二)课堂教学

课堂教学以公路中桩坐标计算为主线，围绕坐标系采用控制点坐标推算、交点坐标推算及中桩坐标计算的方法与步骤组织实施，计划安排 3 学时。

课堂教学可按如下步骤进行：

(1)结合图 2-4-1、图 2-4-2 展开课堂教学，提高学生对控制点及交点坐标计算的认识。

(2)课堂教学的思路：由交点坐标推算 ZH(或 ZY)、HZ(或 YZ)坐标，在此基础上进一步推算平曲线上任意点坐标。为便于学生掌握，重点介绍圆曲线上中桩坐标计算原理，以工程案例分析为主线，强调各中桩坐标计算的灵活运用。

[案例] 某高速公路路线的 3 个交点：JD_2、JD_3 与 JD_4，其所对应的坐标见表 2-4-4，JD_3 的里程桩号为 K2 +703.47，圆曲线半径 $R=2\,000$m，缓和曲线长 $l_h=100$m。试计算：

①JD_3 的平曲线主点桩号及主点坐标。

②K2 +150、K2 +250 两点的坐标。

某高速公路某段交点坐标表 表 2-4-4

交点号	交点坐标	
	X	Y
JD_2	3 116 010.77	477 565.039
JD_3	3 117 249.262	479 968.143
JD_4	3 116 946.038	483 280.499

解：①由题意可知，利用表2-4-4中各交点对应坐标，计算$JD_2 \sim JD_3$、$JD_3 \sim JD_4$两条边的坐标方位角α_{23}、α_{34}，由式(2-4-1)可知：

$$\beta_{23} = \arctan\frac{|Y_B - Y_A|}{|X_B - X_A|} = \arctan\frac{479\,968.143 - 477\,565.039}{3\,117\,249.262 - 3\,116\,010.77} = 62°44'05''$$

$$\beta_{34} = \arctan\frac{|Y_B - Y_A|}{|X_B - X_A|} = \arctan\frac{483\,280.499 - 479\,968.143}{3\,116\,946.038 - 3\,117\,249.262} = 95°13'50''$$

根据图2-4-1，结合坐标增量，可知以上两边均为第一象限，即

$$\alpha_{23} = \beta_{23} = 62°44'05''$$

$$\alpha_{34} = \beta_{34} = 95°13'50''$$

所以，JD_3的偏角$A = 32°29'45''$。

②由已知条件，按式(2-1-25)、式(2-1-27)和式(2-1-28)计算出JD_3的平曲线要素及主点桩号，见表2-4-5。

JD_3曲线要素及主点桩号成果表　　　　表2-4-5

切线长(m)	曲线长(m)	平曲线主点桩号				
		ZH	HY	QZ	YH	HZ
632.926	1 234.316	K2 +070.548	K2 +170.548	K2 +687.706	K3 +204.863	K3 +304.863

③由式(2-4-18)和式(2-4-19)可知，直缓点(ZH)的坐标为：

$$X_{ZH} = X_{JD_3} - T_h\cos\alpha_{23} = 3\,116\,959.311$$

$$Y_{ZH} = Y_{JD_3} - T_h\sin\alpha_{23} = 479\,405.538$$

由式(2-4-22)和式(2-4-23)可知，HY点的切线支距值为：

$$X' = l_h - \frac{l_h^3}{40R^2} = 99.99$$

$$Y' = \frac{l_h^2}{6R} - \frac{l_h^4}{336R^3} = 0.83$$

由式(2-4-14)和式(2-4-15)可知，HY点的坐标为：

$$X = X_{JD_3} - X'\cos\alpha_{23} - Y'\sin\alpha_{23} = 3\,117\,004.379$$

$$Y = Y_{JD_3} + X'\sin\alpha_{23} + Y'\cos\alpha_{23} = 479\,494.804$$

同理可以计算出其他各点坐标，如表2-4-6所示。

中桩坐标计算表　　　　表2-4-6

里程桩号	X	Y	里程桩号	X	Y
ZH +070.55	3 116 959.311	479 405.538 4	YH +204.86	3 117 199.849	480 498.780 5
K2 +150	3 116 995.337	479 476.353	K2 +250	3 117 037.571	479 566.985 5
HY +170.55	3 117 004.379	479 494.804	HZ +304.86	3 117 191.563	480 598.433 9
QZ +687.71	3 117 167.380	479 984.085			

测量坐标与施工坐标的换算是知识拓展部分，教师可结合具体情况介绍坐标换算的基本原理，阐明式(2-4-31)、式(2-4-32)中各符号的意义及公式的实际应用，课堂教学可采用案例组织教学。

工作任务五　平面设计成果编制

学习目标

1. 了解公路平面设计成果的主要内容；
2. 掌握公路路线平面设计图，直线、曲线及转角表的编制方法；
3. 分析各平面设计成果的合理性；
4. 根据教材相关知识完成课后[自测12]~[自测14]；
5. 正确编制长度为2~3km的公路路线平面设计成果。

任务描述

教师准备若干套地形图（比例1:1 000）及相关设计要素（包括公路等级、控制点坐标、圆曲线半径、缓和曲线长度等），学生分组，组长负责任务的组织与实施。各组在接到任务后，认真学习相关知识，然后分组讨论并由一人做好记录，整理上交公路平面设计编制成果。

学习引导

本工作任务沿着以下脉络进行学习：

1. 任务布置（地形图及相关设计要素，提出完成任务的内容与要求）；
2. 课堂教学（公路平面设计成果编制）；
3. 课后思考与总结；
4. 课程实训（公路平面设计成果编制实训，完成第二部分的相关任务）；
5. 上交成果：《××公路平面设计成果编制报告》；
6. 学生自测与自评；
7. 组长对组员考核；
8. 教师考核。

一、相关知识

公路路线经平面设计后需提供各种平面设计成果，其中的主要设计图纸包括路线平面设计图、路线总体布置图、公路用地图、纸上移线图等；主要的设计表格有直线、曲线及转角表，路线交点坐标表（或含在直线、曲线及转角一览表中），逐桩坐标表，路线固定表，总里程及断链表等。各种图纸和表格的样式可参照交通部颁布的“设计文件图表示例”。这里仅就路线平面设计图与直线、曲线及转角表作一介绍。

（一）路线平面设计图（图2-5-1）

路线平面设计图是公路设计文件的重要组成部分。通过路线平面设计图，可以反映出公路的平面位置和所经过地区的地形、地物等，还可以反映出路线所经地段的各种结构物（如挡土墙、边坡、排水结构、桥涵等）的具体位置以及和地形、地物的关系。它是设计人员对路线设计意图的总体体现。路线平面图对提供有关部门审批、专家评议、设计初审、设计会审、工程施工以及指导后续工作（如施工图设计、施工放样等）都起着重要的作用。路线平面图的绘制步骤如下。

1. 路线平面图比例尺及测图范围

公路路线平面图是指包括路中线在内的有一定宽度的带状地形图。若为工程可行性、初

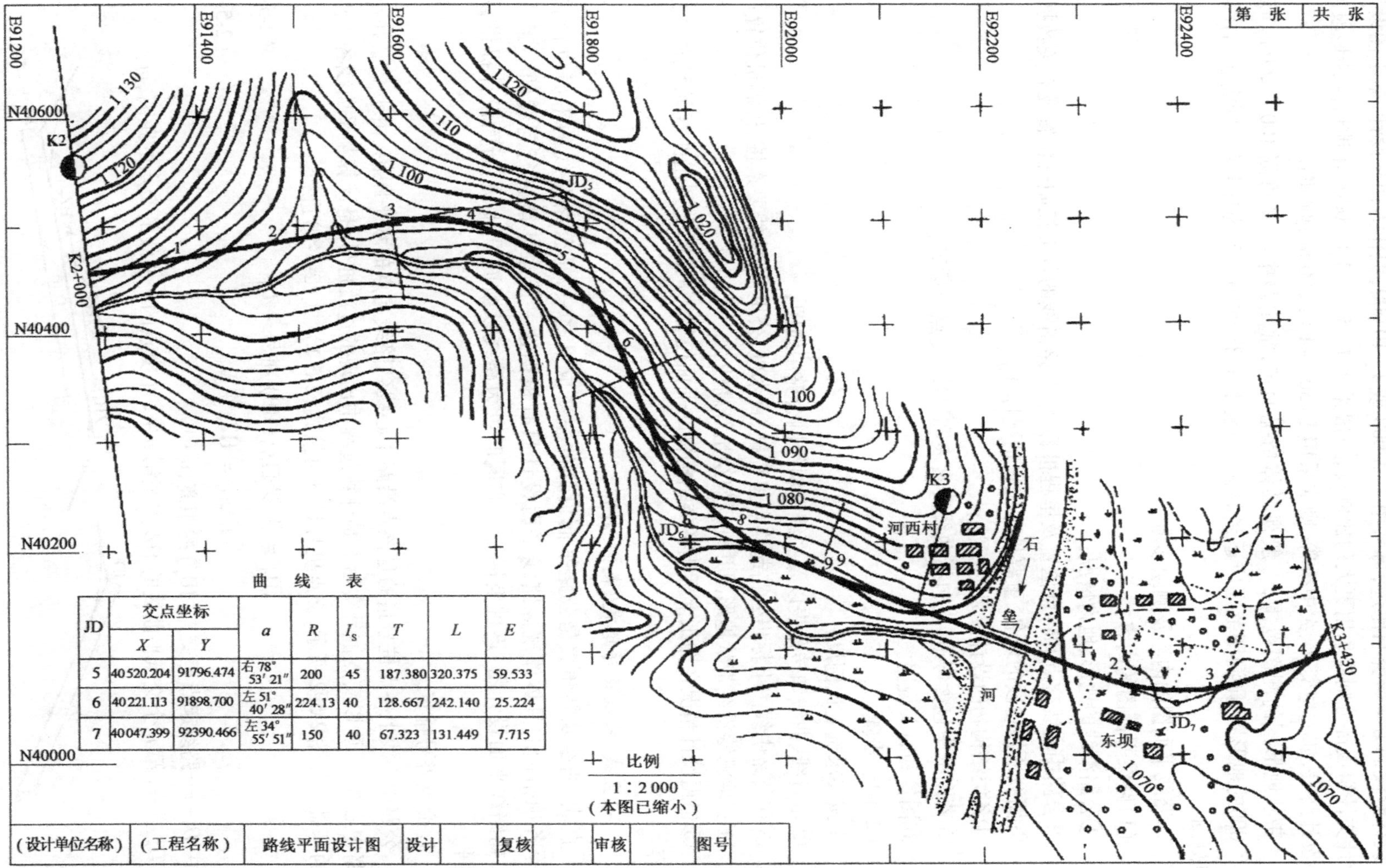

曲　线　表

JD	交点坐标 X	交点坐标 Y	a	R	l_s	T	L	E
5	40 520.204	91796.474	右 78° 53′ 21″	200	45	187.380	320.375	59.533
6	40 221.113	91898.700	左 51° 40′ 28″	224.13	40	128.667	242.140	25.224
7	40 047.399	92390.466	左 34° 55′ 51″	150	40	67.323	131.449	7.715

图 2-5-1　公路路线平面图示例

步设计阶段的方案研究与比选，可采用 1∶5 000 或 1∶10 000；但作为初步设计、施工图设计等设计文件组成部分则应采用更大的比例尺，一般采用 1∶500 ~ 1∶2 000；在地形复杂地段或重要设计路段，如大型交叉、大中桥等，则应采用 1∶500 ~ 1∶1 000 的地形图。

带状地形图的测图范围，一般视具体情况而定，常用路中心线两侧 100 ~ 200m。对于 1∶5 000的地形图，则测图范围应适当放大，一般不小于 250m。若为比较线，则需包括比较线的范围。

2. 路线平面图的内容及测绘步骤

（1）路线平面图的内容：

①公路沿线的地形、地物情况；

②公路中心线交点和转点位置及里程桩标注、公路沿线的各类控制桩位置及有关数据；

③路线所经地段的地名，重要地理位置情况标注；

④各类结构物的设计成果的标注；

⑤若图纸中包含弯道，应包括曲线要素表和导线、交点坐标表；

⑥图签和有关说明。

（2）测绘步骤：

①按要求选定比例尺；

②依直线、曲线和转角表以及中线资料绘制公路中线图；

③在公路中线图上标出公路起终点里程桩、百米桩、公里桩、曲线要素桩、桥涵桩位置；

④实地测绘沿线带状地形图并现场勾绘出等高线；

⑤根据设计情况在图纸上标出各类结构物的平面位置，并在图上列出曲线元素表等有关内容。

（二）直线、曲线及转角表（表 2-5-1）

直线、曲线及转角表是公路平面设计的主要成果之一，是公路路线的平面位置和线形等各项指标的具体体现。路线平面设计只有根据这一成果才能进行后续的一系列设计，如路线平面设计图、逐桩坐标表。它同时可为路线纵断面设计、横断面设计提供设计依据。

1. 交点桩号推算

公路中心线上各点桩号指的是该点沿路中心线到路线起点的水平距离，由于交点并不在道路中心线上，所以交点桩号实际上是计算过程中出现的过渡桩号，是计算某平曲线各主点桩号的基础。如图 2-5-2 所示，交点桩号计算可按式（2-5-1）、式（2-5-2）进行。

$$JD_n = 路线起点(BP)桩号 + D_1 \tag{2-5-1}$$

$$JD_{n+1} = HZ_n + D_{n+1} \tag{2-5-2}$$

式中：D_1——路线起点至交点（JD_1）的距离，m；

D_{n+1}——第 n 个交点平曲线的 HZ 点至第 $n+1$ 个交点的平曲线的交点的距离，m。

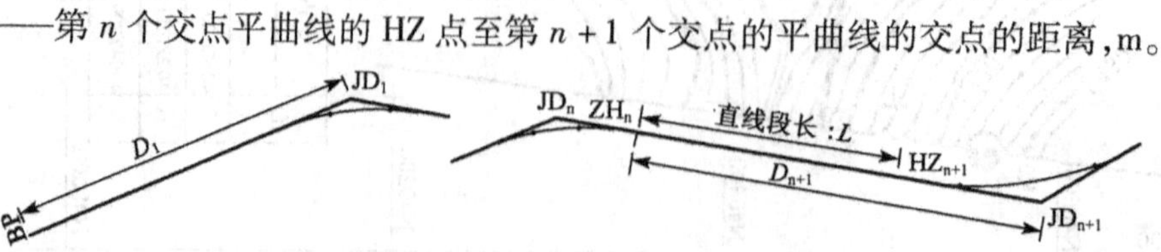

图 2-5-2　路线交点桩号推算图

直线、曲线及转角表

表 2-5-1

交点号	交点坐标		交点桩号	转角值	曲线要素值(m)							曲线主点桩号					直线长度及方向			备注
	N(X)	E(Y)			半径	缓和曲线长度	缓和曲线参数	切线长度	曲线长度	外距	校正值	第一缓和曲线起点	第一缓和曲线终点或圆曲线起点	曲线中点	第二缓和曲线起点或圆曲线终点	第二缓和曲线终点	直线段长(m)	交点间距(m)	计算方位角	
1	2	3	4	5	6	7	8	9	10	11	12	13	14	15	16	17	18	19	20	21
JD_{12}	3182330.75	501167.94	K6 +103.342																	
																	782.52	1774.77	276°46′49.7″	
JD_{13}	3182540.29	499405.58	K7 +961.804	52°44′06.3″(Z)	1000.000	200.00	447.21	596.49	1120.40	117.98	72.58	K7 +365.313	K7 +565.313	K7 +925.514	K8 +285.714	K8 +485.714				
																	0.00	980.69	224°02′43.5″	
JD_{14}	3181835.38	498723.78	K8 +869.914	17°13′41.5″(Z)	2536.18			384.20	762.60	28.94	5.80		K8 +485.714	K8 +867.014	K9 +248.315					
																	599.97	1157.87	206°49′02″	
JD_{15}	3180802.04	498201.41	K10 +021.985	25°27′10.8″(Y)	480.00	130.00	249.80	173.70	343.23	13.59	4.16	K9 +848.287	K9 +978.287	K10 +019.905	K10 +061.522	K10 +191.522				
																	161.37	577.09	232°16′12.8″	
JD_{16}	3180448.9	497744.99	K10 +594.912	28°24′31.7″(Z)	718.32	120.00	293.60	242.02	476.16	23.52	7.88	K10 +352.893	K10 +472.893	K10 +590.974	K10 +709.056	K10 +829.056				
																	0.00	501.15	203°51′41.1″	
JD_{17}	3179990.58	497542.26	K11 +088.184	27°52′01.1″(Y)	842.47	100.00	290.25	259.13	509.75	26.05	8.51	K10 +829.056	K10 +929.056	K11 +083.931	K11 +238.806	K11 +338.806				
																	0.00	440.37	231°43′42.2″	
JD_{18}	3179717.82	497196.53	K11 +520.047	29°09′11.5″(Z)	445.60	130.00	240.68	181.24	356.73	16.45	5.75	K11 +338.806	K11 +468.806	K11 +517.172	K11 +565.538	K11 +695.538				
																	0.00	381.84	202°34′30.6″	
JD_{19}	3179365.24	497049.94	K11 +896.141	49°10′50″(Y)	260.00	160.00	203.96	200.60	383.17	30.43	18.03	K11 +695.538	K11 +855.538	K11 +887.125	K11 +918.712	K12 +078.712				
																	249.93	632.27	251°45′20.6″	
JD_{20}	3179167.29	496449.45	K12 +510.381	29°00′04.5″(Z)	450.00	130.00	241.87	181.74	357.78	16.42	5.71	K12 +328.639	K12 +458.639	K12 +507.527	K12 +556.414	K12 +686.414				
																	413.85	749.79	222°45′16.1″	
JD_{21}	3178616.75	495940.46	K13 +254.457	21°04′44.9″(Z)	478.14	130.00	249.32	154.19	305.91	9.70	2.48	K13 +100.264	K13 +230.264	K13 +253.218	K13 +276.171	K13 +406.171				
																	0.00	443.24	201°40′31.2″	
JD_{22}	3178204.85	495776.75	K13 +695.219	29°44′29.7″(Y)	861.94	120.00	321.61	289.05	567.42	30.59	10.68	K13 +406.171	K13 +526.171	K13 +689.881	K13 +853.592	K13 +973.592				
																	0.00	684.31	231°25′00.8″	
JD_{23}	3177778.07	495241.82	K14 +368.857	79°36′50.2″(Y)	375.61	160.00	245.15	395.27	681.92	117.02	108.61	K13 +973.592	K14 +133.592	K14 +314.551	K14 +495.510	K14 +655.510				
																	0.00	590.51	311°01′51″	
JD_{24}	3178165.73	494796.36	K14 +850.757	40°04′21.8″(Z)	298.92	170.00	225.42	195.25	379.06	23.53	11.43	K14 +655.510	K14 +825.510	K14 +845.040	K14 +864.571	K15 +034.571				
																	0.00	195.25	270°57′29.2″	
JD_{25}	3178168.99	494601.14	K15 +034.571																	

2. 直线段长

在直线、曲线及转角表中，直线段长是指公路中线上相邻两平曲线间的直线段长度，它可以直观地反映出公路线形的合理性。如图 2-5-2 所示，直线段长可按式(2-5-3)或式(2-5-4)计算。

$$L = ZH_{n+1} - HZ_n \tag{2-5-3}$$

或：

$$L = D - T_n - T_{n+1} \tag{2-5-4}$$

式中：L——直线段长，m；

D——相邻两交点之间的距离，m；

ZH_{n+1}——第 $n+1$ 个交点的平曲线起点 ZH 桩号(圆曲线时为 ZY 桩号)；

HZ_n——第 n 个交点的平曲线终点 HZ 桩号(圆曲线时为 YZ 桩号)。

二、任务实施

(一)任务布置

课题五：××公路平面设计成果编制。

1. 基本资料

某平原区三级公路为双车道，设计速度为 40km/h。

(1)平面基础资料如表 2-5-2 所示。

(2)路线平面图如图 2-5-3 所示。

2. 任务

(1)完成表 2-5-2 的编制工作，并提供相应的计算书。

(2)根据表 2-5-2 的相关数据，完成图 2-5-3(××公路路线平面图)之未标注部分，并在图上补充曲线元素表。

3. 要求

(1)根据班级人数分成若干组，一般为 6～8 人/组。

(2)以组为单位，各组员完成上述任务(1)，组长负责检查各成员的计算或分析结果，做好记录供集体讨论。

(3)全组共同完成上述任务(2)，组长负责结果的记录与整理，按任务目标的要求上交《××公路平面设计成果编制报告》，供教师批阅。

(二)课堂教学

课堂教学以公路平面设计成果为主线，围绕“直线、曲线与转角表”、“路线平面设计图”等平面设计编制的方法、内容与要求组织实施，计划安排 4 学时(其中 2 学时为课程实训)。

课堂教学可按如下步骤进行：

(1)结合图 2-5-1 或其他合适的公路路线平面设计图展开课堂教学，提出路线平面图的编制要素(如图纸比例要求、设计线绘制方法与要求、拼图线、曲线元素等)，然后进一步描述公路平面图测绘的方法与步骤及相关要求。

(2)以表 2-5-1 为依托，着重学习交点里程桩号推算的方法，并结合已学的相关知识(如交点坐标推算、导线边方位角推算、平曲线要素计算及主点里程桩号计算等)，讲述“直线、曲线及转角表”的编制过程。

直线、曲线及转角表

表 2-5-2

交点号	交点坐标		交点桩号	转角值	曲线要素值(m)							曲线主点桩号					直线长度及方向			备注
	N(X)	E(Y)			半径	缓和曲线长度	缓和曲线参数	切线长度	曲线长度	外距	校正值	第一缓和曲线起点	第一缓和曲线终点或圆曲线起点	曲线中点	第二缓和曲线起点或圆曲线终点	第二缓和曲线终点	直线段长(m)	交点间距(m)	计算方位角	
1	2	3	4	5	6	7	8	9	10	11	12	13	14	15	16	17	18	19	20	21
JD$_0$	3182393.819	500123.2586	K0 +000															347.36		
JD$_1$				26°27′07.3″(Z)	135	50												332.14		
JD$_2$				6°00′41.8″(Y)	1500													402.33		
JD$_3$				20°40′21.7″(Y)	350	60												197.44		
JD$_4$				36°07′58.9″(Y)	240.35	50												405.88		
JD$_5$				55°34′11.9″(Z)	160	70												384.10		
JD$_6$				46°32′09.6″(Z)	200	50												441.12		
JD$_7$				15°55′28.8″(Y)	350	60												279.82		
JD$_8$				54°14′47.6″(Y)	120	50												399.97		
JD$_9$				46°33′18.2″(Z)	280	60												551.59		
JD$_1$0				69°35′12.2″(Z)	200	50												624.44		
JD$_1$1																				

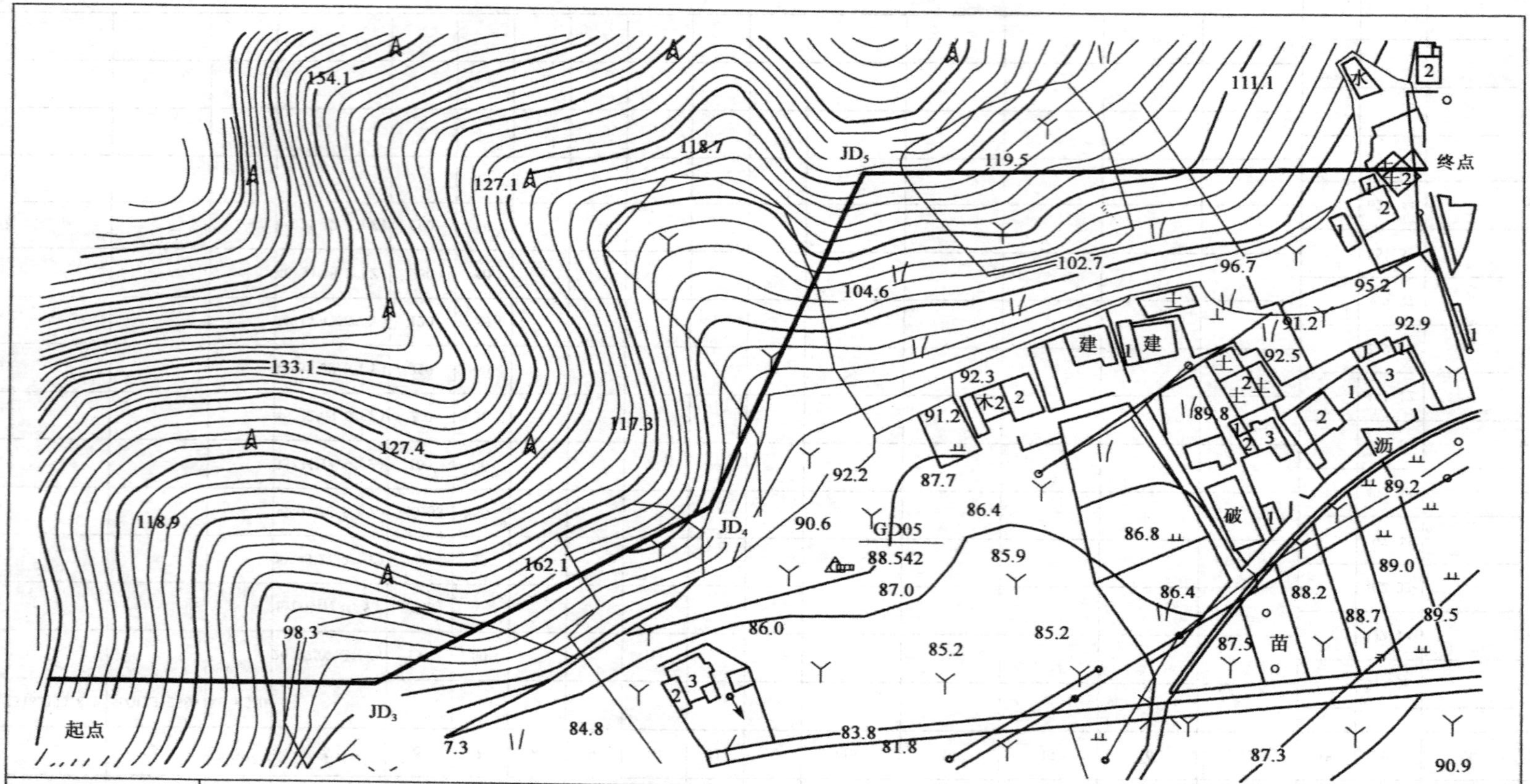

（设计单位）	（工程名称）	××公路路线平面图	设计		复核		审核		图号		日期	

图 2-5-3　××公路路线平面图

[案例] 如图 2-5-4 所示，已知起点 BP 的里程桩号为 K0 + 000，试计算 JD_2、JD_3 桩号及交点间的直线段长度。

图 2-5-4　路线布置

解：①由题意及图 2-5-4 可知：

$$JD_2 = BP\text{ 桩号} + D_1 = 0 + 325.42 = K0 + 325.42$$

②根据图 2-5-4 中 JD_2、JD_3 的已知条件，两个交点的平曲线要素分别为：

JD_2：　$T_2 = 71.55$；$L_2 = 141.83$；$L_{y2} = 41.83$

JD_3：　$T_3 = 80.06$；$L_3 = 159.14$；$L_{y3} = 59.14$

通过计算，JD_2 各主点的里程桩号如下：

$$ZH_2 = JD_2 - T_2 = +252.87$$

$$HY_2 = ZH_2 + l_{h2} = 302.87$$

同理可得：

$$QZ_2: +323.79; YH_2: +344.70; HZ_2: +394.70$$

由题意，JD_2 的平曲线终点 HZ 至 JD_3 的距离为：

$$D_2 - T_2 = 256.32 - 71.55 = 184.77(\text{m})$$

由式 2-5-2 可知，JD_3 桩号为：

$$JD_3 = HZ_2 + 187.77 = +394.70 + 184.77 = +579.47$$

(3) 由式 2-5-4，JD_2 与 JD_3 之间的直线段长度为：

$$L = D - T_2 - T_3 = 256.32 - 71.55 - 80.06 = 104.71(\text{m})$$

学习效果评价反馈

(一)学生自评

每位学生根据本学习情境及各工作任务的学习目标，自主完成下述[自测 1] ~ [自测

15],并根据表 2-6-1 的要求,完成自我检验。

[自测 1]公路线形的三要素是什么?

[自测 2]缓和曲线长度由哪些因素决定?

[自测 3]平面线形有哪些基本组合形式? 各种组合应满足哪些要求?

[自测 4]平面线形设计的一般原则是什么?

[自测 5]公路超高横坡度的确定需要考虑哪些因素?

[自测 6]平曲线超高方式有哪些? 分别适用哪些场合?

[自测 7]试叙述内边轴超高的超高缓和段构成?

[自测 8]平曲线加宽有哪些规定与要求?

[自测 9]什么是行车视距? 行车视距按制动方式分为哪几种?

[自测 10]停车视距由哪几部分组成?

[自测 11]试述视距包络图绘制的一般步骤?

[自测 12]公路平面设计成果主要有哪些?

[自测 13]某三级公路,其设计速度 $V = 40\text{km/h}$,路线偏角 $\alpha = 29°17'25''$,半径 $R = 280\text{m}$,缓和曲线长 $l_h = 70\text{m}$,求该弯道的平曲线要素。

[自测 14]某二级公路弯道,设计速度 $V = 80\text{km/h}$,交点桩号为 K1 +077.75,$R = 280\text{m}$,交点偏角 $\alpha = 24°56'57''$,取缓和曲线长 $l_h = 70\text{m}$,路基宽度 $B = 12\text{m}$($b = 9.0\text{m}$,$a = 1.5\text{m}$,$i_1 = 2\%$,$i_0 = 3\%$),试计算该弯道 K0 +990、K1 +000 二桩号的路基左、中、右超高值。(设该路段的最大超高横坡度为 $i_{bmax} = 8\%$)。

[自测 15]已知某二级公路路线的 3 个交点:JD_1(456.55,328.36)、JD_2(655.75,158.63)与 JD_3(298.55,573.56),JD_2 的里程桩号为 K13 +156.55,圆曲线半径 $R = 450\text{m}$,缓和曲线长 $l_h = 70\text{m}$。试计算 JD_3 的平曲线主点坐标。

学 生 自 评 表 表 2-6-1

任务名称:公路平面设计

组号		姓名		学号		自评成绩	
题号		自测 1	自测 2	自测 3	自测 4	自测 5	合计
满分		5	5	5	5	5	100
得分							
题号		自测 6	自测 7	自测 8	自测 9	自测 10	
满分		5	5	5	5	5	
得分							
题号		自测 11	自测 12	自测 13	自测 14	自测 15	
满分		5	5	15	15	10	
得分							

(二)学习小组评价

主讲教师根据班级人数、学生学习情况等因素合理分组,然后以学习小组为单位,完成授课前布置的课题一 ~ 课题五的相关任务,组长根据组员的完成情况,按表 2-6-2 的要求,完成学习小组评价。

学习小组评价表 表2-6-2

组号		姓名		学号		成绩	
课题		计算(分析)正确性	熟练程度	独立完成能力	参与主动性	创新能力	得分
		6%	5%	3%	3%	3%	20%
课题一:××公路路线平面线形组成分析							
课题二:××公路平曲线超高、加宽的设计与计算							
课题三:××公路平面视距保证分析与设计							
课题四:××公路路线中桩坐标计算							
课题五:××公路平面设计成果编制							
组长签名		日期		合计			
备注:本学习情境共设置5个课题,每课题各占20%							

(三)任课教师评价

主讲教师根据学生的学习态度,在平面线形组成分析、平曲线超高与加宽计算、平面视距保证、中桩坐标计算及平面设计成果编制五个方面的分析问题能力、计算能力、创新能力及学习主动性进行评价,按表2-6-3的要求,完成教师对学生的评价。

教师对学生的学习效果评价表 表2-6-3

组号	姓名	学号	成绩	
任务名称:公路平面设计				
评价内容	评价依据		分数	得分
学习态度情况	上课纪律、学习主动性等评价		10	
任务自测情况	自测成果的正确性与准确性、完成成果的质量、上交资料的规范程度等评价		30	
小组成果报告情况	平面线形组成分析、平曲线超高与加宽计算、平面视距保证、中桩坐标计算及平面设计成果编制等方面的设计与计算能力评价		30	
在小组中所起的作用	学生参与讨论时发表的观点、在成果中采纳的情况等评价		10	
完成的工作量	参与完成小组工作的贡献大小(完全参与为满分,基本参与得基本分)		10	
学生独立解决问题能力	主要对学生的创新思维能力、组织能力,学生在遇到问题时的判断能力等评价		10	
教师签名	日期		合计	

学习情境三　路线纵断面

工作任务一　路线纵断面线形组成分析

学习目标

1. 了解纵断面线形中纵坡、坡长和竖曲线的含义及相关要求；

2. 了解纵断面设计的目的、组成及设计高程的规定；

3. 分析纵断面设计线中直坡段与坡长限制的原因以及取值的合理性，分析竖曲线设置原因及取值的合理性；

4. 根据教材相关知识完成课后［自测1］~［自测5］；

5. 正确完成长度约为1km的路线纵断面纵坡和坡长计算与分析评价、公路路线纵断面图。

任务描述

教师准备好两个任务资料：一是准备若干份纵坡和竖曲线表，以及相关要素；二是准备纵断面设计资料及相关设计要素（包括公路等级、路线平面线形三要素等）。学生分组（视班级总人数可分5~6人/组），每名学生准备坐标纸，每组推选一名组长负责任务的组织与实施，最终以组为单位上交路线纵断面纵坡和坡长计算与分析报告以及纵断面设计图。各组在接到任务后，认真学习《标准》及《规范》的相关要求，结合教师讲课并视需要收集其他相关信息，每组各成员单独准备分析材料，然后分组讨论，以组为单位上交《××公路路线纵断面纵坡和坡长计算与分析评价》，每个学生上交《××公路路线纵断面图》。

学习引导

本工作任务沿着以下脉络进行学习：

1. 任务布置（路线纵断面纵坡与坡长计算及分析、纵断面图，提出完成任务的内容与要求）；

2. 课堂教学（公路路线纵断面的组成）；

3. 课后思考与总结；

4. 完成第二部分的相关任务；

5. 课堂教学（直坡段与坡长）；

6. 课后思考与总结；

7. 完成第二部分的相关任务；

8. 课堂教学（竖曲线计算与设计）；

9. 课后思考与总结；

10. 完成第二部分的相关任务；

11. 上交成果：《××公路路线纵断面纵坡和坡长计算与分析评价》和《××公路路线纵断

面图》;

12. 学生自测与自评;

13. 组长对组员考核。

一、相关知识

(一)公路路线纵断面的组成

公路平面设计确定了路线起、终点之间的走向,沿着公路中线用曲面竖直剖切,然后展开所得到的垂直面为公路路线纵断面图,如图 3-1-1 所示。路线纵断面图与平面图、横断面图结合起来,就能完整地表达道路的空间位置与立体线形。

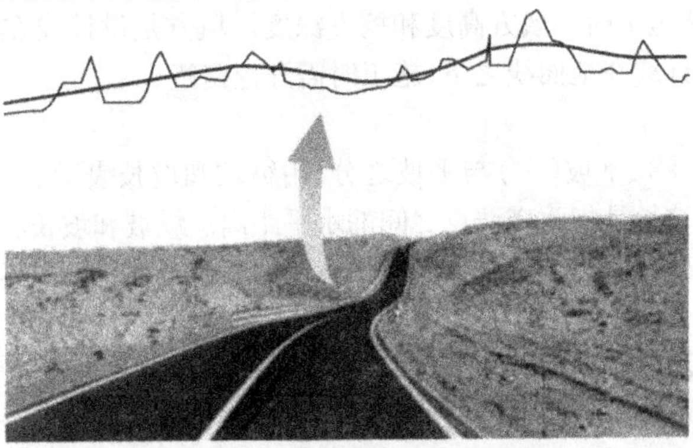

图 3-1-1 公路中线竖向剖切示意图

公路路线纵断面示意图如 3-1-2 所示。在纵断面图上有两条主要线形,其中一条是地面线,它是根据公路中线上各桩号地面高程而点绘的一条不规则折线,反映了道路中线所经过的地面起伏情况;另一条是设计线,它是经过技术上、经济上及视觉效果等方面的比选而定出来的几何线形,反映了道路路线的起伏情况。纵断面图的比例:竖向为 1∶200 或 1∶100;横向为 1∶2 000 或 1∶1 000。

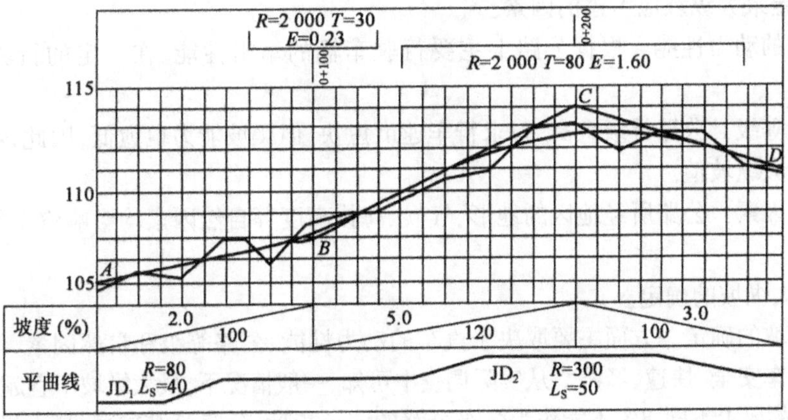

图 3-1-2 路线纵断面示意图

由于自然因素的影响以及经济性要求,公路起、终点之间不可能设计为一条水平线,它必定具有一定的起伏,路线纵断面设计就是确定路线在原地面上的高度、形状及尺寸。纵断面设计线由直线(直坡段)和曲线(竖曲线)组成。直坡段有纵坡、坡长要求,竖曲线有半径大小要求,因此,本工作任务就是分析纵断面的组成,如何确定和计算直坡段的纵坡、坡长、竖曲线的半径，怎样保证线形平顺、经济合理，如何保证汽车可以快速、安全、舒适的上坡与下坡。

1. 设计高程

纵断面上的地面高程是指道路中线各中桩处的原地面高程。纵断面上的设计高程，即路基设计高程，其位置随公路是否设置中央分隔带等情况而定。

（1）新建公路的路基设计高程。高速公路和一级公路采用中央分隔带的外侧边缘高程；二、三、四级公路采用公路未设超高加宽前路基边缘高程。

（2）改建公路的路基设计高程。其一般同新建公路，也可视具体情况而采用中央分隔带中心或行车道中线高程。

在纵断面上，任一桩号的设计高程与地面高程之差，称为该桩号断面的施工高度。施工高度的大小决定了道路施工时的填方高度和挖方深度。填方是设计线在地面线之上，施工时需填筑路堤；挖方是设计线在地面线之下，施工时需开挖路堑。

2. 直坡段

直坡段有上坡（+）、下坡（-）与平坡之分，用纵坡和坡长表示。纵坡是指两点间的高差与水平距离的比值，坡长是指两变坡点之间的水平距离。纵坡和坡长影响汽车的行驶速度、运输经济性以及行车安全性，必须对其临界值作必要的限制，以满足行车要求。

3. 竖曲线

相邻两个直坡段的转折处即变坡点，为了平顺过渡，变坡点处需设置竖曲线，竖曲线有凹形和凸形两种，其大小用曲线的半径和水平长度来表示。

（二）直坡段及坡长

1. 最大纵坡

最大纵坡是指在纵坡设计时各级公路容许采用的最大纵坡值，它是公路纵断面设计的一个重要控制指标。一方面，道路纵坡的大小直接影响着路线的长度、使用质量、运输成本和工程造价；另一方面，由于汽车的牵引力有一定的限度，纵坡不可能采用太大值。因此，最大纵坡的取值应通过全面分析、综合考虑后合理确定。

（1）确定最大纵坡应考虑的因素。

①汽车的动力性能。根据公路上主要行驶车辆的牵引性能、在一定的行驶速度条件下确定。

②公路等级。公路等级愈高，要求行车速度愈快，但爬坡能力也愈低，因此，不同等级公路有不同的最大纵坡值。

③自然因素。公路所经地区的地形、气候、海拔高度等自然因素均影响汽车的行驶条件和爬坡能力。

（2）最大纵坡的确定。

最大纵坡的确定一方面主要取决于汽车的动力性能、公路等级和自然因素，但另一方面还必须保证行车安全、快速、经济。从实际调查中可知，一般情况下，最大纵坡不宜超过8%。但由于各级公路的要求不同，8%不能作为各级公路的统一指标，公路等级越高，最大纵坡应越小，否则会大大降低车速，增大危险程度。我国《标准》规定各级公路的最大纵坡规定见表3-1-1。

公路最大纵坡 表3-1-1

设计速度（km/h）	120	100	80	60	40	30	20
最大纵坡（%）	3	4	5	6	7	8	9

(3)最大纵坡的应用。

①高速公路在受地形条件或其他特殊情况限制时，或设计速度为40km/h、30km/h、20km/h时的改建路段，经技术经济论证，最大纵坡可增加1%。位于海拔2 000m以上或积雪冰冻地区路段的四级公路，最大纵坡不应大于8%。

②在非机动车交通比例较大的路段，可根据具体情况将纵坡适当放缓，平原、微丘区一般在2%～3%，山岭、重丘区一般在4%～5%。

③小桥涵的最大纵坡与路线相同；大、中桥桥上纵坡不宜大于4%，桥头引道纵坡不宜大于5%；位于城镇附近非机动车交通量较大的路段，桥上及桥头引道纵坡均不得大于3%；紧接大、中桥桥头两端的桥头引道纵坡应与桥上纵坡一致。

④隧道内纵坡不应大于3%，并不小于0.3%；独立的明洞和长度小于50m的隧道的纵坡不受此限制；紧接隧道洞口的路线纵坡应与隧道内纵坡相同。

⑤高原地区空气密度下降，使汽车发动机的功率和汽车的牵引力降低，导致汽车爬坡能力下降；此外，在高原地区，汽车水箱中的水容易开锅而破坏冷却系统。故《标准》规定：当$V \leq 80$km/h时，位于海拔3 000m以上高原地区的公路，最大纵坡应按表3-1-2的规定予以折减。最大纵坡折减后若小于4%，则仍采用4%。

高原纵坡折减值 表3-1-2

海拔高度(m)	3 000～4 000	4 000～5 000	5 000以上
折减值(%)	1	2	3

2.最小纵坡

一般来说，为使汽车在公路上快速、安全行驶，适当降低纵坡值将有利于行车。但在挖方路段、设置边沟的低填方路段和横向排水不畅路段，为保证纵向排水要求，防止积水渗入路基而影响其稳定性，在这些路段上应保证最小纵坡，以免为了排水而将其边沟挖得过深。《规范》规定，在各级公路的长路堑路段，以及其他横向排水不畅路段，均应采用不小于0.3%的纵坡，否则应对其边沟作纵向排水设计。

干旱地区以及横向排水良好的路段，其最小纵坡可不受此限制。

3.坡长限制

坡长限制包括最小坡长和最大坡长限制两个方面。

(1)最小坡长限制。最小坡长的限制是从汽车行驶平顺性、乘客舒适性、纵断面视距和相邻两竖曲线的布置等方面综合考虑。若坡长过短，变坡点增多，纵断面线形呈锯齿形状，汽车将频繁增重与减重，乘客感觉不舒适，路容也不美观；其次，当相邻坡段的纵坡相差较大，而坡长又较短时，汽车运行需频繁换挡，增加了驾驶员的操作劳动强度。因此，纵坡的坡长应有一定的最小长度。

最小坡长以设计速度行驶9～15s的行程作为规定值。我国综合考虑设计速度、地形等情况后，《规范》规定了各级公路相应的最小坡长，见表3-1-3。

最 小 坡 长 表3-1-3

设计速度(km/h)	120	100	80	60	40	30	20
最小坡长(m)	300	250	200	150	120	100	60

(2)最大坡长限制。根据汽车的动力性能可知,公路纵坡的大小及其坡长对汽车的行驶影响很大。纵坡设置越陡、坡长越长,对行车越不利。上坡时,汽车在陡坡上长时间低速行驶,在提高汽车功率时又易使水箱开锅,导致汽车爬坡无力,甚至使发动机熄火;下坡时,汽车连续制动,易使汽车的制动器发热而失效,导致交通事故。所以《规范》规定,各级公路不同纵坡时的最大坡长需按表3-1-4选用。

不同纵坡最大坡长(m) 表3-1-4

设计速度(km/h)		120	100	80	60	40	30	20
纵坡(%)	3	900	1 000	1 100	1 200			
	4	700	800	900	1 000	1 100	1 100	1 200
	5		600	700	800	900	900	1 000
	6			500	600	700	700	800
	7					500	500	600
	8					300	300	400
	9						200	300
	10							200

(3)组合坡长。当某一纵坡采用坡长未达到其限制坡长时,其后采用纵坡及坡长可按(3-1-1)式确定,且后坡段坡长应满足最小坡长规定。

$$\frac{l_1}{l_{1(\max)}}+\frac{l_2}{l_{2(\max)}}+\frac{l_3}{l_{3(\max)}}+\cdots\leqslant 1 \tag{3-1-1}$$

式中: l_1、l_2、l_3——各坡段实际坡段长,m;

$l_{1(\max)}$、$l_{2(\max)}$、$l_{3(\max)}$——各坡段纵坡所对应的最大坡长限制值,见表3-1-4,m。

4.缓和坡段

缓和坡段的作用主要是为了改善汽车在连续陡坡上行驶的紧张状况,避免汽车长时间采用低速挡行驶或汽车下坡产生不安全因素。因此,当陡坡的长度达到限制坡长时,应安排一段缓坡,用以恢复在陡坡上行驶所降低的速度。从理论上讲,汽车在缓坡上行驶的长度,应满足汽车加速或减速行驶过程的需要。

《标准》规定,对于二、三、四级公路,当连续纵坡大于5.0%时,应在不大于表3-1-4所规定的长度内设置缓和坡段。缓和坡段的纵坡应不大于3%,其长度应符合表3-1-3规定的最小坡长。

一般情况下,缓和坡段宜设在平面的直线或较大半径的平曲线上,以便充分发挥缓和坡段的作用,提高道路的使用质量。在必须设置缓和坡段而地形困难的地段,可以将缓和坡段设于半径较小的平曲线上,但应适当增加缓和坡段的长度,以使缓和坡段端部的竖曲线位于小半径平曲线之外。

5.平均纵坡

平均纵坡是指一定长度的路段纵向所克服的高差与这段路线长度之比,以百分率(%)表示,即 $i=H/L$。平均纵坡是为了合理运用最大纵坡、坡长及缓和坡段的规定,以保证车辆安全顺利行驶的限制性指标,它是衡量纵断面线形设计质量的重要指标之一。

根据对山区公路行车的实际调查发现,有时,虽然公路纵坡的设计完全符合最大纵坡、坡长限制和缓和坡段的规定,但仍不能保证车辆的行驶安全。如对地形困难、高差较大的地段,设计者可能交替使用极限长度的最大纵坡及缓和坡段,形成"台阶式"纵断面线形,这是一种

"合法不合理"的做法。以这种方法设计的路段对行车安全性很不利,因此有必要从行车平顺和安全考虑来控制设计纵坡的平均值。

我国《标准》规定:二、三、四级公路越岭线中连续上坡(或下坡)路段,相对高差为200~500m时,平均纵坡应不大于5.5%;相对高差大于500m时,平均纵坡应不大于5%,且任意连续3km路段的平均纵坡不宜大于5.5%。对于海拔3 000m以上的高原地区,平均纵坡应较规定值减小0.5%~1.0%。

6. 合成纵坡

合成纵坡是指路线纵坡与超高横坡或路拱横坡组合而成的最大纵坡,其纵坡方向为最大流水方向。合成纵坡的计算公式为:

$$I = \sqrt{i_h^2 + i^2} \tag{3-1-2}$$

式中:I——合成纵坡,%;

i——路线纵坡,%;

i_h——超高横坡度或路拱横坡度,%。

路线设计时,将合成纵坡控制在一定的范围之内,目的是为了尽可能地避免急弯和陡坡的不利组合,防止因合成纵坡过大而引起汽车横向滑移和行车危险,保证车辆在平曲线上安全而顺适的行驶。我国《标准》规定各级公路的最大容许合成纵坡值见表3-1-5。

各级公路的最大合成纵坡 表3-1-5

公路等级	高速			一级			二级		三级		四级
设计速度(km/h)	120	100	80	100	80	60	80	60	40	30	20
合成纵坡(%)	10.0	10.0	10.5	10.0	10.5	10.5	9.0	9.5	10.0	10.0	10.0

当陡坡与小半径平曲线重合时,在条件许可的情况下,宜采用较小的合成纵坡。特别是在冬季路面有积雪结冰的地区、自然横坡陡峻的傍山路段和非机动车交通量较大路段的情况下,其合成纵坡必须小于8%。

设计中可由式(3-1-3)计算平曲线上允许的最大纵坡:

$$i_{max} = \sqrt{I_{max}^2 - i_h^2} \tag{3-1-3}$$

式中:i_{max}——路线最大纵坡,%;

I_{max}——最大合成纵坡,%。

在应用最大合成纵坡时,用规定值如10%来控制合成纵坡,并不意味着横坡为10%的弯道上就完全不允许有纵坡。无论是纵坡或横坡中任何一方采用最大值时,允许另一方采用缓一些的纵坡,一般以不大于2%为宜。但是各级道路的最小合成纵坡也不宜小于0.5%,否则不利于排水。当合成纵坡小于0.5%时,应采用综合排水措施,以保证路面排水通畅。

(三)竖曲线计算与设计

竖曲线是在变坡点处,为了行车平顺的需要而设置的一段曲线。竖曲线的形状,通常采用圆曲线或二次抛物线两种形式。在设计和计算上,抛物线比圆曲线更为方便,故一般采用二次抛物线。

在纵坡设计时,由于纵断面上只反映水平距离和竖直高度,因此竖曲线的切线长与曲线长是其在水平面上的投影,切线支距是竖直的高程差,相邻两条纵坡线相交角用坡度差表示。

1. 竖曲线要素计算

如图3-1-3所示,设变坡点相邻两纵坡分别为i_1和i_2,坡差以ω表示,则坡差ω为i_1和i_2的代数差，即 $\omega = i_1 - i_2$；当 $\omega > 0$ 时，则为凸形竖曲线；当 $\omega < 0$ 时，则为凹形竖曲线。

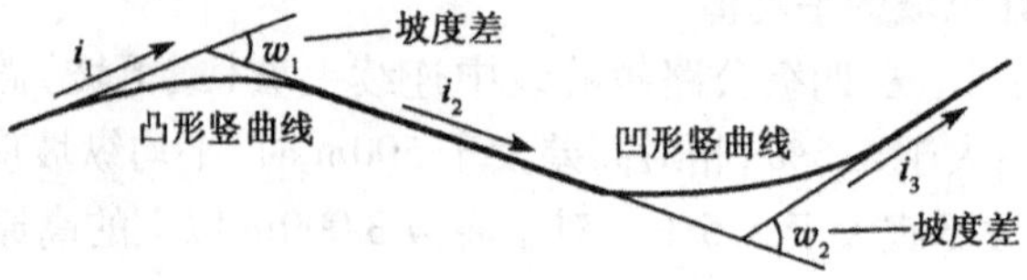

图 3-1-3　竖曲线示意图

(1)竖曲线基本方程。二次抛物线是竖曲线的基本形式，也是我国目前常用的一种形式。如图 3-1-4 所示，用二次抛物线作为竖曲线的基本方程为：

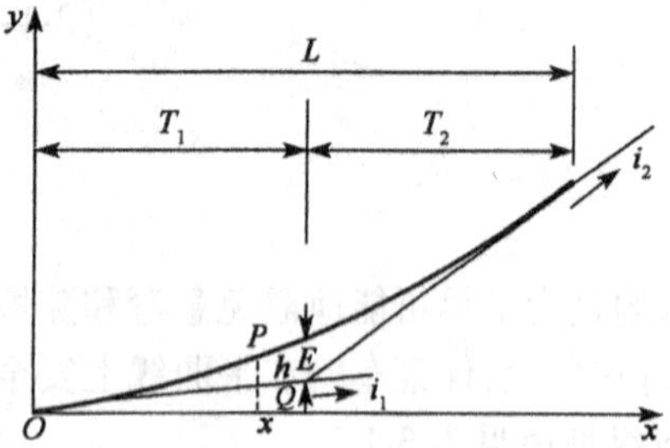

图 3-1-4　竖曲线要素示意图

$$y = \frac{1}{2r}x^2 + bx$$

竖曲线上任意一点的斜率为：$k = \frac{dy}{dx} = \frac{x}{r} + b$

当 $x = 0$ 时，$k = i_1$，则 $b = i_1$；

当 $x = L, r = R$ 时，$k = \frac{L}{R} + i_1 = i_2$，则 $R = \frac{L}{i_1 - i_2} = \frac{L}{\omega}$

因此，竖曲线的基本方程式为：

$$y = \frac{\omega}{2L}x^2 + i_1 x \tag{3-1-4}$$

或

$$y = \frac{1}{2R}x^2 + i_1 x \tag{3-1-5}$$

(2)竖曲线的要素计算。

曲线长：

$$L = R\omega \tag{3-1-6}$$

切线长：

$$T = \frac{L}{2} = \frac{R\omega}{2} \tag{3-1-7}$$

外距：

$$E = \frac{T\omega}{4} = \frac{T^2}{2R} = \frac{R\omega^2}{8} = \frac{L\omega}{8} \tag{3-1-8}$$

曲线上任意一点的竖距(改正值)：

$$h = \frac{x^2}{2R} \tag{3-1-9}$$

2. 竖曲线最小半径与最小长度

(1)竖曲线最小半径与最小长度的考虑因素。

①缓和冲击。汽车在竖曲线上行驶时会产生径向离心力，在凸形竖曲线上行驶会减重，在凹形竖曲线上行驶会增重，如果这种离心力达到某种程度时，乘客就会有不舒适的感觉，同时对汽车的悬挂系统也有不利影响，故应在确定竖曲线半径时对径向离心力加速度加以控制。根据试验得知，离心加速度 a 限制在 $0.5 \sim 0.7 m/s^2$ 比较合适。

②行程时间不宜过短。汽车从直坡段驶入竖曲线时，如果其竖曲线长度过短，汽车迅速驶过，一方面会增大冲击力，引起旅客不适，另一方面从视觉上也会感到线形突然转折，影响美

观。因此，应限制汽车在竖曲线上的行程时间，其值一般不宜小于3s。

③满足视距要求。汽车行驶在凸形竖曲线上，若半径过小，道路凸起部分会阻挡驾驶员的视线。汽车行驶在凹形竖曲线上，若半径过小，也同样存在视距问题。为了行车安全，竖曲线的最小半径或最小长度还应从保证视距的角度加以限制。

总之，竖曲线无论是凹形还是凸形，都受到以上三种因素的控制。就凸形、凹形竖曲线来说，由于汽车在凹形、凸形两种竖曲线上行驶时的受力、视距等情况不同，故其控制因素也不相同。

(2)凸形竖曲线最小半径和最小长度。根据缓和冲击、行程时间及视距要求三种限制因素，分别计算的凸形竖曲线最小长度和最小半径，取其中较大者作为确定依据。根据计算比较，凸形竖曲线最小半径和最小长度以满足视距要求为控制因素。

我国现行《标准》规定的凸形竖曲线极限最小半径和一般最小半径见表3-1-6。竖曲线的最小长度相当于各级道路设计速度的3s行程，如表3-1-6所示。

(3)凹形竖曲线最小半径和最小长度。根据缓和冲击、行程时间及视距要求三种限制因素，分别计算的凹形竖曲线最小长度和最小半径，取其中较大者作为确定依据。根据计算比较，凹形竖曲线最不利的情况是以径向离心力产生的冲击力不应过大作为主要控制因素，因此，凹形竖曲线最小半径和最小长度应依据缓和冲击的要求来确定。

《标准》规定的凹形竖曲线极限最小半径和一般最小半径见表3-1-6。凹形竖曲线最小长度与凸形竖曲线相同。

竖曲线最小半径和最小长度 表3-1-6

设计速度(km/h)		120	100	80	60	40	30	20
凸形竖曲线半径(m)	一般值	17 000	10 000	4 500	2 000	700	400	200
	极限值	11 000	6 500	3 000	1 400	450	250	100
凹形竖曲线半径(m)	一般值	6 000	4 500	3 000	1 500	700	400	200
	极限值	4 000	3 000	2 000	1 000	450	250	100
竖曲线最小长度(m)		100	85	70	50	35	25	20

3. 竖曲线的设计

(1)竖曲线设计的一般要求。

①宜选用较大的竖曲线半径，当条件许可时，应尽量采用大于一般最小半径，只有当地形受到限制或遇其他特殊困难时，才采用极限最小半径。

②同向竖曲线间，特别是同向凹形竖曲线之间，如果直坡段不长，应合并为单曲线或复曲线，以避免出现断背曲线。

③反向竖曲线之间应尽量设置一段直坡段，直坡段的长度一般不小于以设计速度行驶3s的行程为宜，以使汽车的增重与减重之间有一过渡段，以利汽车行驶。当插入直线段有困难时，也可径相连接。

(2)竖曲线半径的选择。

①所选半径应符合规范要求。

②在不过分增加土石方数量的情况下，为使行车舒适，应尽量采用较大竖曲线半径。

③根据竖曲线范围内的纵断面地面线起伏情况和高程控制要求，确定合适的外距值，按外距控制选择半径。

④考虑相邻竖曲线的连接或平纵组合，确定竖曲线长度，按其切线长度选择半径。

⑤在夜间行车交通量较大的路段，应适当加大半径，使汽车前照灯有较长的照射距离。

⑥过大的竖曲线半径将使竖曲线过长，对排水不利，选择半径时应注意。

二、任务实施

(一)任务布置

课题一：××公路路线纵断面纵坡和坡长计算与分析评价

1. 基本资料

某山岭重丘区四级公路，设计速度为20km/h，其纵坡竖曲线表见表3-1-7。

纵坡竖曲线表

表3-1-7

序号	桩号	竖曲线								纵坡(%)		坡长(m)	直坡段长(m)
		高程(m)	曲线半径(m)		切线长T(m)	外距E(m)	起点桩号	终点桩号		+	-		
			凸形	凹形									
80	K12 +868	670.3		1 200									
81	K12 +953	671.8	2 500										
82	K13 +220	670		3 000									
83	K13 +412	672.3	2 000										
84	K13 +590	669.2		2 000									
85	K13 +740	671.72	1 300										
86	K13 +820	669.4		1 000									
87	K13 +930	671.8	1 800										
88	K14 +040	670.8		1 100									
89	K14 +146	674.8	700										

2. 任务

(1)根据表3-1-7中各变坡点的里程桩号和高程，计算各直坡段的纵坡与坡长，并提供相应的计算书。

(2)根据表3-1-7中各变坡点处竖曲线的半径以及计算的前、后坡纵坡与坡长，计算竖曲线要素。

(3)根据计算的纵坡、坡长竖曲线要素分析该路段纵断面纵坡、坡长、竖曲线的设计是否满足规范要求。

3. 要求

(1)根据班级人数分成若干组，一般为6~8人/组。

(2)以组为单位，各组员完成上述任务(1)、(2)，组长负责检查各成员的计算或分析结果，做好记录供集体讨论。

(3)全组共同完成上述任务(3)，组长负责成果的记录与整理，按任务目标的要求上交《××公路路线纵断面纵坡和坡长计算与分析评价》，供教师批阅。

课题二：××公路路线纵断面图

1. 基本资料

某山岭区三级公路，设计速度 $V=30$km/h，其他资料如下：

(1)路线直线、曲线转角表见表3-1-8。

表 3-1-8

直线、曲线及转角

交点	交点桩号	交点转角	曲线要素表(m)					曲线主点桩号					直线长度	
			半径	缓和曲线长	切线长	曲线总长 L_h (m)	外距 E (m)	第一缓和曲线起点 ZH	第一缓和曲线终点或圆曲线起点 HY (ZY)	圆曲线中点 QZ	第二缓和曲线起点或圆曲线终点 YH (YZ)	第二缓和曲线终点 HZ	直线长度 (m)	交点距离 (m)
			R(m)	L_1(m) L_2(m)	T_1(m) T_2(m)									
39	K5 +904.98	8°28′	350											
40	K6 +175.85	29°16′	150	30										
41	K6 +364.05	40°03′	75	30										
42	K6 +534.79	44°18′	100	30										
43	K6 +693.14	33°37′	75	35										
44	K6 +834.59	23°37′	100	30										
45	K7 +003.79	78°39′	30	35										

(2)各桩号地面高程见表3-1-9。

纵断面地面线高程资料 表3-1-9

桩　号	地面高程	桩　号	地面高程	桩　号	地面高程	桩　号	地面高程
K6 +000	509.98	+280	514.63	QZ +	524.93	+800	540.85
+020	510.66	+300	513.90	+540	525.75	+820	537.58
+040	511.12	+320	515.65	YH +	526.42	HY +	542.43
+050	512.07	ZH +	515.96	+560	527.42	QZ +	543.02
+060	511.85	+340	514.99	+580	527.05	YH +	542.66
+080	511.18	HY +	516.31	HZ +	527.05	+840	543.21
+090	509.62	+360	516.43	+600	530.33	+860	543.17
+100	510.08	QZ +	516.72	+620	530.80	HZ +	543.69
+110	512.24	YH +	515.73	+640	532.32	+880	544.46
+120	512.37	+380	514.72	ZH +	533.23	+900	545.02
ZH +	512.97	+400	516.28	+660	532.95	+920	547.82
+140	512.27	HZ +	516.30	+680	532.89	+940	548.36
HY +	512.57	+420	516.60	HY +	534.89	+960	558.45
+160	512.77	+430	517.20	QZ +	535.35	ZH +	548.45
QZ +	512.87	+440	517.59	YH +	535.87	+980	547.34
+180	510.16	+450	518.05	+700	538.08	HY +	5 448.57
YH +	513.80	+460	518.05	+720	538.32	QZ +	549.65
+200	515.40	ZH +	519.50	HZ +	537.87	K7 +000	550.98
+220	517.40	+480	520.10	+740	537.82		
HZ +	515.40	+500	521.00	+760	538.80		
+240	541.20	HY +	520.70	+780	538.68		
+260	514.85	+520	522.80	ZH +	539.77		

(3)沿线地质情况:K6 +000 ~ K6 +150 为表土粉质亚黏土(厚度为1m),下为软石;K6 +150 ~ K6 +300 为粉质亚黏土;K6 +300 ~ K6 +580 为表土粉质亚黏土(厚度为0.8m),下为软石;K6 +580 ~ K6 +700 为表土粉质亚黏土(厚度为1m),下为软石;K6 +700 ~ K7 +000 为表土粉质亚黏土(厚度为1m),下为坚石。

(4)路线水准点位置和高程。BM12 在 K6 +035 右侧15m 的石头上,高程为500.402m;BM13 在 K6 +505 右侧20m 的石头上,高程为508.043m;BM14 在 K6 +995 右侧19m 的石头上,高程为544.432m。

(5)路线的控制点高程。K6 +000 的设计高程要求为509.60m;K7 +000 的设计高程要求为549.90m。

2. 任务

(1)根据直线、曲线与转角表中已知资料计算曲线要素与主点里程桩号。

(2)在坐标纸上按横坐标1:2 000、纵坐标1:200 绘制纵断面图。

(3)由下向上填充纵断面图中表部分:直线平曲线、里程桩号、地面高程、设计高程、填挖高、纵坡及坡长、地质概况。

(4)根据路线平面设计成果填写里程桩号;根据各里程桩号的地面高程,填写纵断面图地面高程一栏。

(5)根据各里程桩号的地面高程绘制地面线。

3. 要求

(1)根据班级人数分成若干组,一般为6~8人/组。

(2)以组为单位,各组员完成上述任务(1)~(5),组员互相检查完成结果。

(3)按任务目标的要求上交《××公路路线纵断面图》,供教师批阅。

(二)课堂教学

课堂教学以公路纵断面设计线组成分析为主线,围绕公路纵断面直坡段纵坡与坡长的确定,竖曲线半径与要素计算组织实施,计划安排5学时。

课堂教学可按如下步骤进行:

(1)结合图3-1-1或实际公路起伏变化展开课堂教学,提出公路纵断面线形。

(2)纵断面设计线由直坡段与竖曲线组成,直坡段的纵坡与坡长、竖曲线半径是其基本指标,讲解纵坡、坡长的计算。

[案例1] 某公路有连续三个变坡点分别为K8+700、K9+100、K9+380,其对应的高程分别为77.756m、65.356m、68.716m,试计算其纵坡与坡长。

解:(1)坡长计算:

$$(K9+100)-(K8+700)=400(m)$$
$$(K9+100)-(K9+380)=280(m)$$

(2)纵坡计算:

$$i_1=\frac{65.356-77.756}{(K9+100)-(K8+700)}=\frac{-12.4}{400}=-3.1\%$$

$$i_2=\frac{68.716-65.356}{(K9+380)-(K9+100)}=\frac{3.36}{280}=1.2\%$$

由计算结果得出,坡长分别为400m、280m;纵坡分别为:下坡为-3.1%、上坡为1.2%。

(3)直坡段的最大纵坡、最小纵坡、最大坡长、最小坡长、合成纵坡、平均纵坡规定的原因,教师应结合生活实例与学生课后思考组织教学。

(4)结合实际行车特点提出设置竖曲线,分析竖曲线设置的原因,区分清楚竖曲线与平曲线的差别,重点讲解竖曲线的规定、凹凸性判断及要素计算。

[案例2] 利用前后坡的纵坡判断竖曲线的凹凸性。

解:①$i_1=3\%$,$i_2=-4\%$(凸);

②$i_1=-3\%$,$i_2=4\%$(凹);

③$i_1=3\%$,$i_2=4\%$(凹);

④$i_1=-3\%$,$i_2=-4\%$(凸);

[案例3] 某二级公路,变坡点桩号为K9+100,高程为427.68m,$i_1=+5\%$,$i_2=-4\%$,竖曲线半径$R=2\,000$m,试计算竖曲线要素及竖曲线起、终点桩号。

解:①竖曲线要素:$\omega=i_1-i_2=5\%-(-4\%)=0.09$

前坡为上坡,后坡为下坡,所以该竖曲线为凸形竖曲线。

曲线长:$L=R\omega=2\,000\times0.09=180(m)$

切线长:$T=L/2=180/2=90(m)$

外距：$E=\dfrac{T^2}{2R}=\dfrac{90^2}{2\times 2\,000}=2.03(\mathrm{m})$

②竖曲线起终点桩号：

竖曲线起点桩号 = K9 + 100 − 90 = K9 + 010

竖曲线终点桩号 = K9 + 100 + 90 = K9 + 190

(5)计算竖曲线要素需首先确定竖曲线半径，由此提出确定竖曲线最小半径时的考虑因素，并讲解实际中竖曲线半径的确定方法。

[案例4] 某二级公路，变坡点桩号为 K6 + 800，高程为 326.78m，$i_1=-5\%$，$i_2=+4\%$，竖曲线半径受外距控制 $E\geqslant 1.5\mathrm{m}$，试确定竖曲线半径并计算竖曲线要素及起、终点桩号。

解：①确定竖曲线半径：$\omega=i_1-i_2=-5\%-4\%=-0.09$

前坡为下坡，后坡为上坡，所以该竖曲线为凹形竖曲线。

$$E=\frac{R\omega^2}{8}\geqslant 1.5$$

得出：

$$R\geqslant\frac{1.5\times 8}{(-5\%-4\%)^2}=1\,481(\mathrm{m})$$

由此确定 $R=1\,500(\mathrm{m})$。

②竖曲线要素：

曲线长：$L=R\omega=2\,000\times 0.09=135(\mathrm{m})$

切线长：$T=L/2=135/2=67.5(\mathrm{m})$

外距：$E=\dfrac{T^2}{2R}=\dfrac{67.5^2}{2\times 1\,500}=1.52\mathrm{m}$

③竖曲线起终点桩号：

竖曲线起点桩号 = K6 + 800 − 67.5 = K6 + 732.5

竖曲线终点桩号 = K6 + 800 + 67.5 = K6 + 867.5

(6)本工作任务中纵坡、坡长的确定与计算、竖曲线半径的确定及要素计算是纵断面设计的基本知识，要求学生不仅要掌握，而且要熟练。

工作任务二　路线纵断面设计

学习目标

1. 了解纵断面极限指标的应用要求；
2. 掌握如何选择变坡点位置；
3. 分析平、纵线形的组合类型的优缺点和纵断面设计方法；
4. 根据教材相关知识完成课后[自测5]~[自测10]；
5. 正确完成1km的公路路线纵断面设计。

任务描述

根据工作任务一中的相关成果，教师进一步布置任务，学生分组(视班级总人数可分5~6人/组)，组长负责任务的组织与实施，各组在接到任务后，认真学习《标准》及《规范》的相关要求，结合教师讲课并视需要收集其他相关信息，每组各成员单独准备分析材料，然后分组讨论，完成纵断面设计,上交《××公路路线纵断面图》。

学习引导

本工作任务沿着以下脉络进行学习:

1. 任务布置(纵断面设计线的设计,提出完成任务的内容与要求);
2. 课堂教学(公路纵断面极限指标的应用、变坡点位置的选择、平纵线形的组合设计);
3. 课后思考与总结;
4. 完成第二部分的相关任务;
5. 课堂教学(纵断面设计和设计高程计算);
6. 课后思考与总结;
7. 完成第二部分的相关任务;
8. 上交成果:《××公路路线纵断面图》;
9. 学生自测与自评;
10. 组长对组员考核。

一、相关知识

(一)公路纵断面设计相关指标及应用

纵断面设计主要是指纵坡和竖曲线设计,其主要内容是根据公路等级、沿线自然条件和拟建构造物的高程要求等,确定路线起、终点及变坡点高程、各坡段的纵坡和坡长,并设计竖曲线。其基本要求是纵坡均匀平顺、起伏和缓、坡长和竖曲线长短适当、平纵组合设计协调及填挖经济平衡。

1. 纵坡极限值

规范中根据汽车动力特性、经济性等因素确定的最大纵坡极限值,设计时一般情况下不允许轻易采用,只有受限较严时,才可以采用。好的路线设计既要保证汽车行驶的安全、快速,又要保证驾驶员视觉、心理上的要求。路线设计时,纵坡应在不过分增加工程量的情况下,尽可能缓一些,但在降雨量较大的地区,为了路面和边沟排水,最小纵坡不应低于0.3%。

2. 最短坡长

坡长是指纵断面两变坡点之间的水平距离。坡长不宜过短,以不小于设计速度9s的行程为宜。陡坡路段,其坡长不应超过最大坡长。

3. 各种地形条件下的纵坡应用

(1)平原微丘区。纵坡应均匀、平缓,满足路基最小填土高度和最小纵坡的要求。

(2)丘陵区。纵坡应避免过分迁就地形而起伏过大,纵坡应顺适,不产生突变。

(3)山岭重丘区。沿河线应尽量采用平缓纵坡,坡长不宜过短,纵坡不宜过大;越岭线应力求纵坡均匀,尽量不采用极限纵坡,更不宜连续采用极限长度的陡坡之间夹短距离缓和坡段的纵面线形,避免设置反坡,以免浪费高程;山脊线和山腰线,除结合地形不得已时采用较大的纵坡外,在一般情况下应尽量采用平缓纵坡。

4. 竖曲线半径的选用

竖曲线以选用较大半径为宜。在不过分增加工程量的情况下,应选用大于或等于一般最小半径,在特殊困难地段可大于极限最小半径。

5. 相邻竖曲线衔接

同向竖曲线是指相邻竖曲线转向相同，反向竖曲线是指相邻竖曲线转向相反。相邻两个同向凹形或凸形竖曲线，特别是同向凹形竖曲线之间，若直坡段接近或达到最短坡长时，应合并为单曲线或复曲线，否则对行车不利。反向竖曲线之间，最好设置一段长度不小于设计速度的 3s 行程的连接段，当竖曲线半径较大时，也可直接连接。

（二）变坡点位置选择

变坡点是两条相邻设计纵坡线的交点。变坡点的位置直接影响着纵坡的大小、坡长、平纵组合、土石方填挖平衡以及公路的使用质量。因此，在确定变坡点位置时，在尽量满足填挖工程量最小和线形最理想的情况下，还应使最大纵坡、最小纵坡、坡长限制、缓和坡段满足有关规定的要求，同时还要处理好平、纵面线形的相互配合和协调。此外，为方便设计和计算，变坡点的位置一般应设在整 10m 桩号处。

（三）平、纵线形的组合设计

公路平、纵线形组合设计是指在满足汽车运动学和力学要求的前提下，结合地形、地物、景观、视觉和经济性等，研究如何满足驾驶员在视觉和心理方面的连续性、舒适性以及与周围环境相协调，以保证汽车行驶的安全性、舒适性与经济性。

道路线形设计首先是从路线规划开始，然后按选线、平面线形设计、纵断面线形设计和平纵线形组合设计的过程进行，最终是以平、纵组合的立体线形展现在驾驶员眼前。行驶过程中，驾驶员所选择的实际行驶速度，是由他对立体线形的判断作出的，因此，立体线形组合的优劣最后集中反映在汽车的车速上。如果是依照平面、纵断面标准分别设计，而不将二者综合起来考虑，最终不一定得到好的设计效果，如图 3-2-1 所示。

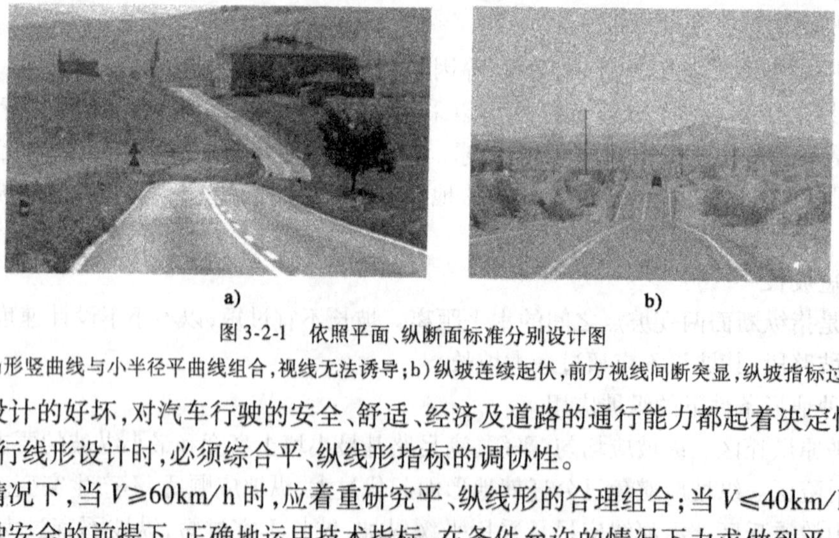

a) b)

图 3-2-1　依照平面、纵断面标准分别设计图

a）凸形竖曲线与小半径平曲线组合，视线无法诱导；b）纵坡连续起伏，前方视线间断突显，纵坡指标过低

线形设计的好坏，对汽车行驶的安全、舒适、经济及道路的通行能力都起着决定性的作用。因此，在进行线形设计时，必须综合平、纵线形指标的调协性。

一般情况下，当 $V \geqslant 60$km/h 时，应着重研究平、纵线形的合理组合；当 $V \leqslant 40$km/h 时，则应在保证行驶安全的前提下，正确地运用技术指标，在条件允许的情况下力求做到平、纵合理组合，尽量避免不利组合。

1. 平、纵面线形组合原则

（1）在视觉上应能自然地诱导驾驶员，保持视觉的连续性。

（2）平、纵线形的技术指标应大小均衡，避免出现平面高标准，纵断面低标准或与此相反的情况，使线形在视觉上、心理上保持协调。

（3）选择组合得当的合成纵坡，以利路面排水和行车安全。

(4)应注意平、纵面线形组合与周围环境相配合,充分利用公路周围的地貌、地形、天然树林、建筑物等,尽量保持自然景观的连续,以消除景观单调感,使公路与大自然融为一体,如图 3-2-2 所示。

图 3-2-2　平、纵线形合理组合与自然景观的深度融合

2. 平、纵线形组合方式

平面线形由直线段与平曲线组成,纵断面设计线由直坡段与竖曲线组成,因此,平、纵线形组合方式有以下几种,见表 3-2-1。

(1)平面直线与纵断面组合。平面上的长直线与纵断面上的直坡段组合,对超车有利,但线形单调乏味,驾驶员易疲劳。

平、纵线形组合类型　　表 3-2-1

平面要素	纵断面要素	立体线形要素
直线	直线	纵坡不变的直线
直线	曲线	凹形直线
直线	曲线	凸形直线
曲线	直线	纵坡不变的曲线
曲线	曲线	凹形曲线
曲线	曲线	凸形曲线

直线上一次变坡是较好的组合,即包含一次凸形竖曲线为好,凹形竖曲线次之;在平面的长直线中应避免反复变坡,否则会形成锯齿、驼峰,使线形不连贯,驾驶员只能看见脚下与前方,看不见中间凹陷部分,会产生视线中断的感觉,如图 3-2-3 所示。因此,只要公路的纵坡有两次以上的较大起伏,就应避免采用长直线,最好使平面线形随纵坡的变化略加转折,同时注意平、纵面的合理组合。

平面与纵坡组合时,在平面的长直线上不宜设置陡坡,并应避免在长陡坡下端设置小半径平曲线。

(2)平曲线与竖曲线组合。

图 3-2-3　反复变坡使视线中断

①平曲线与竖曲线相互重合，且平曲线应稍长于竖曲线。

这种组合使平曲线与竖曲线重合，将竖曲线的起、终点分别放在平曲线的两个缓和曲线的中间，即形成“平包竖”，这是平、纵面良好的组合，如图 3-2-4 所示。平曲线的终点与竖曲线的顶点（底部）位置错开不超过平曲线长度的 1/4 时，一般可获得较为满意的外观，否则会出现视觉效果较差的线形。

如果平曲线与竖曲线不能较好的组合，且两者的半径均较小时（一般指平曲线半径小于一般最小半径值），宁可把平曲线、竖曲线错开相当距离，使竖曲线位于平面的直线上，平曲线位于直坡段上；但如果平曲线与竖曲线半径都很大，则平、竖曲线的位置可不受上述限制。

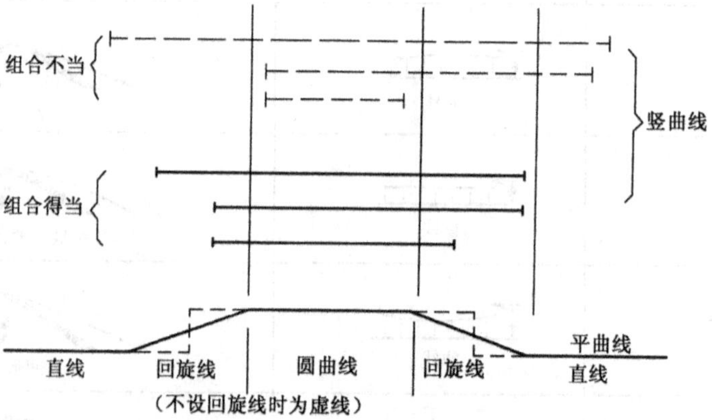

图 3-2-4　平、竖曲线的组合关系

图 3-2-5　平、纵面指标不当的视觉效果

②平曲线与竖曲线的大小应保持均衡。平曲线与竖曲线其中一方大而平缓时，则另一方也要与之相适应，不能变化过多。同一个平曲线内含有两个或两个以上的竖曲线，或同一个竖曲线内含有两个或两个以上平曲线，线形看上去都会非常别扭，如图 3-2-5 所示。

平曲线与竖曲线重合时，如果平曲线小于1 000m，当竖曲线半径为平曲线半径的 10 ~ 20 倍时，便可在视觉上获得满意的效果。

③暗弯、明弯与凸形、凹形竖曲线。暗弯与凸形竖曲线、明弯与凹形竖曲线的组合是合理的、悦目的。

对于暗与凹、明与凸的组合，坡差较大时会给人舍坦坡、近路不走，而故意爬坡、绕弯的感觉，坡差不大时，矛盾不是很突出。

④平曲线与竖曲线应避免的组合。

a. 在 $V \geqslant 40\text{km/h}$ 的公路，凸形竖曲线的顶部和凹形竖曲线的底部，应避免插入小半径平曲线。

如果在凸形竖曲线的顶部设有小半径的平曲线，驾驶员须驶近坡顶才能发现平曲线，会导致因急转转向盘而发生行车危险；在凹形竖曲线的底部设有小半径平曲线，会因汽车高速下坡时急转弯而发生行车危险。

b. 凸形竖曲线的顶部或凹形竖曲线的底部不得与反向平曲线的拐点重合。两者外观都存在不同程度的扭曲，前者易使驾驶员操作失误，引发交通事故；后者会使汽车加速而急转弯，且易使路面排水困难，如图 3-2-6 所示。

a)　　　　b)

图 3-2-6　凸形或凹形竖曲线与 S 曲线拐点重合产生的不良效果图

c. 小半径竖曲线不宜与缓和曲线相互重叠。对凸形竖曲线，诱导性差，事故率高；对凹形竖曲线，路面排水不良。

(3)平曲线与直坡段组合。平曲线与直坡段组合应选择适宜的合成纵坡，尽量避免急转弯与陡坡组合。

(4)平纵线形组合与景观的协调配合。道路的修建会对自然景观产生影响，而道路两侧的自然景观反过来又会影响道路上汽车的行驶，特别是对驾驶员的视觉、心理及驾驶操作等都会产生较大的影响。对驾驶员来说，只有看上去具有顺畅的线形和优美的景观，才能称为舒适和安全的道路，如图 3-2-7 所示。

a)　　　　b)

图 3-2-7　公路与自然景观的"情景交融"

景观工程包括内部协调与外部协调两部分，内部协调是指平面与纵断面的线形、视觉的连续性和立体协调性；外部协调是指两侧坡面、路肩、中央分隔带的协调设置与宏观的路线位置。

（四）纵断面设计

公路纵坡是通过定线和室内设计两个阶段来实现的。在定线阶段，选线人员在现场或纸上定线时结合平面线形、地形等已对公路纵坡作了全面的考虑，所以纵断面设计是由选线人员在室内根据选线时的记录，综合考虑工程技术、经济以及桥涵、地质等方面对路线的要求等因素，确定出路线的纵坡。

1. 各种地形条件下的高程控制

纵断面设计首先应进行的是纵断面线形布置，它包括不同地形条件下的设计高程控制、各坡段的纵坡设计及变坡点位置确定等。

所谓设计高程控制，是指在纵坡设计时将路线安排走在哪一个高度上最为合适。设计高程控制应充分依据地形条件、地质条件、水文气候条件、公路两侧建筑物情况以及道路修建情况等综合考虑，一般情况下可从以下几方面考虑。

（1）平原区。该地区地形平坦，河沟纵横交错，地面水源多，地下水位较高。因此，路线设计高程主要由保证路基稳定的最小填土高度来控制。

（2）丘陵地区。该地区地面有一定的高差，除局部地段外，克服路线纵断面上的高差不难。因此，设计高程的选定，主要由土石方平衡和降低工程造价来控制。

（3）山岭地区。该地区地形变化频繁，地面自然纵坡大，布线有一定的困难。因此，设计高程主要由纵坡和坡长所控制，但也要考虑土石方填挖平衡、路基防护工程经济性等方面，力求降低工程造价。

（4）沿溪（河）路段。为保证路基安全稳定，路基一般应高出规定洪水频率的计算水位加壅水高、波浪侵袭高和0.5m 安全高度以上。

此外，纵断面设计高程的控制，还应考虑公路的起终点、交叉口、垭口、隧道、桥梁、涵洞以及地质不良地段等方面的要求。这些地物和构造物对设计高程控制往往起着决定性的作用。

2. 纵断面设计方法与步骤

（1）准备工作。在纵断面图上点绘地面线，填写里程、地面高程、直线与平曲线，收集和研究地形、地质、水文、筑路材料的各项记录、图表等野外资料，领会设计意图和各项具体要求。

（2）标注控制点。控制点是指影响纵坡设计的高程控制点，如路线的起终点、垭口、桥涵、地质不良地段、最小填土高度、最大挖方深度、洪水位、隧道进出口、交叉点、城镇规划控制高程、经济点（横断面上填挖大致平衡的高程点）等，都应作为控制纵坡的依据。

（3）试坡。根据定线意图，结合地面起伏情况，在控制点与经济点之间穿线，试定出纵坡。试定纵坡时，每定一个变坡点，都要全面考虑前后几个变坡点的情况，必要时试定的纵坡还应给调坡留有余地。一般来说，如果试定的纵坡既能符合技术标准，又能满足控制点要求，而且土石方工程量又较省，这样的设计纵坡是最理想的。

（4）调整纵坡。根据规范要求，检查纵坡、坡长、合成纵坡等是否符合规范规定，平、纵面组合是否合理，若不符合规定，则应进行调整。调整纵坡的方法一般有抬高、降低、延长、缩短纵坡线，加大或减小纵坡等。调整的原则是少脱离控制点，尽量减少填挖量，并与自然条件相协调。

（5）核对。根据已调整的纵坡线，选择有控制意义的重点横断面，如高填深挖、挡土墙、重要桥涵等横断面，在纵断面上直接估读出填挖高度，对照相应的横断面图进行认真的核对和检查。若出现填挖过大、坡脚落空或过远、桥梁过高、涵洞过长、挡土墙工程量过大等情况，应再次调整纵坡线，直到满足要求为止。

(6)定坡。经调整核对无误后，即可从起点开始，逐段确定纵坡、坡长及变坡点。公路的起、终点设计高程是根据接线的需要事先确定的。变坡点设计高程是由纵坡和坡长计算确定的。

3. 纵坡设计应注意的问题

(1)在回头曲线地段设计纵坡时，应先确定回头曲线上的纵坡，然后从两端接坡，以满足回头曲线处的纵坡要求。在回头曲线地段不宜设竖曲线。

(2)大、中桥上不宜设竖曲线。桥头两端竖曲线的起、终点应设在桥头10m以外。

(3)对于小桥涵，允许纵坡设在斜坡地段和竖曲线上。但对等级较高的公路，为使公路纵坡具有一定的平顺性，应尽量避免小桥涵处出现"驼峰式"纵坡。

(4)注意平面交叉纵坡及两端接线要求。平面交叉一般宜设在水平坡段处，其长度应不小于最小坡长规定。两端接线纵坡应不大于3%，山区工程艰巨地段纵坡应不大于5%。

(五)设计高程计算

根据公路等级、沿线自然条件、纵坡与坡长规定、平纵组合、填挖经济以及高程要求等，确定出纵断面设计线，即各坡段的纵坡和坡长、变坡点处的竖曲线半径。为了计算各桩号的施工高度，需计算各桩号的设计高程。各桩号的设计高程包括直坡段上各桩号设计高程和竖曲线上各桩号设计高程，如图3-2-8所示。

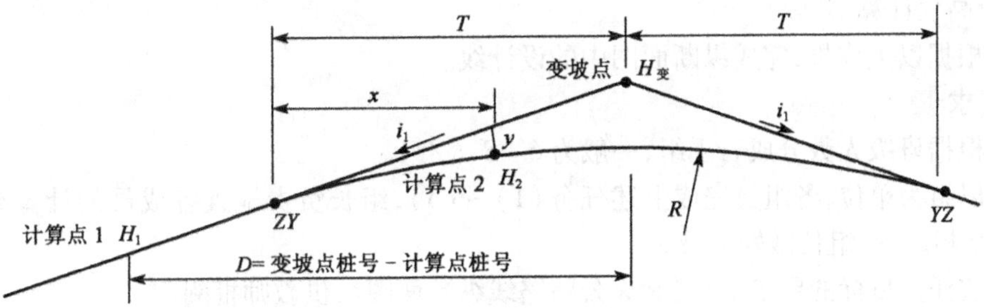

图3-2-8　竖曲线图

1. 直坡段上设计高程计算

$$H_1 = H_变 \pm D \cdot i_1 \tag{3-2-1}$$

式中：±——上坡取"+"，下坡取"-"；

$H_变$——变坡点高程，m；

D——计算点到变坡点之间的距离，m；

i_1——纵坡，%。

2. 竖曲线上设计高程计算

$$H_2 = H_变 \pm (T - x) \cdot i_1 \pm y \tag{3-2-2}$$

式中：y——竖曲线竖距，可按式(3-2-3)计算：

$$y = \frac{x^2}{2R} \tag{3-2-3}$$

式中：y——竖曲线上计算点的高差改正值，m；

x——竖曲线上计算点至竖曲线起点(或终点)的距离，m；

k——竖曲线半径，m。

二、任 务 实 施

（一）任务布置

课题三：× ×公路路线纵断面设计

1. 基本资料

以学习情境三工作任务一已完成的公路路线纵断面图及相关要素（公路等级、设计速度等）为基本资料。

2. 任务

（1）根据公路等级、纵坡与坡长规定、高程要求、平纵组合要求、填挖经济等，确定纵断面图中变坡点位置。

（2）根据纵断面图读取各变坡点的桩号和高程，计算各直坡段的纵坡与坡长，并判断分析其是否合理且符合规范要求。

（3）根据变坡点处的地形、地质、平面线形等确定竖曲线半径，计算竖曲线要素，并完成纵坡及竖曲线表。

（4）根据确定的纵坡、竖曲线半径、变坡点的桩号和高程计算各桩号的设计高程，并上交两个设计高程计算书。

（5）根据以上成果，完成纵断面图中的设计线。

3. 要求

（1）根据班级人数分成若干组，一般为 6 ~ 8 人/组。

（2）以组为单位，各组员完成上述任务（1） ~（5），组长负责检查各成员的计算或分析结果，组内互相讨论，组长做好记录。

（3）按任务目标的要求上交《× ×公路路线纵断面图》，供教师批阅。

（二）课堂教学

课堂教学以完成公路纵断面设计为主线，围绕公路纵断面纵坡极限值的应用、变坡点位置的确定、纵断面设计步骤、设计高程的计算组织实施，计划安排 5 学时。

课堂教学可按如下步骤进行：

（1）结合在学习情境三工作任务一已经完成的纵断面图展开课堂教学，提出公路纵断面设计目的。

（2）纵断面设计线由直坡段与竖曲线组成，要设计纵断面设计线，需首先理解并熟悉纵坡、坡长、竖曲线半径极限值的应用要求。

（3）变坡点的位置直接决定了纵断面线形、填挖高度、平纵组合、纵坡与坡长，重点分析确定变坡点时需考虑的因素。

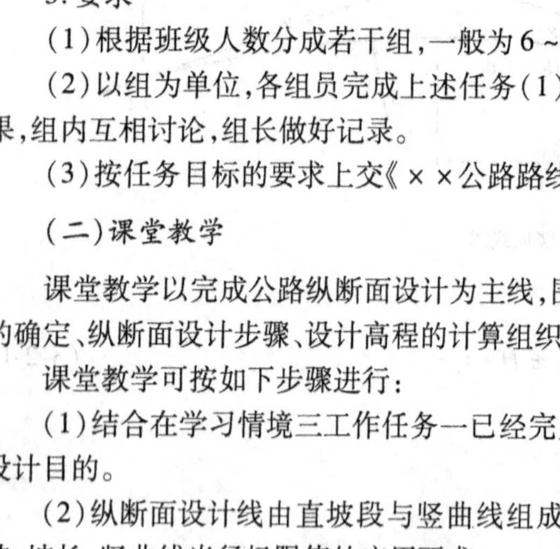

图 3-2-9　平曲线与竖曲线组合较好的线形

（4）平纵组合设计比较难理解，由图 3-2-1引出平纵组合设计，结合实例、图片组织教学。

［案例 1］　如图 3-2-9 是平曲线与竖曲线组合较好的线形，在视觉上能自然诱导视线，线形既顺适又美观。

[**案例2**]　图3-2-10为平曲线与竖曲线相互重合的透视形状，图3-2-10a)满足"平包竖"，其立体线形既能自然诱导视线，又具有平顺而流畅的效果，图3-2-10b)的竖曲线半径过小，平曲线与竖曲线半径不均衡，且不满足"平包竖"，其组合而成的立体线形产生扭曲。

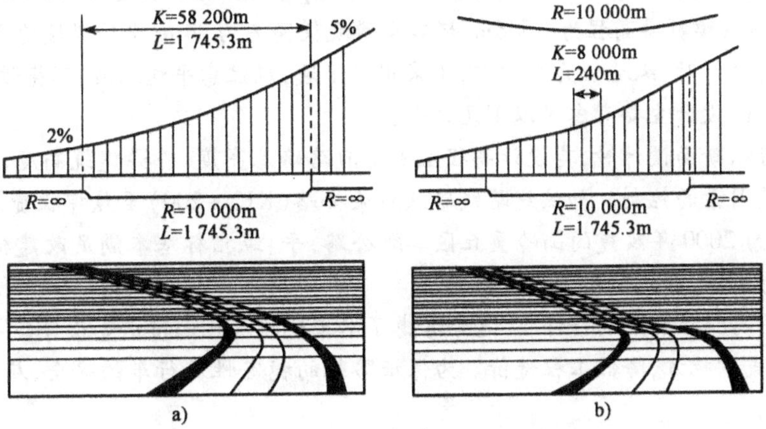

图3-2-10　平面线与竖曲线相互重合的透视形状

[**案例3**]　图3-2-11为平、纵组合设计不合理的线形。图3-2-11a)中平曲线半径较大，但该平曲线内包含了四个凹凸相间的竖曲线，而且竖曲线半径较小，平纵指标不均衡；图3-2-11b)中竖曲线半径较大，但与其重合的平曲线不仅多而且半径较小，平、纵指标也不均衡；这两种组合均使线形看上去既不美观又不顺畅。

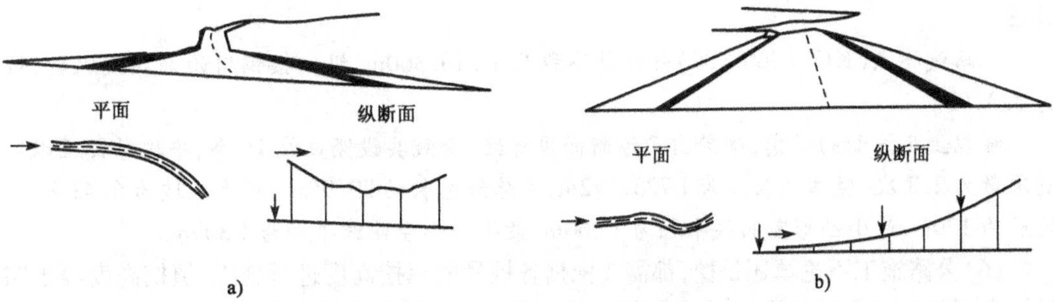

图3-2-11　平、纵组合设计不合理的线形

(5)依据纵断面设计过程，分步骤讲解纵断面设计方法以及注意事项。

[**案例4**]　纵断面设计设计案例

某省省道305线金锁关至崾岘梁改建工程烈桥至崾岘梁段为山岭重丘区二级公路，该地区地形变化大，且地形起伏大。

某省省道305线金锁关至崾岘梁二级公路改建工程烈桥至崾岘梁段为山岭重丘区二级公路，起点接烈柴公路2.6km处，向西通过烈柴公路与省道305线相接，终点位于铜川市西环线与省道305平交口东侧，与省道305及铜川市西环线相接。

该路线经过地区为山岭区，地势西高东低，地面横坡较缓。在进行烈桥至崾岘梁段路线的设计时，结合沿线的地形、地质、水文、城镇规划及景观环境，本着少占耕地、少拆迁、避免高填深挖，充分利用旧路的原则，确定了路线平面线形。

烈桥至嵝岘段纵断面设计标准为:计算行车速度为40km/h,路基宽度为10.5m,最大纵坡为7%,最小坡长为120m,凸形竖曲线一般最小半径为700m、极限最小半径为450m,凹形竖曲线一般最小半径为700m、极限最小半径为450m,竖曲线最小长度为35m。

纵断面设计包括控制设计高程、设计纵坡及确定变坡点的位置。烈桥至嵝岘梁段为越岭线,路线起点高程为1 386.958m,垭口高程为1 512m,起点至垭口长度为3.8km,高差125m,平均纵坡为3.3%;嵝岘梁高程为1 546m,垭口至嵝岘梁高差为34m,平均纵坡为2.1%。在进行越岭线纵断面设计时,纵坡应力求均匀,不采用极限坡,应注意平均纵坡,不得设反坡。烈桥至嵝岘梁段纵断面设计主要考虑了以下几方面:

①在进行纵断面设计时,其设计高程主要受旧路路基高度、桥梁建筑高度、村镇房屋建筑以及工程量等因素的控制。如该线路线起点烈柴公路(K12+200)至焦坪收费站(K12+950)段,该段路线为2000年改建的山岭重丘区二级公路,平、纵指标基本满足改建标准,故该段纵断面基本维持现状,利用旧路。

②在满足高程控制点的条件下,充分考虑了水文地质及地面排水等条件,尽可能地降低路基填土高度,减少挖方,降低工程造价。为保证路基的稳定性及行车的安全,局部路段应作适当抬高或下挖。

③在东湾(K15+500)至嵝岘湾(K16+520)段,由于该路段高差较大,工程艰巨,填挖工程量大,因此,纵断面设计时应尽可能使纵坡均衡、不同技术指标平缓过渡,不设反坡,填挖平衡;尽量注意和村镇、自然景观的协调和统一;并处理好新线与旧路上既有桥涵的关系,尽量减少对沿线村镇的影响。

④设计纵坡时,应考虑平纵组合设计,控制平、纵线形的合成纵坡,以利于路面排水和行车安全;应尽可能使平、纵线形组合协调,避免纵断面线形出现锯齿形线形,以保证视觉上的连续性。

⑤路线终点(K17+960.409)处设计高程为1 540.360m,纵坡接铜川西部环线纵坡,坡度为3.31%。

经以上几方面的考虑,确定出了纵断面设计线,全线共设竖曲线16个,平均每公里纵坡变更次数为2.8次,竖曲线长度为1 723.572m,占路线总长的29.9%。最大纵坡为6.43%,最短坡长为120m,最小凸形竖曲线半径为1 066m,最小凹形竖曲线半径为1 309m。

(6)公路施工不论填还是挖,都需要依据各桩号的填挖高度进行施工,填挖高度等于路基设计高程与地面高程之差,结合实例讲解各桩号路基设计高程的计算。

[案例5] 某山岭区二级公路,变坡点桩号为K6+140,其高程为428.90m,两相邻坡段的坡度 $i_1=+4.0\%$,$i_2=-5.0\%$,选用竖曲线半径 $R=2\,000$m。试计算竖曲线要素及桩号K6+040、K6+080、K6+160、K6+240处的路基设计高程。

解:①计算竖曲线要素。

$i_1=4\%>0$,上坡;$i_2=-5\%<0$,下坡,为凸形竖曲线。

坡度差:$\omega=i_1-i_2=0.04-(-0.05)=0.09$

曲线长:$L=R\omega=2\,000\times0.09=180(\text{m})$

切线长:$T=\dfrac{L}{2}=\dfrac{180}{2}=90(\text{m})$

外距:$E=\dfrac{T^2}{2R}=\dfrac{90^2}{2\times2\,000}=2.03(\text{m})$

②计算起、终点桩号。

竖曲线起点桩号 = K6 + 140 − 90 = K6 + 050

竖曲线终点桩号 = K6 + 140 + 90 = K6 + 230

③计算路基设计高程。

桩号 K6 + 040：

平距 x = (K6 + 140) − (K6 + 040) = 100(m)

设计高程 = 428.9 − 100 × 0.04 = 424.9(m)

桩号 K6 + 080：

平距 x = (K6 + 080) − (K6 + 050) = 30(m)

竖距 $h = \frac{x^2}{2R} = \frac{30^2}{2 \times 2\,000} = 0.23(\text{m})$

切线高程 = 428.9 − (90 − 30) × 0.04 = 426.50(m)

设计高程 = 426.50 − 0.23 = 426.27(m)

桩号 K6 + 160：

平距 x = K6 + 230 − K6 + 160 = 70(m)

竖距 $h = \frac{x^2}{2R} = \frac{70^2}{2 \times 2\,000} = 1.23(\text{m})$

切线高程 = 428.9 − (90 − 70) × 0.04 = 427.90(m)

设计高程 = 427.90 − 1.23 = 426.67(m)

桩号 K6 + 240：

平距 x = K6 + 240 − K6 + 140 = 100(m)

设计高程 = 428.9 − 100 × 0.05 = 423.9(m)

(7)路线纵断面设计的重点是：熟悉纵断面坡、坡长等指标的应用要求，知道变坡点位置的确定方法，理解平纵组合设计的类型及特点，会进行纵断面设计和设计高程计算。课堂组织结合《规范》及相应设计案例组织教学。

工作任务三　路线纵断面成果编制

学习目标

1. 了解纵断面成果反映的主要指标；
2. 掌握纵断面图的绘制方法和路基设计表的填写方法；
3. 分析学习情境三工作任务二已完成的路线纵断面图存在的问题；
4. 根据教材相关知识完成课后[自测 10]~[自测 15]；
5. 正确完成约 1km 的路基设计表。

任务描述

教师准备好学生已完成的路线平面设计成果、路线纵断面图及相关设计要素(包括公路等级、路线平面线形三要素等)，学生分组，组长负责任务的组织与实施，各组在接到任务后，认真学习《标准》及《规范》的相关要求，结合教师讲课并视需要收集其他相关信息，每组各成员单独准备分析材料，然后分组讨论，完成纵断面图的分析和路基设计表的填写，每组上交《××公路路线纵断面图分析》和《路基设计表》。

学习引导

本工作任务沿着以下脉络进行学习：

1. 任务布置（进行纵断面图分析和填写路基设计表，提出完成任务的内容与要求）；
2. 课堂教学（路线纵断面图的绘制、公路路基设计表的制作）；
3. 课后思考与总结；
4. 完成第二部分的相关任务；
5. 上交成果：《××公路路线纵断面图分析》、《路基设计表》。
6. 学生自测与自评；
7. 组长对组员考核；
8. 教师考核。

一、相关知识

（一）路线纵断面图的绘制

纵断面设计图是公路设计的重要文件之一，它反映了路线所经地区的地面起伏情况、路线起伏以及各个桩号的填挖高度。纵断面线形与平面线形组合起来，就能反映出公路线形在空间的位置。

纵断面图采用直角坐标，以横坐标表示里程桩号、纵坐标表示高程，为了清楚地反映道路中线上地面起伏情况，通常横坐标的比例采用1∶2 000，纵坐标采用1∶200。

1. 纵断面图的内容

纵断面图由上、下两部分内容组成，如图3-3-1所示。图的上半部主要包括：地面线和纵坡设计线，同时根据需要标注竖曲线位置及其要素；沿线桥涵及人工构造物的位置、结构类型、孔径与孔数；与公路、铁路交叉的桩号及路名；沿线跨越河流名称、桩号、现有水位及最高洪水位；水准点位置、编号和高程；断链桩位置、桩号及长短链关系等。图的下半部主要是用来填写有关数据，自下而上分别填写：直线与平曲线；里程桩号；地面高程；设计高程；填挖高度；纵坡坡长；土的地质说明或超高方式等，填写次序及内容视设计的不同要求而异。

2. 纵断面图的绘制步骤

（1）在坐标纸上，横坐标方向按1∶2 000标出百米桩，纵坐标方向按1∶200标出整10m高程。

（2）在图的下半部分自下而上分别填写：直线与平曲线、桩号、地面高程、设计高程、填挖高度、纵坡坡长、土的地质说明。

（3）在桩号一栏填写各桩号，在地面高程一栏填写各桩号的地面高程，并在图的上半部分绘地面线。

（4）在图的上半部分标注高程控制点。

（5）确定纵断面设计线，计算纵坡、坡长、竖曲线要素，并将纵坡与坡长填写在图的下半部分。

（6）计算各桩号设计高程并填写，计算填挖高度并填写。

(7)在图的上半部分标注竖曲线位置及其要素;沿线桥涵及人工构造物的位置、结构类型、孔径与孔数;与公路、铁路交叉的桩号及路名;沿线跨越河流名称、桩号、现有水位及最高洪水位;水准点位置、编号和高程;断链桩位置、桩号及长短链关系等。

绘制的纵断面图,应按规定采用标准图纸和统一格式,以便装订成册。

(二)路基设计表

路基设计表是公路设计文件的组成内容之一,它同时反映了平、纵、横三方面的设计指标。表中填写路线平、纵面等主要测设与设计资料,里程桩号,填、挖宽度(包括加宽),超高值等有关内容,为公路横断面设计提供基本数据,同时也是路基施工的依据之一。一般公路的路基设计表如表3-3-1所示。

路基设计表3-3-1的填写方法如下:

(1)第1栏桩号,第3、4栏纵坡及竖曲线,第5栏地面高程,第6栏设计高程,第7、8栏填挖高度都从纵断面图中抄录。

(2)第2、3栏都从直线曲线转角表中抄录。

(3)第9、10栏为路肩、行车道宽度,当$R \leqslant 250$m时,应考虑平曲线内侧加宽。

(4)第11、12、13栏为路基两边缘和行车道两边缘与设计高程之高差,当$R \leqslant 250$m时,应考虑平曲线超高。

(5)第14栏为第7栏与第12栏之和,第15栏为第8栏与第12栏之差。

二、任 务 实 施

(一)任务布置

课题四:××公路纵断面成果编制

1. 基本资料

以学习情境三工作任务二完成的路线纵断面图及相关要素(公路等级、设计速度等)为基本资料。

2. 任务

(1)检查、分析纵断面图中填写的资料是否正确与完善。

(2)根据相关成果,填写路基设计表。

3. 要求

(1)根据班级人数分成若干组,一般为6~8人/组。

(2)以组为单位,完成上述任务(1)、(2),组长负责检查各成员的计算或分析结果,组内互相讨论,组长做好记录。

(3)按任务目标的要求上交《××公路路线纵断面图分析》、《路基设计表》,供教师批阅。

(二)课堂教学

课堂教学以绘制纵断面图、填写路基设计表为目标,参照具体的纵断面图和路基设计表组织实施教学,讲解纵断面图的绘制和路基设计表的填写方法,计划安排2学时。

课堂教学可按如下步骤进行:

(1)结合具体纵断面图3-3-1展开课堂教学,讲解纵断面图的绘制方法。

(2)结合具体路基设计表3-3-1,讲解路基设计表的填写方法。

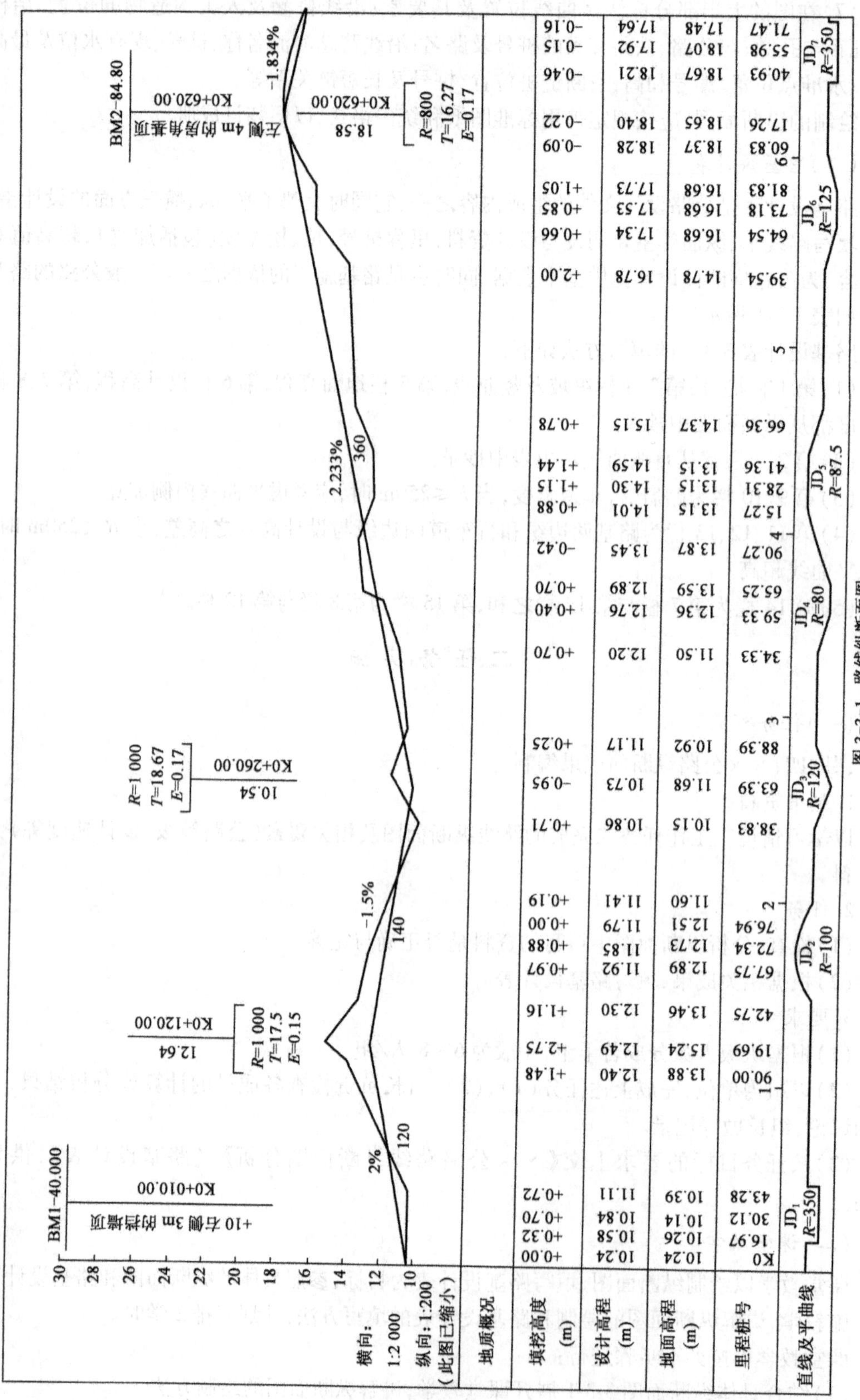
横向：1:2 000
纵向：1:200
（此图已缩小）
地质概况
填挖高度 (m)
设计高程 (m)
地面高程 (m)
里程桩号
直线及平曲线
BM1-40.000
+10 右侧 3m 的挡墙顶
K0+010.00
BM2-84.80
左侧 4m 的房角墙顶
K0+620.00
2%
-1.5%
2.233%
-1.834%
K0+120.00
K0+260.00
图 3-3-1 路线纵断面图

图 3-3-1 路线纵断面图

路 基 设 计 表

表 3-3-1

桩　号	平　曲　线	变坡点高程桩号及纵坡坡度和坡长	竖曲线	地面高程(m)	设计高程(m)	填挖高度(m)		路基宽(m)		路边及中桩与设计高程之高差(m)			施工时中桩(m)		备注
						填	挖	左	右	左	中桩	右	填	挖	
1	2	3	4	5	6	7	8	9	10	11	12	13	14	15	16
K2 +240.00				163.87	158.87		5.00	7.50	7.50	0.00	0.15	0.00		4.85	
+260.00				165.69	158.74		6.95	7.50	7.50	0.00	0.15	0.00		6.80	
+280.00				166.31	158.61		7.70	7.50	7.50	0.00	0.15	0.00		7.55	
+300.00			+243.5	166.36	158.48		7.88	7.50	7.50	0.00	0.15	0.00		7.73	
ZH +315.00				166.30	158.37		7.93	7.50	7.50	0.00	0.15	0.00		7.78	
+340.00			+404.6	166.06	158.22		7.84	7.50	7.71	0.59	0.29	−0.04		7.55	
HY +360.00	JD_5 右 78°53′21″ $R=200m$ $L_{S1}=45m$ $L_{S2}=45m$ $T_1=187.38m$ $T_2=187.38m$ $L=320.375m$ $E=59.533m$			166.06	158.08		7.98	7.50	7.90	1.11	0.51	−0.12		7.47	
+380.00				166.20	157.96		8.24	7.50	7.92	1.11	0.51	−0.12		7.73	
+420.00				165.95	157.70		8.25	7.50	7.90	1.11	0.51	−0.12		7.74	
+440.00				165.61	157.60		8.01	7.50	7.90	1.11	0.51	−0.12		7.50	
+460.00			凹 $R=18\ 000m$ $T=95.4m$	165.63	157.52		8.11	7.50	7.90	1.11	0.51	−0.12		7.60	
QZ +476.08				166.02	157.47		8.55	7.50	7.90	1.11	0.51	−0.12		8.04	
+500.00		K2 +500 $i=0.41\%$ $L=400$		166.05	157.43		8.62	7.50	7.90	1.11	0.51	−0.12		8.11	
+520.00				166.02	157.41		8.61	7.50	7.90	1.11	0.51	−0.12		8.10	

学习效果评价反馈

(一)学生自评

每位学生根据本学习情境及各工作任务的学习目标,自主完成下述[自测1]~[自测15],并根据表3-4-1的要求,完成自我检验。

[自测1]公路路线纵断面由哪几部分组成?

[自测2]公路路基设计高程有哪些规定?

[自测3]为什么要规定最大纵坡、最小纵坡?

[自测4]为什么要进行坡长限制?

[自测5]某二级公路,变坡点桩号为K8+620,其高程为396.67m,$i_1=+6\%$,$i_2=-3\%$,竖曲线半径受外距控制$E=1.5$m,试计算竖曲线半径、曲线要素及竖曲线起、终点桩号。

[自测6]确定变坡点时,需考虑哪些因素?

[自测7]纵断面设计的主要内容是什么?

[自测8]公路纵断面设计有哪些步骤?

[自测9]什么是平纵组合设计?平纵组合设计有哪些类型?这些类型各有什么特点?

[自测10]某二级公路,变坡点桩号为K8+620,其高程为396.67m,$i_1=-3\%$,$i_2=+4\%$,竖曲线半径$R=2\,000$m,试计算竖曲线要素及桩号K8+540、K8+600、K8+660、K8+700的设计高程。

[自测11]试述纵断面图的主要组成。

[自测12]路基设计表包括哪些主要内容?

[自测13]路基设计表中"路边及中桩与设计高程之高差"一栏如何填写?

[自测14]纵断面图中"填挖高度"一栏如何计算?

[自测15]路基设计表的用途是什么?

学生自评表 表3-4-1

任务名称:路线纵断面

组号		姓名		学号		自评成绩	
题号		自测1	自测2	自测3	自测4	自测5	合计
满分		5	5	5	5	10	100
得分							
题号		自测6	自测7	自测8	自测9	自测10	
满分		5	5	10	10	10	
得分							
题号		自测11	自测12	自测13	自测14	自测15	
满分		10	5	5	5	5	
得分							

（二）学习小组评价

主讲教师根据班级人数、学生学习情况等因素合理分组，然后以学习小组为单位，完成授课前布置的课题一至三的相关任务，组长根据组员的完成情况，按表 3-4-2 的要求，完成学习小组评价。

学习小组评价表 表 3-4-2

<table>
<tr><td>组号</td><td colspan="2"></td><td>姓名</td><td colspan="2"></td><td>学号</td><td></td><td>成绩</td><td></td></tr>
<tr><td colspan="4" rowspan="2">课题</td><td>计算（分析）正确性</td><td>熟练程度</td><td>独立完成能力</td><td>参与主动性</td><td>创新能力</td><td>得分</td></tr>
<tr><td>8%</td><td>5%</td><td>5%</td><td>4%</td><td>3%</td><td>25%</td></tr>
<tr><td colspan="4">课题一：××公路路线纵断面纵坡和坡长计算与分析评价</td><td></td><td></td><td></td><td></td><td></td><td></td></tr>
<tr><td colspan="4">课题二：××公路路线纵断面图</td><td></td><td></td><td></td><td></td><td></td><td></td></tr>
<tr><td colspan="4">课题三：××公路路线纵断面设计</td><td></td><td></td><td></td><td></td><td></td><td></td></tr>
<tr><td colspan="4">课题四：××公路纵断面成果编制</td><td></td><td></td><td></td><td></td><td></td><td></td></tr>
<tr><td colspan="2">组长签名</td><td colspan="2"></td><td>日期</td><td colspan="2"></td><td colspan="2">合计</td><td></td></tr>
<tr><td colspan="10">备注：本学习情境共设置 4 个课题，每课题各占 25%</td></tr>
</table>

（三）任课教师评价

主讲教师根据学生的学习态度，从路线纵断面线形分析、路线纵断面设计、路线纵断面设计成果编制三个方面对学生的分析问题能力、计算能力、创新能力及学习主动性进行评价，按表 3-4-3 的要求，完成教师对学生的评价。

教师对学生的学习效果评价表 表 3-4-3

<table>
<tr><td>组号</td><td></td><td>姓名</td><td></td><td>学号</td><td></td><td>成绩</td><td></td></tr>
<tr><td colspan="8">任务名称：路线纵断面</td></tr>
<tr><td colspan="2">评 价 内 容</td><td colspan="4">评 价 依 据</td><td>分数</td><td>得分</td></tr>
<tr><td colspan="2">学习态度情况</td><td colspan="4">上课纪律、学习主动性等评价</td><td>10</td><td></td></tr>
<tr><td colspan="2">任务自测情况</td><td colspan="4">自测成果的正确性与准确性、完成成果的质量、上交资料的规范程度等评价</td><td>30</td><td></td></tr>
<tr><td colspan="2">小组成果报告情况</td><td colspan="4">路线纵断面线形分析、路线纵断面设计、路线纵断面设计成果编制等方面的设计与计算能力评价</td><td>30</td><td></td></tr>
<tr><td colspan="2">在小组中所起的作用</td><td colspan="4">学生参与讨论时发表的观点、在成果中采纳的情况等评价</td><td>10</td><td></td></tr>
<tr><td colspan="2">完成的工作量</td><td colspan="4">参与完成小组工作的贡献大小（完全参与为满分，基本参与得基本分）</td><td>10</td><td></td></tr>
<tr><td colspan="2">学生独立解决问题能力</td><td colspan="4">主要对学生的创新思维能力、组织能力，学生在遇到问题时的判断能力等评价</td><td>10</td><td></td></tr>
<tr><td>教师签名</td><td></td><td>日期</td><td colspan="3"></td><td>合计</td><td></td></tr>
</table>

学习情境四　路基横断面

工作任务一　路基横断面组成分析

学习目标

1. 了解路基标准横断面和路基典型横断面的组成；
2. 熟悉公路建筑界限与用地范围；
3. 分析在不同地质条件下路堤、路堑边坡的确定；
4. 根据教材相关知识规范完成学生自评的习题作业；
5. 正确完成此工作任务的教学要求。

任务描述

该工作任务主要通过路基标准横断面、典型横断面分析，使学生掌握公路横断面中的各组成部分。教师根据学生分组提供若干套相应的横断面设计案例，组长负责任务的组织与实施，最终以组为单位上交《××公路路基横断面组成分析报告》。各组在接到任务后，认真学习《标准》及《规范》的相关要求，结合教师讲课并视需要收集其他相关信息，每组各成员单独准备分析材料，然后分组讨论，由一人做好记录，并整理上交《××公路路基横断面组成分析报告》。

学习引导

本工作任务沿着以下脉络进行学习：

1. 任务布置（根据该公路提供的标准横断面，叙述路基横断面组成，提出完成任务的内容与要求）；
2. 课堂教学（××公路路基横断面组成分析）；
3. 学生讨论；
4. 课后思考与总结；
5. 课程实训（××公路路基横断面组成分析实训，完成第二部分的相关任务）；
6. 上交成果：《××公路路基横断面组成分析报告》；
7. 学生自测与自评；
8. 组长对组员考核。

一、相关知识

公路中线上任意一点的法线方向剖面图即为公路的横断面图，它是由横断面设计线与横断面地面线所围成的图形。横断面上包括：行车道、中间带、路肩、碎落台、填方边坡、挖方边坡、边沟、排水沟、护坡道以及防护工程（如护坡、挡土墙）、安全设施与公路绿化等设施，高速公路和一级公路上还有加(减)速车道、爬坡车道等。各部分的位置、名称如图 4-1-1 所示。

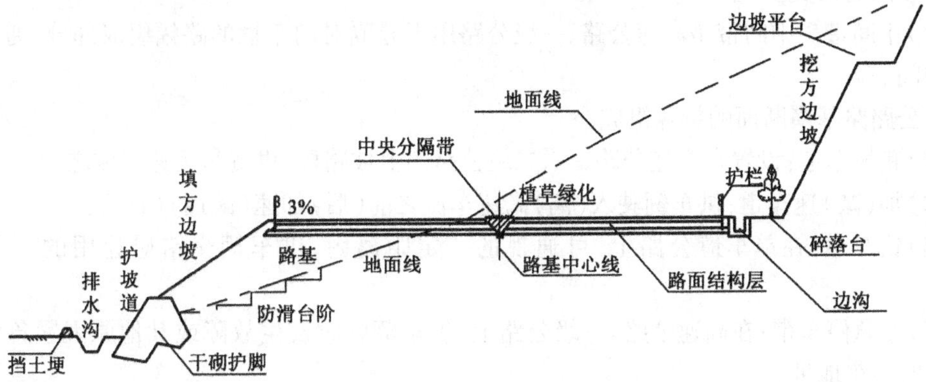

图 4-1-1　路基横断面组成

横断面设计就是结合公路等级、交通量、通行能力以及公路沿线的地形、地质情况，公路平面设计和纵断面各个因素等经综合考虑后确定，设计时力争使构成断面的各要素之间相互协调，做到组成合理、用地节省、工程经济和有利于环境保护。

横断面设计的主要内容是：确定横断面的车道数与路基宽度、断面构成与形式；结合公路沿线地形特点提出相应的典型横断面形式，各组成部分的形状、位置和尺寸；根据各桩号的横断面地面线情况绘制横断面设计线，计算各断面的填挖面积、路基土石方数量和调配。

(一)路基横断面

路基横断面是根据设计交通量、交通组成、设计车速、通行能力和满足交通安全的要求，按公路等级、断面的类型、路线所处地形规定的路基横断面各组成部分横向尺寸的技术标准。各级公路的路基横断面如图 4-1-2 所示。

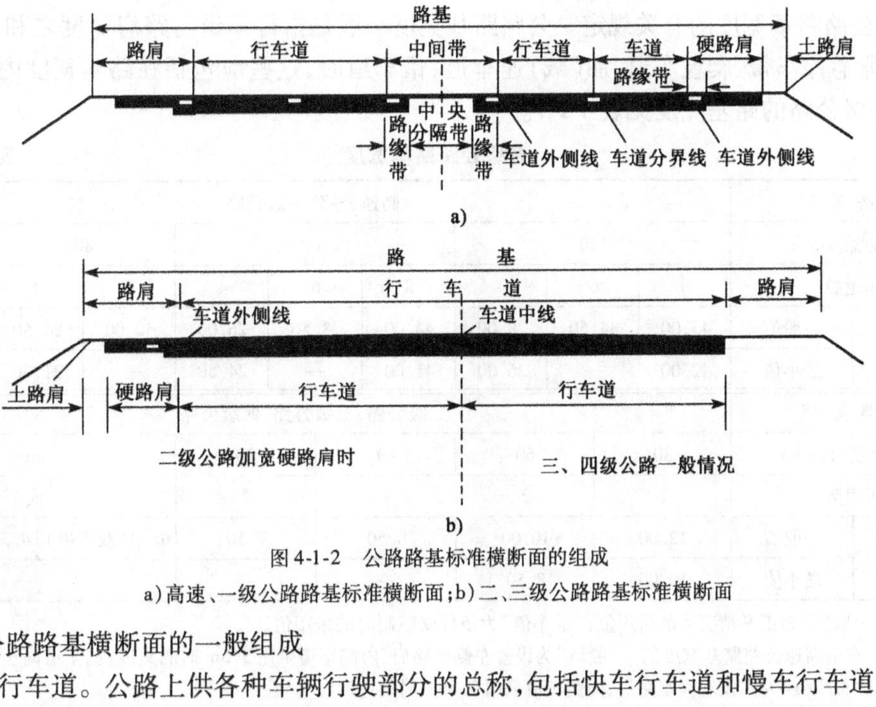

图 4-1-2　公路路基标准横断面的组成

a)高速、一级公路路基标准横断面；b)二、三级公路路基标准横断面

1. 公路路基横断面的一般组成

(1)行车道。公路上供各种车辆行驶部分的总称，包括快车行车道和慢车行车道。

(2)路肩。路肩位于行车道外缘至路基边缘，是具有一定宽度的带状结构部分，路肩分土路肩和硬路肩两类。

(3)中间带。中间带是高速公路、一级公路用于分隔对向车辆的路幅组成部分，通常设于车道中间。

2. 公路路基横断面的特殊组成

(1)爬坡车道：设置在高速公路，一、二级公路的上坡路段，供货车慢速爬坡之用。

(2)加(减)速车道：供车辆驶入(离)高速车流之前(后)加速(减速)用车道。

(3)错车道：在单车道公路上，可通视的一定距离内，供车辆交错避让用的一段加宽车道。

(4)紧急停车带：在高速公路、一级公路上，供车辆临时发生故障或其他原因紧急停车使用的临时停车地带。

(5)避险车道：是指在长陡下坡路段行车道外侧增设的供速度失控车辆驶离正线安全减速的专用车道。

公路特殊组成仅在公路特殊路段才设置。

3. 各级公路横断面的宽度组成

高速公路、一级公路的路基横断面分为整体式和分离式两类。整体式断面包括行车道、中间带(中央分隔带及左侧路缘带)、路肩(硬路肩及土路肩)以及紧急停车带、爬坡车道、加(减)速车道等组成部分；分离式断面包括行车道、路肩(硬路肩及土路肩)以及紧急停车带、爬坡车道、加(减)速车道等组成部分。分离式断面是一种将上、下行车道放在不同平面上，中间带随地形变宽的断面形式。

二级公路的路基横断面包括行车道、路肩等组成部分。二级公路位于中、小城市城乡结合部及混合交通量大的连接路段，实行快、慢车道分开行驶时，可根据当地经验设置右侧硬路肩。三、四级公路的路基横断面包括行车道、路肩以及错车道等组成部分，如图4-1-2所示。

(1)公路路基宽度的有关规定。公路路基宽度一般是指行车道与路肩宽度之和。当设有中间带、紧急停车带、爬坡车道、加(减)速车道、错车道时，这些应包括在路基宽度内，《标准》规定的各级公路的路基宽度见表4-1-1。

各级公路路基宽度 表4-1-1

公路等级		高速公路、一级公路								
设计速度(km/h)		120			100			80		60
车道数		8	6	4	8	6	4	6	4	4
路基宽度(m)	一般值	45.00	34.50	28.00	44.00	33.50	26.00	32.00	24.50	23.00
	最小值	42.00	—	26.00	41.00	—	24.50	—	21.50	20.00

公路等级		二级公路、三级公路、四级公路					
设计速度(km/h)		80	60	40	30	20	
车道数		2	2	2	2	2或1	
路基宽度(m)	一般值	12.00	10.00	8.50	7.50	6.50(双车道)	4.50(单车道)
	最小值	10.00	8.50	—	—	—	

注：1."一般值"为正常情况下的采用值；"最小值"为条件受限制时的采用值。

2. 八车道高速公路路基宽度的"一般值"为设置左侧硬路肩、内侧车道采用3.5m时的宽度；八车道高速公路路基宽度"最小值"为不设左侧硬路肩、内侧车道采用3.75m时的宽度。

二级公路因交通量、交通组成等需设置慢车道的路段，设计速度为80km/h时，其路基宽度可采用15m；设计速度为60km/h时，可采用12m。四级公路宜采用双车道路基宽度，交通量小的路段，可采用单车道4.50m的路基宽度，但应在适当距离内设置错车道，如图4-1-3所示。

(2)车道数及车道宽度。在公路上提供一定宽度供纵列车辆安全行驶的路面，称为一条车道。一条公路的车道数量主要根据该路的设计交通量和一条车道的设计通行能力来确定，行车道的基本数目应在一个较大路线长度内保持不变。《标准》根据公路等级和设计速度将车道数分为单车道、双车道、四车道、六车道和八车道。

一条车道的宽度必须能满足设计车辆在有一定横向偏移的情况下运行，并能为相邻车道上的车流提供余宽，所以汽车所需车道的宽度受车速、交通量、驾驶员的驾驶技术、会车等影响。我国《标准》规定的各级公路的车道宽度见表4-1-2。

各级公路车道宽度 表4-1-2

设计速度(km/h)	120	100	80	60	40	30	20
车道宽度(m)	3.75	3.75	3.75	3.50	3.50	3.25	3.00

注：设计速度为20km/h且为单车道时，车道宽度应采用3.50m；高速公路为八车道，内侧车道宽度可采用3.50m。

4. 中间带宽度

中间带由两条左侧路缘带和中央分隔带组成，是分隔公路上对向行车道的地带。高速公路、一级公路整体式路基必须设置中间带。中间带的功能是分离不同方向的交通流，减少车辆的对向干扰，以防止无序的交叉运行和转弯运行，同时为设置公路标牌、提供绿化带、遮挡对向车灯的眩光和埋设管线等设施提供场地。

路缘带既可以是硬路肩的一部分，又可以是中间带的一部分，主要取决于它的位置，如图4-1-4所示。在中间带范围内的路缘带是中间带的组成部分；在路肩范围内的路缘带属路肩的组成部分，它的主要功能是诱导驾驶员视线和提供部分侧向余宽。当汽车越出行车道时，能提高行车安全。

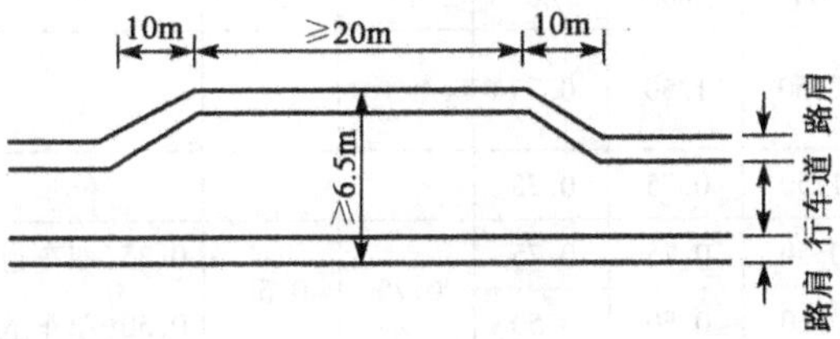

图4-1-3 错车道

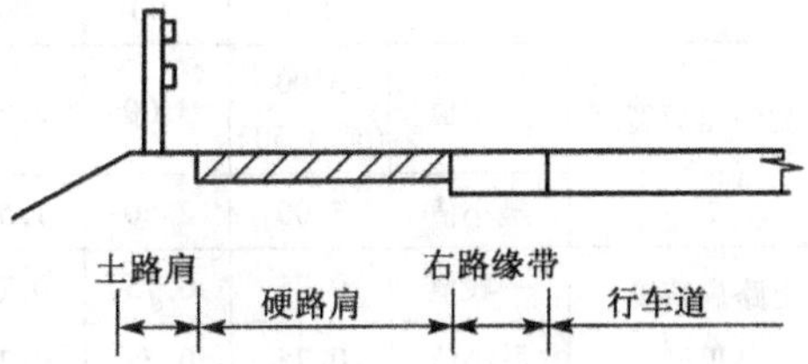

图4-1-4 路肩组成

中央分隔带表面可分为凹形和凸形两种形状，凸形宽度较小，是公路的常见形式，凹形的宽度大于4.5m；分隔带表面一般采用植草、栽灌木或铺面封闭。分隔带的缘石有齐平式、斜式和栏式三种，当宽度大于4.5m时，可以采用齐平式，否则一般采用后两种形式。中间带可不等宽，也不一定等高，但应与地形、景观等配合。不等宽的中间带应逐步过渡，避免突变。一般情况下，中央分隔带每隔2km设开口(断口)，供高速公路维修时交通调剂使用。在正常情况下，中间带宽度采用一般值，当遇特殊情况时可以采用最小值，如表4-1-3所示。

5. 路肩的组成及宽度

(1)组成及作用。

路肩通常由右侧路缘带(高速、一级公路)、硬路肩和土路肩三部分组成，如图4-1-4所示。

路肩的作用是：

①增加路幅的富余宽度，供临时停车、错车或堆放养路材料之用。同时对提高行车道通行能力也有辅助作用。

公路中间带宽度 表4-1-3

设计速度(km/h)		120	100	80	60
中央分隔带宽度(m)	一般值	3.00	2.00	2.00	2.00
	最小值	1.00	1.00	1.00	1.00
左侧路缘带宽度(m)	一般值	0.75	0.75	0.50	0.50
	最小值	0.75	0.50	0.50	0.50
中间带宽度(m)	一般值	4.50	3.50	3.00	3.00
	最小值	2.50	2.00	2.00	2.00

②为填方地段通车后的路基提供宽度损失。据调查，填方路堤通车后由于受自然力的破坏，一般路基边缘形成约0.2m的圆角，使路基实际宽度减少，路肩宽度可使这部分宽度损失得以补偿。同时也可保护路面，作为路面横向支承之用。

③有利于诱导驾驶员的视线，开阔视野，增加行车的舒适感和安全感。

④为公路的其他设施(如护墙、护栏、绿化、电杆、地下管线等)提供设置的场地。

⑤为公路养护操作及避车提供空间。

(2)路肩宽度。

①路肩宽度的规定。确定路肩宽度应根据在满足路肩功能要求的条件下，尽量采用较窄宽度的原则确定。高速公路、一级公路的路肩宽度是考虑车辆发生故障随时都可在路肩上停置所需的宽度。《标准》规定的路肩宽度如表4-1-4所示。

右侧路肩宽度 表4-1-4

设计速度(km/h)		高速公路、一级公路				二、三、四级公路				
		120	100	80	60	80	60	40	30	20
右侧硬路肩宽度(m)	一般值	3.00(或3.50)	3.00	2.50	2.50	1.50	0.75			
	最小值	3.00	2.50	1.50	1.50	0.75	0.25			
土路肩宽度(m)	一般值	0.75	0.75	0.75	0.50	0.75	0.75	0.75	0.50	0.25(双车道)
	最小值	0.75	0.75	0.75	0.50	0.50	0.50			0.50(单车道)

注：表中所列"一般值"为正常情况下的采用值；"最小值"为条件受限制时可采用的值。

②高速公路、一级公路为分离式断面时应设置左侧硬路肩，其左侧路肩宽度规定如表4-1-5所示。八车道高速公路，宜设置左侧硬路肩，其宽度宜采用2.50m。左侧路肩宽度内含左侧路缘带宽度。

高速公路、一级公路分离式断面左侧路肩宽度 表4-1-5

设计速度(km/h)	120	100	80	60
左侧硬路肩宽度(m)	1.25	1.00	0.75	0.75
左侧土路肩宽度(m)	0.75	0.75	0.75	0.50

6.加(减)速车道

车辆由低等级公路进入高速公路或一级公路时，其行驶的速度发生改变，出现了高速公路入口处的加速合流与高速公路出口处的减速分流,从而造成行车不利。为保证其他车辆的正常行驶,在高速公路、一级公路的互通式立体交叉、服务区、停车区、公共汽车停靠站、管理与养护设施等与主线相衔接处,应设置加速车道或减速车道。加(减)速车道宽度应为3.50m。加(减)速车道的长度与速度变化范围、车辆特性等因素有关,可经计算确定,设计时可采用《规范》的有关要求实施。

7. 错车道

当四级公路路基宽度采用4.5m时,应在相距不大于300m范围内设置错车道。其目的是为解决双向行车的错车。错车道应设在有利地点,使驾驶员能够看清相邻两错车道间的车辆,错车路段的路基宽度应≥6.5m,有效长度应≥20m,如图4-1-3所示。

8. 紧急停车带

紧急停车带是车辆发生故障时紧急停车的区域。当硬路肩的宽度足以停车时,则无须设置紧急停车带。高速公路、一级公路的右侧硬路肩宽度小于2.50m时,应设紧急停车带。紧急停车带的间距不宜大于2km,宽度一般为5.00m,有效长度一般为50m,并设置100m或150m左右的过渡段。高速公路、一级公路的特长桥梁、隧道,根据需要可设置紧急停车带,其间距不宜大于750m。

9. 路拱及路肩横坡度

为了利于路面横向排水,将路面做成由中央向两侧倾斜的拱形,称为路拱。常用的路拱形式有抛物线形、直线形和折线形三种。在设计公路横断面时,路拱及路肩横坡度应根据行车道宽度、路面结构类型、排水和当地的自然条件等要求而定,路拱及路肩横坡度取值见表4-1-6。

路拱及路肩横坡度 表4-1-6

路面类型	路拱坡度(%)	路面类型	路拱坡度(%)
沥青混凝土、水泥混凝土	1~2	碎、砾石等粒料路面	2.5~3.5
其他沥青路面	1.5~2.5	低级路面	3~4
半整齐块石	2~3		
备注	路肩横坡度一般比路拱横坡度大1%~2%		

高速公路、一级公路整体式路基的路拱宜采用双向路拱坡度,由路中央向两侧倾斜。位于中等强度降雨地区时,路拱坡度宜为2%;位于降雨强度较大地区时,路拱坡度可适当增大。对分离式路基的路拱,宜采用单向横坡,并向路基外侧倾斜,也可采用双向路拱坡度。积雪、冰冻地区,宜采用双向路拱坡度。二、三、四级公路的路拱应采用双向路拱坡度,由路中央向两侧倾斜。路拱坡度应根据路面类型和当地自然条件确定,但不应小于1.5%。

(二)路基典型横断面

在公路几何线形设计中,将常采用的具有代表性的公路路基横断面称为典型横断面。在典型横断面中,将高于原地面的填方路基称为路堤[图4-1-5a)];将低于原地面的挖方路基称为路堑[图4-1-5b)];在一个断面内,一部分为填、另一部分为挖的路基称为半填半挖路基[图4-1-5c)]。此外,为了保证路基稳定和行车安全,根据实际需要设置取土坑、弃土堆、护坡道、碎落台、堆料坪等,这些都是路基主体工程不可缺少的部分。

1. 常用的典型横断面选用

(1)路堤。指填筑在地面线以上的路基形式,也称填方路基。路堤包括一般路堤、矮路堤、陡坡路堤、高路堤、浸水路堤(沿河路堤)、护脚路堤、挖沟填筑路堤、吹(填)砂(粉煤灰)路堤等。

填土高度小于18m(土质)或20m(石质)的路堤为一般路堤,如图4-1-5a)所示。

填土高度小于 1.0m 的路堤称为矮路堤，在填土高度小于 0.5m 时，为保证路基最小填土高度及能顺利地排除路面、路肩和边坡表面水的需要，应设置边沟。

为满足平原区公路填土的需要，将路基两侧或一侧的边沟断面扩大成取土坑的路基称为挖沟填筑路堤，如图 4-1-5j）所示，但此时为保证边坡的稳定，应在坡脚与取土坑之间设宽度不小于 1m 的护坡道。

填土高度大于 18m（土质）或 20m（石质）的路堤称为高路堤，为保证边坡稳定，采用折线形边坡。

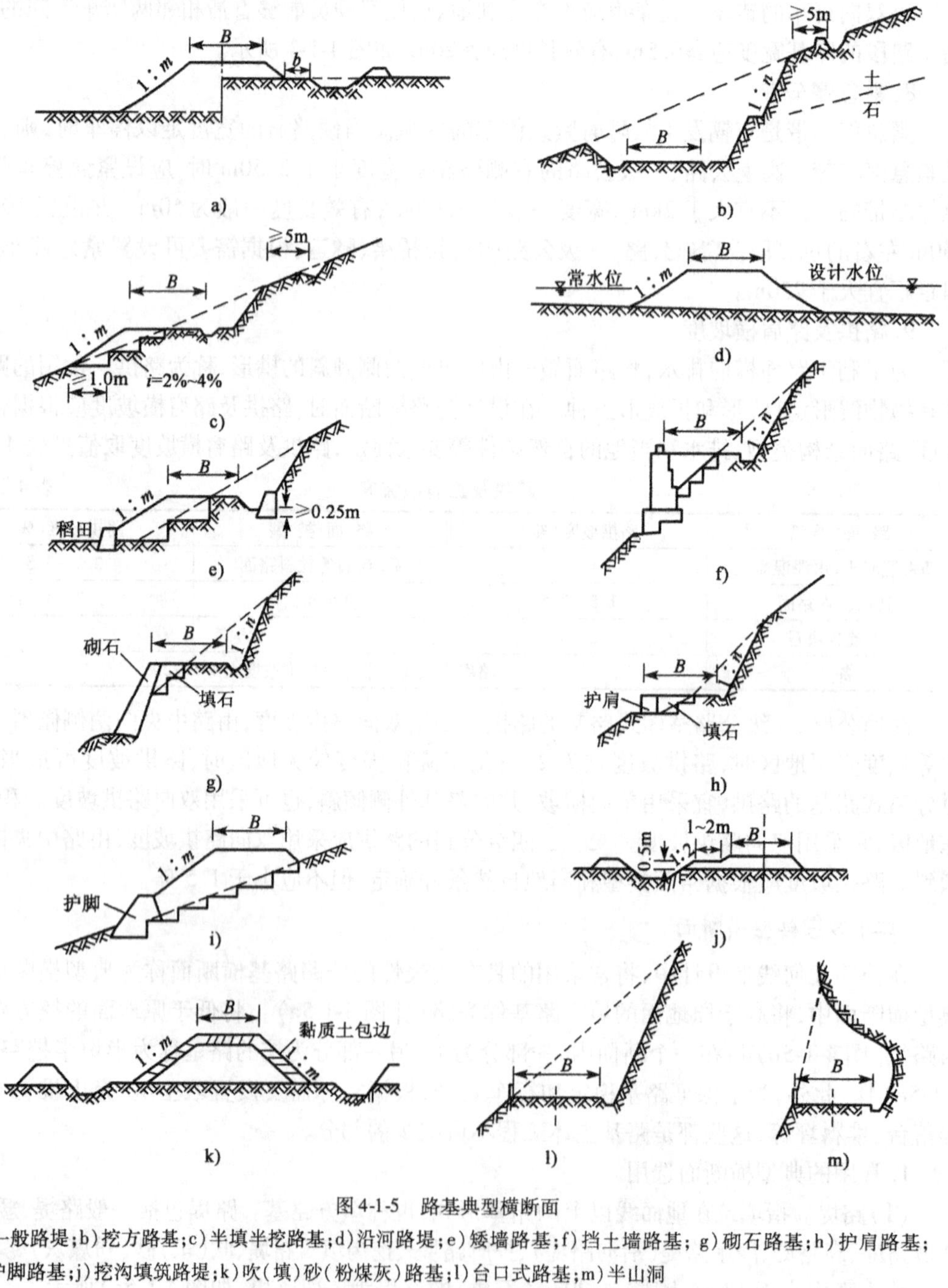

图 4-1-5　路基典型横断面

a）一般路堤；b）挖方路基；c）半填半挖路基；d）沿河路堤；e）矮墙路基；f）挡土墙路基；g）砌石路基；h）护肩路基；i）护脚路基；j）挖沟填筑路堤；k）吹（填）砂（粉煤灰）路基；l）台口式路基；m）半山洞

在山区横坡较陡的路段上填筑的路基称为陡坡路堤。当填方坡脚过远,为避免多占耕地或减少拆迁时,可采用如图4-1-5i)所示的护脚路基。

沿河路堤指桥头引道和河滩路堤,如图4-1-5d)所示。路堤浸水部分边坡,除采用较缓和坡度外,还应视水流情况采取加固防护措施。

吹(填)砂(粉煤灰)路堤:为了保护边坡的稳定和植物的生长,边坡表层1~2m应用黏质土填筑,路床顶面可采用0.3~0.5m粗粒土封闭,如图4-1-5k)所示。

(2)路堑是指全部在原地面开挖而成的路基,也称挖方路基,如图4-1-5b)所示。路堑路段均应设置边沟;为拦截和排除上侧地面水,以保证边坡稳定,应在坡顶5m外设置截水沟。

挖路堑所废弃的土石方,应弃置于下侧坡顶外至少3m处,并做成规则形状的弃土堆;在挖方高度较大或土质变化处,边坡应随之做成折线形或台阶式,以保证稳定。

路堑还包括台口式路堑和半山洞。其中,台口式路堑是指山体的自然坡面为路堑的下边坡,如图4-1-5m)所示,适用于地质状况良好的地段。图4-1-5n)所示为半山洞,为节省工程量采用的一种形式,适用于整体坚硬的岩石层上,应用时应注意公路的安全和建筑限界的要求。

(3)半填半挖路基。当原地面横坡大,且路基较宽,需一侧开挖、另一侧填筑时,为挖填结合路基,也称半填半挖路基。在丘陵或山区公路中,挖填结合是路基横断面的主要形式。如图4-1-5c)所示,当地面横坡大于1∶5时(包括一般路堤在内),为保证填土的稳定,应将原地面挖成台阶,台阶的高度应视填料性质和施工方法而定,挖方部分与一般路堑相同。

在横坡较陡路段,其路基的填土高度虽不大,但坡脚过远且不易填筑时,可采用如图4-1-5h)所示的护肩路基;填土高度较大难以填筑,或地面横坡过陡以致坡脚落空不能填筑时,可采用如图4-1-5g)所示的砌石路基或如图4-1-5f)所示的挡土墙路基,前者是干砌或浆砌片石,能支持填土的稳定,片石与路基为一个整体,而挡土墙是不依靠路基也能独立稳定的支挡结构物;当挖方边坡土质松软易碎落时,可采用如图4-1-5e)所示的矮墙路基;当挖方地质不良可能产生滑塌时,可采用如图4-1-5f)所示的挡土墙路基。

各种典型路基横断面要结合实际地形选用,且应以路基稳定、行车安全、工程量小和经济适用为前提。

2. 取土坑与弃土堆

将公路沿线挖取土方填筑路基或作为养护材料所留下的整齐土坑,称为取土坑;将开挖路基所废弃的土,按一定的规则形状堆放于公路沿线一定距离内称为弃土堆。无论借土或取土,首先要选择合理的地点。一般应从土质、数量、占地及运输等方面考虑选点;其次要结合农田水利,改地造田,少占或不占良田,维护自然生态平衡合理选点,从而做到“借之有利,弃之无害”。

取土坑分为路侧取土和路外集中取土两种。在地面坡度不大于1∶10的平坦地区,可在路基两侧设置取土坑。取土坑一般设置在地势较高的一侧,其深度和宽度应视取土数量、施工方法及用地许可条件而定。平原区一般深度为1.0m。为防止坑内积水,在路基坡脚与坑之间,当堤顶与坑底高差超过2m时,需设宽度1.0m的护坡道,在坑底设纵横排水坡及相应设施,如图4-1-6所示。

河流淹没地段的桥头引道两侧一般不设取土坑。河滩上的取土坑,应与调治构造物的位置相适应。一般距河流水位界10m以外,并不得长期积水危害路基或构造物的稳定。

开挖路基的废方,应妥善处理,充分利用;如用于公路、农田水利、基建等,应做到变废为宝,弃而不乱,对无法加以利用的弃土,应防止乱弃而造成水土流失,危害路基及农田水利,淤塞河道。

废方一般选择在沿线附近低洼荒地或路堑下方。条件允许时，沿河路基的废石方，可以部分占用河道，但不能造成河道上游壅水，危及路基及附近农田。如需在路堑上侧弃土，要求堆弃平整，顶面具有适当横坡，并设置平台三角土埂及排水沟渠，如图 4-1-7 所示。积沙或积雪地段的弃土堆，为有利防沙防雪，一般设在迎风一侧。路堑深度大于 1.5m 时，弃土堆距坡顶至少 20m。浅而开阔的路堑两旁不得设弃土堆。

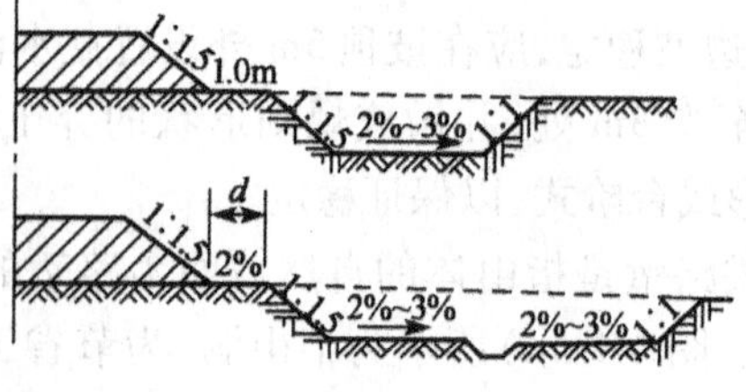

图 4-1-6　取土坑布置

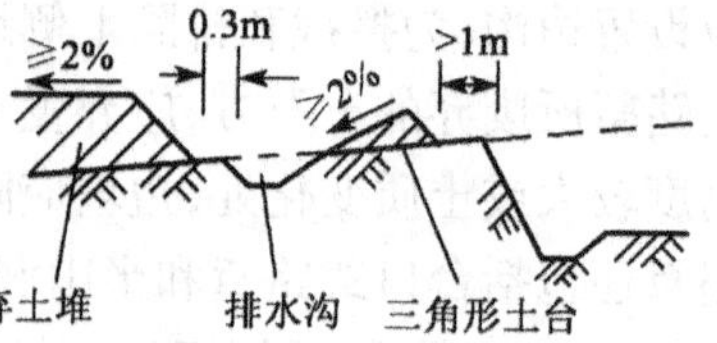

图 4-1-7　弃土堆布置

3. 护坡道与碎落台

护坡道的作用是缓减路堤边坡的平均坡度，是保证路堤稳定的技术措施之一。当路堤填土高度（指路基边缘与取土坑内侧底面的高差）小于或等于 3m 时，可不设护坡道，取土坑内侧坡顶可与路堤坡脚径向衔接，并采用路堤边坡坡度；当高差大于 3m 时，应设置宽度为 1m 的护坡道；当高差大于 6m 时，应设置宽度为 2m 的护坡道。为利于排水，护坡道表面应做成向外侧倾斜 2% 的横坡。

在地质和排水条件良好的路段，或通过经济作物、高产田的路段，若采取一定措施可以保证路堤稳定时，护坡道可另行设计。

碎落台通常设置在路堑边坡坡脚与边沟外侧边缘之间，有时也可设在边坡中部，如图 4-1-8所示，其作用是防止零星土石碎落物落入边沟，碎落台宽度一般为 1.0 ~ 1.5m。

4. 堆料坪

为避免在路肩上堆放路面养护用料，在用地条件许可时，可在路肩外缘或边沟外缘设置堆料坪，一般每隔 50 ~ 100m 设置一个，其长度为 5 ~ 8m，宽度为 2m 左右，如图 4-1-9 所示。

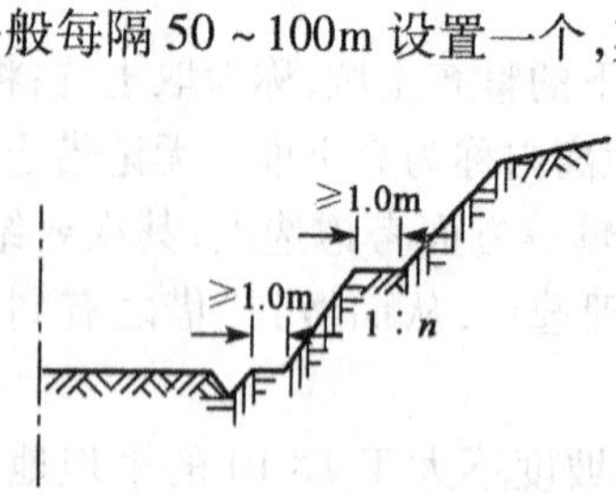

图 4-1-8　碎落台示意图

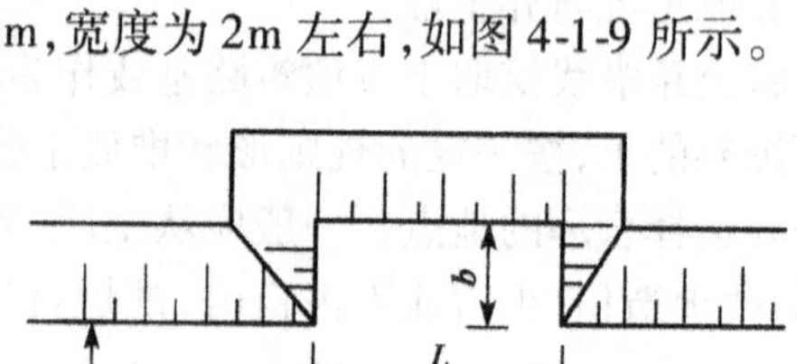

图 4-1-9　堆料坪示意图

（三）公路用地范围

公路用地范围指为修建、养护公路及设置沿线设施，依照国家规定所征用的地幅。公路用地应根据公路建设的需要，在满足公路正常建设用地的基础上，遵照保护、开发土地资源，合理利用土地，切实保护耕地，促进社会经济可持续发展的原则，合理拟定公路建设规模、技术指标、设计施工方案，确定公路用地范围。

（1）新建公路路堤两侧排水沟外边缘（无排水沟时为路堤或护坡道坡脚）以外，或路堑坡顶截水沟外边缘(无截水沟为坡顶)以外不少于1m的土地为公路用地范围;在有条件的地段,高速公路、一级公路不小于3m,二级公路不小于2m范围内的土地为公路用地范围。

(2)在高填深挖路段,为保证路基的稳定,应根据计算确定用地范围。

(3)在风沙、雪害及特殊地质地带,需设置防护林,种植固沙植物,安装防沙或防雪栅栏以及设置反压护道等设施,应根据实际需要确定用地范围。

(4)行道树应种植在排水沟或截水沟外侧的公路用地范围内,有条件或根据环保要求种植多行林带的路段,应根据实际情况确定用地范围。

(5)桥梁、隧道、互通式立体交叉、平面交叉、交通安全设施、服务设施、管理设施,以及料场、苗圃、绿化等工程设施用地应根据实际需要确定用地范围。

(6)公路用地范围内不得修建非路用建筑物,如开挖渠道、埋设管道、电缆、电杆及其他设施。

(7)各种管线设施如与公路交叉或接近时,应符合《规范》中公路与管线交叉有关条文的规定。

(四)公路建筑限界

公路建筑限界是为保证车辆和行人正常通行,规定公路的一定宽度和高度范围内不允许有任何设施及障碍物侵入的空间范围。在公路横断面设计中,公路标志、护栏、照明灯柱、电杆、管线、绿化、行道树以及跨线桥的梁底、桥台、桥墩等的任何部分不得侵入公路建筑限界之内。

各级公路的建筑限界规定如图4-1-10所示。

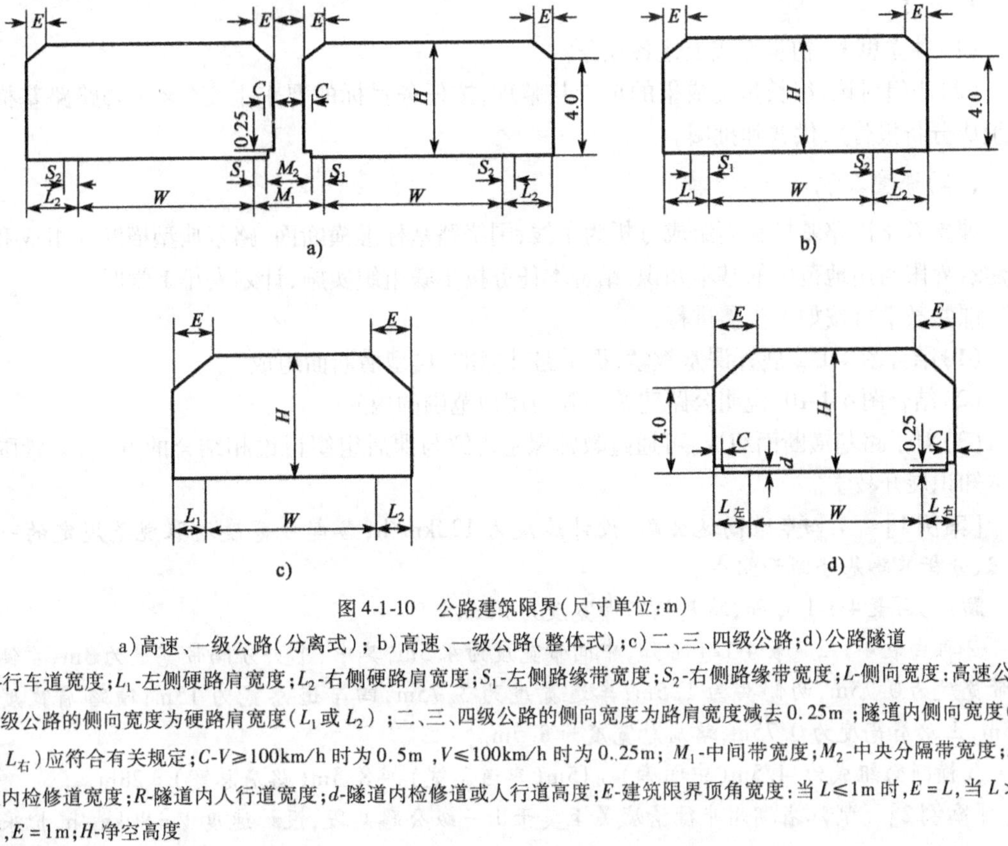

图4-1-10　公路建筑限界(尺寸单位:m)

a)高速、一级公路(分离式);b)高速、一级公路(整体式);c)二、三、四级公路;d)公路隧道

W-行车道宽度;L_1-左侧硬路肩宽度;L_2-右侧硬路肩宽度;S_1-左侧路缘带宽度;S_2-右侧路缘带宽度;L-侧向宽度:高速公路、一级公路的侧向宽度为硬路肩宽度(L_1或L_2);二、三、四级公路的侧向宽度为路肩宽度减去0.25m;隧道内侧向宽度($L_{左}$或$L_{右}$)应符合有关规定;C-$V \geqslant 100$km/h时为0.5m,$V \leqslant 100$km/h时为0..25m;M_1-中间带宽度;M_2-中央分隔带宽度;J-隧道内检修道宽度;R-隧道内人行道宽度;d-隧道内检修道或人行道高度;E-建筑限界顶角宽度:当$L \leqslant 1$m时,$E = L$,当$L > 1$m时,$E = 1$m;H-净空高度

公路建筑限界的宽度范围,还包括以下两种情况:

(1)当设置加(减)速车道、爬坡车道、慢车道、紧急停车带、错车道时,建筑限界应包括该部分的宽度。

(2)八车道及其以上整体式路基的高速公路,设置左侧硬路肩时,建筑限界应包括相应部分的宽度,如图4-1-10b)所示。

二、任务实施

(一)任务布置

课题一:××公路路基横断面组成分析

1.基本资料

(1)××一级公路,设计速度 $V=100$km/h,拟采用24m路基宽度,双向四车道。

(2)沿线地质情况:全线地质条件良好,其中表土属粉质亚黏土(厚度1m),下为次坚石。

(3)全线最大填土高度为12m,最大挖方深度为28m,根据业主要求,挖方边坡拟采用多级台阶,台阶高度不超过10m。采用矩形边沟(50cm×50cm),沟边设1m碎落台。

(4)填方处设置路堤挡墙,挡墙上方留3.5m土质边坡,其填方边坡坡率为1:1.5。

2.任务

(1)认真学习《规范》,结合当地实习情况初拟标准横断面组成。

(2)合理确定典型横断面各部分尺寸,绘制路基一般设计图(典型横断面图)。

(3)编制横断面设计说明。

3.要求

(1)独立思考,初步完成上述各任务。

(2)小组讨论,组长负责成果的记录与整理,按任务目标的要求上交《××公路路基横断面组成分析报告》,供教师批阅。

(二)课堂教学

课堂教学以路基横断面组成分析为主线,围绕路基标准横断面、路基典型横断面组成和公路建筑界限与用地范围的基本知识,结合本任务按步骤组织实施,计划安排1学时。

课堂教学可按如下步骤进行:

(1)结合图4-1-2展开课堂教学,提出路基标准、典型横断面组成。

(2)结合图4-1-10,说明公路建筑界限与用地范围的内涵。

(3)对于路基横断面组成,可通过教师课堂讲解与课后组织讨论相结合的方式,紧紧围绕基本知识展开教学。

[案例1] 某四车道高速公路,设计速度为120km/h,各部分宽度均取规范规定的一般值,试分析其路基横断面组成。

解:①由表4-1-1可知,路基横断面宽度为28m。

②再由表4-1-2~表4-1-4可知,中间带宽度为4.5m,其中,中央分隔带宽度为3m,左侧路缘带宽度为0.75m,两侧共为1.5m;车道宽度为3.75m,四车道总宽为15m;硬路肩宽度为3.5m,土路肩宽度为0.75m,路肩总宽度为8.5m。

③横断面组成为:4.5m(中间带)+15m(车道总宽)+8.5m(路肩总宽)=28m。

[案例2] 浙江省湖州市德清城关至莫干山一级公路某段,设计速度 $V=80$km/h,拟采用

25.5m 路基宽度，双向四车道，横断面设计按照《公路路线设计规范》（JTG D20—2006）的有关要求并结合公路的使用任务和功能，经综合考虑和反复比较后定出该公路的标准横断面，如图4-1-11 所示。

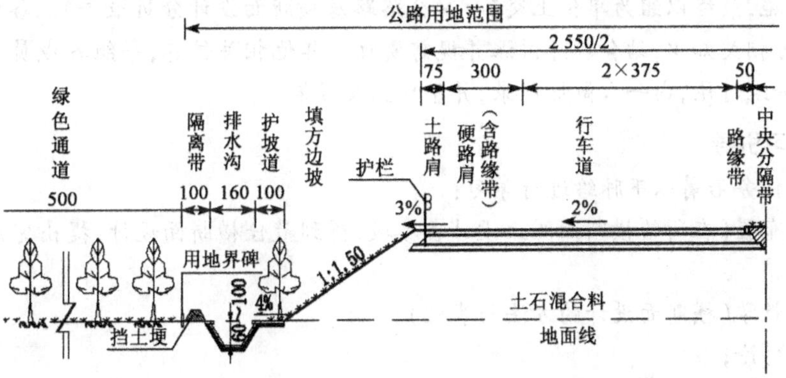

图 4-1-11 路基标准横断面图（尺寸单位：cm）

注：本图仅示出半幅路基。

根据该公路的标准横断面，结合沿线工程地质，并参照现行《公路路基设计规范》（JTG D30—2004）的有关规定，拟定路基边坡。路基填方采用土石混合料等材料填筑，边坡坡度为 1∶1.5。路基挖方根据路堑工程地质特性进行边坡稳定分析和验算，拟定不同的边坡坡率。如图 4-1-12 所示为该公路的典型横断面图（也称路基一般设计图）。

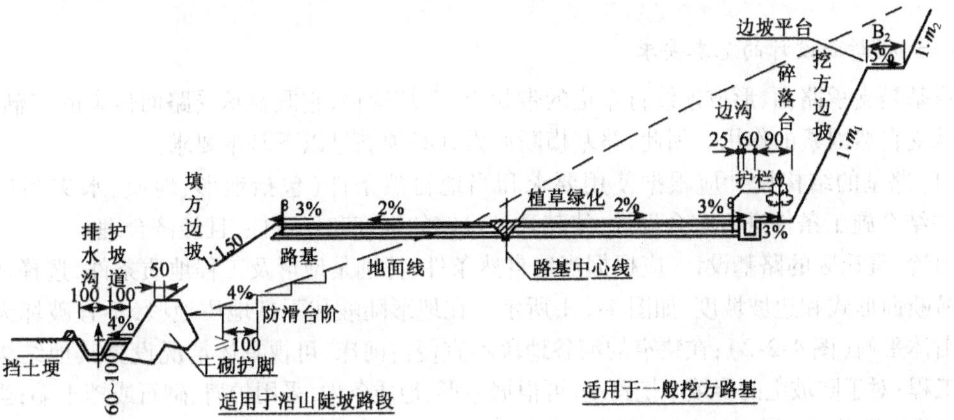

图 4-1-12 路基典型横断面图

工作任务二 路基横断面设计

学习目标

1. 了解路基横断面设计的基本要求；
2. 了解公路路基横断面设计的基本概念；
3. 分析路基横断面设计的方法与步骤；
4. 根据教材相关知识规范完成学生自评的习题作业；
5. 正确完成此工作任务的教学要求。

任务描述

该工作任务是通过对路基横断面设计方法与步骤的分析，了解横断面设计的完成。任务的实施是通过教师课堂教学与学生讨论相结合的方式，教师首先布置任务，各组组长负责任务的组织与实施，最终以组为单位上交《××公路路基横断面设计分析报告》。各组在接到任务后，认真学习相关知识，结合教师讲课并视需要收集其他相关信息，每组各成员单独准备分析材料，然后分组讨论，由一人做好记录，并整理上交成果。

学习引导

本工作任务沿着以下脉络进行学习：

1. 任务布置(在所给横断面图上设计各参数，得到最佳横断面设计，提出完成任务的内容与要求)；
2. 课堂教学(横断面设计的方法与步骤)；
3. 学生讨论；
4. 课后思考与总结；
5. 课程实训(××公路路基横断面设计分析实训，完成第二部分的相关任务)；
6. 上交成果：《××公路路基横断面设计分析报告》；
7. 学生自测与自评；
8. 组长对组员考核。

一、相 关 知 识

(一)横断面设计的基本要求

路基是支承路面、形成连续行车道的带状土、石结构物，它既要承受路面传来的车辆荷载，又要承受自然因素的作用。因此，路基横断面设计必须满足以下基本要求。

(1)路基的结构设计应根据使用要求和当地自然条件(包括地形、地质、水文和材料情况)，并结合施工条件进行综合设计，使其具备足够的强度和稳定性，且经济合理。

山岭、重丘区的路基设计，应根据当地自然条件，特别是地形及工程地质条件，选择适当的路基横断面形式和边坡坡度，如图4-2-1所示。在地形陡峻和不良地质地段，不宜破坏天然植被和山体平衡(图4-2-2)；在狭窄的河谷地段不宜侵占河床，可视具体情况设置其他结构物和防护工程；对于陡坡上的半填半挖路基，可根据地形、地质条件，采用护肩、砌石或挡土墙；当山坡高陡或稳定性差，不宜多挖时，可采用旱桥、悬出路台等构造物，防止"削坡式路基"；在悬崖陡壁地段，如山体岩石整体性好，可采用半山洞。图4-2-3为未设任何结构物及防护工程的情况。

图4-2-1 合理的路基分离方式

图4-2-2 破坏天然植被和山体平衡的工程

在平原微丘区应注意最小填土高度,并设置必要的排水设施。沿河路基应根据冲刷情况,设置必要的防护设施,如图4-2-4所示。路线经过高产田路段,为收缩坡脚、减少占地、防止地表水渗入路基,可采用护脚路基或矮路肩墙。

图4-2-3 结合地形修筑挡墙

图4-2-4 沿河一侧设置浆砌挡墙

(2)路基的断面形式和尺寸应根据公路的等级、设计标准和设计任务书的规定以及公路的使用要求,结合具体条件确定。一般路基可参照典型横断面设计;对于特殊路基,则应进行单独设计。

(3)路基设计应兼顾当地农田基本建设的需要,在取土、弃土、取土坑设置、排水设计等方面与农田改土、农田水利、灌溉沟渠等配合,尽量减少废土占地,防止水土流失和淤塞河道。

(二)横断面设计的方法与步骤

横断面设计方法俗称"戴帽子",即根据横断面测量所得各桩号的地面线资料,一般按1:200的比例点绘横断面地面线,按纵断面设计确定的填挖高度和平面设计确定的路基宽度、超高、加宽值,结合当地的地形、地质等自然条件,根据典型路基横断面图示,逐桩号绘出路基横断面图。对采用挡土墙、护坡等结构物的路段,所采用结构物应绘于图上,并注明其起讫桩号、圬工种类及断面尺寸;对桥涵处的横断面,应予注明。

横断面设计,必须结合地形、地质、水文等条件,本着节约用地的原则选用合理的断面形式,以满足行车顺适、工程经济、路基稳定且便于施工和养护的要求。

横断面设计的方法与步骤如下:

(1)逐桩绘制横断面地面线(一般在现场与外业同时进行),各断面按桩号在图纸上按从左到右、从下到上的顺序排列。

(2)逐桩标注相应中桩的填(T)或挖(W)高度、路基宽度(B),若该断面需超高与加宽时,应标注左宽、左高,右宽、右高。

(3)根据现场调查所得的土、地质、水文等资料,按照"典型横断面图",标出各断面土石分界线,确定边坡坡度和边沟形状、尺寸。

(4)利用三角板或"帽子板"(图4-2-5)逐桩绘出其路基横断面设计图。其中:直线段如是路堤,在中线地面桩点上按填土高度做水平线,按路基宽度之半截得左右两侧路基边缘点,再按所需边坡坡度绘出边坡线,与地面线的交点即为坡脚点,按需要绘出所需的边沟断面;如是路堑,用与路堤相同的方法按挖方深度绘得路基边缘后,按需要绘出边沟断面,再以边沟沟底外缘作边坡线,与地面线的交点即坡顶;如是半填半挖路基,则分别按路堤、路堑绘得填、挖部分即得。

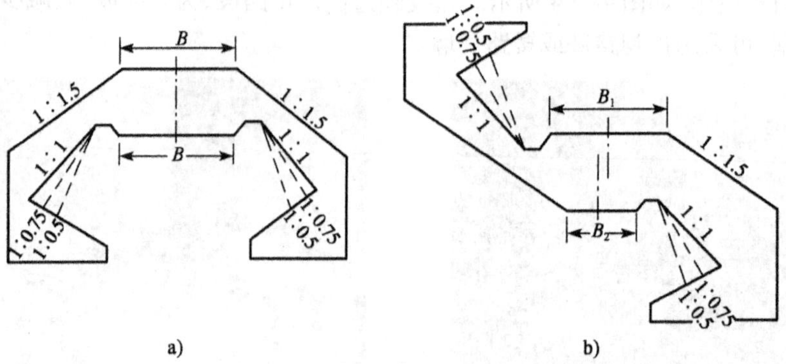

图 4-2-5　路基横断面模板

平曲线内无超高、加宽时，横断面图的绘制与直线段相同；有加宽无超高时，在需加宽的一侧，除按加宽值求得该侧路基边缘点外，其余与直线段的绘制相同；有超高、无加宽时，在超高旋转轴位置上，按超高横坡绘得路基顶面线，再按路基宽度求得两侧路基边缘点，此后的步骤与上相同；如同时有超高和加宽时，先按超高绘得顶面线，再按加宽要求绘得路基边缘点，其后步骤与前述相同。

(5)根据综合排水设计，绘制护坡道、边沟、取土坑、截水沟、挡土墙等横断面设计内容。

(6)分别计算各桩号断面的填方面积(A_T)和挖方面积(A_W)并标注于图上，填方与挖方面积的计算方法见工作任务三。

在以上横断面设计时，尽管在横断面图上按比例绘出了边沟、截水沟、护脚、挡土墙等设施，但一般不标注详细尺寸，仅注明其起讫桩号。

此外，近年来计算机辅助设计(CAD)在工程技术领域中应用十分广泛。利用计算机辅助设计系统进行路线设计，不但可提高手工绘制的工作效率，准确绘制横断面图，而且能自动计算横断面面积。在设计完成时可以利用绘图机输出各设计阶段所需的设计图纸，是路基横断面设计的理想手段。

二、任务实施

(一)任务布置

课题二：××公路路基横断面设计分析

1. 基本资料

(1)基本资料同本学习情境的工作任务一。

(2)横断面地面线资料如表 4-2-1 所示。

横断面地面线资料　　表 4-2-1

桩号	填挖值	位置	距离	高差	距离	高差	距离	高差	距离	高差	距离	高差
K1+250	+1.26	左侧	4.0	1.70	4.0	1.63	4.0	2.68	4.0	2.86	8.0	3.00
		右侧	4.0	-1.60	4.0	-1.62	4.0	-1.67	4.0	-0.58	4.0	-0.24
+300	+1.17	左侧	4.0	0.80	4.0	1.73	4.0	1.17	4.0	1.15	4.0	1.12
		右侧	4.0	-0.37	4.0	-0.37	4.0	-0.37	4.0	-0.37	4.0	-0.53

续上表

桩　号	填挖值	位　置	距　离	高　差	距　离	高　差	距　离	高　差	距　离	高　差	距　离	高　差
+320	+0.20	左侧	4.0	1.76	4.0	2.04	4.0	1.03	4.0	1.07	4.0	1.89
		右侧	4.0	-0.05	4.0	-0.05	4.0	-0.05	4.0	-0.05	4.0	-0.05
+350	-1.27	左侧	4.0	0.12	4.0	0.38	4.0	1.42	4.0	1.96	4.0	2.18
		右侧	4.0	-0.73	4.0	-0.56	4.0	0.00	4.0	0.00	4.0	0.00
+400	-0.20	左侧	4.0	1.70	4.0	1.63	4.0	2.68	4.0	2.86	8.0	3.00
		右侧	4.0	1.71	4.0	1.60	4.0	1.66	4.0	1.55	4.0	1.57
+450	+2.03	左侧	4.0	-1.65	4.0	-0.31	4.0	-0.27	4.0	0.06	4.0	0.18
		右侧	4.0	0.77	4.0	1.44	4.0	1.52	4.0	1.46	4.0	1.43
(ZH) +452.87	-1.62	左侧	4.0	0.12	4.0	0.38	4.0	1.42	4.0	1.96	4.0	2.18
		右侧	4.0	-1.28	4.0	-1.07	4.0	0.00	4.0	0.00	4.0	0.00
+500	+1.13	左侧	4.0	-1.65	4.0	-0.31	4.0	-0.27	4.0	0.06	4.0	0.18
		右侧	4.0	0.77	4.0	1.44	4.0	1.52	4.0	1.46	4.0	1.43
(HY) +552.87	+1.68	左侧	4.0	0.12	4.0	0.38	4.0	1.42	4.0	1.96	4.0	2.18
		右侧	4.0	-0.55	4.0	-0.56	4.0	-0.38	4.0	0.00	4.0	0.00

注：表中"距离"和"高差"的单位均为米(m)。

(3)部分桩号位于平曲线内，其平曲线半径 $R=520$m，缓和曲线长100m。

2. 任务

(1)在计算纸上点绘横断面地面线。

(2)按工作任务一的设计成果，在现有的各桩横断面地面线上绘制设计线。

3. 要求

(1)以组为单位，由组长分配任务，独立完成上述任务。

(2)全组共同讨论，组长负责成果的记录与整理，按任务目标的要求上交《××公路路基横断面设计分析报告》，供教师批阅。

(二)课堂教学

课堂教学以路基横断面设计为主线，围绕横断面设计的基本知识，组织实施，计划安排1学时。

课堂教学可按如下步骤进行：

(1)图4-2-1与图4-2-4为合理的设计，图4-2-2与图4-2-3为不合理的设计，教师可根据教材所提供图片，或结合当地实际情况选择合适的图片开展课堂教学，提出路基横断面设计的方法。

(2)对图中的各符号与数字进行说明讲解。

(3)对于路基横断面设计，可通过教师课堂讲解与课后组织讨论相结合的方式展开教学。

(4)案例分析。

[案例]　已知××公路K2+250桩号的横断面地面线如图4-2-6所示，该桩号的填挖高度 $T=1.62$m，该桩号处于平曲线的缓和曲线上(左偏)，加宽值 $b_{jx}=1.3$m，路基宽度 $B=12$m，路基左、中、右超高值分别为0.02m，0.19m，0.32m，路基一般设计图如图4-2-7所示。

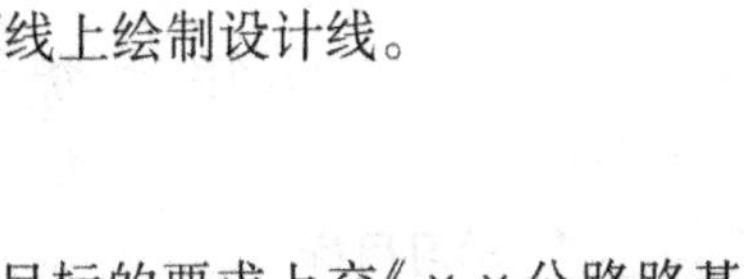

图4-2-6　某桩号横断面地面线

①完成该桩号的横断面设计；

②用积距法计算该断面的填挖面积。

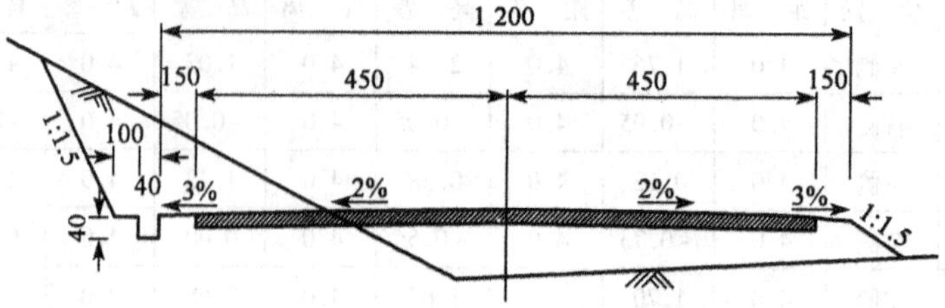

图 4-2-7　××公路路基一般设计图(尺寸单位:cm)

分析:①在原地面线上绘制路基设计线,绘制时需考虑该桩号的超高与加宽,如图 4-2-8 所示。

②根据设计线与地面线所包围的封闭部分,用积距法即可计算出各自的面积,如图 4-2-9 所示。

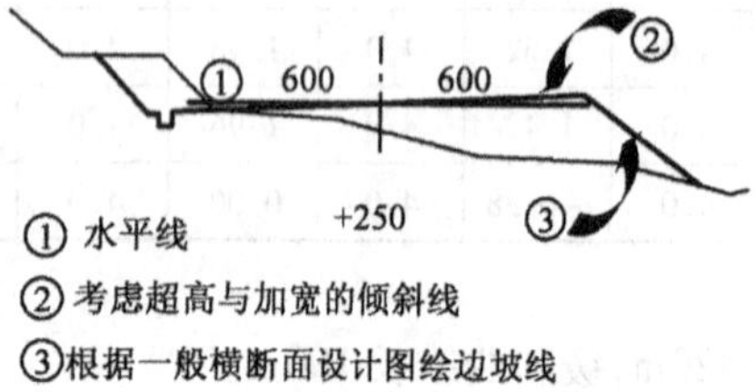

图 4-2-8　横断面设计线绘流程

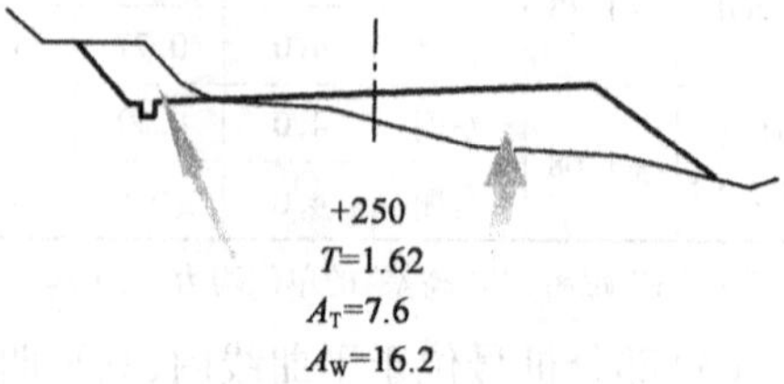

图 4-2-9　横断面面积计算

工作任务三　路基土石方数量计算及调配

学习目标

1. 了解土石方数据计算与调配的主要任务;

2. 掌握用积距法、坐标法、几何图形法、混合法等计算路基横断面面积,用平均面积法计算土石方数量;

3. 分析土石方调配的原则;

4. 根据教材相关知识规范完成学生自评的习题作业;

5. 正确完成此工作任务的教学要求。

任务描述

该工作任务是通过路基填、挖方数量计算与分析,知道土石方数量计算与调配的基本方法。教师布置相关任务,各组长负责任务的组织与实施,最终以组为单位上交《××公路路基土石方数量计算分析报告》。各组在接到任务后,认真学习相关内容,结合教师讲课并视需要收集其他相关信息,每组各成员单独准备分析材料,然后分组讨论,由一人做好记录,并整理上交成果。

学习引导

本工作任务沿着以下脉络进行学习:

1. 任务布置(根据所给任务,进行路基填、挖方数量计算,提出完成任务的内容与要求);

2. 课堂教学(公路路基土石方数量计算与调配);

3. 学生讨论;

4. 课后思考与总结;

5. 课程实训(××公路路基土石方数量计算分析实训,完成第二部分的相关任务);

6. 上交成果:《××公路路基土石方数量计算报告》;

7. 学生自测与自评;

8. 组长对组员考核。

一、相关知识

在公路工程项目中,路基土石方数量很大,它是公路工程项目的一项主要指标,直接影响公路建设的造价、工期、用地等。

土石方数量计算与调配的主要任务是计算每公里路段的土石方数量和全线总土石方工程数量,合理调配挖方的利用和填方的来源及运距,为编制工程预(概)算、确定合理的施工方案以及计量支付提供依据。

因自然地面起伏多变,填挖体积一般不是简单的几何体,若按地面的起伏变化来进行土石方数量的计算,不仅繁杂,而且实用意义不大。因此,在公路的测设过程中,土石方的计算通常采用近似方法,计算精度视工程的要求而定。横断面的面积以平方米(m^2)为单位,可取小数点后一位,土石方的体积以立方米(m^3)为单位,可取至整数。

(一)横断面面积计算

路基填挖的横断面面积是指断面图中地面线与路基设计线所围成的面积,包括填方区域面积与挖方区域面积,在计算横断面面积时,填方与挖方应分别计算。常用的横断面面积计算方法有积距法、坐标法、几何图形法和混合法。

1. 积距法

积距法的原理是将断面面积垂直分割成宽度相等的若干条块,因每一条块的宽度相等,所以在计算面积时,只需量取每一条块的平均高度,然后乘以宽度,即可得出每一条块的面积,如图 4-3-1 所示。其计算公式为:

$$A = \sum_{i=1}^{n} A_i = bh_1 + bh_2 + bh_3 + \cdots + bh_n = b\sum_{i=1}^{n} h_i \tag{4-3-1}$$

式中:A——横断面面积,m^2;

b——横断面所分成的三角形或梯形条块的宽度,通常取 1m 或 2m;

h_i——横断面所分成的三角形或梯形条块的平均高度,m。

积距法求面积是在实际操作中转化为量取 h_i 的累加值,这种操作可使用分规按顺序由左到右连续量取每一条块的平均高度 h_i,分规最后的累计高即为 $\sum h_i$,将条块宽度乘以累计高度 $\sum h_i$ 即为填或挖的面积,当条块宽度 $b = 1\text{m}$ 时,$A = \sum h_i$。积距法也可以用厘米格纸折成窄条作为量尺,每量一次 h_i 在窄条上画好标记,从开始到最后标记的累计距离就是 $\sum h_i$,然后乘以条块宽度 b 即为所求面积。

2. 坐标法

如图 4-3-2 所示,建立坐标系,给定多边形各顶点的坐标,由解析几何可得多边形面积的计算公式为:

$$A = \frac{1}{2}\sum (x_i y_i - x_{i+1} y_i) \tag{4-3-2}$$

式中：x_i、y_i——分别为设计线和地面线围成面积的各折点坐标，m。

坐标法精度较高，方法较繁，适用于计算机计算。

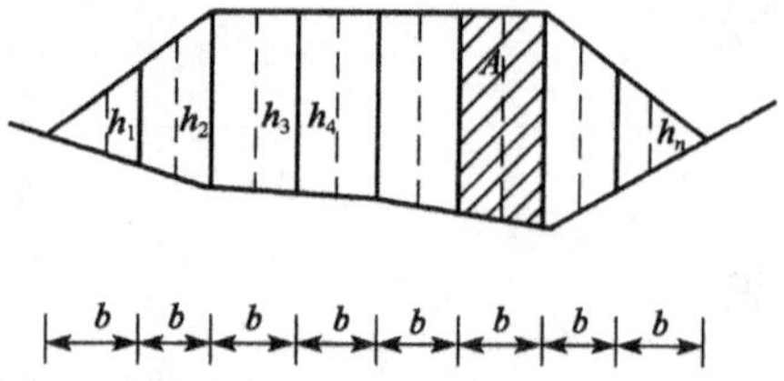

图 4-3-1　积距法计算示意图

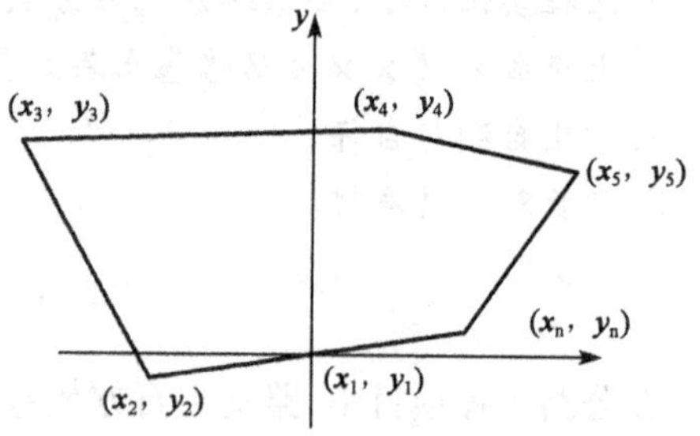

图 4-3-2　坐标法

3. 几何图形法

当横断面的地面线较规则且横断面面积较大时，可将路基横断面分为几个规则的几何图形分别计算各图形面积后相加得到总面积。

4. 混合法

混合法是积距法与几何图形法的综合，目的是可以方便求解一个较大的横断面面积，加快计算速度。

（二）填挖方体积计算

路基土石方数量的计算，是计算两相邻桩号之间的填方与挖方体积，计算时还须考虑土方与石方，为简化计算，通常把两断面间的实体近似看成棱柱体，如图 4-3-3 所示，其计算的方法可采用平均断面法或棱台法两种。采用平均断面法的计算公式为：

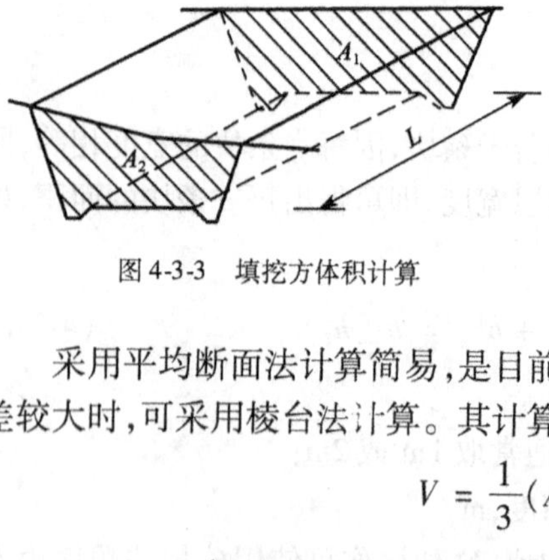

图 4-3-3　填挖方体积计算

$$V=\frac{1}{2}(A_1+A_2)\cdot L \tag{4-3-3}$$

式中：V——体积，m^3；

A_1,A_2——分别为两相邻桩号断面的面积，m^2；

L——两相邻桩号之间的距离，m。

采用平均断面法计算简易，是目前常用方法之一，但该法计算结果误差较大，若 A_1 和 A_2 相差较大时，可采用棱台法计算。其计算公式为：

$$V=\frac{1}{3}(A_1+A_2)\cdot L\cdot\left(1+\frac{\sqrt{m}}{1+m}\right) \tag{4-3-4}$$

式中，$m=\dfrac{A_1}{A_2}$，其中，$A_1>A_2$；其他符号意义同前。

棱台法的计算精度较高，因此应尽量采用该法，特别是用计算机计算时。

计算路基土石方体积时，应注意以下几个问题：

（1）应分别计算填方和挖方的面积。

（2）填方或挖方中的土石也应分别计算，因为其工程造价不同。挖方断面的土石方比例可按该桩号所对应的横断面并结合公路外业勘测的相关资料估算土石方所占的百分率分别统计。当对填方断面无特殊要求时，可不作考虑，以简化计算。但若填土或填石相对明确时，则应分别考虑。如某路基施工要求时有抛石挤淤，则该部分应为石方。

（3）有些情况下，横断面上的某一部分面积可能既是挖方体积，又要算作填方体积，例如遇淤泥既要挖除,又要回填其他材料。

(4)用上述方法计算的土石方体积中,包含了路面体积。若所设计的纵断面有填有挖且基本平衡,则填方断面中多计的路面面积与挖方断面中少计的路面面积相互抵消,其总体积与实施体积相差不大。但若路基是以填方为主或以挖方为主,则在计算断面面积时应将路面部分计入,也就是填方要扣除、挖方要增加路面所占的那一部分面积。特别是当路面厚度较大时,更不能忽略。

(5)计算路基土石方数量时,应扣除大、中桥及隧道所占路线长度的体积;桥头引道的土石方,可视需要全都或部分列入桥梁工程项目中,但应注意不要遗漏或重复;小桥涵所占的体积一般可不扣除。

(三)路基土石方的调配

土石方调配的目的是为确定填方用土的来源、挖方弃土的去向,以及计价土石方的数量和运量等。通过调配,合理地解决各路段土石方平衡与利用问题,使从路堑挖出的土石方,在经济合理的调运条件下移挖作填,达到填方有所"取"、挖方有所"用",避免不必要的路外借土和弃土,以减少占用耕地和降低公路造价。

1. 土石方调配原则

(1)在半填半挖断面中,应首先考虑在本路段内移挖作填进行横向平衡,然后再作纵向调配,以减少总的运输量。

(2)土石方调配应考虑桥涵位置对施工运输的影响,一般大沟不作跨越调运,同时还应注意施工的可能与方便,尽可能避免和减少上坡运土。

(3)为使调配合理,必须根据地形情况和施工条件,选用适当的运输方式,确定合理的经济运距,用以分析工程用土是调运还是外借。

(4)土方调配"移挖作填"固然要考虑经济运距问题,但这不是唯一的指标,还要综合考虑弃方或借方占地,赔偿青苗损失及对农业生产的影响等。有时"移挖作填"虽然运距超出了一些,运输费用可能稍高一些,但如能少占地,少影响农业生产,整体来说也未必是不经济的。

(5)对于不同的土方和石方应根据工程需要分别进行调配,以保证路基稳定和人工构造物的材料供应。

(6)位于山坡上的回头曲线路段,要优先考虑上下线的土方竖向调运。

(7)对于借土和弃土的土方调配应事先同地方商量,妥善处理。借土应结合地形、农田规划等选择借土地点,并综合考虑借土还田、整地造田等措施。弃土应不占或少占耕地,在可能的条件下宜将弃土平整为可耕地,防止乱弃乱堆,或堵塞河流,损坏农田。

2. 土石方调配方法

土石方调配方法有多种,如累积曲线法、调配图法及土石方计算表调配法等,目前,生产上多采用土石方计算表调配法,该法不需绘制累积曲线图与调配图,直接可在土石方表上进行调配,其优点是方法简捷,调配清晰,精度符合要求。该表也可由计算机自动完成。具体调配步骤如下:

(1)土石方调配是在土石方数量计算与复核完毕的基础上进行的,调配前应将可能影响运输调配的桥涵位置、陡坡、大沟等标注在表旁,供调配时参考。

(2)弄清各桩号间路基填挖方情况,并作横向平衡,明确利用、填缺与挖余数量。

(3)在作纵向调配前,应根据施工方法及可能采取的运输方式确定合理的经济运距,供土石方调配时参考。

(4)根据填缺挖余分布情况,结合路线纵坡和自然条件,本着经济合理和支农的原则,具体拟订调配方案,方法是逐桩逐段地将毗邻路段的挖余调运到填缺内加以利用,并把具体调运方向和数量用箭头表明在纵向利用调配栏中。

(5)经过纵向调配后,应按下式进行复核检查:

横向调运+纵向调运+借方=填方

横向调运+纵向调运+弃方=挖方

挖方+借方=填方+弃方

以上检查是逐页进行复核的,如有跨页调配,需将其数量考虑在内,通过复核可以发现调配与计算过程有无错误。经核正无误后,即可分别计算计价土石方数量、运量和运距等,为编制施工预算提供土石方工程数量。

3. 土石方计算与调配的几个问题

(1)免费运距、平均运距和经济运距。土方作业包括挖、装、运、卸四道工序,在某一特定距离内,只按挖方数计价而不另计运费,这一特定距离称为免费运距。显然,施工方法不同,其免费运距也不同,如人工作业时,人工运输的免费运距为20m,轻轨运输的免费运距为50m;机械作业时,推土机的免费运距为20m,铲运机的免费运距为100m等。各种作业的免费运距,可由《公路工程预算定额》(JTG/T B06-02—2007,以下简称《预算定额》)和《公路工程概算定额》(JTG/T B06-01—2007,以下简称《概算定额》)。

土石方调配时,从挖方体积重心到填方体积重心的距离称为平均运距。为简化设计计算,通常平均运距为按挖方路段中心至填方路段中心的距离计。当平均运距小于或等于免费运距时,可不另计运费;当平均运距大于免费运距时,超出的运距称超运运距,超运运距按运输方式不同有不同的计算单位,如人工运输以每超运10m为单位,铲运机以每超运50m为单位等,各种运输方式的超运运距单位,可从《预算定额》和《概算定额》中查得。

填方用土的来源,一是从路堑挖方纵向调运,另外是就近路外借土。一般情况下,利用挖方纵向调运来填筑较近的路堤是比较经济的;但如果调运的距离较长,以至运费(上述超运运距的另加运费)超过了在路堤就近借土所需的费用时,这种移挖作填就不如在附近借土经济。因此,采用"调"或"借",在经济上有个运距限度问题,这个限度距离称经济运距,可用下式求得:

$$L_{经} = \frac{B}{T} + L_{免} \tag{4-3-5}$$

式中:$L_{经}$——经济运距,m;

B——借方单价,元/m^3;

T——超运运费单价,元/(m^3·m);

$L_{免}$—免费运距,m。

当调运的距离小于或等于经济运距时,采用"调"是经济的;若调运距离超过经济运距,则应考虑就近借土。

《预算定额》中规定土石方的运距计算,以人工运输为例,第一个20m为免费运距,如不足20m亦按20m计算;此后,每增加10m为一个超运运距单位,尾数不满5m者不计,满5m者按10m计。其他可依此类推。

(2)运量。土石方运量为平均运距与所运土石方数量的乘积。调配土石方时,超运运距的运土方另加计运费,故运量应按平均超运运距计。

在工程定额中,人工运输的平均超运运距,按每10m为一运距单位,即10m为一级,20m

为二级,其余类推。于是得:

$$W = Q \cdot n \tag{4-3-6}$$

式中:W——运量,m^3 · 单位;

Q——调配土石方数量,m^3;

n——平均超运运距"单位",可按式(4-3-7)计算:

$$n = \frac{L - L_{免}}{N} \tag{4-3-7}$$

式中:N——超运运距单位,m;如人工运输为10m,轻轨运输为50m等;

L——平均运距,m;

其他符号意义同前。

(3)计价土石方数量。在土石方数量中,所有的挖方量均应予以计价,但填方则应按土方的来源决定是否计价,若是路外就近借土则应计价,若是移挖作填的纵向调配方则不应计价,否则就形成了双重计价(路堑挖方已计,填方再计)。因而计价土石方数量为:

$$V_{计} = V_{挖} + V_{借} \tag{4-3-8}$$

式中:$V_{计}$——计价土石方数量,m^3;

$V_{挖}$——挖方数量,m^3;

$V_{借}$——借方数量,m^3。

二、任务实施

(一)任务布置

课题三:××公路路基土石方数量计算分析

1. 基本资料

基本资料同本学习情境工作任务二(任务布置)中对应的基本资料及相应的计算成果。

2. 任务

完成路基土石方数据计算与调配。

3. 要求

(1)根据班级人数分成若干组,一般为6~8人/组。

(2)以组为单位,组长分配任务,独立完成上述任务。

(3)全组共同完成上述任务,组长负责成果的检查与整理,按任务目标的要求上交《××公路路基土石方数量计算报告》,供教师批阅。

(二)课堂教学

课堂教学以路基填、挖方数量计算为主线,围绕平均断面法等组织实施,计划安排2学时。

课堂教学可按如下步骤进行:

(1)结合表4-3-1展开课堂教学,以平均断面法等计算路基填、挖方数量。

(2)分析填、挖方数量计算要点。

(3)对于路基填、挖方数量计算,可通过教师课堂讲解与课后组织讨论相结合的方式展开教学。

(4)案例分析。

[案例1] 如表4-3-1所示,已知路基各横断面所提供填方与挖方面积,完成此表的路基土石方填、挖方数量。

路基填、挖方数量表 表 4-3-1

桩　　号	横断面面积(m^2)		距离(m)	挖方数量(m^3)	填方数量(m^3)
	挖　　方	填　　方			
1	2	3	4	5	6
K0 +000	5	3.2	—	—	—
K0 +020	7.3	0			
K0 +040	13.5	0			
K0 +060	13.3	0			
K0 +064	6.2	0			
K0 +080	5.4	0.1			
K0 +100	7.3	2			
K0 +120	7	3.6			

解：如表 4-3-2 所示：

①距离：第 1 列中相邻两桩号之差；

②挖方数量：

挖方数量 = 相邻两桩号挖方断面面积的平均值 × 第 4 列（距离）

③填方数量：

填方数量 = 相邻两桩号填方断面面积的平均值 × 第 4 列（距离）

路基填、挖方数量计算结果 表 4-3-2

桩　　号	横断面面积(m^2)		距离(m)	挖方数量(m^3)	填方数量(m^3)
	挖　　方	填　　方			
1	2	3	4	5	6
K0 +000	5	3.2	—	—	—
K0 +020	7.3	0	20	123	32
K0 +040	13.5	0	20	208	0
K0 +060	13.3	0	20	268	0
K0 +064	6.2	0	4	39	0
K0 +080	5.4	0.1	16	92.8	0.8
K0 +100	7.3	2	20	127	21
K0 +120	7	3.6	20	143	56

工作任务四　路基横断面成果编制

学习目标

1. 了解路基横断面设计成果的编制步骤；
2. 熟悉公路路基横断面设计图的主要内容构成；
3. 分析编制公路路基土石方数量表中数据的正确性；
4. 根据教材相关知识规范完成学生自评的习题作业；

5. 正确完成此工作任务的教学要求。

任务描述

该工作任务是通过路基土石方数量计算及调配表的分析，了解计算与调配的方法。完成该任务是通过教师课堂教学与学生讨论相结合的方式进行的，教师根据学生人数分组，每组推选一名组长负责任务的组织与实施，最终以组为单位上交《××公路路基横断面成果编制分析报告》。各组在接到任务后，认真学习《标准》及《规范》的相关要求，结合教师讲课并视需要收集其他相关信息，每组各成员单独准备分析材料，然后分组讨论，由一人做好记录，并整理上交成果。

学习引导

本工作任务沿着以下脉络进行学习：

(1)任务布置(根据所给任务，进行全路段的填、挖方数量，利用方数量，借、弃方数量与调配情况等分析，提出完成任务的内容与要求)；

(2)课堂教学(公路路基横断面成果编制)；

(3)学生讨论；

(4)课后思考与总结；

(5)课程实训(××公路路基横断面成果编制实训，完成第二部分的相关任务)；

(6)上交成果：《××公路路基横断面成果编制分析报告》；

(7)学生自测与自评；

(8)组长对组员考核；

(9)教师考核。

一、相关知识

横断面设计成果包括路基横断面设计图和路基土石方数量计算表。

(一)路基横断面设计图

进行路基横断面设计时，其横断面图由路基标准横断面图(图4-1-11)、路基典型横断面图(也称路基一般设计图，如图4-1-12所示)、路基横断面设计图组成，图4-2-9所示的形式为路基横断面图，图上所需的各桩号横断面地面线可以在外业实测后直接绘制在图纸上，也可按实测记录绘制在图纸上。在图纸上绘制横断面地面线时，必须从图纸的左下方开始，按桩号顺序逐个向图纸上方排列，换列时仍然由下向上排列，直至图纸的右上方为本页图纸的最后一个桩号的横断面地面线。

横断面设计图比例尺一般采用1∶200，每页图纸的右上角应标明横断面图的总页数和本页图纸的编码数，在横断面图上要标注桩号、填(挖)高度、填(挖)面积、边坡坡度，在有超高、加宽的断面还要标明其相应数值。

(二)路基土石方数量计算表

路基土石方数量和运量是统计路基工程量的主要内容，工程数量计算的正确与否会影响整个工程造价，应正确计算和周密调配。因此，在填表和计算时要注意每一栏的相互关系，做到填表、计算、复核三个环节统一，以保证数据的准确性。

目前，各省的路基土石方数量计算表虽有图例规定，但仍未统一，不过其原理基本相同，如表4-4-1所示。另外，由于目前大多采用招标承包工程，土石方调配时应尽量科学合理地处理各标段交接点的调配。

二、任 务 实 施

（一）任务布置

课题四：××公路路基横断面成果编制分析

1.基本资料

基本资料采用本学习情境的前三项工作任务中布置的相关资料。

2.任务

（1）汇总前三项工作任务的成果，包括：路基标准横断面图、路基一般设计图、路基横断面设计图、路基土石方数量计算表，并检查成果的准确性与合理性。

（2）编制横断面设计说明书。

3.要求

（1）根据班级人数分成若干组，一般为6～8人/组。

（2）以组为单位，组长分配任务，独立完成上述任务。

（3）全组共同完成上述任务，组长负责成果的记录与整理，按任务目标要求上交报告，供教师批阅。

（二）课堂教学

课堂教学以路基土石方数量计算分析为主线，围绕全路段的填、挖方数量，利用方数量，借、弃方数量与调配情况等，组织实施，计划安排2学时。

课堂教学可按如下步骤进行：

（1）结合表4-4-1展开课堂教学，提出路基土石方数量计算与调配的方法与步骤。

（2）分析土石方计算校核。

（3）路基土石方数量计算与调配可通过教师课堂讲解与课后组织讨论相结合的方式展开教学。

（4）案例分析。

[案例] 已知某公路横断面以桩号K0+000～K0+407.543制成路基土石方数量计算表（表4-4-1），分析计算表列4～28。

解：以K0+000～K0+011.608为例：

①列4距离为两桩号差，即11.61m（保留小数后两位）；

②列5为挖方总数量：$(2.24+0)\times11.61\div2=13.0\text{m}^3$；

③列6～17为挖土方（Ⅰ、Ⅱ、Ⅲ类）或石方（Ⅳ、Ⅴ、Ⅵ类）的数量组成比例分配，本例为Ⅲ类挖土方100%的比例（即13.0 m^3）；

④列18为填方总数量：$(24.08+33.13)\times11.61\div2=332.1\text{m}^3$；

⑤列19～20为填土、填石方要求，本例均为填土方（即332.1m^3）；

⑥列21～22为本桩利用土方、石方，因列10～11反映出本桩为Ⅲ类挖土方100%的比例，故填入列21（即13.0 m^3）；

⑦列23～24为填缺方，本例为土方利用了13.0m^3，经本桩利用后为，填缺方为需填土方扣去利用土方，因列18需填入压实数量土方，故将列18的值乘以松土系数（本例根据填土情况取1.16），得到天然填筑土方（$332.1\times1.16-13.0=372.2\text{m}^3$）；

路基土石方数量计算表

表 4-4-1

桩号	横断面面积 (m²)		距离 (m)	挖方分类及数量（m³）													填方数量（m³）			利用方数量及调配（m³）							备注
				总数量	土						石									本桩利用		填缺		挖余		远运利用及纵向调配示意	
					I		II		III		IV		V		VI												
	挖方	填方			%	数量	%	数量	%	数量	%	数量	%	数量	%	数量	总数量	土	石	土	石	土	石	土	石		
1	2	3	4	5	6	7	8	9	10	11	12	13	14	15	16	17	18	19	20	21	22	23	24	25	26	27	28
K0+000	2.24	24.08																									
K0+011.608	0.00	33.13	11.61	13.0					100	13.0							332.1	332.1		13.0		372.2					
K0+020	0.37	37.24	8.39	1.5					100	1.5							295.3	295.3		1.5		341.0					
K0+040	0.72	37.73	20.00	10.9					100	10.9							749.7	749.7		10.9		858.8					
K0+060	0.00	44.98	20.00	7.2					100	7.2							827.2	827.1		7.2		952.3					
K0+080	0.00	53.97	20.00						100								989.6	989.6				1147.9					
K0+100	0.00	65.11	20.00						100								1190.8	1190.8				1381.4					
K0+120	0.00	76.94	20.00						100								1420.4	1420.4				1647.7					
K0+131.608	0.00	80.58	11.61						100								914.2	914.2				1060.5					
K0+140	0.00	81.74	8.39						100								681.1	681.1				790.1					
K0+160	0.00	106.45	20.00						100								1881.8	1881.8				2182.9					
K0+180	0.00	120.92	20.00						100								2273.7	2273.7				2637.5				±37740.1(1941m)	
K0+200	0.000	137.39	20.00						100								2583.1	2583.1				2996.4				借方（从取土坑 K1+940）	
K0+209.576	0.00	145.18	9.58						100								1352.9	1352.9				1569.4					
K0+220	0.00	150.66	10.42				100										1541.9	1541.9				1788.7					
K0+235	0.00	162.85	15.00				100										2351.3	2351.3				2727.5					
K0+240	0.00	207.70	5.00				100										926.4	926.4				1074.6					
K0+260	0.00	175.02	20.00				100										3827.2	3827.2				4439.5					
K0+280	0.00	184.75	20.00				100										3597.7	3597.7				4173.3					
K0+287.543	0.00	180.55	7.54				100										1377.7	1377.7				1598.2					
K0+300	0.00	179.17	12.46				100										2240.5	2240.5				2599.0					
K0+320	0.00	177.37	20.00				100										3565.4	3565.4				4135.9					
K0+340	0.00	172.10	20.00				100										3494.7	2116.9	1377.8			2455.6	1267.6				
K0+360	0.00	162.60	20.00				100										3347.0	2597.2	749.7			3012.8	689.8				
K0+380	0.00	146.20	20.00				100										3088.1	3088.1		—	—	3582.1					
K+400	4.88	102.33	20.00	48.8			100	48.8									2485.4	2485.4		48.8		2834.2					
K0+407.543	10.96	94.93	7.54	59.8			100	59.8									744.0	744.0		59.8		803.2					
小计				141.2				108.6		32.6							48079.1	45951	2127.5	141.2		53163	1957.3			±11 733.4(309m) 石 1957.3(441m) （从K0+440 段调入） ±2424.5(766m) （从 K1+000 段调入） ±358.2(1186m) （从 K1+484 段调入） ±2 405.3(1257m) （从 K1+553 段调入）	

编制：　　　　　　　　　　　　　　　　　　复核：

⑧列 25 ~26 为挖余方,本例中挖方全部利用,无挖余方,同时也无弃方产生;

⑨列 27 为远运利用及纵向调配,因附近桩号处无挖余方,故需借方(公路路基附近设取土坑处取土),如附近桩号有挖余方,可作纵向调配,调配原则见工作任务三的相关知识;

⑩列 28 为备注,填写与桩号相关的其他补充内容,本例无补充内容,不需填写。

学习效果评价反馈

(一)学生自评

每位学生根据本工作任务的学习目标,自主完成下述[自测 1]~[自测 10],并根据表 4-5-1的要求,完成自我检验。

[自测 1]简述路基横断面的组成。

[自测 2]简述公路用地范围与建筑限界。

[自测 3]简述横断面设计的基本要求。

[自测 4]简述横断面设计的主要内容。

[自测 5]简述绘制横断面图的步骤。

[自测 6]简述路基横断面的成果。

[自测 7]在进行路基土石方计算和调配时,怎样进行核算。

[自测 8]简述路基土石方表的计算方法。

[自测 9]某二级公路设计速度为 80km/h,路基宽度为 12m,行车道为 2×4.5m,路拱坡度为 2%,路肩坡度为 3%,中心线高程为 28.234m,试求该公路路面边缘的高程与路肩边缘的高程。

[自测 10]某路段相邻桩号分别为 K1+253 和 K1+300,计算出横断面面积分别为:$A_{t1}=38.2m^2$,$A_{w1}=12.1m^2$,$A_{t2}=3.2m^2$,$A_{w2}=47.5m^2$。求此路段的土石方数量。

学生自评表 表 4-5-1

任务名称:路基横断面分析							
组号		姓名		学号		自评成绩	
题号		自测 1	自测 2	自测 3	自测 4	自测 5	合计
满分		10	10	10	10	10	100
得分							
题号		自测 6	自测 7	自测 8	自测 9	自测 10	
满分		10	10	10	10	10	
得分							

(二)学习小组评价

主讲教师根据班级人数、学生学习情况等因素合理分组,然后以学习小组为单位,完成授课前布置的课题一至课题四的相关任务,组长根据组员的完成情况,按表 4-5-2 的要求,完成学习小组评价。

学习小组评价表 表 4-5-2

组号		姓名			学号		成绩	
课题			计算(分析)正确性	熟练程度	独立完成能力	参与主动性	创新能力	得分
			8%	5%	5%	4%	3%	25%
课题一:××公路路基横断面组成分析								
课题二:××公路路基横断面设计分析								
课题三:××公路路基土石方数量计算分析								
课题四:××公路路基横断面成果编制分析								
组长签名			日期			合计		
备注:本学习情境共设置4个课题,每课题各占25%								

(三)任课教师评价

主讲教师根据学生的学习态度,对路基横断面分析进行综合评价,按表4-5-3的要求,完成教师对学生的评价。

教师对学生的学习效果评价表 表 4-5-3

组号		姓名		学号		成绩	
任务名称:路基横断面分析							
评价内容	评价依据					分数	得分
学习态度情况	上课纪律、学习主动性等评价					20	
任务自测情况	自测成果的正确性与准确性、完成成果的质量、上交资料的规范程度等评价					20	
小组成果报告情况	平曲线要素计算正确性、三要素分析表述准确性、平面线形组成分析的合理性等评价					30	
在小组中所起的作用	学生参与讨论时发表的观点、在成果中采纳的情况等评价					10	
完成的工作量	参与完成小组工作的贡献大小(完全参与得满分,基本参与得基本分)					10	
学生独立解决问题能力	主要对学生的创新思维能力、组织能力,学生在遇到问题时的判断能力等评价					10	
教师签名		日期				合计	

学习情境五　路 线 交 叉

工作任务一　公路与公路平面交叉认知

学习目标

1. 了解平面交叉勘测要点及相关要求、平面交叉设计的程序及主要内容；
2. 熟悉平面交叉的交通分析、平面交叉设计的一般原则；
3. 分析平面交叉类型及选择、平面交叉立面设计模式及设计方法；
4. 根据教材相关知识完成课后[自测1]~[自测6]；
5. 正确完成一条公路的平面交叉设计。

任务描述

教师根据全班组数准备一条公路中平面交叉外业调查资料(包括被交公路等级、交叉角、被交公路路基路面宽度、路面结构形式等)，学生分组(视班级总人数可分5~6人/组)，每组推选一名组长负责任务的组织与实施，最终以组为单位上交《××公路平面交叉设计》。各组在接到任务后，认真学习《标准》及《规范》的相关要求，结合教师讲课并视需要收集其他相关信息，每组各成员单独准备平面交叉设计基础材料，然后分组讨论，由一人做好记录，并整理上交设计成果。

学习引导

本工作任务沿着以下脉络进行学习：

1. 任务布置(公路平面交叉外业调查资料、路基横断面图、纵断面及高程等相关设计要素，提出完成任务的内容与要求)；
2. 课堂教学(公路与公路的平面交叉认知)；
3. 课后思考与总结；
4. 完成第二部分的相关任务；
5. 上交成果：《××公路平面交叉设计》；
6. 学生自测与自评；
7. 组长对组员考核。

一、相 关 知 识

路线交叉是公路的重要组成部分，是公路交通的“咽喉”。按相交路线的高度不同，交叉可分为平面交叉和立体交叉。当两条公路(或公路与铁路等道路)在同一平面上相交时，称为平面交叉[图5-1-1a)]；当两条公路在不同高度相交时，称为立体交叉[图5-1-1b)]。

a)　　　　　　　　　　　　　　　　　b)

图 5-1-1　公路交叉

a)平面交叉;b)立体交叉

(一)公路平面交叉设计的内容与要求

公路与公路交叉时,交叉范围内的各种车辆和行人都要在交叉处汇集、通过或转换方向。由于它们之间的相互干扰,会使行车速度降低,阻滞交通,延误通行时间,同时,平面交叉口是交通事故的高发地段,据不完全统计,平面交叉交通事故占总交通事故的58%以上(图5-1-2)。因此,如何设计平面交叉,合理组织交通,提高平面交叉的通行能力,避免交通阻塞及减少交通事故,具有十分重要的意义。

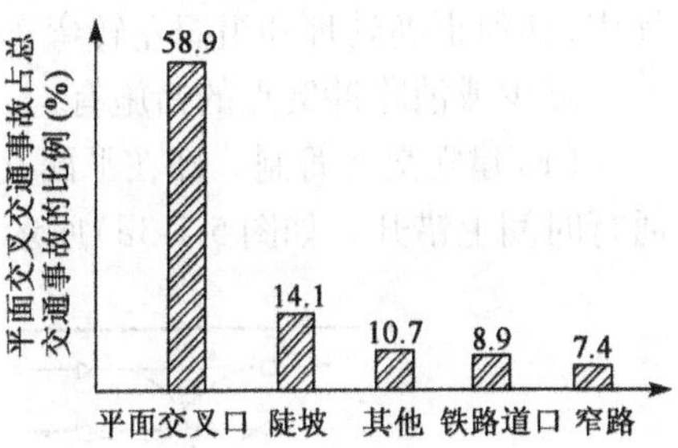

图 5-1-2　交通事故直方图

在进行公路平面交叉设计时,应具备两个基本要求:一是保证车辆和行人能以最短的时间安全通过交叉口,使平面交叉的通行能力能适应各条公路的行车要求;二是正确设计平面交叉的立面,即通过合理设计,以保证转弯车辆的行车稳定,同时应符合排水要求。

公路平面交叉设计的主要内容包括:

(1)合理选择平面交叉形式与平面布置,并确定各组成部分的几何尺寸。

(2)平面交叉交通组织,合理布置各种交通设施。

(3)进行平面交叉视距保证,满足安全通行条件。

(4)平面交叉立面设计,合理布置各种排水设施。

(二)公路平面交叉的交通分析

在公路平面交叉口范围内,来自不同方向的车辆驶入公路平面交叉口,通过各自不同的方式或直行、或左转、或右转驶出交叉口,从而形成了多路不同方向的交通流。通过分析,各交通流之间存在着不同的交叉方式。

同一方向行驶的车辆向不同方向分开行驶的地点称为分流点;来自不同方向的车辆以较小的角度向同一方向汇合的地点称为交织点;来自不同方向的车辆以较大的角度相互交叉的地点称为冲突点。由这三类点的存在而导致的相互尾撞、挤撞或碰撞,是影响平面交叉口行车安全、降低行车速度和通行能力的主要根源,因此,将这三类点统称为危险点。冲突点对行车干扰与交通安全的影响最大,其次是交织点,再次是分流点。所以,在平面交叉设计中,交通组织的关键是如何减少或消除冲突点。

平面交叉危险点的多少与平面交叉的车道数有关。当无交通管制(交通指挥或信号灯),三路、四路和五路平面交叉的危险点分布情况如图 5-1-3 所示。平面交叉各类危险点数量见表 5-1-1。

平面交叉危险点数量表　　表 5-1-1

平面交叉类型	危险点数量(个)			
	冲突点	交织点	分叉点	合计
三路交叉	3	3	3	9
四路交叉	16	8	8	32
五路交叉	50	15	15	80

从表 5-1-1 可以看出：

(1)当平面交叉无交通管制时,其危险点数量随车道条数的增加而急剧增大,特别是冲突点,其数量随车道条数的增加呈级数增大。因此,在平面交叉设计中,应尽可能减少交叉道路的条数,其数量以不超过 5 条为宜。

(2)产生冲突点最多的是左转弯车辆。在四路交叉中,若无左转弯车辆,则冲突点的个数由原来的 16 个减少至 4 个。若为 5 路交叉,则可以从 50 个减少至 5 个。因此,在平面交叉设计中,如何正确处理和组织左转弯车辆,是保证平面交叉交通通畅和行车安全的关键。

减少或消除冲突点的措施有：

(1)建立交通管制。即在平面交叉处设置信号灯或由交警指挥,使直行车和左转弯车在通行时间上错开。如图 5-1-3d)所示,冲突点个数可由 16 个减少至 2 个。

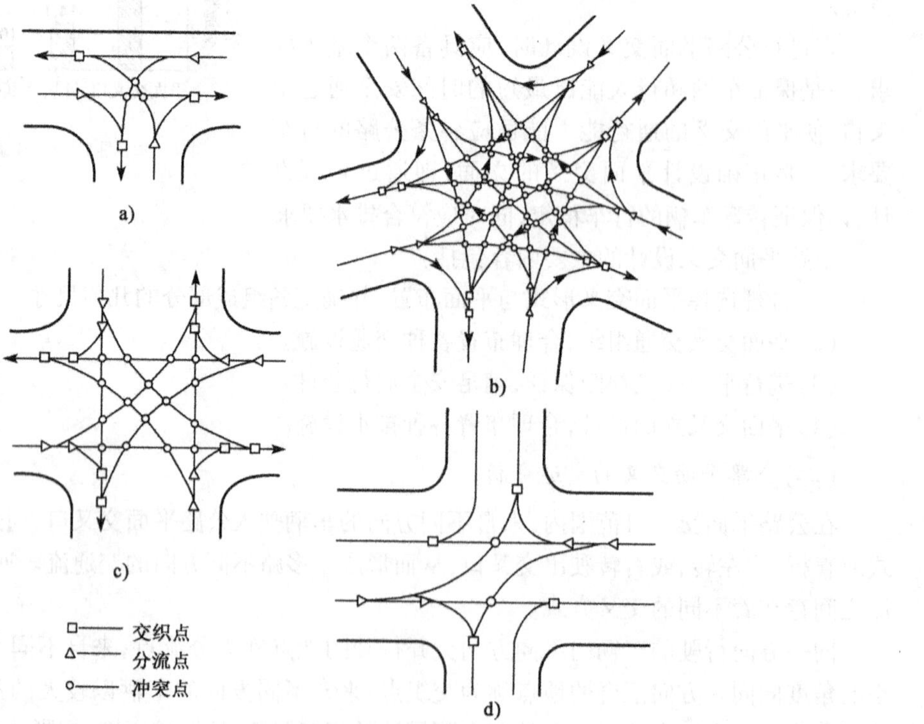

图 5-1-3　平面交叉危险点

a)三路交叉；b)五路交叉；c)四路交叉(无交通管制)；d)四路交叉(有交通管制)

(2)采用渠化交通。如图 5-1-4 所示,在平面交叉合理布置交通岛、交通标志和标线,或增设车道等,引导各方向车流沿一定方向行进,减少车辆之间的相互干扰,使车流像水流一样被渠化分流。

(3)采用立体交叉。如图5-1-1b)所示,将相互冲突的车流从空间上分开,使其互不干扰。这是解决平面交叉交通问题最彻底、最有效的方法。

图5-1-4 渠化交通

(三)公路平面交叉的形式

公路平面交叉的形式取决于公路网规划和与周围的地形、地物的协调情况,以及交通量、交通性质和交通组织情况。常用的平面交叉形式有"十"字形、"T"形,及其演变而来的"X"形、"Y"形、错位、多路交叉等。这些交叉在平面上的几何图形,取决于规划公路网和临街建筑的形状。在具体设计时,常根据交通量、交通性质以及不同的交通组织形式,把平面交叉设计成各具特点的形式,一般可分为非渠化交叉(包括非加宽非渠化式与加宽非渠化式)、渠化交叉和环形交叉。

1. 非渠化交叉(包括非加宽式非渠化式与加宽式非渠化式)

如图5-1-5所示,在平面交叉转弯处,以圆曲线构成加宽来连接交叉公路的路基和路面或仅在平面交叉处增设转弯车道的形式称为非渠化交叉。非渠化交叉又可分为非加宽式与加宽式两类。此类交叉形式简单,占地少,造价低,设计方便;但行车速度低,通行能力小。

当主要公路的设计速度不大于60km/h,或设计速度为80km/h,交通量较小,次要公路为县乡公路时,可采用非渠化交叉(图5-1-5)。对于非加宽式非渠化交叉,设计时主要解决合适的转角曲线半径和足够的视距问题。而对于加宽式非渠化交叉,设计时主要解决拓宽的车道数。同时也要满足视距和转弯半径的要求。

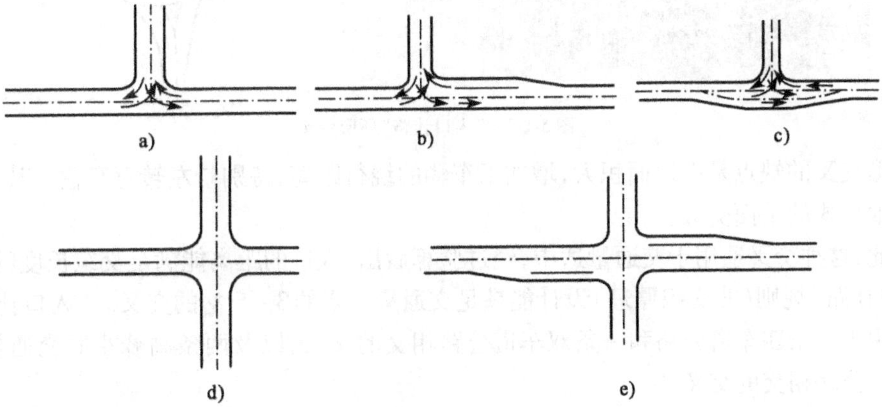

图5-1-5 非渠化交叉

a)非加宽T形交叉;b)加宽式T形交叉(增辟右转减速车道);c)加宽式T形交叉(增辟左转减速车道);d)非加宽十字交叉;e)加宽式十字交叉

2. 渠化平面交叉

通过在路面上设置导流岛、划分车道、设分隔岛、分隔带或交通岛等措施来限制车流的行车路线,使不同车型、车速和行驶方向的车辆,沿着指定方向通过平面交叉口的形式称为渠化平面交叉,如图5-1-6所示。渠化平面交叉适用于交通量大、车速较高、转弯车辆较多的三级或四级公路、二级公路以及四车道以上公路交叉。设计时主要确定分道转弯半径的大小,以保证足够的视距,并满足导流岛端部半径的要求。

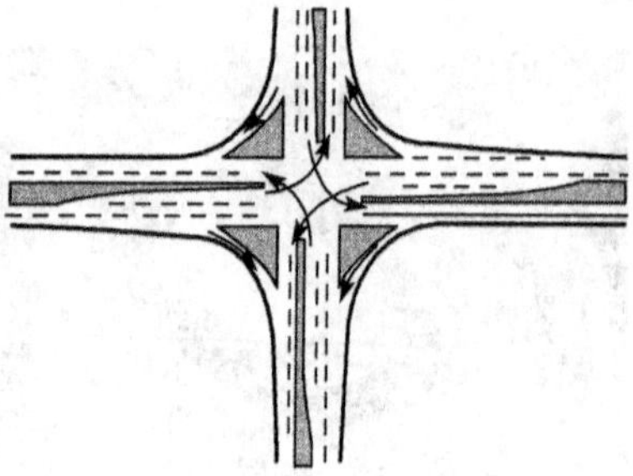

a)

b)

图 5-1-6　渠化交叉

3. 环形交叉

在平面交叉中央设置中心岛，用环道组织渠化交通，使所有车辆进入环道后均按逆时针方向绕岛单向行驶，直至所要去的路口离岛驶出的平面交叉称为环形交叉，如图 5-1-7 所示。环形交叉的优点是各种车辆可以连续不断地单向运行，没有停滞，减少了车辆在平面交叉的延误时间，环道上的行车只有交织或分流，消除了冲突点，提高了行车安全性；交通组织简便，不需信号管制；对多路交叉和畸形交叉，用环式交叉更为有效。

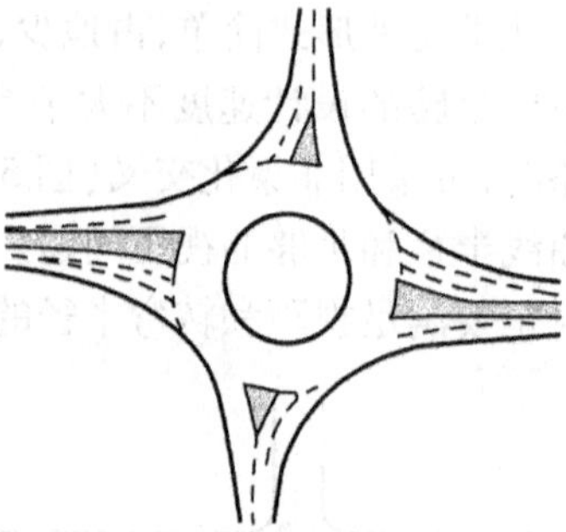

图 5-1-7　"入口让路"环形变叉

环形交叉的缺点是占地面积大，增加了车辆的绕行距离，特别是左转弯车辆。其造价相对高于其他形式的平面交叉。

因此，这种交叉适用于交通量适中，经过验算后出、入口的距离能满足交织长度的要求，或按"入口让路"规则（非交织原理）设计能满足交通量需要的 3 ~5 岔的交叉。"入口让路"环形交叉适用于一条四车道公路和一条双车道公路相交的交叉，以及两条高峰小时交通量不明显的四车道公路相交的交叉。

（四）公路与公路平面交叉的一般规定

1. 平面交叉设计原则

（1）平面交叉位置的选择应综合考虑公路网现状和规划及地形、地物和地质条件等因素。

（2）根据相交公路的功能、等级、交通量、交通管理方式、用地条件和工程造价等因素确定交叉形式。

（3）进行平面交叉选形时，应选用主要公路或主要交通流畅通、冲突点少、冲突区小，且冲突区分散的形式。

（4）平面交叉几何设计应结合交通管理方式并考虑相关设施的布置。

（5）平面交叉范围内相交公路线形的技术指标应能满足视距的要求。

(6)相交公路在平面交叉范围内的路段宜采用直线；当采用曲线时，其半径宜大于不设超高的圆曲线半径。纵断面线形应力求平缓，并符合视觉所需的最小竖曲线半径值的要求。

(7)平面交叉设计应以预测的交通量为基本依据。设计所采用的交通量应为设计小时交通量。

(8)平面交叉处行人穿越岔路口的设施应根据行人流量、公路等级和交通管理方式等设置人行横道、人行天桥或人行通道。

(9)平面交叉的几何设计应与标志、标线和信号设施一并考虑，统筹布设。在视距不良的小型平面交叉口，可根据具体情况设置反光镜。

(10)平面交叉口改建时，除应收集交通量数据以外，还应调查交通延误以及交通事故的数量、程度、原因等现有交叉的使用状况。

2. 平面交叉的设计速度

平面交叉范围内的设计速度，原则上与路段设计速度相同，当相交公路的等级相同或交通量相近时，平面交叉范围内直行车道的设计速度可适当降低，但不得低于路段设计速度的70%。次要公路一方由于保证交叉正交等原因而需要在交叉范围内改线或不得已而采用较低的线形指标时，可适当降低速度。而转弯车道的设计速度应根据该公路的设计速度、交通量、交叉类型、交通管理方式和用地情况等因素综合确定。

3. 平面交叉的间距

(1)平面交叉的间距应根据公路的功能、等级，及其对行车安全、通行能力和交通延误的影响确定。

(2)一、二级公路作为干线公路时，应优先保证干线公路的畅通，采取排除纵、横向干扰措施，平面交叉应保持足够大的间距，必要时可设置立体交叉。

(3)一、二级公路作为集散公路时，应合理设置平面交叉，宜将街道式的地方公路或乡村道路布置在与干线公路相交的次要公路上，或与干线公路平行而只提供有限出、入口的次要公路上。

(4)一、二级公路的平面交叉口最小间距应符合表5-1-2规定。

平面交叉口的最小间距(m) 表5-1-2

公路等级	一级公路			二级公路	
公路功能	干线公路		集散公路	干线公路	集散公路
	一般值	最小值			
间距	2 000	1 000	500	500	300

4. 平面交叉交角与岔数

平面交叉的交角宜为直角，斜交时，其锐角应不小于70°，受地形条件或其他特殊情况限制时，应不小于60°。平面交叉岔数不应多于四条，若多于四条则宜采用环形交叉，而环形交叉的岔数不宜多于五条，有条件实行“入口让路”规则管理时，应采用“入口让路”环形交叉。新建公路不应直接与已建的四岔或四岔以上的平面交叉相连接。

5. 渠化设计

当三、四级公路的平面交叉口处交通量较小时，可不作渠化设计。但转弯交通量较大的三、四级公路以及二级公路的平面交叉口，应作渠化设计。对于四车道及其以上的多车道公路的平面交叉，必须作渠化设计。

(五)平面交叉的勘测设计要点

1. 勘测要点

(1)搜集原有公路等级、交通量、交通性质、交通组成、交通流向等资料和远景规划方案。

(2)根据地形和其他自然条件以及掌握的资料，按照有关规定，拟定平面交叉形式。

(3)选定交叉位置和确定交叉点，使各相交路线在平、纵、横三方面都有良好的衔接，通常平面交叉设在原有公路的中心线上或中心线的延长线上。

(4)观测交叉角，进行中线、纵断面和横断面测量。

(5)地形复杂时，为合理选择平面交叉的位置和形式，应详测平面交叉处的地形图。测图比例可采用1:200～1:500，当范围较大时，也可采用1:1 000。

2.设计要点

(1)平面交叉范围内相交公路应正交或接近正交，且平面线形宜为直线或大半径平曲线，尽量避免采用需设超高的圆曲线半径。对于新建公路与较低等级的既有公路斜交时，应对次要公路在交叉前后一定范围内作局部改线，使交叉的交角不小于70°。

(2)平面交叉范围内，相交公路的纵断面线形应尽量平缓。纵断面线形应满足最小停车视距要求。主要公路在交叉范围内的纵坡应在0.15%～3%范围内；次要公路上紧接交叉部分的引道应以0.5%～2.0%的上坡通往交叉，而且此坡段至主要公路的路缘至少25m，如图5-1-8所示。

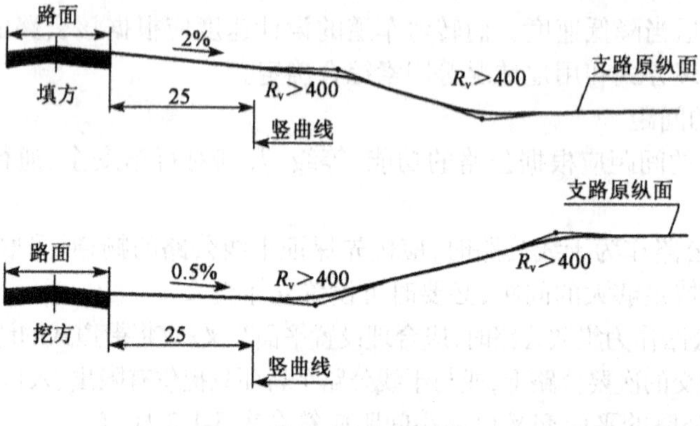

图5-1-8 次要公路引道纵坡(尺寸单位:m)

(3)当主要公路在交叉范围内为设超高的平曲线，次要公路的纵坡应服从主要公路的横坡。若次要公路在交叉前后相当长的范围内纵坡的趋势与主要公路的横坡相反，则次要公路在引道的一定范围内应设置S形竖曲线，如图5-1-9所示。

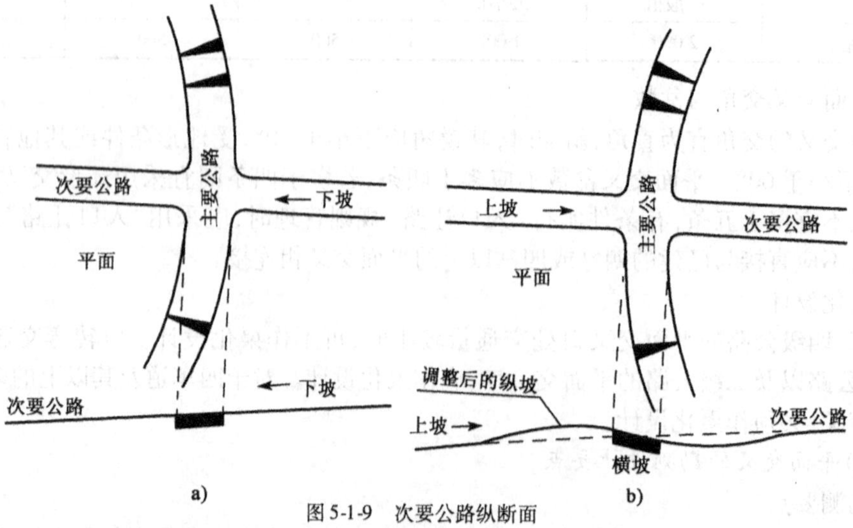

图5-1-9 次要公路纵断面

a)不需调整次要公路纵断面；b)调整次要公路纵断面

(4)每条岔路和转弯车道上都应提供与行驶速度相适应的引道视距。在两相邻岔路间，由各自停车视距所组成的三角区内不得存在任何有碍通视的物体，如图 5-1-10a）所示。条件受限制不能保证由停车视距所构成的通视三角区时，则应保证主要公路的安全交叉停车视距和次要公路到主要公路边车道中心线 5～7m 所组成的通视三角区，如图 5-1-10b）所示。安全交叉停车视距值规定见表 5-1-3。

安全交叉停车视距 表 5-1-3

设计速度（km/h）	100	80	60	40	30	20
停车视距（m）	160	110	75	40	30	20
安全交叉停车视距（m）	250	175	115	70	55	35

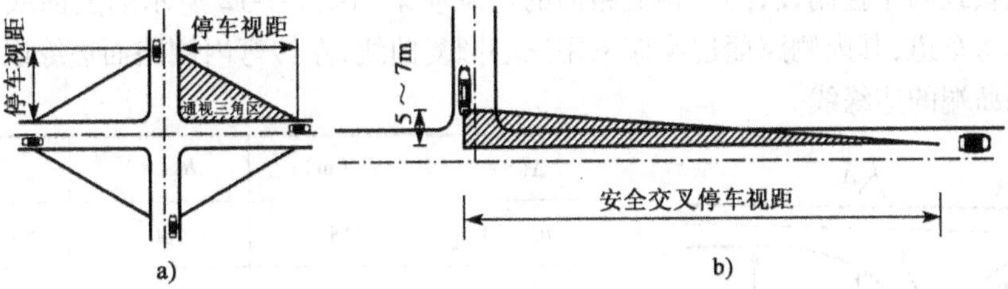

图 5-1-10 停车视距

a）引道停车视距；b）安全交叉停车视距通视三角区

(5)平面交叉转弯曲线的线形及路幅宽度应以转弯时的行驶轨迹作为设计控制。转弯曲线设计中所采用的设计车型均应以 16m 总长的鞍式列车的行驶轨迹设计（图 5-1-11）。有特长车辆通行的交叉需进行必要的修正或检验。在左转弯曲线上可采用 5～15km/h 的行驶速度；大型车很少的公路可采用 5km/h 的鞍式列车控制设计；条件受限时，可采用载重汽车（总长 12m）以较低速行驶的行驶轨迹设计。当交通量不大且公路等级较低时，可不设专门的右转弯车道。设置分隔的右转弯车道，行驶速度不宜大于 40km/h ；当主要公路设计速度小于或等于 60km/h 时，右转弯行驶速度不宜低于其 50%。

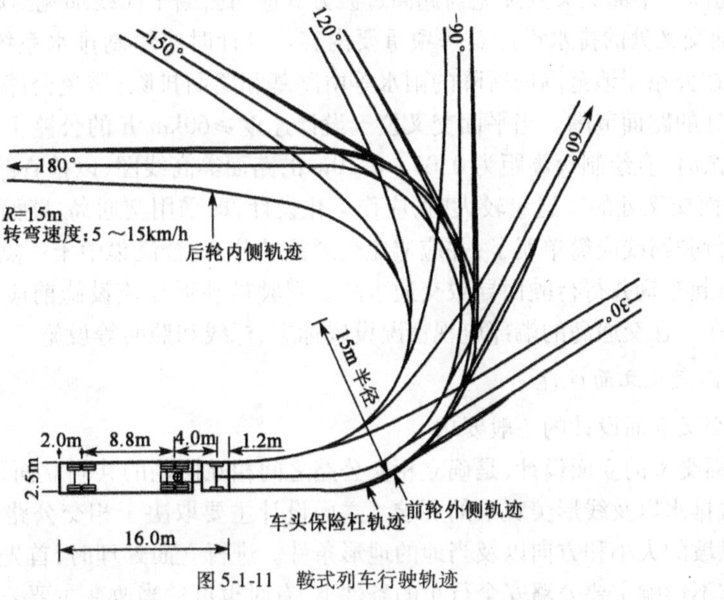

图 5-1-11 鞍式列车行驶轨迹

注：①路缘石与车轮轨迹线间至少有 0.6m 的净距。

②车辆保险杠轨迹线外应留 0.6m 净距，该区域内不得设置公路设施。

(6)转弯路面内缘的最小曲线半径可按表 5-1-4 取用。

转弯路面内缘的最小半径　　表 5-1-4

转弯速度(km/h)	≤15	20	25	30	40	50	60	70
最小半径(m)	15	15~20	20~30	30	45	60	75	90
最小超高(%)	2	2	2	2	3	4	5	6
最大超高(%)	一般值为 6,绝对值为 8							

(7)转弯路面的边缘,其线形应符合转弯时的行驶轨迹。简单的非渠化交叉中,在半挂车比例很小(≤10%)的情况下,可在相交路面边缘设置半径为 15m 的圆曲线或在圆弧两端设缓和曲线。以鞍式列车控制设计时,相交路面的边缘应采用图 5-1-12 所示的复曲线。渠化平面交叉的右转弯车道,其内侧路面边缘应采用三心圆复曲线;左转弯内侧路面边缘以一单圆曲线来控制分隔岛端的边缘线。

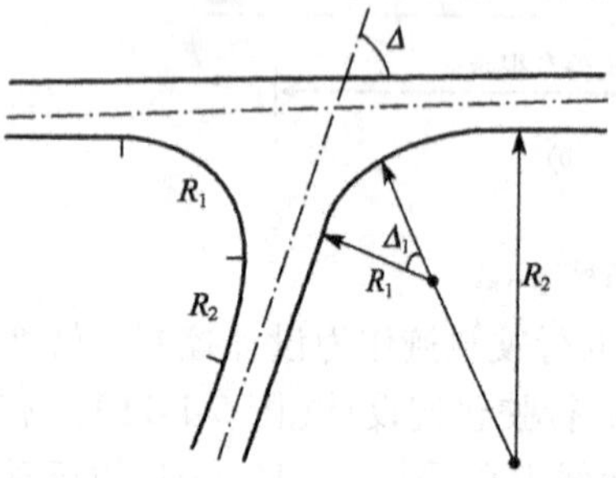

Δ(°)	R_1(m)	R_2(m)	Δ_1
70~74	18	80	53°30′~58°50′
75~84	17	80	58°55′~68°00′
85~91	16	80	69°00′~75°00′
92~99	15	80	76°00′~83°00′
100~110	14	90	84°00′~95°00′

图 5-1-12　路面边缘的复曲线

(8)平面交叉中,转弯车道的加宽值可采用单车道加宽值,转弯车道或加铺转角部分可采用较小的超高横坡度。在特殊困难情况下,形式简单或规模较小的平面交叉若能保证排水良好,可不设超高。平面交叉处加宽与超高过渡方式应与公路平曲线加宽与超高过渡方式一致。

(9)平面交叉处的排水设计是一项重要内容。设计时应绘制排水系统图,并注明其流向和坡度等。在公路用地范围内所降的雨水等由路基和路面排除;避免公路用地范围外的地面水流入交叉处的路面范围。当平面交叉位于设计速度≥60km/h 的公路上或平面交叉的立面设计比较复杂时,宜绘制等高距为 0.05~0.10m 的路面等高线图,以检查路面排水效果。

(10)平面交叉处的交通量较大时,应作渠化设计,即采用交通岛、路面标线等设施疏导车流。渠化的行驶路线应简单明了,并应避免交通流的分流、合流集中于一点。导流的宽度应适当,过宽会引起车辆并行行驶而导致交通事故。驾驶员驶近导流设施前应能明显地觉察到导流设施的存在。在交通岛的端部应视情况设置标志、标线和照明等设施。

(六)平面交叉立面设计

1. 平面交叉立面设计的一般要求

公路平面交叉的立面设计,是确立相交公路之间相互协调的共同立面,以保证汽车安全行驶、路面正常排水以及线形美观上的要求。立面设计主要取决于相交公路的等级、交通量、横断面形状、纵坡的大小和方向以及当地的地形条件。进行立面处理时,首先应满足主要公路的行车线形,在不影响主要公路安全行车的条件下,有时也可适当改变主要公路的纵、横坡度,以照顾次要公路的行车线形。平面交叉立面设计的一般要求如下:

(1)平面交叉的立面设计应根据两相交公路的相对功能地位、平纵线形以及交通管理方式等因素而定。

①采用“主线优先”交通管理方式的平面交叉，应使主要公路的横断面贯穿交叉，而调整次要公路的纵断面以适应主要公路的横断面，当调整纵断面有困难时，应同时调整两公路的横断面。

②主要公路设置超高曲线时，应根据次要公路纵断面的不同情况处理。

③两相交公路功能地位相同或相仿，或者是采用信号控制时，则对两公路均应作适当调整。

④一时无法确定相交公路相对主次地位时，应对未来设置信号的可能性进行研究，从而确定立面处理的方式。

⑤主要公路超高路段与次要公路坡顶相交时，次要公路的纵坡应服从主要公路的横坡而将竖曲线置于主要公路的横坡之外，且坡度代数差不宜大于4%，条件受限时也不应大于6%。

(2)分隔的右转弯车道或右转弯附加路面上，各处的高程和横坡度应满足相交公路共有部分及其邻接的局部段落岔路的立面、转弯曲线所需的超高、整个交叉范围内的路面排水和路容的需要。

(3)平面交叉范围内的路面排水应流畅，并以此作为立面设计的主要考虑因素之一。包括隐形岛在内的任何部分路面上不得积水。

(4)只改变它们的横坡度。一般是改变纵坡较小的公路横断面形状。

(5)为保证排水，设计时尽可能有一条公路的纵坡方向背离平面交叉。

2. 平面交叉立面设计的基本类型

平面交叉立面设计的形式，主要取决于相交公路的纵坡和横坡度、地形以及平面交叉交通量和排水要求。根据公路平面交叉立面纵坡方向的不同，可分为6种类型。

(1)处于凸形地形上，相交公路的纵坡方向均背离平面交叉。设计时，使平面交叉的纵坡与相交公路的纵坡一致，适当调整平面交叉附近的路拱横坡，使雨水向4个转角方向排除。

(2)处于凹形地形上，相交公路的纵坡都指向平面交叉。这种形式对排水不利，应尽量避免。

(3)处于分水线地形上，有3条公路纵坡方向背离平面交叉。设计时，应将纵坡指向平面交叉的公路路脊线在平面交叉处分为3个方向，相交公路的横断面不变，并在指向平面交叉公路处设置雨水口以防止雨水进入平面交叉内。

(4)处于山谷线地形上，有3条公路的纵坡指向平面交叉而另一条背离平面交叉。设计时，应尽量考虑纵坡处设置转坡点并使纵坡方向背离平面交叉，而且使其转坡点的位置离平面交叉远一些。

(5)处于斜坡地形上，相邻两条公路的纵坡指向交叉口，而另两条则背离交叉口。设计时，应保证相交公路的纵坡不变，而将两条公路的横坡在进入平面交叉之前逐渐向相交公路的纵坡方向变化，使平面交叉处形成一个简单的倾斜面。

(6)处于马鞍形地形上，相对两条公路的纵坡指向平面交叉，而另两条则背离平面交叉。设计时，相交公路纵、横坡都可按自然地形的平面交叉适当调整。

总之，平面交叉的立面设计类型不同，有不同的使用效果，这主要与相交公路的纵坡大小及不同方向的组合有关。所以，如要获得理想的平面交叉立面设计效果，在进行公路纵断面设计时就应为立面设计创造有利条件。

3. 立面设计的方法

平面交叉立面设计的方法有方格网法、设计等高线法、方格网设计等高线法三种。其中方格网法是将平面交叉范围内以相交公路的中心线为坐标基线打上方格网，方格网一般采用5m×5m或10m×10m，且平行于路中心线。斜交公路平面交叉应选在便于施工放线的方向，测出方格网点上的地面高程，并按一定要求计算出方格网点的设计高程，从而计算出施工高度，以便计算其平面交叉的工程数量。设计等高线法是在平面交叉的设计范围内选定路脊线和划分高程计算网，算出路脊线及高程计算线上的设计高程，然后在平面交叉范围内勾出等高线，并计算出施工高度。和方格网法比较，设计等高线法的主要优点是能更全面、更清晰地反映出平面交叉的设计地形；其缺点是设计等高线在施工放样时，等高线上各点高程位置不易确定，所以有时也采用将上面两种方法联合使用的方式。现就方格网法设计的一般方法介绍如下。

(1)绘制平面交叉平面图。包括公路中心线、车行道线、分隔带、路缘石半径、路边线及交通岛等相关设计线，以相交公路中心线为坐标基线打方格网，尺寸一般采用5m×5m或10m×10m，并确定网格点高程。

(2)确定平面交叉的设计范围。设计范围一般为路缘石半径的切点以外5~10m，并满足相交公路的双向横坡逐渐过渡到单向横坡所需的距离，并应与相交公路的路面高程完全衔接。

(3)立面设计形式的确定。根据相交公路的等级、纵坡方向和地形，确定采用的立面设计等高线形式，并选定合适的等高距(一般为0.02~0.10m，取偶数以便于计算)。

(4)绘制平面交叉的设计等高线。平面交叉立面设计借助于等高计算(辅助)线网作为计算各点高程的辅助线，根据相交公路纵横坡及平面交叉的控制高程，便可计算出辅助线上各相应点的设计高程，然后将各高程相同的点连接，便可得到平面交叉的设计等高线。

①在平面交叉范围内选定合适的路脊线和控制高程。平面交叉路脊线是指路拱顶点(分水点)的连线。路脊线位置的选定合理与否，将直接影响平面交叉处排水、行车和立面美观。一般情况下，路中线即为路脊线。路脊线交点即为其控制高程。在斜交的T形平面交叉上，相交的公路虽然必交于一点，但当斜交的偏角过大时，其路中线就不宜作为路脊线，应加以调整，如图5-1-13所示。

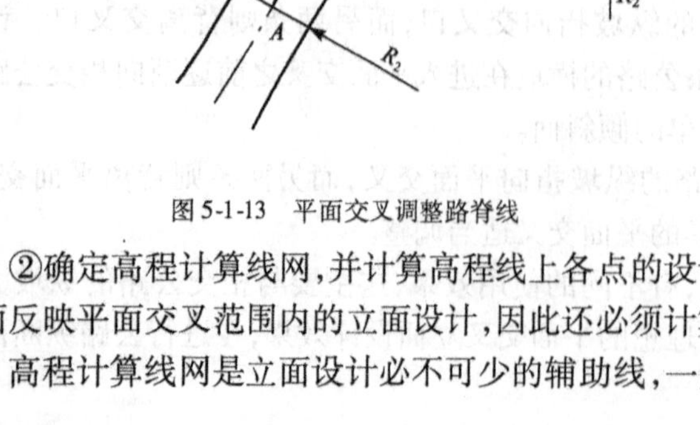

图5-1-13 平面交叉调整路脊线

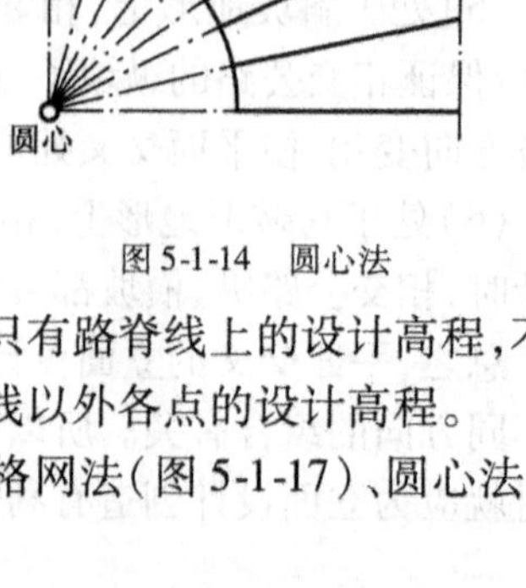

图5-1-14 圆心法

②确定高程计算线网，并计算高程线上各点的设计高程。只有路脊线上的设计高程，不能全面反映平面交叉范围内的立面设计，因此还必须计算出路脊线以外各点的设计高程。

高程计算线网是立面设计必不可少的辅助线，一般可用方格网法(图5-1-17)、圆心法(图

5-1-14)、等分法(图 5-1-15)和平行线法(图 5-1-16)等方法确定,采用时可结合平面交叉形式、交通情况、便于施工等合理取用。以下对方格网法作一介绍。

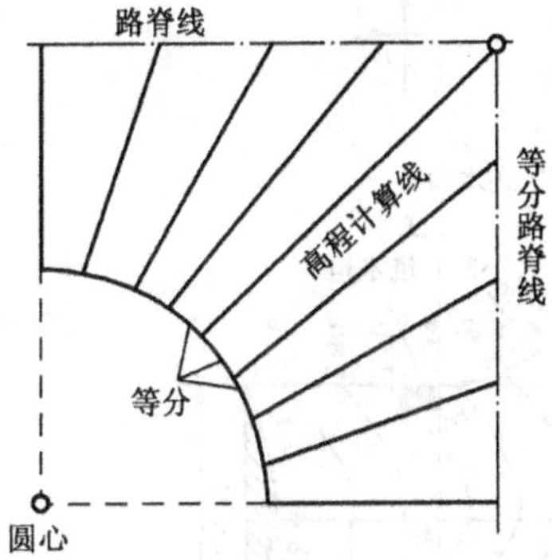

图 5-1-15　等分法

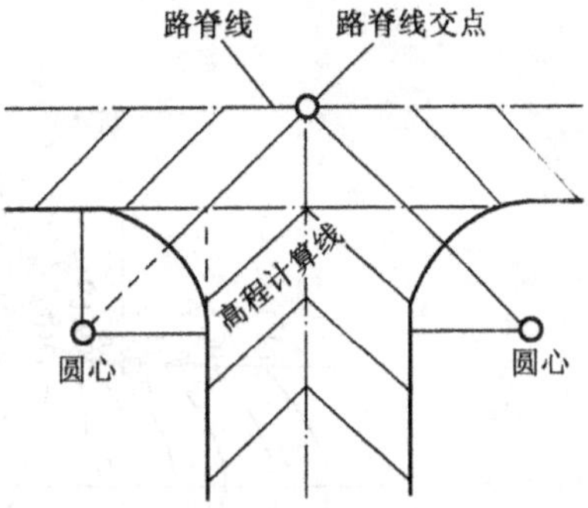

图 5-1-16　平行法

在平面交叉平面图上,平行于公路中心线画出 5m × 5m 或 10m × 10m 的方格网线,遇特殊情况,方格网的大小也可酌情增减,如公路斜交,方格网线应选在便于施工测量放线的方向。

如图 5-1-17 所示,根据路脊线交点 P 的控制点高程 H_P 求出 A、C 点高程。其计算公式为:

$$H_C = H_P - \overline{CP} \cdot i_1 \tag{5-1-1}$$

$$H_A = H_C - \overline{AC} \cdot i_2 \tag{5-1-2}$$

同理,可求得 B、E 点高程。

由 $\overline{PF}$ 延长线与路缘石的相交点 G 的高程可求得 F 点高程,按三点同坡的方法计算,其中 F 点高程可按下式计算:

$$H_F = \frac{(H_B + \overline{BF} \cdot i_3) + (H_A + \overline{AF} \cdot i_1)}{2} \tag{5-1-3}$$

其他路缘石上各点高程可按 A、B、G 三点高程用补插法计算求得。同理可求得其他三个角处的高程。

4. 平面交叉设计成果

(1)平面布置图。其比例一般采用 1∶500 ~ 1∶1 000,图中应标明路中心线、路面边缘线、路缘石边线,图上还应标明交叉点、各交叉的起点和终点、交叉加桩、控制断面的位置和桩号,列出各交叉道的曲线要素表,且视需要列出各交叉公路段的纵坡值表。图中还应标出各控制断面的宽度、横坡度和两侧路面边缘高程。在平面交叉平面布置图上须注明各坡段的纵坡。

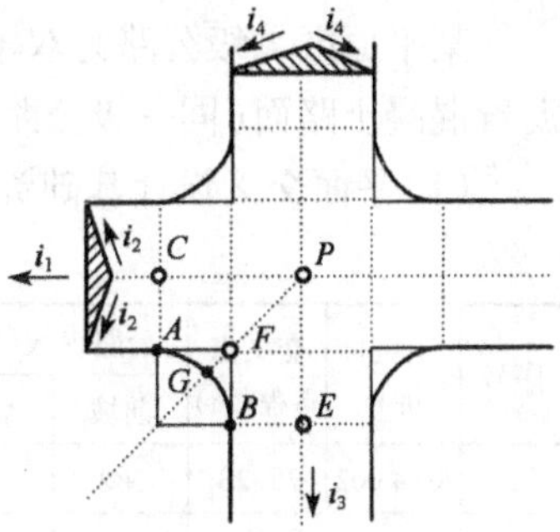

图 5-1-17　方格网法

(2)纵、横断面图。除横断面图可用 1∶100 ~ 1∶200 比例尺外,其余要求与一般路线的路线设计相同。

(3)平面交叉地形图和立面设计图。包括平面交叉设计资料一览表、平面交叉工程数量计算表等资料。

图 5-1-18 所示为平面交叉立面设计图。

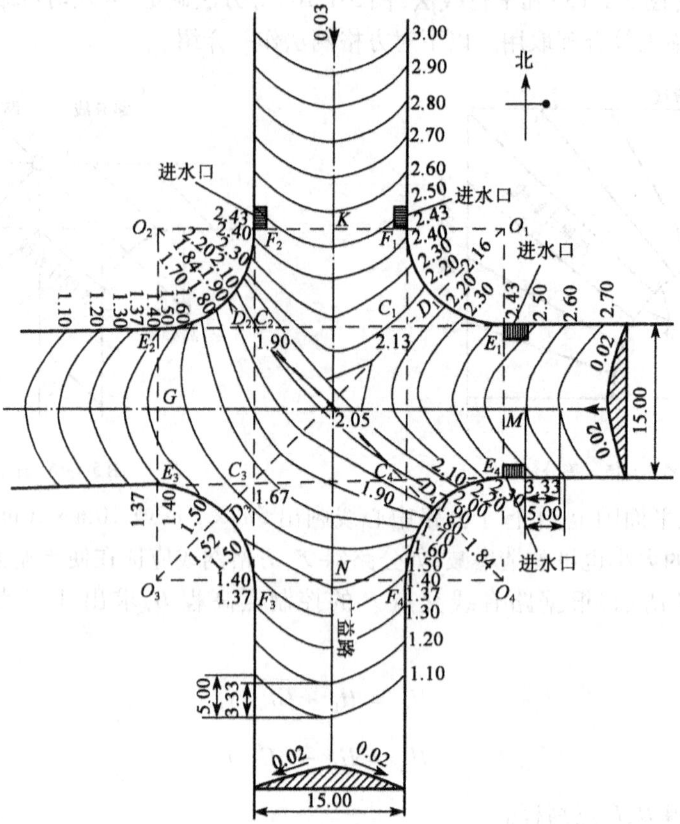

图 5-1-18　公路平面交叉立面设计图(尺寸单位:m)

二、任 务 实 施

(一)任务布置

课题一:× ×公路平面交叉设计

1. 基本资料

某平原区二级公路为双车道,设计速度为 80km/h,路基宽度为 12m,路面宽度为 9m,采用沥青混凝土路面(同一级公路路面结构层),其他相关资料如下:

(1)平面交叉设计基础资料见表 5-1-5。

× ×公路平面交叉设计基础资料一览表　　　表 5-1-5

序号	中心桩号	交叉点高程(m)	公路纵坡(%)		被交公路等级及纵坡(%)			交叉方式	交角(°)	路基宽度(m)	路面宽度(m)	交叉布置形式
			前坡	后坡	等级	前坡	后坡					
1	K0 +002	25.23	+2	+2	二级	+2		T 形	65	12.0	9.0	
2	K0 +682	28.36	+1	-1	二级	0	0	十字形	90	12.0	9.0	
3	K1 +718	20.65	-2	+2	三级	-2	+2	十字形	90	8.5	7.0	
4	K6 +838	12.58	-3	-3	二级	+2	+2	十字形	90	12.0	9.0	
5	K7 +822	15.62	+2	+2	二级	0		T 形	100	12.0	9.0	
6	K17 +118	22.78	+2	-2	一级	+1		T 形	90	24.5	15.0	

(2)各公路横断面布置如图5-1-19所示。

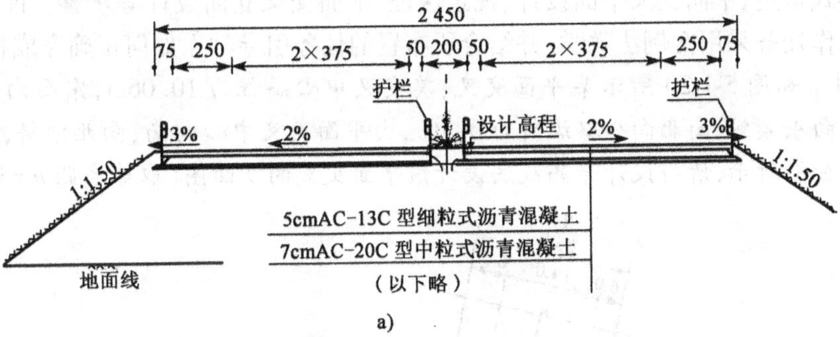

a)

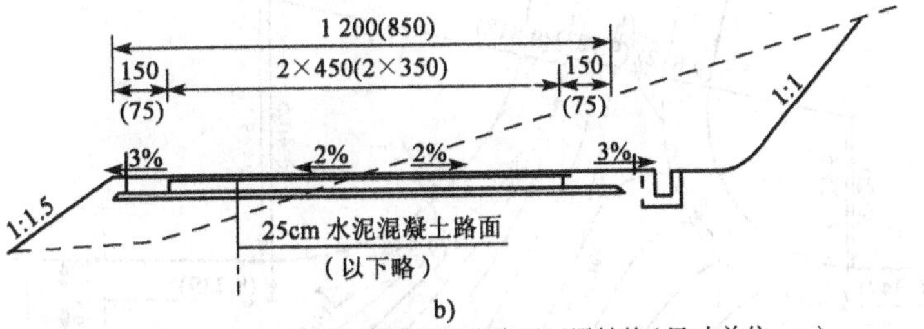

b)

图5-1-19　各级公路横断面及路面面层结构(尺寸单位:cm)

a)一级公路横断面;b)二(三)级公路横断面

注:括号内数据指三级公路横断面尺寸。

2. 任务

(1)按一定比例绘制表5-1-5中各桩号所对应平面交叉平面图。

(2)合理拟定各交叉的布置形式,完成表5-1-5。

(3)进行平面交叉平面设计,并把各尺寸标注在图上。

(4)利用方格网法进行各平面交叉立面设计。

3. 要求

(1)根据班级人数分成若干组,一般为6~8人/组。

(2)以组为单位,各组员分别完成上述任务(1)和(4)。

(3)全组共同完成上述任务(2)和(3),组长负责成果的记录与整理,按任务目标的要求上交《××公路平面交叉设计》,供教师批阅。

(二)课堂教学

课堂教学以公路平面交叉的勘测与设计为主线,围绕平面交叉交通分析、平面交叉勘测与设计的主要内容、原则要求、平面交叉立面设计的方法、内容等展开教学和组织实施,计划安排2学时。

课堂教学可按如下步骤进行:

(1)结合图5-1-2说明平面交叉设计的重要性,并重点讲述平面交叉设计的主要内容。

(2)根据图5-1-3说明存在于平面交叉的各危险点(冲突点、交织点和分流点)的基本概念,并引出为减少或消除冲突点的三种方法;交通渠化是一个相对比较抽象的概念,可利用图5-1-4来形象地说明这一概念。

(3)平面交叉形式可归纳为三个方面,即非渠化交叉、渠化交叉和环形交叉,可利用图5-1-5~图5-1-7或其他相关图片来说明其基本内涵,重点是要求学生认识各种交叉形式的适用场合。

(4)公路平面交叉的勘测与设计是本工作任务的重点与难点,特点是平面交叉设计,包括平面交叉形式拟定、平面交叉平面设计、视距保证、平面交叉立面设计等步骤。课程教学时可结合典型工作任务采用案例法教学,并结合所布置的任务引导学生如何正确完成相关任务。

[案例] 如图 5-1-20 所示某平面交叉,其交叉中心高程为 10.06m,东西向公路纵坡为 1.5%,由西向东倾斜,南北向公路纵坡为 0.3%,由平面交叉中心向南、向北倾斜,公路横坡为 1.5%,宽度如图所示,请用设计等高线法设计该平面交叉的立面图(取等高距 $h=0.1$m)。

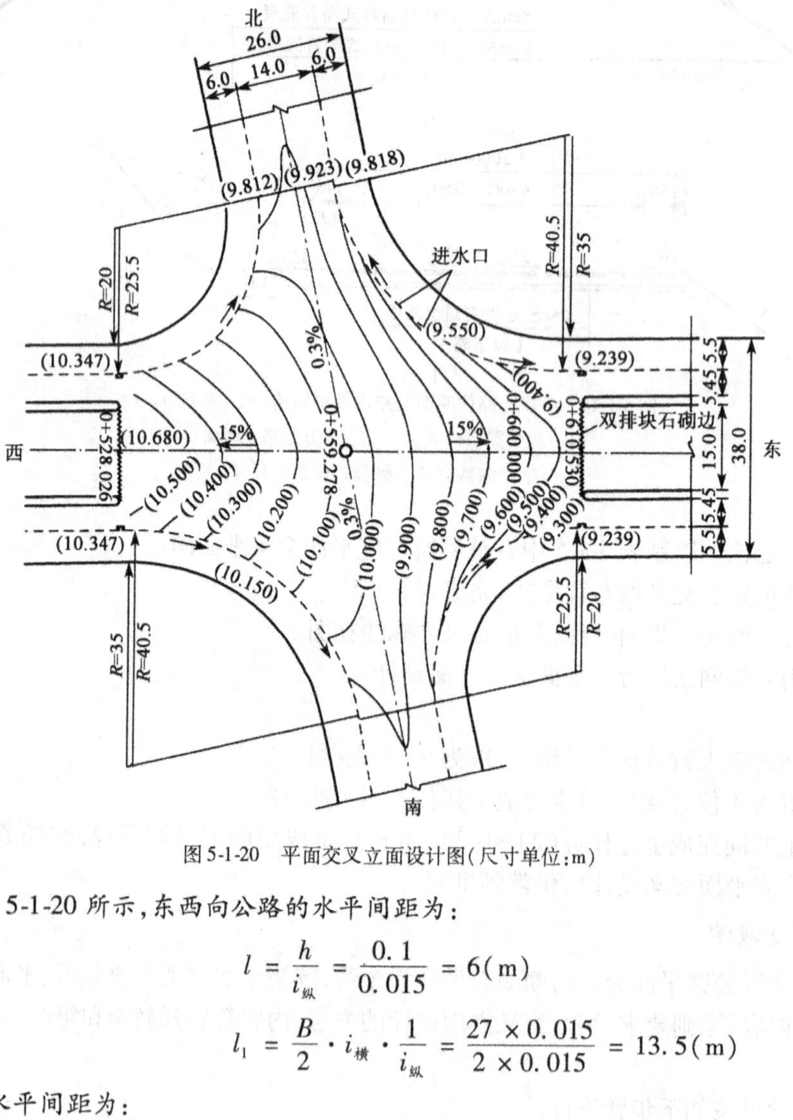

图 5-1-20 平面交叉立面设计图(尺寸单位:m)

解: 如图 5-1-20 所示,东西向公路的水平间距为:

$$l=\frac{h}{i_{纵}}=\frac{0.1}{0.015}=6(\mathrm{m})$$

$$l_1=\frac{B}{2}\cdot i_{横}\cdot\frac{1}{i_{纵}}=\frac{27\times0.015}{2\times0.015}=13.5(\mathrm{m})$$

南北向水平间距为:

$$l_{南北}=\frac{h}{i_{纵}}=\frac{0.1}{0.03}=33.33(\mathrm{m})$$

$$l_1=\frac{B}{2}\cdot i_{横}\cdot\frac{1}{i_{纵}}=\frac{14\times0.015}{2\times0.03}=35(\mathrm{m})$$

平面交叉中心高程为 10.06m,其上无等高线,故应计算其与相邻设计等高线的间距,以便绘出等高线。

设 l_3 为平面交叉中心至西侧等高线的水平距离:

$$l_3 = \frac{高差}{纵坡值} = \frac{10.10 - 10.06}{0.015} = \frac{0.04}{0.015} = 2.66(\mathrm{m})$$

按比例绘出平面交叉中心向西2.66m处的10.10等高线通过点，并绘出该等高线。

同理设 l_4 为平面交叉中心至东侧等高线的水平距离：

$$l_4 = \frac{10.06 - 10}{0.015} = \frac{0.06}{0.015} = 4(\mathrm{m})$$

按比例换算后以4m距离绘制在中心点以东，高程为10.00的等高线，以后按 $l=6\mathrm{m}$ 的东西间距求得每根等高线在东西向公路上的位置，南北向公路上以 $l=33.33\mathrm{m}$ 的距离绘制等高线的间距，同时，适当调整横坡，绘制出平面交叉立面设计图，其成果见图5-1-20。

工作任务二　公路立体交叉认知

学习目标

1. 了解公路立体交叉的分类及适用条件；
2. 掌握匝道的平面、纵断面、横断面设计的有关要求；
3. 分析立体交叉的匝道布置方式；
4. 根据教材相关知识完成课后[自测7]~[自测10]；
5. 正确完成《××公路立体交叉设计成果认识报告》。

任务描述

教师根据班级人数准备立体交叉的有关设计资料，包括设计图纸与表格。学生分组（视班级总人数可分5~6人/组），每组推选一名组长负责任务的组织与实施，最终以组为单位上交《××公路立体交叉设计成果认识报告》。各组在接到任务后，认真学习教材的相关知识及《标准》的有关要求，采用独立思考与分组讨论相结合的方式，最后整理上交认识报告。

学习引导

本工作任务沿着以下脉络进行学习：

1. 任务布置（××公路立体交叉的有关设计资料，提出完成任务的内容与要求）；
2. 课堂教学（公路与公路立体交叉认知）；
3. 课后思考与总结；
4. 完成第二部分的相关任务；
5. 上交成果：《××公路立体交叉设计成果认识报告》；
6. 学生自测与自评；
7. 组长对组员考核；
8. 教师考核。

一、相关知识

当相交公路之间交叉的交通量很大，平面交叉无法满足车辆正常通行要求时，或平面交叉处要求有较高的行车速度及较大的通行能力时，在地形条件许可的情况下，由技术经济比较，可采用立体交叉。

（一）公路立体交叉的基本组成

按公路立体交叉为车辆服务的功能不同，可以分为主体部分和附属部分，如图5-2-1所示。

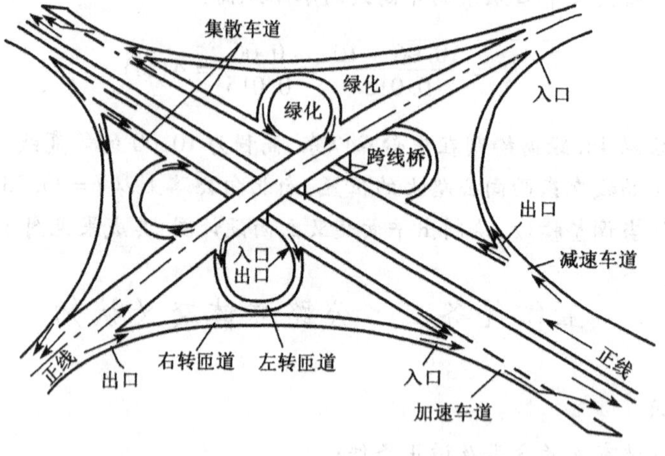

图5-2-1　立体交叉的基本组成

1. 主体部分

立体交叉的主体是指直接供车辆的直行、转向行驶的组成部分，包括跨越设施、主线、匝道三部分。

（1）跨越设施。跨越设施是立体交叉实现交通流分离的主体构造物。跨越设施是立交的重要组成部分，其工程量可占全立交的50%～70%。

（2）主线。又称正线，是指相交公路的直行车道。两条相交主线在空间分离时有上线和下线之分。上跨的正线从立交桥到两端主线起坡点的路段叫引道；下穿的正线从立交桥下到两端主线的坡点的路段叫坡道。引道与坡道使相交的路线与跨线设施连接而实现空间分离。由于有引道、坡道，主线纵面起伏变化较大，再加上转弯匝道的进、出口均接于主线，并通过加、减速车道与主线连接，因而主线设计与一般路线设计的要求不同。

（3）匝道。匝道是连接立体交叉的上线与下线的通道。匝道的线形和结构，直接影响转弯车辆行驶的技术条件和立交本身的经济环境效益。因而，匝道的布置和设计是立交设计的重要内容。

2. 附属部分

除上述三大主体部分外，立交的其他组成部分称为附属部分，如图5-2-2所示。其主要包括出口、入口、变速车道、三角地带、收费站等。

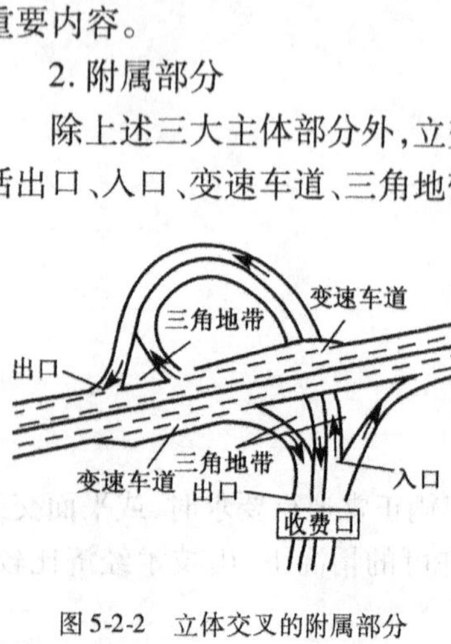

图5-2-2　立体交叉的附属部分

（1）出口与入口。出、入口是主线与匝道的结合部位。由主线驶出、进入匝道的路口称为出口；由匝道驶入主线的路口称为入口。

出口由匝道出口端部、减速车道和分流鼻端组成；入口由匝道入口端部、加速车道和汇流鼻组成。

（2）辅助车道。辅助车道是指在交叉口分、合流处，用作停车、减速、转弯、交织、载货汽车爬坡以及其他辅助直行交通运行的所有车道的总称。

在进、出口处，由于车辆的进出，使匝道和主线上的交通流分布发生变化，为使车流分布合理，主线与匝道的分、汇流处应保持车道数的平衡，设计时，在主线一侧应增设一条辅助车道。

(3)三角地带及立交范围。在立交范围内，匝道与主线间或匝道与匝道间的旷地统称为立交三角地带。三角地带是立交绿化和美化布置、照明以及布置设施等的用地。三角地带的布置是立交设计的内容之一。

立交范围是指交通交叉口的交点至各方向相交公路路口出、入口处变速车道斜带的顶点间包围的主线和匝道以及三角地带的全部区域范围。立交范围线是划分路段与立交、立交与周围其他用地的界限，也是立交征地的依据。

(二)公路与公路立体交叉的一般规定

(1)立体交叉的位置应根据公路网规划、相交公路状况、地形和地质条件、社会与环境因素等确定。互通式立体交叉的形式应根据相交公路的功能、等级、交通量及其组成、收费制式等，并综合考虑用地条件、经济与环境等确定。

(2)高速公路与其他公路相交，必须采用立体交叉。一级公路同交通量大的其他公路交叉，应采用立体交叉。二、三级公路间的交叉，在交通条件需要或有条件的地点，也可采用立体交叉。除在控制出入的地点设置互通式立体交叉外，均采用分离式立体交叉。

(3)互通式立体交叉的形式、设置的间距及加(减)速车道、匝道设计，应根据《规范》的有关要求及具体情况确定。

(4)高速公路间、高速公路与具有干线功能的一级公路间、具有干线功能的一级公路间的互通式立体交叉，应为枢纽互通式立体交叉。枢纽互通式立体交叉的匝道应具有良好的自由流的线形，匝道上不设置收费站，匝道端部不出现穿越冲突。高速公路、一级公路间及其与其他公路相交的互通式立体交叉应为一般互通式立体交叉，其匝道上可设置收费站，且高速公路出入口以外允许设置平面交叉。

(5)设置互通式立体交叉，应根据交通量、远景规划及其在公路网中的作用，并结合地形、用地条件、投资等因素确定。

(6)在城市、重要工业区周围设置互通式立体交叉的标准间距为5~10km，一般地区为15~25km。其最大间距不宜超过30km，否则应在适当位置设置U形转弯设施，以供误行车辆和公路维修、救援等车辆调头之用。其最小间距应满足车辆交织和变速、设置标志等方面的需要，其值不应小于4km。因路网结构或其他特殊情况限制，经论证，相邻互通式立体交叉的间距需适当减小时，加速车道渐变段终点至下一个互通式立体交叉的减速车道渐变段起点间的距离，不应小于1 000m；当小于1 000m且经论证而必须设置时，应将两者合并为复合式互通式立体交叉。互通式立体交叉与服务区、停车区、公共汽车停靠站、隧道进出口等之间的距离，应能满足设置出口预告标志的需要；条件受限制时，间距可适当减小，但上一个入口终点至下一个出口起点的距离不应小于1 000m。

(7)互通式立体交叉位置的选定，应以现有公路网或已批准的规划为依据。一般应选择地势平坦开阔、地质良好、拆迁少以及相交两公路具有较高的平、纵线形指标的位置。

(8)进行互通式立体交叉的设计时，应对该地区的交通条件、社会条件、自然条件等进行广泛、深入细致的调查和勘测，经过多方案的技术经济比较，选择合理的形式及适当的规模，并合理确定各设计指标。

(9)互通式立体交叉范围内主线的主要技术指标规定见表5-2-1。

互通式立体交叉范围内主线线形技术指标 表 5-2-1

设计速度(km/h)			120	100	80	60
平曲线最小半径(m)		一般值	2 000	1 500	1 100	500
		极限值	1 500	1 000	700	350
最小竖曲线半径(m)	凸形	一般值	45 000	25 000	12 000	6 000
		极限值	23 000	15 000	6 000	3 000
	凹形	一般值	16 000	12 000	8 000	4 000
		极限值	12 000	8 000	4 000	2 000
最大纵坡(%)		一般值	2	2	3	4.5(4)
		极限值	2	2	4(3.5)	5.5(4.5)

注:当主要公路以较大的下坡进入互通式立体交叉,且所接的减速车道为下坡,同时,后随的匝道线形指标较低时,主要公路的纵坡不得大于括号内的值。

(10)互通式立体交叉应满足建筑限界要求。

(三)立体交叉的类型及适用条件

1.按结构物形式分类

立体交叉按相交公路结构形式划分为上跨式和下穿式(隧道)两类。

(1)上跨式。用跨线桥从相交公路上方跨过的交叉方式。这种立交施工方便、造价低、排水易处理,但占地大、引道较长,高架桥影响行车视线和路容,多用于市区以外或周围有高大建筑物处。

(2)下穿式。用地道(或隧道)从相交公路下方穿过的方式。这种立交占地少,立面易处理,对视线及市容影响小,但施工复杂,造价高,排水困难,多用于市区。

2.按交通功能分类

按交通功能可划分为分离式和互通式立体交叉两类。

(1)分离式立体交叉。分离式立体交叉是指相交公路之间设置一座跨线构造物(跨线桥或地道),使相交公路在空间上分离,且上、下公路间无匝道连接的交叉方式,如图 5-2-3 所示。这种立体交叉结构简单,占地少,造价低,但车辆在相交公路上不能转弯行驶,只能保证车辆在直行方向分离行驶。

图 5-2-3 分离式立体交叉

分离式立体交叉主要适用于直行交通量大,转弯车辆少,可不设置转弯车道的交叉处及公路与铁路的交叉处。高速公路与其他各等级公路交叉时,除在控制出入的地点设置互通式立体交叉外,均采用分离式立体交叉。一般等级公路之间交叉时,受场地或地形条件限制时,可采用分离式立体交叉,以减少工程数量,降低造价。

(2)互通式立体交叉。互通式立体交叉是不仅设跨线构造物使相交公路在空间上分离,而且上、下道之间有匝道连接,以供转弯车辆行驶的交叉方式。这种立交车辆可以转弯行驶,全部或部分消灭了冲突点,各方向行车相互干扰小,但立交结构复杂,占地多,造价高。互通式立体交叉适用于高速公路与其他各类公路、大城市出入口道路,以及重要港口、机场或旅游胜地的道路相交处。

互通式立体交叉的基本形式按交叉的岔路数目分为 T 形交叉、Y 形交叉和十字形交叉三种。

(1)T形交叉:包括喇叭形、直连式T形交叉。

(2)Y形交叉:包括全部直连式匝道的Y形交叉和有半直连式匝道的Y形交叉。

(3)十字形交叉:包括菱形、苜蓿叶形、部分苜蓿叶形、喇叭形、环形和直连式等交叉。

3.适用条件

(1)喇叭形立交。其按主要公路的左转弯出口在跨线桥结构之后和之前分为A型和B型两种,如图5-2-4所示。一般情况下宜采用B型。因地形、地物限制或左转进入主线的交通量远大于右转驶入主线的交通量时,宜采用A型,但双车道不宜布置为环形匝道。喇叭形立交适用于T形交叉或收费公路的十字形交叉。双喇叭互通式立体交叉适用于干线公路(如高速公路、一级公路)相交的收费立体交叉(图5-2-5)。

a)　　　　b)

图5-2-4　喇叭形立交

a)B型;b)A型

(2)直连T形立交。即直接式交叉,如图5-2-6所示。在进行匝道布置时,该交叉因采用左出左进式,且进、出口都设在超车道上,故对于低速行驶的车辆将造成严重交通安全隐患,对高速行驶车辆也不利,因此,在我国公路上基本不用。

图5-2-5　双喇叭互通立交

图5-2-6　直连T形立交

(3)Y形立交。其适用于转弯速度高,且交通量大的干线公路之间的交叉,如图5-2-7所示。

(4)独象限式立交。它适用于交通量不大或条件受限制时的一般互通式立体交叉,如图5-2-8所示。

(5)菱形立交。它适合于出入交通量小,匝道上无收费站的一般互通式立体交叉,如图5-2-9所示。

(6)部分苜蓿叶形立交。按匝道布置方式,它可分为A形(图5-2-10)、B型及AB型三类,它们适用于出入交通量较小的一般互通式立体交叉。

图5-2-7　Y形立交

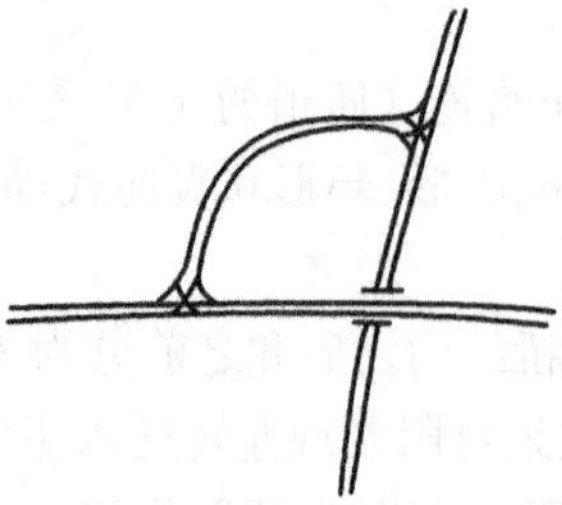

图 5-2-8　独象限式立交

图 5-2-9　菱形立交

(7)苜蓿叶形立体交叉。它适用于左转弯交通量小的一般互通式立体交叉,如图 5-2-11 所示。

图 5-2-10　部分苜蓿叶形立交(A 形)

图 5-2-11　苜蓿叶形立交

(8)环形立交。它分为两层式和三层式两种(图 5-2-12)。

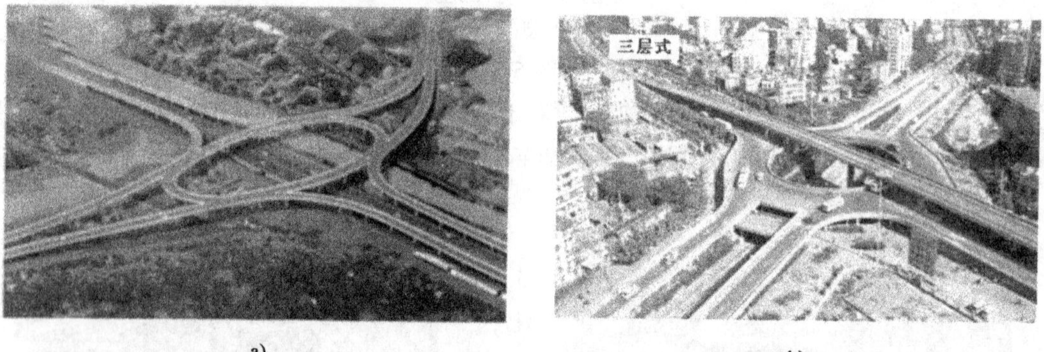

a)

b)

图 5-2-12　环形立交

a)两层式;b)三层式

(9)直连式立交。它适合于各转弯交通量均较大的枢纽互通立体交叉,如图 5-2-13 所示。

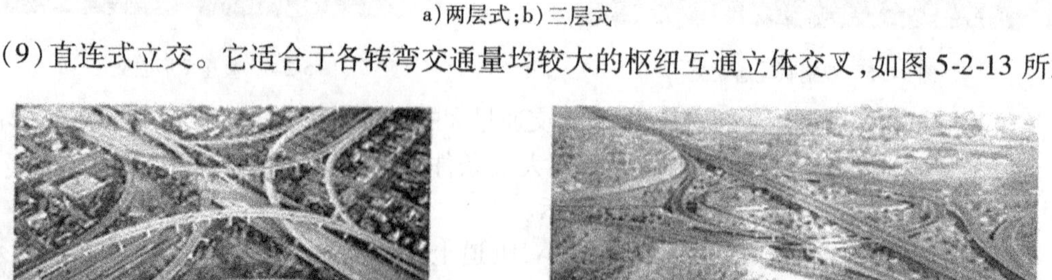

a)

b)

图 5-2-13　直连式立交

a)四路全定向;b)半定向涡轮形

(10)复合式立交。当两处互通式立体交叉相距很近而不能保证应有的立交间距时，可将它们复合成一个立交。对于出入交通量较大的复合立交，应采用匝道间的立体分离等措施来避免所有交织或高速公路间的主流匝道上的交织，如图5-2-14所示。

(四)立体交叉的匝道

1.匝道的基本形式

匝道的形式很多，按其功能及与相交公路的关系可分为右转匝道和左转匝道两大类。

图5-2-14 复合式立体交叉

(1)右转匝道，即从公路右侧驶出后直接右转约90°，至相交公路右侧进入，一般不需跨线构造物。其特点是形式简单，车辆行驶方便，行车安全。

(2)左转匝道，车辆约需转90°~270°越过对向车道，至少要设置一座跨线构造物。按匝道与相交公路的关系，可分为直接式、半直接式及环形匝道三种。

①直接式。又称为定向式或左出左进式，其优点是长度短，无须迂回运行；缺点是跨线构造物较多，因相交公路的双向行车需有足够间距，故对重型车行驶不利。

②半直接式。又称半定向式匝道，按车辆由相交公路进出方式的不同，它分为左出右进式(图5-2-16)、右出右进式(图5-2-15、图5-2-17)、右出左进式(图5-2-16)三种。

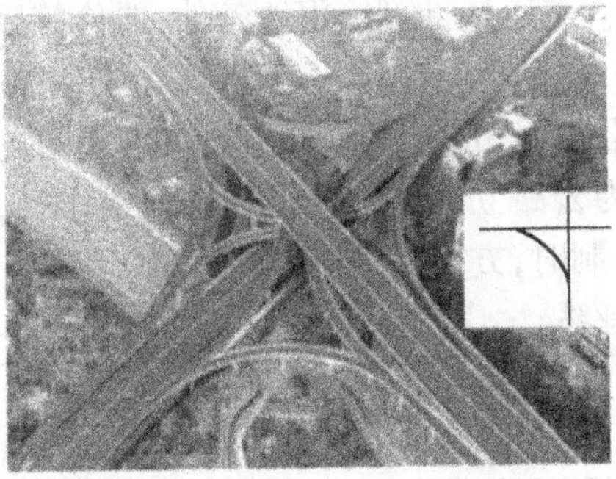

图5-2-15 半直接式(右出右进)

图5-2-16 半直接式

③环形匝道。又称环圈式匝道，左转车辆先驶过正线跨线构造物，然后向右回转约270°达到左转的目的，如图5-2-18所示。它的优点是右出右进，行车安全；不需设跨线构造物；造价低。缺点是匝道线形指标低；占地面积较大；车速与通行能力低；左转绕行距离长。环形匝道为苜蓿叶式和喇叭式立交的标准组成部分。

图5-2-17 半直接式(右出右进)

图5-2-18 环形匝道(双层式)

2. 匝道的平、纵线形指标

1）匝道的设计速度

互通式立体交叉匝道的设计速度按匝道的布置形式及互通式立体交叉的交通功能应符合表 5-2-2 的规定。

互通式立体交叉匝道设计速度　　表 5-2-2

匝道形式		直连式	半直连式	环形匝道
匝道设计速度（km/h）	枢纽互通式立交	80、70、60、50	80、70、60、50、40	40
	一般互通式立交	60、50、40	60、50、40	40、35、30

选用匝道设计速度时，应遵循如下原则：

（1）右转弯匝道宜采用上限或中间值。

（2）直连式和半直连式左转匝道宜采用上限或中间值。

（3）匝道设计速度是指匝道中线紧迫路段所能保持的最大安全速度。其余路段上应以与匝道中必然存在的变速行驶相适应的速度作为设计的控制值。接近自由流出入口附近的匝道部分应有较高的设计速度；接近收费站或平面交叉的匝道端部，设计速度可酌情降低。

2）匝道的平面

匝道的平面线形要素为直线、回旋线和圆曲线，其涉及的主要问题是匝道平曲线半径和回旋线参数的取用，它主要与匝道设计速度、交叉类型、交通量、地形、用地条件、造价等因素有关，并考虑匝道的行车安全和舒适。

（1）圆曲线半径。其可按学习情境二中的有关公式计算。设计时，主要考虑匝道的设计速度，同时考虑经济性、安全性和舒适性。表 5-2-3 为公路立交匝道的最小圆曲线半径，通常选用半径值应大于一般最小半径值，当受地形条件限制时，方可采用极限值。

匝道圆曲线最小半径　　表 5-2-3

匝道设计速度（km/h）		80	70	60	50	40	35	30
圆曲线最小半径（m）	一般值	280	210	150	100	60	40	30
	极限值	280	175	120	80	60	35	25

对于环形匝道的圆曲线半径，除应满足上述要求外，还应有足够的长度，以保证曲率的缓和过渡及上下线的展线长度要求，可近似按式（5-2-1）计算。

$$R_{\min} \geqslant \frac{57.3H}{\alpha i} \tag{5-2-1}$$

式中：H——上下线要求的最小高差，m；

α——匝道的转角，°；

i——匝道的设计纵坡，%。

（2）匝道回旋线参数 A。按设计要求在匝道及其端部曲率变化较大处均应设置缓和曲线。缓和曲线应采用回旋线，其参数以满足 $A \leqslant 1.5R$ 为宜，并不小于表 5-2-4 的要求。反向曲线两个回旋曲线的参数相同，当二者不相等时，它们的比值应小于 1.5。

匝道回旋线参数及长度　　表 5-2-4

匝道设计速度（km/h）	80	70	60	50	40	35	30
回旋线参数 A（m）	140	100	70	50	35	30	20
回旋线长度（m）	70	60	50	40	35	30	25

3)匝道的纵断面

(1)匝道的最大纵坡。因匝道受上下线高程控制及用地条件的限制,并考虑其上车辆行驶车速较低,故匝道的纵坡相对公路一般路段的纵坡值要大,具体可按表 5-2-5 取用。

匝道的最大纵坡 表 5-2-5

匝道设计速度(km/h)			80、70	60、50	40、30、20
最大纵坡(%)	出口匝道	上坡	3	4	5
		下坡	3	3	4
	入口匝道	上坡	3	3	4
		下坡	3	4	5

(2)匝道的竖曲线半径。各设计速度所对应的竖曲线最小半径及长度见表 5-2-6。

匝道竖曲线的最小半径及长度 表 5-2-6

匝道设计速度(km/h)			80	70	60	50	40	35	30
竖曲线最小半径(m)	凸形	一般值	4 500	3 500	2 000	1 600	900	700	500
		最小值	3 000	2 000	1 400	800	450	350	250
	凹形	一般值	3 000	2 000	1 500	1 400	900	700	400
		最小值	2 000	1 500	1 000	700	450	350	300
竖曲线最小长度(m)		一般值	100	90	70	60	40	35	30
		最小值	75	60	50	40	35	30	25

4)匝道的横断面

匝道的横断面由车行道、路缘带、硬路肩和土路肩组成,对向分离双车道匝道还包括中央分隔带。匝道的横断面布置形式如图 5-2-19 所示。

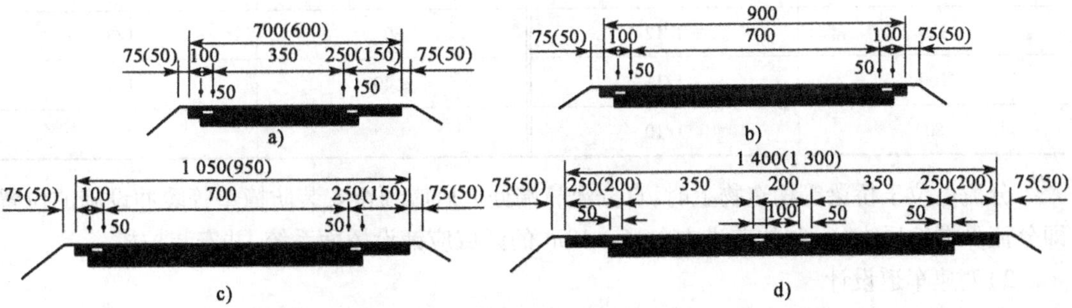

图 5-2-19 匝道横断面(尺寸单位:cm)

a)I 型——单车道;b)II 型——双车道;c)III 型——双车道(设供紧急停车用硬路肩);d)IV 型——对向分隔式双车道

注:图中数值不包括曲线上的加宽值。

3. 匝道进出口、变速车道

匝道两端分别与正线相连接的道口称为匝道的端部,包括进口、出口、变速车道及辅助车道等。设计时,为保证匝道与公路组成一个共同面,以满足汽车的正常和安全行驶,匝道设计的一般原则应是出入顺适、安全,线形与正线一致,出入口的视距应尽可能保证正线间能相互通视。

1)出口与入口

互通式立体交叉的出入口一般应设置在主线行车道的右侧,即右出右进。在分流鼻两侧,应在行车道边缘设置偏置加宽,如图 5-2-20 所示。偏置加宽值和分流鼻处圆弧半径的规定见表 5-2-7 。分流鼻处的加宽路面收敛到正常路面的过渡长度 Z_1 和 Z_2,应不小于依据表 5-2-8 中的渐变率计算的值。

a)

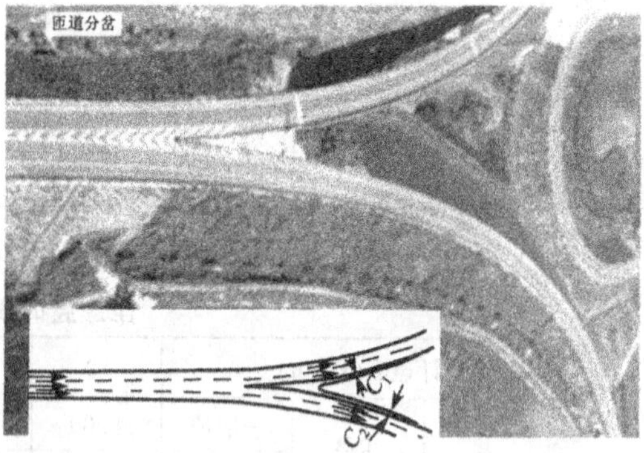

b)

图 5-2-20 分流鼻处的铺面偏置加宽

分流鼻偏置值及鼻端半径 表 5-2-7

分流方式	主线偏置值 C_1(m)	匝道偏置值 C_2(m)	鼻端半径(m)
驶离主线	2.5~3.5	0.6~1.0	0.6~1.0
主线分岔	≥1.8		0.6~1.0

分流鼻偏置加宽渐变率 表 5-2-8

设计速度(km/h)	渐变率(1/m)	设计速度(km/h)	渐变率(1/m)
120	1/12	60	1/8
100	1/11	≤40	1/7
80	1/10		

分流鼻位于桥梁等构造物上时,自分流鼻端处之后应预留安装防撞垫等缓冲设施的位置,即分流鼻端处后方(行驶的前进方向)6~10m 的区域应铺设桥面系统,并安装护栏。

2)变速车道设计

在匝道与正线连接的路段,为适应车辆变速行驶且不影响主要公路交通的需要,在匝道出入口前设置的附加车道称为变速车道。变速车道包括加速车道和减速车道。车辆由正线驶入匝道时需减速的称为减速车道,反之称为加速车道。

(1)变速车道的形式。变速车道的形式一般有直接式和平行式两种。如图 5-2-21 所示,平行式是正线外侧平行增设的一条附加车道,其特点是车道划分明确,行车容易辨认,但车辆行驶轨迹呈反向曲线,对行车不利。一般加速车道采用平行式。直接式一般设在不平行路段,由正线斜向渐变加宽,形成一条与匝道连接的附加车道,其特点是线形与行车轨迹吻合,有利于行车,但起点不易识别。一般情况下,减速车道采用直接式。变速车道的横断面组成与单车道基本相同。

a)　　　　b)

图 5-2-21　变速车道

(2)变速车道的长度。变速车道的长度为加速或减速车道长度与渐变段长度之和,可按式(5-2-2)计算取用。并参照《规范》的有关规定执行。

$$L = \frac{v_1^2 - v_2^2}{26a} \tag{5-2-2}$$

式中:v_1——正线平均行驶速度,km/h;

v_2——匝道平均行驶速度,km/h;

a——汽车平均加(减)速度,加速时 $a = 0.8 \sim 1.2\text{m/s}^2$,减速时 $a = 2 \sim 3\text{m/s}^2$。

(五)立体交叉的测设要点

在立体交叉设计之前,应通过实地勘测、调查搜集一系列外业资料,包括自然资料,即地形图测绘,用地规划、水文、地质、土、气候和国家水准点及控制点等资料;交通资料,即交通量、交通组成、交通流向及人行和非机动车等资料;公路资料,是指相交公路的等级、平纵面线形、横断面尺寸和形状、交叉角、路面类型及厚度等资料;其他资料还有排水、文书等资料。立体交叉勘测一般从以下几方面进行:

(1)除平面交叉所需搜集的资料外,还应征求当地政府有关部门的意见。

(2)实地初拟交叉位置,以相交公路的中线为基线布设控制网。

(3)地形测量除分离式立体交叉外,均需测绘交叉范围内的地形图,测图比例为 1:500 ~ 1:1 000,测绘的范围视实际情况而定,一般应测至交叉范围外至少 100m,测量要求与桥位地形测量相同。

(4)在地形图上定出不同方案的交叉位置和类型(包括匝道),并到实地核实,然后根据所搜集的各类资料进行综合评定、拟订采用方案。为便于方案比选,必要时,做模型或绘出透视图。

(5)按采用方案在实地放样,并测得平、纵、横线形资料,以供内业设计。

(6)地质勘探,在跨线桥和其他构造物处,应进行地质钻探,其要求与桥梁的相同。

(六)公路立体交叉设计成果

按实际需要,公路立体交叉在综合评定和精心设计的基础上,一般提供以下几方面成果:

(1)远景交通量计算表及交通量分布图,如图 5-2-22 所示。

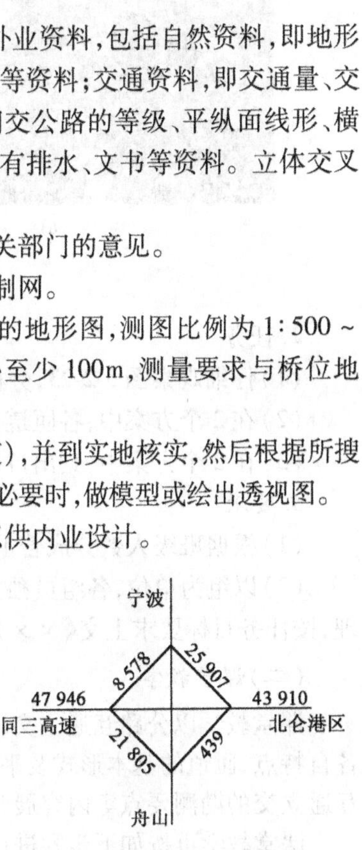

图 5-2-22　交通量分布图(单位:辆)

(2)立体交叉线位图,包括立交主线及匝道分布、各线路的里程桩号及曲线要素、各匝道线位坐标表、直线、曲线及转角表(同平面设计)。

(3)立体交叉的纵横断面图的比例尺和要求与平面交叉相同,格式与路线设计的纵、横面图相同。

(4)跨线桥设计图的要求与一般桥梁相同。

(5)匝道连接部设计图及匝道连接部高程数据图。

(6)如遇有挡土墙、窨井、排水管、排水泵站等其他构造物,均需附设计图。

(7)有比较方案时,应绘制图并提供经济技术比较表等资料。

(8)交叉口的工程量等资料。

(9)立体交叉透视图及景观设计图(参见有关参考书)。

二、任务实施

(一)任务布置

课题二:××公路互通立交认识

1. 基本资料

某公路互通立交的2个设计方案如图5-2-23所示。

a)

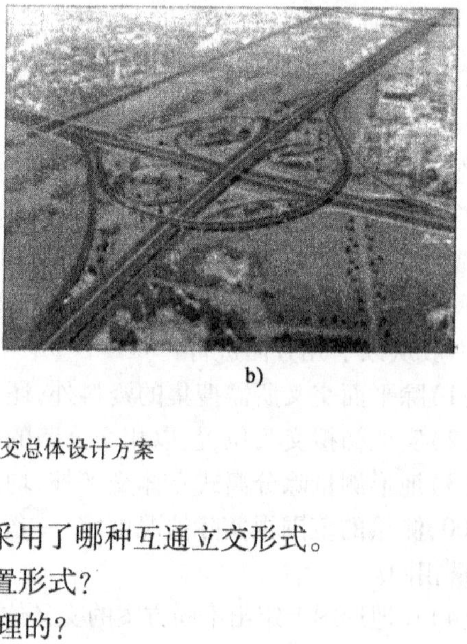

b)

图5-2-23　某公路互通立交总体设计方案

2. 任务

(1)仔细观察图5-2-23,分析2个方案分别所采用了哪种互通立交形式。

(2)在2个方案中,各匝道分别采用了什么布置形式?

(3)在2个方案中,其出口(或入口)是如何处理的?

3. 要求

(1)根据班级人数分成若干组,一般为6~8人/组。

(2)以组为单位,各组员独立完成以上各任务,然后分组讨论,组长负责成果的记录与整理,按任务目标要求上交《××公路互通立交认识报告》,供教师批阅。

(二)课堂教学

课堂教学以公路互通立交认知为主线,围绕枢纽互通立交和一般互通立交的基本形式和各自特点,匝道的基本形式及平面、纵断面、横断面线形指标和要求,互通立交出入口设计以及互通立交的勘测要点等内容展开教学和组织实施,计划安排2学时。

课堂教学可按如下步骤进行:

(1)结合图5-2-1或其他典型图片展开教学,重点介绍互通立交的一般构成,同时引出立体交叉勘测设计的主要内容。

(2)在介绍立体交叉设计的一般规定时,可重点阐明与设计密切相关的内容,例如互通立交范围内的主线线形技术指标。

(3)立体交叉的分类是本工作任务的重点之一,在课堂教学时,可结合已有的建设成果或典型设计案例展开教学,也可采用图5-2-3~图5-2-14,利用多媒体演示教学。

(4)在介绍匝道设计时,按匝道的基本形式,匝道的平面、纵断面、横断面设计,匝道的出入口设计及变速车道设计等多方面进行多媒体演示教学,要求学生在学习过程中能独立思考,教师与学生互动完成相关教学任务。

学习效果评价反馈

(一)学生自评

每位学生根据本学习情境及各工作任务的学习目标,自主完成下述[自测1]~[自测10],并根据表5-3-1的要求,完成自我检验。

[自测1]什么是冲突点?如何消除冲突点?

[自测2]平面交叉设计的目的与主要任务是什么?

[自测3]平面交叉有哪些形式?其适用条件是什么?

[自测4]公路与公路平面交叉测量调查的主要内容是什么?

[自测5]公路与公路平面交叉的基本资料有哪些?

[自测6]平面交叉立面设计的基本类型有哪些?其立面设计的方法又有哪些?

[自测7]公路与公路立体交叉测量调查的主要内容有哪些?

[自测8]匝道的基本形式有哪些?确定匝道设计速度的原则是什么?

[自测9]互通立交的出口与入口一般有哪些组成部分?

[自测10]立体交叉的主要设计成果有哪些?

学生自评表 表5-3-1

任务名称:路线交叉						
组号	姓名		学号		自评成绩	
题号	自测1	自测2	自测3	自测4	自测5	合计
满分	10	10	10	10	10	100
得分						
题号	自测6	自测7	自测8	自测9	自测10	
满分	10	10	10	10	10	
得分						

(二)学习小组评价

主讲教师根据班级人数、学生学习情况等因素合理分组,然后以学习小组为单位,完成授课前布置的课题一和课题二的相关任务,组长根据组员的完成情况,按照表5-3-2的要求,完成学习小组评价。

学习小组评价表　　表 5-3-2

组号		姓名		学号		成绩	
课题		计算（分析）正确性	熟练程度	独立完成能力	参与主动性	创新能力	得分
		15%	10%	10	10%	5%	50%
课题一：××公路平面交叉设计							
课题二：××公路互通立交认知							
组长签名		日期				合计	
备注：本学习情境共设置两个课题，每课题各占 50%							

（三）任课教师评价

主讲教师根据学生的学习态度，对学生从公路平面交叉设计、互通立交的认知两个方面的分析问题能力、计算能力、创新能力及学习主动性进行评价，按表 5-3-3 的要求，完成教师对学生的评价。

教师对学生的学习效果评价表　　表 5-3-3

组号		姓名		学号		成绩	
任务名称：路线交叉							
评 价 内 容		评 价 依 据				分数	得分
学习态度情况		上课纪律、学习主动性等评价				10	
任务自测情况		自测成果的正确性与准确性、完成成果的质量、上交资料的规范程度等评价				30	
小组成果报告情况		公路平面交叉设计、互通立交认知等两方面的设计、计算或分析能力评价				30	
在小组中所起的作用		学生参与讨论时发表的观点、在成果中采纳的情况等评价				10	
完成的工作量		参与完成小组工作的贡献大小（完全参与为满分，基本参与得基本分）				10	
学生独立解决问题能力		主要对学生的创新思维能力、组织能力，学生在遇到问题时的判断能力等进行评价				10	
教师签名		日期				合计	

学习情境六　公 路 选 线

工作任务一　路线方案选定

学习目标

1. 了解选线的基本原则；
2. 熟悉选线的基本步骤；
3. 分析一般公路路线方案的比选；
4. 根据教材相关知识规范完成学生自评的习题作业；
5. 正确完成此任务的教学要求。

任务描述

该部分的任务是进行公路路线方案的比选和分析，了解方案比选的决定因素。完成该任务可通过教师课堂教学与学生讨论相结合的方式，教师根据学生人数分组，每组推选一名组长负责任务的组织与实施，最终以组为单位上交《路线方案比较分析报告》。各组在接到任务后，认真学习相关知识，结合教师讲课视需要收集其他相关资料，每组各成员单独准备分析材料，然后分组讨论，由一人做好记录，并整理上交《路线方案比较分析报告》。

学习引导

本工作任务沿着以下脉络进行学习：

1. 任务布置（进行图上初步分析，提出完成任务的内容与要求，对各可能方案进行比较，从而确定最佳方案）；
2. 课堂教学（路线方案比较分析）；
3. 学生讨论；
4. 课后思考与总结；
5. 课程实训（路线方案比较分析实训，完成第二部分的相关任务）；
6. 上交成果：《路线方案比较分析报告》；
7. 学生自测与自评；
8. 组长对组员考核。

一、相 关 知 识

选线是在公路规划的起点和终点之间选定一条技术上可行、经济上合理、又能符合使用要求的公路中线工作。它面对的是一个十分复杂的自然环境和社会经济条件，需要综合考虑多方面因素。

为了保证选线和勘测的设计质量,降低工程造价,必须全面考虑,由粗到细,由轮廓到具体,逐步深入,分阶段、分步骤地加以分析比较,进行多方案比选,才能定出最合理的路线方案。

选线工作是一项艰苦细致的工作,要求选线人员深入现场,多跑、多看、多问、多比较,进行调查研究,不遗漏任何一个有比较价值的路线方案。

(一)公路选线的一般原则

(1)选用最优的路线方案。不遗漏任何一个可行方案,运用各种先进手段,经过深入、细致地多方案比较和论证,选定最佳路线方案。

(2)结合所采用的设计速度,正确运用技术指标。路线设计应在保证行车安全、舒适、迅速的前提下,做到工程量小、造价低、营运费用省、效益好,并有利于施工和养护。不要轻易采用极限指标,也不应不顾工程大小,片面追求高指标。

(3)注意与农田基本建设相配合。做到少占田地,并应尽量不占高产田、经济作物田或穿过经济林园(如橡胶林、茶林、果园)等。

(4)处理好路线与名胜、风景、古迹的关系,注意生态保护,其人工构造物应与周围环境、景观相协调。

(5)对不良地质地段,正确处理路线是绕避还是穿越的问题。应对工程地质和水文地质进行深入勘测调查,弄清它们对公路工程的影响。对严重不良地质路段,如滑坡、崩塌、泥石流、岩溶、泥沼等地段和沙漠、多年冻土等特殊地区,应慎重对待,一般情况下应设法避绕。当必须穿过时,应选择合适的位置,缩小穿越范围,并采取必要的工程措施。

(6)选线应重视环境保护,注意由于修建公路及汽车运行所产生的影响和污染等问题,选线时应注意以下几个方面:

①路线对自然景观与资源可能产生的影响。

②占地、拆迁房屋所带来的影响。

③路线对城镇布局、行政区划、农业耕作区、水利排灌体系等现有设施造成分割引起的影响。

④噪声对居民以及汽车尾气对大气、水源、农田所造成的污染及影响。

(7)对于高速公路、一级公路,由于路幅宽,选线时可根据所经地区的地形条件、自然环境等因素,利用其上、下行车道分离的特点,本着因地制宜的原则,合理采用上、下行车道分离的形式设线。

上述选线原则,可适用于各级公路。但在坚持这些原则时,不同等级的公路,其侧重点会有所不同。如高等级公路主要是为起、终点及中间重要控制点间快速直达交通服务的。该功能决定了它的基本方向不应偏离总方向过远,需要与沿线城镇连接时,宜用支线连接。等级相对较低的地方道路,主要是为地方交通服务,进行路线布局时,应加强城镇之间的联系。

(二)自然条件对公路路线的影响

影响公路的自然因素主要有地形、气候、水文与水文地质、地质、土及植物覆盖等。

地形决定了选线条件,并在很大程度上影响公路的技术标准。按公路布线范围内地形形态、相对高差、倾斜度等对各类地形特征描述如下。

1. 平原微丘地形

(1)平原区地形平坦,无明显起伏,地面自然坡度一般在3°以内。

(2)微丘区地形指起伏不大的丘陵,其地面自然坡度在20°以下,相对高差在100m以下。选线一般不受该地形限制。

(3)河湾顺适、地形开阔且有连续的宽缓台地的河谷地形。河床坡度大部分在5°以下,地面自然坡度在20°以下。沿河设线一般不受限制,路线纵坡平缓或略有起伏。

2. 山岭、重丘地形

(1)重丘地形指连绵、起伏的山丘,具有深谷和较高的分水岭,地面自然坡度一般在20°以上。路线平、纵面大部分受地形限制。

(2)山岭地形指山脊、陡峻山坡、悬崖、峭壁、峡谷、深沟等。地形变化复杂,地面自然坡度大部分在20°以上。路线平、纵、横面大部分受地形限制。

(3)高原地带的深侵蚀沟,以及有明显分水线的绵延较长的高地。其地面自然坡度多在20°以上。路线平、纵、横面线形大部分受该地形限制。

气候情况直接或间接地影响着地面水的数量、地下水位高度、大气降水量及其强度和形态、路基水温状况、泥泞期、冬季积雪和冰冻延续期,并在一定程度上限制施工期限和条件。

水文情况决定了排水结构物的数量和大小,水文地质情况决定了含水层的厚度和位置、地基或路基岩层滑坍的可能性。

地质构造决定了地基及路基附近岩层的稳定性,可由此确定有无滑坍、碎落和崩塌的可能;同时,它也决定土石方工程施工的难易程度和筑路材料的质量。

(三)选线的步骤和任务

选线就是在众多的方案中选出一条符合设计要求、经济合理的最优方案。选线时,应分阶段从整体到局部、由粗到细,经综合考虑与反复比较后选出一条合理的路线,如图6-1-1所示。

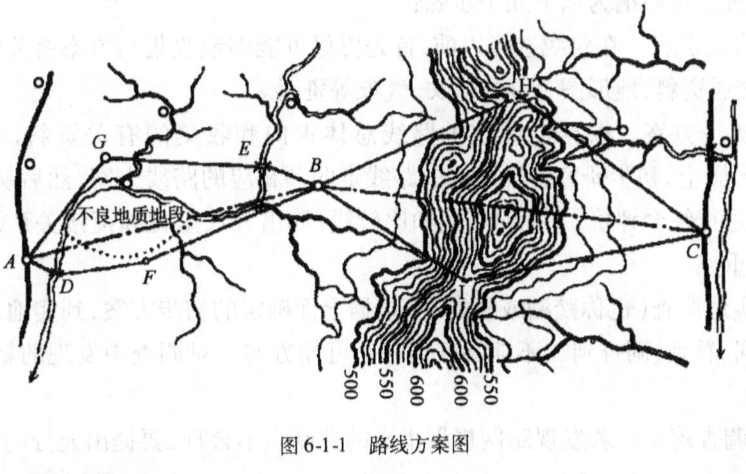

图6-1-1　路线方案图

选线可按如下步骤进行:

(1)路线方案选择。路线方案选择主要是解决起、终点间路线基本走向的问题。在小比例地形图上(一般为1:25 000或1:100 000),寻找出各种可能的基本走向,经初选后确定几条比较有价值的路线方案,再到现场勘察,比选出一条最佳方案,同时确定方案起、终点之间的一系列的重要控制点，完成路线的基本走向。

(2)路线带选择。在确定路线基本走向的基础上，结合地形、地质、水文等自然条件在已确定的大控制点之间选定一些细部控制点，这些点的连线即为路线带，也称路线布局。

(3)具体定线。具体定线就是在进行路线带的选择时所安排的小控制点之间，根据技术标准和自然条件综合考虑平、纵、横三个方面的因素，具体定出路线的中线位置。具体定线一般有纸上定线、实地定线、航测定线等。

(四)路线方案选择

1. 影响路线方案选择的主要因素

(1)政治、经济、国防及使用任务、性质要求。公路修建以提高经济效益及促进地方经济的发展为主要目的，同时也应考虑政治与国防要求。

(2)路线在综合运输网中的地位及与沿线城镇、工矿、农田、水利的关系。

(3)沿线地形、地质、水文、地震等自然条件的影响；要求的路线技术等级与实际可能达到的技术标准及其对路线使用任务、性质的影响；路线长度、筑路材料来源、施工条件以及工程量、三材用量等情况及其对运营、施工、养护等方面的影响。

(4)公路主要技术标准和施工条件的影响。如公路纵坡在一定程度上影响着路线走向，采用较大的路线纵坡，可使路线更靠近短直方向。在公路等级一定的条件下，实际可能达到的标准对使用性质、任务影响很大，也就是对于不同的公路等级、功能及其使用性质任务，应该选用与之相适应的技术标准。施工期限、施工技术水平等，对困难山区的路线方向选择，具有重大影响，有时其甚至成为决定性因素。

(5)其他。如与沿线旅游景点、历史文物、风景名胜等的联系。

2. 路线方案选择的方法和步骤

路线方案选择是在具体设计之前的工程可行性研究阶段进行。指定的两个据点之间的自然情况越复杂、距离越长，可能的比较方案就越多，需要淘汰的方案也越多。

路线方案选择可归纳为以下几个步骤：

(1)收集有关资料。在路线选择以前，首先要尽可能多地收集与方案有关的资料，比如规划设计资料，交通资料，地形图、地质、水文、气象等资料。

(2)确定初步方案。根据已确定的路线总体走向和收集的有关资料，在 1:10 000 或 1:50 000的地形图上，初步研究各种可能的路线走向和相应的路线方案，然后从技术上和经济上对这些方案进行综合评价，并标明正线和比较线，算出大致里程和衔接关系，研究并提出野外实地调查的重点。

(3)野外实地调查(也称踏勘或视察)。根据上面确定的初步方案，到实地进行调查，调查中要坚持"跑到、看到、调查到"，不遗漏任何一个可能方案。对调查中发现的新方案也要进行调查。

①各据点调查落实。若发现路网规划指定的控制点不合理，要提出充分的变更理由，报上级审批。

②对路线、大桥、隧道进行调查，并提出推荐方案。对于大桥和隧道，一般情况下，路线应服从桥位和隧道位置的要求；而中小桥应服从路线的基本走向。

③落实采用的标准。根据地形情况，可以分段提出所采用的技术标准和主要技术指标。

④线位调查。主要是确定路线的必经控制点，如越岭垭口、跨河桥位与铁路或公路的交叉点、城镇或不良地质地段的关系等，另外还涉及旧路利用问题。

⑤估算各种工程量。

⑥筑路材料调查。调查当地生产的材料，如砂石材料、石灰等，以及外购材料，如钢筋、水泥、木材等的规格、价格、运距、运输方式、供应数量等情况。

⑦经济调查。主要为经济分析之用，内容较多，对直接经过区域要重点调查，同时也应调查周边的影响区域。

⑧其他调查。如征地、拆迁、风俗、材料供应等。

(4)分项整理汇总调查成果，编写工程可行性研究报告，为上级编制或补充修改设计任务书提供依据。

3. 路线方案的拟订

路线方案是根据指定的路线总方向和设计公路的性质、任务及其在公路网中的作用，考虑社会、经济因素和复杂的自然条件等，拟订路线的走向。

二、任 务 实 施

(一)任务布置

课题一：××公路路线方案比较分析

1. 基本资料

××公路 K4 +452.278 ~ K7 +051.522 段，如图 6-1-2 所示有两套方案，其对应的技术经济指标见表 6-1-1。其中：

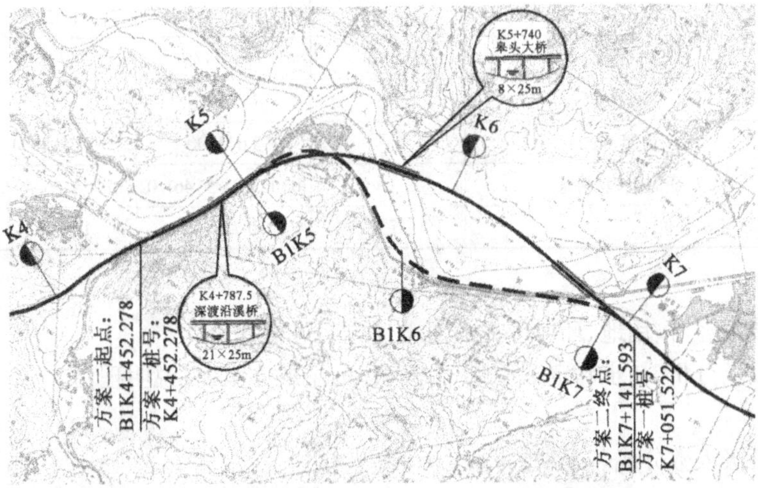

图 6-1-2　K4 +452.278 ~ K7 +051.522 段路线方案

方案一：自起点 K4 +452.278 开始，新建深渡沿溪桥后，沿皋头村北侧山体布线，新建皋头大桥、胪膛大桥连续两次跨越好溪，至 K7 +051.522，全长约 2.599km。方案一基本为新线。

方案二：设计桩号自 B1K4 +452.278 开始，基本沿 42 省道旧路布线，经新建深渡沿溪桥、胪膛沿溪桥后在东方镇东侧与推荐线重合，桩号为 B1K7 +141.593，全长约 2.689km。该段线位基本上沿旧路左侧拼宽半幅，与旧路形成一级路幅布置，部分路段为新建路段，为少占河道，沿好溪一侧，采用桥梁的形式。

K4 +452.278 ~ K7 +051.522 段方案技术经济比较表 表 6-1-1

项目			单位	推荐线	比较线一	备注
技术指标	路线长度		km	2.599	2.689	
	平曲线交点数		个	3	4	
	平曲线最小半径		m	616.142	260	
	最大纵坡		%	0.995	0.9	
	最短坡长		m	200	270	
	竖曲线最小半径	凸形	m	12 000	15 000	
		凹形	m	8 000	5 000	
经济指标	路基土石方	填方	m^3	95 750	55 152	
		挖方	m^3	212 948	258 441	
	路基防护	M7.5 浆砌片(块)石	m^3	7 180	25 332	
		C15 片石混凝土	m^3	10 665	13 118	
		植草	m^2	9 753	2 685	
		厚层基材	m^2	14 683	25 595	
	路面		m^2	33 148	35 547	
	排水	浆砌片石	m^3	166	151	
		混凝土	m^3	1 523	2 579	
	桥梁		m/座	982/3	1 024/2	
	涵洞		m/道	176.74/5	247.84/8	
	平面交叉		处	3	3	
	房屋拆迁		m^2	3 043.90	5 418.04	
	征用土地/耕地		m^2	103 123.02/56 461.02	115 388.46/49 661.7	
基本造价			万元	10 729.47	10 618.41	

2. 任务

(1)请从技术经济、用地、环保等方面对上述方案进行评价。

(2)根据以上分析,初步确定采用哪个方案作为主要方案,并说明理由。

3. 要求

(1)根据班级人数分成若干组,一般为 6 ~ 8 人/组。

(2)以组为单位,各组员完成上述任务,组长负责检查各成员的分析结果,做好记录,供集体讨论。

(3)全组共同讨论学习,组长负责成果的记录与整理,按任务目标的要求上交《× ×路线方案比较分析报告》,供教师批阅。

(二)课堂教学

课堂教学以路线方案比选分析为主线,通过方案选择的一般原则、影响因素及方法步骤的讲解与互动,并结合案例分析完成教学任务。计划安排 2 学时。

课堂教学可按如下步骤进行：

(1)在讲述方案比选的目的、要求、原则的基础上，结合案例分析展开课堂教学，进一步提出路线方案比选的方法。

(2)路线方案比选可通过教师课堂讲解与课后组织讨论相结合的方式，紧紧围绕《规范》展开教学。

(3)案例分析。

[案例]　××公路 K0+320~K8+485.713 段，如图 6-1-3 所示，有两套路线方案，其对应的技术经济指标见表 6-1-2。其中：

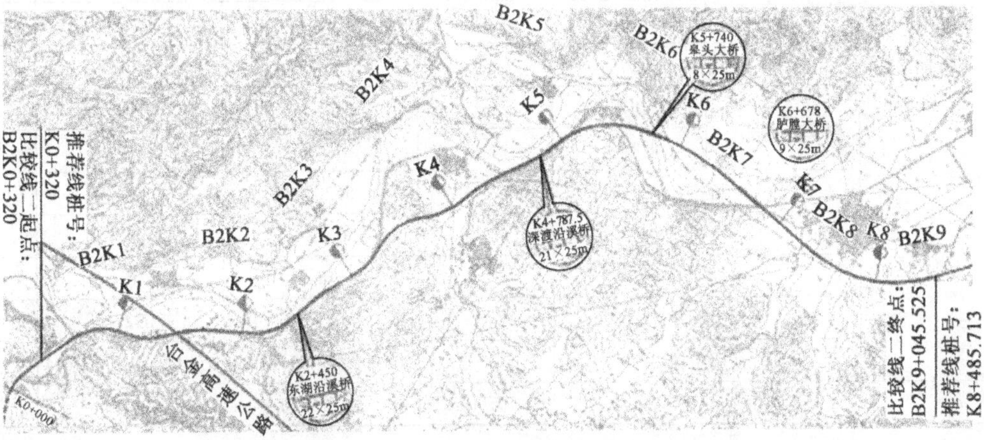

图 6-1-3　K0+320~K8+485.713 段路线方案

推荐线：起点桩号为 K0+320，路线自起点向西南方向前进，在 K0+700 处与 42 省道汇合后沿既有旧路布线，在 K1+500 处下穿台金高速公路后继续沿旧路布设，在 K3+300 处路线向右侧偏离旧路沿新线布设，路线继续向西北方向前进，在 K4+500 处又与 42 省道汇合后沿旧路行进，经新建皋头大桥、胪膛大桥两次跨越好溪后，在东方镇北侧沿新线布设，至桩号 K8+485.713，路线全长约 8.166km。

比较线二：本方案起点桩号为 B2K0+320，自起点向南在 K0+700 处于 42 省道平交后，经新建下项大桥跨越好溪，沿好溪东岸布线，路线在 B2K1+225 处下穿台金高速公路后，经东湖村、汤贩村后，路线在 B2K5+000 处转向西，经新建胪膛大桥再次跨越好溪，并上跨 42 省道，沿东方镇北侧布线，在 B2K9+045.525 处与推荐线重合，对应推荐线桩号为 K8+485.713，全长约 8.723km。

K0+320~K8+485.713 段线位方案技术经济比较表　　表 6-1-2

项　目			单　位	推　荐　线	比　较　线　二	备　注
技术指标比较	路线长度		km	8.166	8.723	
	平曲线交点数		个	13	10	
	平曲线最小半径		m	346.099	250	
	最大纵坡		%	4.0	4.0	
	最短坡长		m	200	280	
	竖曲线最小半径	凸形	m	4 000	3 400	
		凹形	m	3 000	2 500	

续上表

项目			单位	推荐线	比较线二	备注
经济指标比较	路基土石方	填方	m^3	364 817	448 071	
		挖方	m^3	425 625	549 439	
	路基防护	M7.5 浆砌片(块)石	m^3	42 144	33 118	
		C15 片石混凝土	m^3	21 632	4 860	
		植草	m^2	30 296	49 888	
		厚层基材	m^2	29 390	34 090	
	路面		m^2	152 027	165 132	
	路基路面排水	浆砌片石	m^3	252	158	
		混凝土	m^3	7 786	8 972	
	桥梁		m/座	1 562.04/5	928.28/5	
	涵洞		m/道	856.82/25	821.87/26	
	平面交叉		处	8	6	
	房屋拆迁		m^2	4 077.77	1 032.62	
	征用土地		m^2	308 902.44/176 782.32	337 499.58/235 976.4	
基本造价			万元	24 215.26	25 010.55	

分析：

①从技术指标角度分析。推荐线平曲线最小半径为346.099m，最大纵坡为4.0%，比较线二最小半径为250m，最大纵坡为4.0%。推荐线平纵面线形略好于比较线二。

②从节约土地的角度分析。比较线二新建下项大桥跨越好溪后基本为新建路段，所占土地307 942.54m^2(461.96 亩)，而推荐线大部分路段为利用现有42 省道，且新建东湖沿溪桥、深渡沿溪桥，占用耕地少，仅为240 442.62m^2(360.70 亩)，推荐线比比较线二少占用土地67 500m^2(约101 亩)。根据国务院[2008]3 号《关于促进节约集约用地的通知》和交通部交公路发[2004]164 号《关于在公路建设中实行最严格的耕地保护制度的若干意见》，从节约土地的原则上，建议采用推荐方案。

③从土石方工程角度分析。比较线二挖方约55 万 m^3，填方约45 万 m^3，推荐线挖方约43 万 m^3，填方约36 万 m^3。在土石方数量上，推荐线远远小于比较线二。

④从节约里程的角度分析。比较线二总里程约8.723km，对应推荐线里程约8.166km，推荐线较比较线二减少里程约0.557km，可减少日后运营及养护费用。

⑤从工程造价的角度分析。推荐线造价约为24 215.26 万元，比较线二造价约为25 010.55 万元，推荐线比比较线二工程造价减少约795.29 万元，推荐线在造价方面略有优势。

综上分析，推荐线与比较线二相比，优势较明显，故采用推荐方案。

工作任务二　各类地形选线

学习目标

1. 了解各类地形条件下的路线特点；

2. 掌握各类地形条件下的路线布设要点；

3. 分析在各类地形条件下的选线要求；

4. 根据教材相关知识完成学生自评的习题作业；

5. 正确完成此工作任务的教学要求。

任务描述

该工作任务是通过在各类地形条件下进行公路选线分析。完成该任务可通过教师课堂教学与学生讨论相结合的方式进行，教师根据学生人数分组，每组推选一名组长负责任务的组织与实施，最终以组为单位上交《××公路选线分析报告》。各组在接到任务后，认真学习《标准》及《规范》的相关要求，结合教师讲课并视需要收集其他相关信息，每组各成员单独准备分析材料，然后分组讨论，由一人做好记录，并整理上交成果。

学习引导

本工作任务沿着以下脉络进行学习：

1. 任务布置（公路选线与分析）；

2. 课堂教学（各类地形选线）；

3. 学生讨论；

4. 课后思考与总结；

5. 课程实训（公路选线分析实训，完成第二部分的相关任务）；

6. 上交成果：《××公路选线分析报告》；

7. 学生自测与自评；

8. 组长对组员考核；

9. 教师考核。

一、相 关 知 识

（一）平原地区选线

1. 平原区路线的特点

1）地形特点

（1）地面坡度平缓（地面横坡 $<3°$），相对高差较小。路线纵坡不受限制。

（2）一般多为耕地，地物等障碍多。平原区除了不适宜耕作的土地以外多为耕地，良田多，土地昂贵；居民点较密，各种建筑物分布广。

（3）沟渠密布，河网池塘多。平原区常分布有大量灌溉沟渠、天然河道、湖泊、池塘等。

（4）地下水位较高，取土困难，缺乏筑路材料。

2）路线特点

（1）线形好，标准高。路线纵坡小，圆曲线半径大，技术指标较高。

（2）路线短捷、顺直。地形对路线的限制不大，主要是受地物障碍的限制，使路线有所转折。

（3）前期工程可为后期所利用。由于平原区路线平、纵面线形指标较高，因此后期改建以提高等级时多数路段可以利用，减少了改造工程费用。

2. 平原区路线布设要点

1）线形应顺直、短捷

因平原区地形平坦,故可以争取到较高的平、纵面线形指标,并应力求使路线顺直、短捷,在没有充分理由的条件下,不应随意转向,但也不能片面追求长直线,应注意高、低标准的过渡。

2)正确对待路线与农业的关系

(1)尽量做到少占农田,不占高产田。为了争取较高标准,新建公路占用农田是不可避免的,但从选线的角度考虑,应尽量做到少占和不占高产田。然而,也要防止另一个极端,即为了不占某块良田,而使路线弯弯曲曲,导致路线的标准降低。

(2)与农田水利建设相结合。当路、渠方向基本一致时,可沿渠布设路线,使路堤合一、桥闸合一,以减少占地。路线应尽可能少和灌溉渠相交,避免斜穿农田,并尽可能把路线布设在渠道的上方和尾部,如图 6-2-1 所示。

当遇到大的水塘时,一般应尽量绕避。如必须跨越水塘时,宜设在占用水塘长度最短的一侧,并拓宽水塘并取土填筑路堤,使不致压缩水面过大。

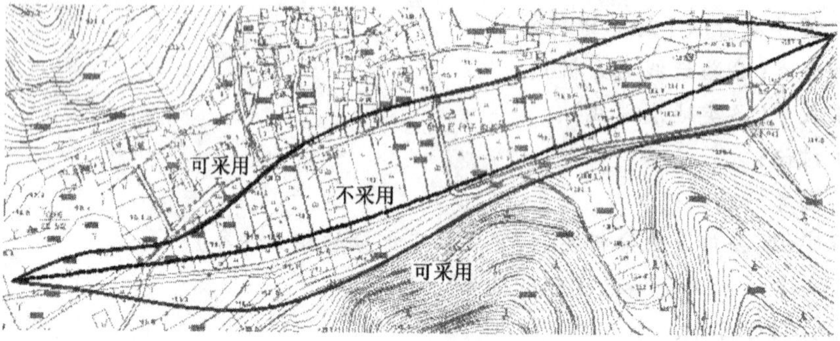

图 6-2-1　农田区路线布设图

3)合理解决路线与村镇的关系

布设路线时,应解决好公路与城镇、村庄、工矿企业以及管线之间的关系,合理选择穿越还是绕避。

(1)对于高等级公路和国防公路,一般以绕避为主,避免直穿,但也不宜离开过远,必要时可设支线连接,做到"靠村不进村,利民不扰民",这样既方便运输又保证安全,如图 6-2-2 所示。

(2)对于一般公路,应以方便群众为主,选线宜靠近村镇,如地方相关部门同意可以穿过村镇,应保证足够的路基宽度和行车视距。

例如,某公路,原设计方案为 I 方案。当地居民为自己方便一再要求路线穿过村庄,后改为 II 方案。通车以后,随着交通量的增长,运煤车较多,且多夜间行车,严重影响了村民的生活,环境污染非常严重,如图 6-2-3 所示。

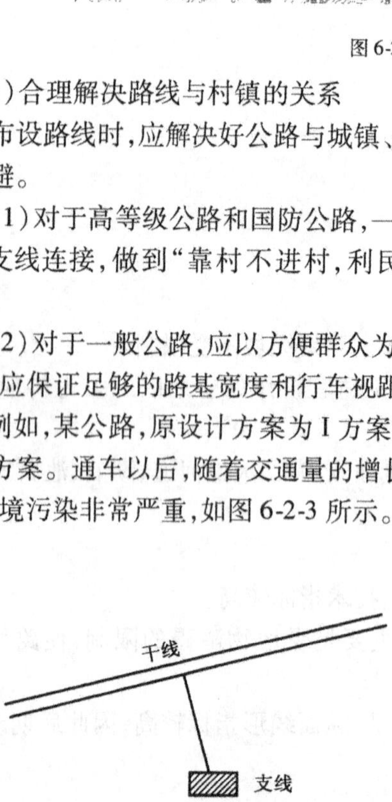

图 6-2-2　支线连接规划路线

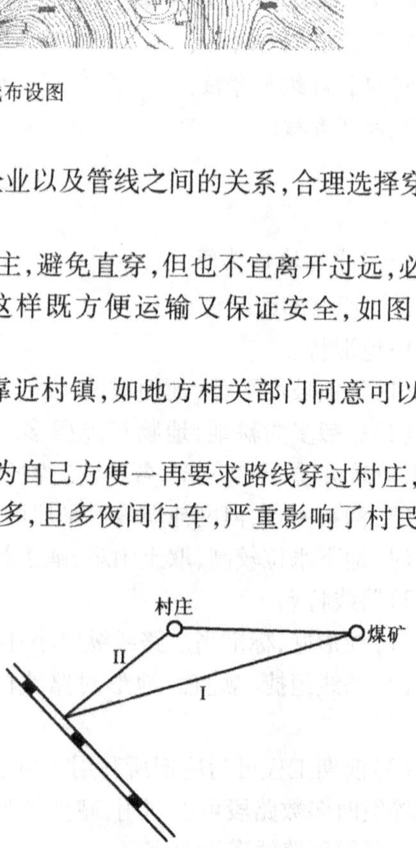

图 6-2-3　路线穿越村庄

(3)布设路线时,应注意避开通信线路和其他管线,尽量减少与铁路直交,遇文物古迹或风景区时,路线应绕避。

4)正确处理好路线与桥位的关系

(1)对于大、中桥,一般其桥位在满足路线总方向的前提下,都是路线的控制点。桥位应选在河床稳定、河道顺直、河面较窄、地质良好以及两岸地形有利于桥头引线布设的河段。

一般情况下,桥位中线应尽可能与洪水主流流向正交,桥和引道最好都在直线上。如果两端引道必须设置曲线时,应在桥两端布设一定长度的直线段,半径应尽量采用较大值。若不能做到正交时,也可设置斜桥和曲线桥。布线时需防止两种偏向:一是不应片面强调桥位,以致造成路线过分迂回,或过分强调正交桥位,出现桥头急弯,影响行车安全;二是不应只顾线形顺直,造成桥位不合适或斜交角度过大,增大工程投资或增加施工难度。

如图6-2-4所示,甲、丁桥位正,但偏总方向远,桥头引线不好;乙方案线形较好,但桥位在河湾且斜交大;丙处在"S"形河腰部跨河,线形好,不偏离总方向,桥位略斜交。因此,丙方案为可取方案。

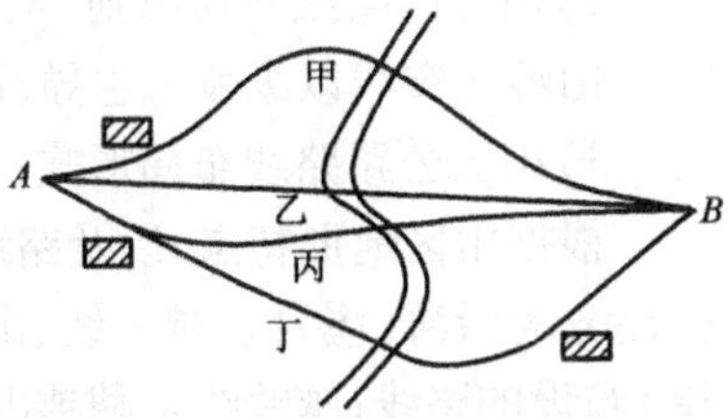

图6-2-4 "S"形河腰部跨河路线布设图

(2)小桥涵的位置应服从路线走向,不要过多地考虑小桥涵的跨河位置,其一般情况下为斜交。但遇到斜交过大或河沟过于弯曲时,可采取改移河道或改移路线的方法作适当调整。改移路线时,其斜交角度不宜过大;而改移河道的做法则是在河沟过于弯曲的情况下才可能采用,并且改移的长度和数量不宜过大。

(3)在渡口位置选线时,应选在易于摆渡、易于修建码头的地方,要避开浅滩和暗礁。

5)注意当地的水文条件

平原区河道、湖泊、池塘较多,地势低,地下水位高,因此水文地质条件较差,容易影响路基的稳定性。

在设计中,除了保证最小填土高度,采取必要的路基稳定性处理措施以外(比如换土、清淤、降低地下水等),在选线中还应尽量沿接近分水岭的高地布线,或沿旱地布线。

一般应避免直穿较大面积的湖泊、水塘、泥沼或洼地等。若必须穿越时,应选择在窄而浅、基底平缓的地方,并尽可能靠边通过,同时采取必要的措施。

6)充分利用旧路

布设路线时,若遇旧路,则应尽可能充分利用,以减少工程造价和占地面积。利用旧路时,应以保证技术标准为前提,不能因为旧路限制而降低相应的公路标准。

7)尽量靠近建材产地

平原地区一般缺乏砂石建筑材料,在可能的情况下,路线应尽可能靠近筑路材料丰富的地方,以减少施工、养护材料的运输费用。

(二)山岭区选线

1.基本认知

1)山区自然条件及其与路线的关系

(1)地形复杂。山区地面横坡在25°以上,起伏多变,山高谷深,水流较急。但山脉水系清晰,为山区选线指明了方向,一般不是顺山沿水,就是横越山岭。山区地形是影响路线布局的主要因素。

(2)地质复杂。山岭地区地质现象比较复杂,常见的不良地质现象主要有滑坡、碎落、泥石流等，它们对公路的影响很大，在选线中，应特别注意这些不良地质现象的分布区域及活动规律，布线时应进行详细的调查研究，并采取必要的措施，如绕避、靠近或穿越。

泥石流的破坏仅次于水毁，其特点是：爆发突然，危害大，直接冲毁或淤埋公路，堵塞河道，造成河水上涨，淹没公路、村庄和农田。

(3)水文径流复杂。表现在沟底比降大，导致水流很差。平时水量不大，但在雨季时水量则很大，山洪猛起猛落，破坏性大。其对公路的危害主要是水毁。因此，在选线时，要充分考虑洪水的威胁。

(4)气候多变复杂。其表现为气候的多变性。夏季雨多，冬季雪多，冰冻严重，高山地区雾多，高原地区气压低，气温变化大。这些气候条件对汽车行驶不利。

(5)材料来源方便。砂、石、水源丰富，可以做到就地取材，减少造价。

2)山岭区路线布局原则

山岭区布线以纵坡为主导，设计时应首先考虑纵断面线形，其次考虑横断面及平面线形。

3)山区公路路线布局形式

根据山区地形特点，以及路线与地形的相互关系，按路线所走的部位不同，一般可将山区公路分为沿河(溪)线、越岭线、山脊线和山腰线四种形式。其中：沿河(溪)线是沿着河岸(溪岸)布设的路线；越岭线是翻越山岭的路线；山脊线是沿着分水岭布设的路线；山腰线是离开河流一定高度在山坡上布设的路线。

以上四种线形，由于所处的位置不同，因而选线中要解决的主要问题也不同。其中，山腰线可归属于沿河线的高线，或为越岭线的一部分，或为山脊线的一部分，因此对山腰线不作单独介绍。下面分别介绍沿河线、越岭线和山脊线的布设特点和应注意的主要问题。

2. 沿河(溪)线

沿河(溪)线就是沿着河(溪)岸布设的路线。

优点：路线走向明确，只能顺山沿水布线；线形好，纵坡一般 $<5\%$，线形平缓、顺直，可达到较高的标准；材料选用方便，河谷内一般都有丰富的砂、砾、石料以及水，可就地取用，为施工和以后养护工作创造了条件；联系居民点多，服务性好，山区居民一般沿河谷两岸居住，沿河谷修路，能很好地为群众服务。

缺点：洪水威胁大。下暴雨时，水位猛涨猛落，冲刷力大。若线位高度设计不合理，则公路常常受到水毁，使交通中断；艰巨工程多，河谷一般含石头较多，悬崖陡壁多，而且间断出现，导致石方工程集中，开挖困难；桥涵防护工程多，由于沿岸两侧地质、地形复杂，常常需要跨河换岸以避让艰巨工程。另外，支沟多，使得桥涵多，路基支挡防护工程多；占地多，主要指占用农田较多，山区良田大多是沿河两岸阶地分布，而线形也要利用阶地布线。

1)路线布局

沿河线布局的主要矛盾是解决路线与水的问题，以防止水毁。为此，路线布局时，需要解决河岸选择、路线高度和桥位选择等问题。

(1)河岸选择：确定路线走河的哪一岸。一般来说，河谷两岸地形、地质、水文等条件各不相同，各有利弊，而且往往两岸交替出现。由于布设路线要充分利用有利的一岸，有时需要跨河换岸。对于小河沟，其跨径一般不大，换岸比较方便；造价增加不会过大。但对于大的河流，跨径较大，建桥费用增加较大，是否建桥换岸，应经过技术经济比较，慎重考虑。

进行河岸选择时，应考虑以下因素：

①地形、地质条件。路线布设时，应选择在地形平坦，有可以利用的阶地、支沟少、水文地

质条件良好的一岸。布线时可能需要跨河换岸，这时应深入调查，全面分析。

如图6-2-5所示，路线沿响水河两岸布设，若走左岸（甲方案）则地形陡峻，且有连续陡崖。若走右岸（乙方案）虽地势平缓，但到夏村后会遇到更陡峻的悬崖，不宜布线，需再跨回左岸，在3km长度内反复跨河，需建中桥两座。如路线不跨河（甲方案），虽需集中开挖一段石方，但与连续架桥方案相比造价明显降低。

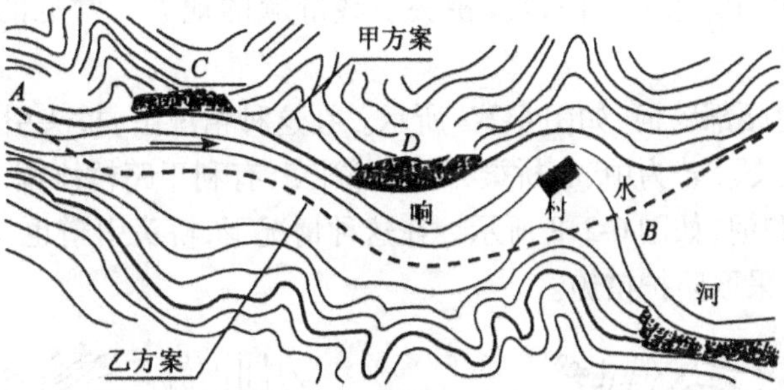

图6-2-5　沿溪线河岸选择

②积雪、冰冻地区。一般山坡有阳坡、阴坡之分，也有迎风面和背风面之分。它们对路线的影响不同。布设路线时，应尽可能选择在阳坡、迎风的一面，以减少路面冬季的积雪。河岸也有阳岸与阴岸之分，布设路线时也应尽可能选择在阳岸。

③考虑村镇、居民点的分布。除国防公路以及高速公路、一级公路外，路线布设时，应尽可能选择在村镇多、人口密的一岸，以方便居民出行。

（2）线位高低选择。沿河线线位高度的选择十分重要。若高度选择不当，公路就会受到洪水的威胁，影响路基的稳定与安全。布线时，应考虑洪水高度、地形、地质条件等，并进行综合分析后确定。

根据路线相对于沟底的不同位置，沿河线可分为低线和高线两种，如图6-2-6所示。

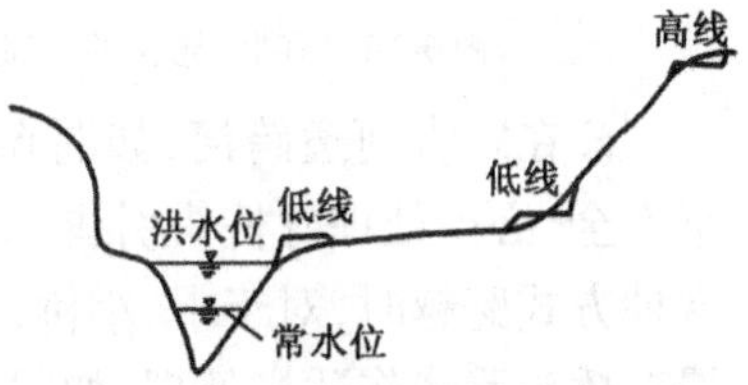

图6-2-6　沿溪线高线与低线横向示意图

低线指高出设计洪水水位不多，路基临水一侧边坡经常受到洪水威胁的路线。

低线的优点：①线形好。无论是平面或纵断面都容易达到较高的标准。②土石方工程量省、边坡低、易稳定。由于河谷地形平坦，有阶地可以利用，使得路基土石方工程量较小，路基高度降低，路基稳定性好。③路线活动范围相对较大，便于选择有利地形和避让不良地形。④跨支沟和主流方便。

低线的缺点：①受洪水威胁大；②防护工程多；③占田多，废方不易处理。

高线指高出设计洪水位较多，基本不受洪水威胁的路线。一般多用在利用大段较高台地，或傍山临河线易被积雪掩埋以及为避让艰巨工程而提高线位等情况。

高线的优点：①不受洪水威胁；②废方较易处理；③遇有不宜设低线的河谷，可把路线提到谷地以上的山坡上。

高线的缺点：①路线从山坡通过，线形曲折，纵坡起伏，指标较低，工程量大。②跨河较难。跨主河时，由于路线过高，常需展线急下才能跨过；跨支流时，需建大跨径高桥，或路线绕进很多，从而使线形标准降低，里程增长，工程量增大。③遇到不良地质地带，难以避让或处理。④施工和养护用水、运料都不如低线方便。如路基一旦损坏，抢修较难。

综合高线和低线的特点，一般情况下，低线优于高线，原则上“宁低勿高”，在满足规定的设计洪水位的前提下，路线越低，工程越经济，线形越好。但应注意修建必要的防护工程（如挡土墙、护坡、护脚等）。防护工程做的比较好、比较完善时，可允许洪水在局部地段淹没路基。

（3）桥位选择，可划分为跨主河道和跨支流两种情况。

①跨主河道。跨越主河道的桥位位置，是路线的主要控制点，选择时应尽可能选在河段顺直、河面较窄、河岸稳定、施工方便以及桥头引线舒顺的地方。常见的跨河地点选择有以下几种：

a. 在"S"形河道腰部跨河，如图6-2-7所示。在这种情况下，桥头引道线形平顺、舒畅。如果为大桥，应力求正交。若为中、小桥梁，可适当斜交，有利于路桥协调。

b. 在河湾附近跨河，如图6-2-8所示。在这种情况下，桥头引道也比较平顺。应注意河湾水流对桥的影响，并采取防护措施。

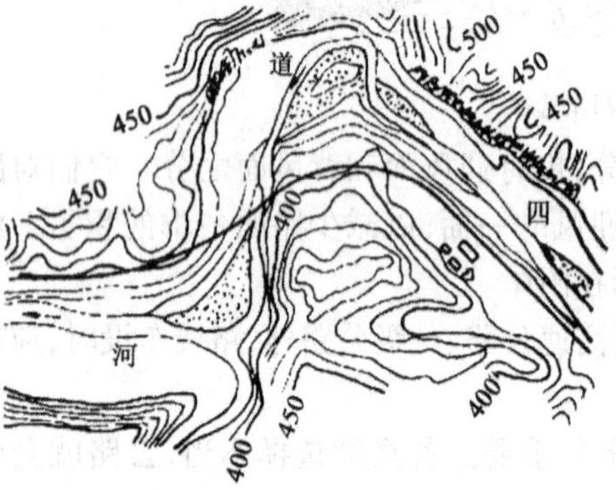

图6-2-7　在"S"形河的腰部跨河

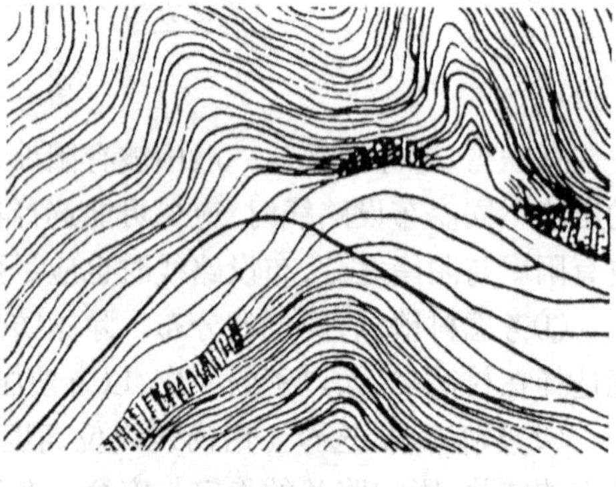
图6-2-8　在河湾附近跨河

c. 在顺直河道跨河，如图6-2-9所示。当路线与河道接近平行时，若需要跨河，为保证行车安全，必须处理好桥头引线。布设路线时，应尽量避免图6-2-9a）所示的线形。当必须采用这种方式跨越时，对于中、小桥，可考虑设置斜桥以改善桥头线形；如为大桥，当不宜设斜桥时，需对桥头路线作适当处理，如图6-2-9b）所示。

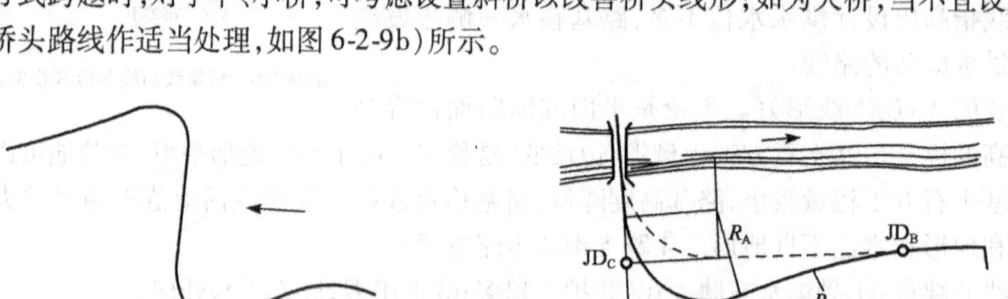

图6-2-9　在顺直河道跨河

②跨支流。支流的跨越方式有两种：一是在沟口直跨；二是绕进支沟上游绕跨。

支流的跨越方式，应根据公路等级、地形、地质等因素决定。一般高等级公路宜采用直跨，低等级公路可采用绕跨，如图6-2-10所示。

2）几种特殊地形条件下的路线布局

（1）开阔河谷布线（图6-2-11）。这种开阔河谷的地形平缓，大多为农田或为山区居民点。

一般路线有三种走法：沿河、直穿和靠山脚。

①沿河布线：纵坡均匀，线形好，受洪水威胁大，防护工程多，布线时可结合采用路堤，是一种较好的布线方式。

②直穿布线：标准高，但占农田多，尽量不要采用。

③山脚布线：平、纵线形较差，但不占农田，是一种可采用的布线方式。

(2)山嘴、河湾布线。

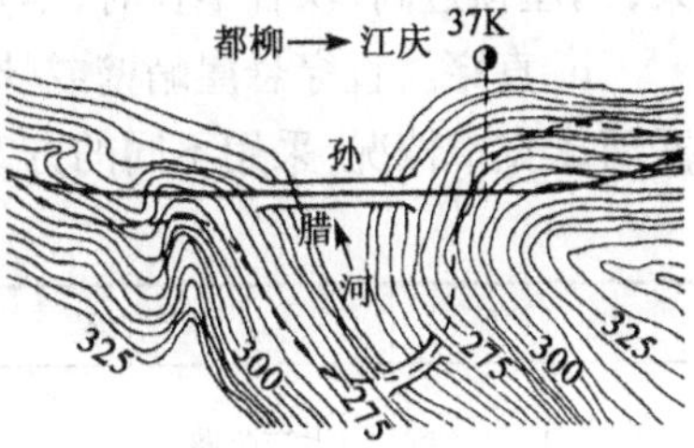

图 6-2-10　跨支流布线

①山嘴布线[图 6-2-12a)]。沿山嘴自然地形绕行：这种路线由于线路展长，在纵坡受限地段，有利于争取路线高度(隧道除外)，但易受不良地质的危害和河流冲刷，路线安全条件较差。

以路堑或隧道取直通过：这种布线方式路线短而顺直，安全条件较好，但隧道较长时，工程费用较高，应全面分析和综合比选。

②河湾布线[图 6-2-12b)]。对于河湾，有三种布线方式：一是沿自然河湾绕线，二是两次跨河取直线，三是改移河道取直线。

具体采用哪种走法要通过技术经济比较决定。一般地，高等级公路应采用直穿方案，而低等级公路多采用绕线通过，但有时考虑山区低等级公路为填河造田的需要，也有采用改移河道取直线的做法。

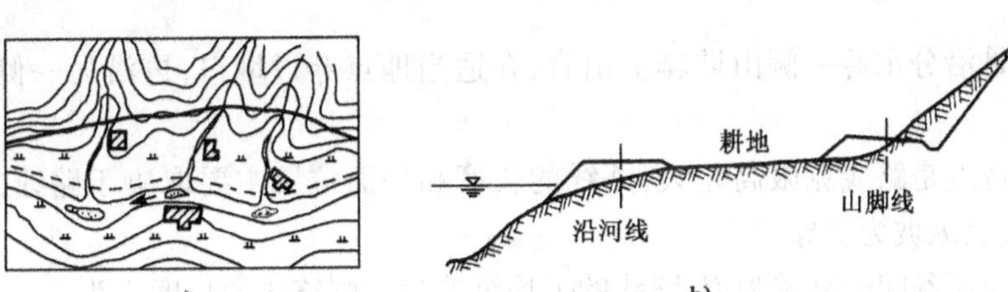

a)　b)

图 6-2-11　开阔河谷布线

a)沿河与山脚线平面示意图；b)沿河与山脚线横断面示意图

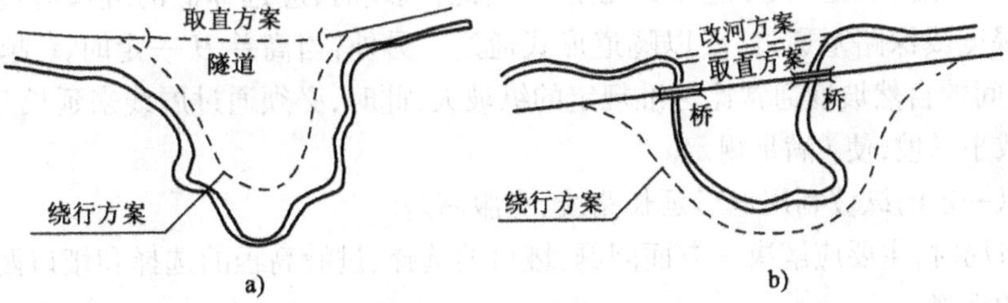

a)　b)

图 6-2-12　河湾布线

a)山嘴；b)河湾

③陡崖峭壁布线。在山区河谷两岸，常常分布有悬崖峭壁，有时两岸都是悬崖峭壁。此时称为峡谷。峡谷可分为“U”形谷和“V”形谷。这种地形河床狭窄，水流很急。

路线通过峡谷和悬崖峭壁时，一般可采用绕避和直穿两种方案。

a. 绕避。

绕崖顶方案：要求崖顶有可供布线的合适地形，崖顶过高时不宜采用。

局部越岭方案：崖顶以上应有符合走向的垭口。

二者的共同点是在进行路线竖向布置时，设置的坡需要相当长的过渡段，上下线位高差大;当崖顶过高、峡谷不长时,不宜采用。

b. 直穿。直穿悬崖峭壁或峡谷的情况下,路线的平面和纵断面活动余地小,布线时可根据河床宽窄情况,采用不同的方案,见表6-2-1。

直穿方案表 表6-2-1

编号	方案	适用条件
1	占河争路	适用于河床较宽,压缩河道后洪水位抬高不多,靠河侧应修建浸水挡墙
2	筑路与治河结合	当河床较窄,压缩河道后使洪水位抬高较大时,应开挖对岸突出的山嘴,清除河床的漂石,增大过水面积
3	台口式路基	在河床一侧硬开路基的情况,要注意废方处理,不应堆入河道
4	顺水桥	适用于两岸石壁非常接近的情况
5	悬出路台和半山桥	适用于V形谷
6	半山洞和隧道	前5种方案不能适用时

④河床纵坡陡峻的河段布线。在山区河谷中,有时会遇到急流和跌水,河床沟底纵坡在短距离内突然下降几米至几十米,而路线即使采用最大纵坡也不能下至河谷,此时,为尽快降低路线,避免把路线吊在半山腰,可利用平缓的山坡或利用支沟展长路线,克服高差。

3. 越岭线

越岭线就是沿分水岭一侧山坡爬上山脊,在适当地点穿过垭口,再沿另一侧山坡下降的路线。

越岭线的特点是路线克服高差大,路线的长度和平面位置主要取决于路线的纵坡度,因此,越岭线选线以纵坡为主导。

假设垭口与河谷间的高差为H,路线的平均纵坡为i,则路线的长度L为:

$$L = \frac{H}{i}$$

由上式可知:当i一定时,H越小,L越短。因此,选线时,应选择低的垭口通过,或将垭口向下挖一定深度或深路堑通过,或以隧道形式通过。另外,当高差H一定时,L越短,i越大。越岭线AB之间的自然坡度通常比标准规定的纵坡大,此时,必须通过展线来延长路线长度L,目的是为了减小纵坡,使i满足规定。

展线是以一定的纵坡利用地形延长路线,克服高差。

越岭线布局时,主要应解决三方面问题:垭口的选择、过岭高程的选择和垭口两侧展线。

1)垭口的选择

垭口是指分水岭上一些马鞍形凹口。对越岭线来说,垭口是路线方案的重要控制点。垭口的位置、高低,决定了将来路线的长度和标准。一般应在基本符合路线走向的较大范围内选择,综合考虑垭口的位置、高程、展线条件以及地质情况。

(1)垭口位置的选择。垭口的位置、过岭高程和垭口两侧的展线条件三者之间密切相关。选择垭口位置时,必须综合考虑垭口的过岭高程与两侧展线。

在基本符合路线走向的前提下,首先应考虑使上下高差小,展线降坡后路线能直接抵达控制点,不出现无效的延长路线;其次才考虑稍微偏离路线方向的其他垭口,如图6-2-13所示。

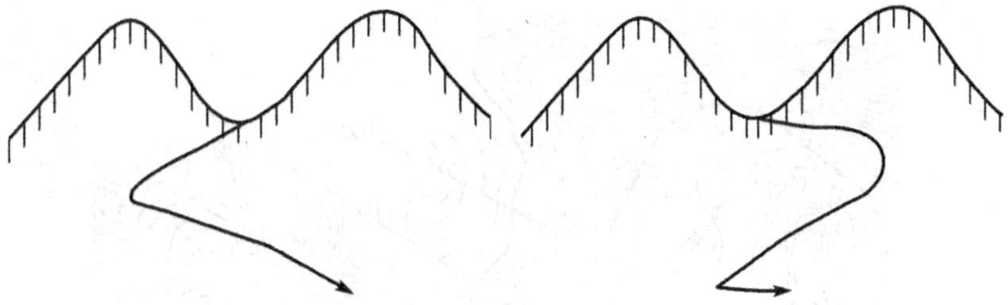

图 6-2-13 垭口位置选择时路线走向比较

(2)过岭高程选择。过岭高程的选择,一般应以考虑高程较低的垭口为宜。在高海拔地区,常有积雪、结冰、大雾等气候,对行车很不利,为避免这种不利的气候影响,应选择海拔高程较低的垭口。有时为了走低垭口,即使方向有所偏离,也应注意比较。

(3)垭口两侧的展线条件。选择垭口时,还必须考虑垭口两侧的展线条件,要求垭口两侧的山坡比较平缓、地质良好,适宜于展线。

(4)垭口地质条件选择。垭口附近通常为地质构造薄弱地带,常伴有不良的地质现象,布线时应深入调查其性质和对公路的影响。

2)过岭高程的选择

垭口的高程是指没有开挖之前垭口的原地面高程;而过岭高程是指路线采用不同方式通过垭口的设计高程。

过岭高程不同,路线的长度、工程量大小、投资费用等也就不同。过岭高程越低,路线就越短,但路堑或隧道的长度就越深、越长,工程量也就越大。

过岭高程的选择,与路线等级、垭口的地质条件、过岭方式等因素有关。布线时,应根据垭口的地形、地质条件综合考虑。过岭高程一般有三种,即浅挖低填、深挖垭口与隧道穿越。

(1)浅挖低填。其适用于垭口宽而厚(肥大)、地质条件差的垭口。这种垭口往往有沼泽,一般不宜深挖,垭口高程基本上就是垭口的过岭高程。

(2)深挖垭口。其适用于垭口较瘦、地质条件好的情况。布线时,可以采用深挖路堑通过,但应注意挖方边坡的稳定性,一般挖深应控制在 20 ~ 30m。

垭口深挖,虽土石方工程较集中,但由于降低了过岭高程,相应缩短了展线长度,因此总工程量并不一定增加。即使有所增加,也可从改善行车条件,节约运营费中得到补偿。

如图 6-2-14 所示,甲方案挖深 9m,需要设置两个回头曲线;乙方案挖深 13m,需设置一个回头曲线;丙方案挖深 20m,即可顺山势布线,不需设置回头曲线。丙方案线形好,路线最短,有利于行车和节约运营费用。

(3)隧道穿越。其适用于垭口挖深在 20 ~ 30m 且不宜深挖路堑的情况。当垭口挖深在 30m 以上时,应与隧道方案进行比较。

隧道穿越的优点是具有路线短、线形好、路线隐蔽和路基稳定、保护环境等优点,在高寒山区降低了高程,不受冰冻、积雪、大雾等的影响,大大改善了行车条件。其缺点是隧道施工造价较高,受地质条件影响大,施工技术复杂。

隧道的高程将直接影响路线的长短、建设投资费用、环境保护以及以后运营费用等。一般情况下,隧道高程越低,路线越短,技术指标也越易提高,对运营也越有利。但高程低,则隧道就长,造价就高,工期也长。布线时,可通过综合比较各项因素,合理取舍。

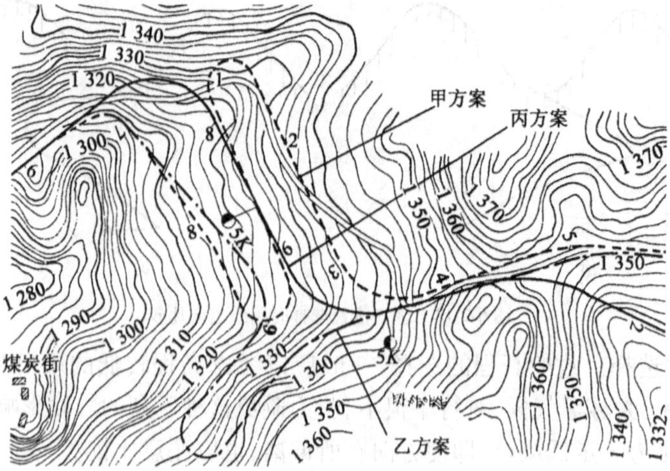

图 6-2-14　垭口采用不同过岭高程的展线布设方案

隧道高程的选定不应仅考虑经济条件，还应考虑以下因素：

①地质和水文地质条件是选择隧道高程的决定因素，选择时，应尽量将隧道放在较好的地层中。

②隧道高程应设在常年冰冻线和常年积雪线以下，以保证施工和行车安全。

③隧道长度要考虑施工期限和施工技术条件等因素。

④在不过多增加工程造价的情况下，要适当考虑远景的发展，尽可能降低隧道高程。

⑤确定隧道高程和长度时还需考虑环境和生态的影响。

3）垭口两侧路线的展线

（1）展线布局。越岭线展线的主要目的是为了克服高差。布局时，以纵坡为主导，利用有利地形，避让不良地形和地质，通过合理调整纵坡度，并设置必要的回头来实现。工作步骤如下：

拟定大致走法：如图 6-2-15 所示，A、B 为方案选择阶段野外调查所确定的主要控制点，A、B 间的自然坡度往往大于最大坡度，需要进行展线布局，通过延长路线，克服高差来实现。A、B 之间的大致走法通常不是唯一的，这时，要求选线人员经过广泛、深入的调查，用手水准确定的大概坡度作为引导，充分利用有利地形，避让不良地质，拟订路线的大致走法。

图 6-2-15　回头地点的实现

选线时，大概坡度采用 3°，即 $\tan 3° = 5.25\%$，称为 3 度草坡。由 A 点开始，利用有利地形开始放坡，直至山下终点 B。

a. 试坡定线。试坡的目的是进一步落实已经拟订的大致走法，发现和加密中间控制点，发现局部新的比较方案，拟订路线布局。

试坡应从垭口开始向下放坡，因为由上而下视野开阔，便于了解和掌握地形的变化。

放坡必须以平均纵坡放出匀坡线（5% 或 5.5%），否则无法控制路线的长度，以满足《规范》的有关要求。

b. 分析、落实控制点，决定路线布局方案。按控制点的位置和高程是否可变动，可将控制点分为固定控制点和活动控制点。

固定控制点一般较少，大多数控制点是有活动的余地的。在调整中，可先把活动范围小的控制点的平面位置和高程确定下来，然后适当调整坡度，定出活动范围大的控制点。

调整控制点时注意：相邻控制点之间的坡度调整范围为 $i_{min} \leqslant i < i_{max}$，同时，相邻控制点之间不能出现反坡。

控制点的调整方法如下：先定控制点，后在两点间定出匀坡线；或用匀坡线交汇出活动控制点；利用匀坡线定出回头地点。

(2) 展线方式。越岭线的展线方式有三种：自然展线、回头展线和螺旋展线。

①自然展线（图 6-2-16）。自然展线是以适当的纵坡，顺着自然地形，绕山嘴，侧沟来延展距离，克服高差。

自然展线的优点是路线走向与地形走向基本一致，顺应地形自然升降，路线最短。与回头展线相比，线形简单，技术指标较高，路线不重叠，对行车、施工、养护有利。其缺点是避让艰巨工程和不良地质能力差，只有通过调整纵坡才能解决。

②回头展线。回头展线是利用合适的地形，以回头的方式布设路线。回头曲线须符合两个条件：一是回头曲线的转角在 180°左右；二是回头曲线的上线与下线应在同一侧山坡。其适用于当控制点间的高差大，靠自然展线无法取得需要的距离以克服高差，或因地形、地质条件限制，不宜采用自然展线时，可利用有利地形设置回头曲线进行展线，如图 6-2-17 所示。

图 6-2-16　自然展线

图 6-2-17　回头展线

回头展线的优点是便于利用有利地形，避让不良地质、地形和艰巨工程。缺点是在同一面坡上，上下线重叠，工程集中，互相干扰，线形差，不利于行车、养护和施工。

在进行回头展线布设时，应注意以下两点：

a. 正确选择回头地点，对回头曲线工程量大小和使用质量关系很大。

适宜于设置回头曲线的有利地形包括：山包；平缓山脊；平缓的山坡；较缓的山沟；较缓的山坳。

b. 尽可能拉长两回头间的距离，避免在同一山坡上多层展线，减少回头个数。

③螺旋线。当路线受到限制,需要在某处集中提高或降低某一高度,才能充分利用前后有利地形时,可考虑采用螺旋展线。螺旋展线一般多在山脊利用山包盘旋,用旱桥或隧道跨线,以便在局部范围内快速降低路线高程,如图 6-2-23 所示;目前,这种展线方式在生产中采用较少。

4)越岭线的展线

越岭线展线布局的基本形式就是利用山谷和山脊展线。

(1)利用山谷展线,如图 6-2-18 和图 6-2-19 所示。

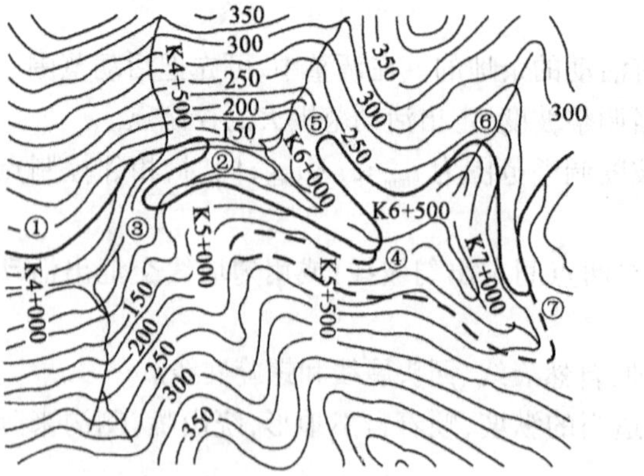

图 6-2-18 反复跨主沟的山谷展线

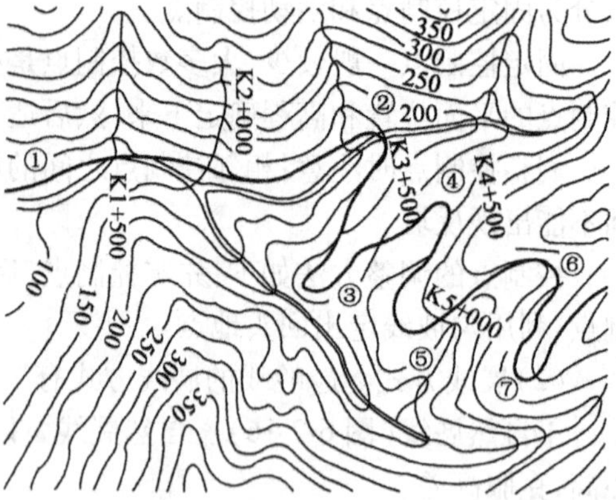

图 6-2-19 利用侧沟的山谷展线

(2)利用山脊展线, 如图 6-2-20 所示。

(3)利用山坡展线, 如图 6-2-21 所示。

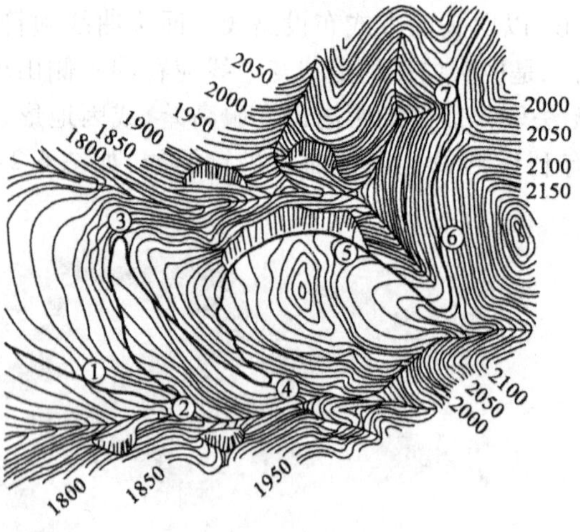

图 6-2-20 利用支脉山脊展线

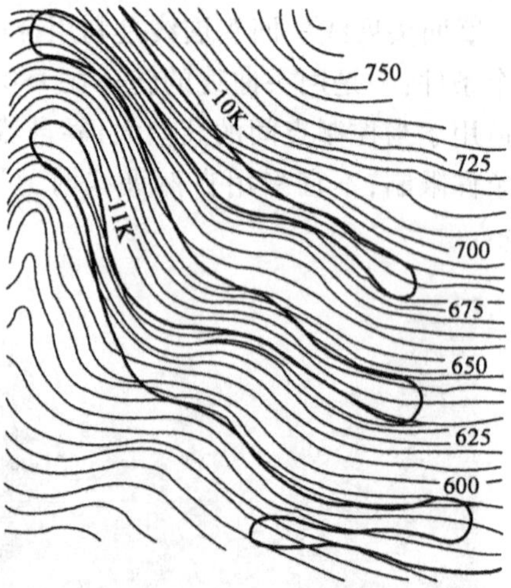

图 6-2-21 利用山坡展线

4. 山脊线

在山岭区,沿分水岭或两侧坡布设的路线称为山脊线或山坡线。

1)山脊线特点

(1)山脊线的优点:①土石方工程量小;②水文、地质条件好;③桥涵构造物较少。

(2)山脊线的缺点:①线位高,离居民居住区较远,服务性差;②缺乏筑路材料和水源,增加了施工和养护难度;③高山气候条件下不利于行车。

由于以上原因,当与其他路线方案比较时,往往不采用山脊线。

2)山脊线的选择条件

是否采用山脊线方案，主要应考虑下列条件：

（1）分水岭的方向不能偏离路线总方向过远。

（2）分水岭平面较顺直，纵断面各垭口间高差不应过大。

（3）控制垭口间山坡的地质情况较好，地形不过于陡峻零乱；控制垭口是指在山脊上一系列垭口中，起控制作用的垭口。当垭口高差不大时，每一个垭口都可作为控制垭口，当高差悬殊时，以低垭口作为控制垭口。

（4）上下山脊的引线要有合适的地形可利用，否则，山脊本身条件再好也难以利用。

3）山脊线布设

由于山脊线走向明确，基本是沿分水岭前进，因此，布线时主要解决三个问题：一是选定控制垭口；二是在控制垭口间决定路线走分水岭的哪一侧；三是试坡布线。

（1）控制垭口的选择。山脊上每一组控制垭口都代表着一个山脊线方案，所以，选择控制垭口是山脊线选择的关键问题。一般情况下，控制垭口应选在方向顺直，起伏不大处；若起伏较大，则舍去相对高的垭口，留下低垭口作为控制点；若有支脉横隔，在相距不远的并排几个垭口之间，选择其中一个与前后连接条件比较好的垭口作为控制点。

（2）侧坡选择。接近分水岭的侧坡是山脊线的主要布线地带，选择哪一侧山坡通过，要综合分析比较后确定。一般宜选择坡面整齐、横坡平缓、路线短捷、地质稳定、无支脉横隔的向阳山坡。除两个侧坡优劣差异十分明显的情况外，应对两侧进行比较，以定取舍，如图 6-2-22 所示。

（3）试坡布线。在相邻两控制点之间布线，应结合具体地形，力求距离短捷，纵坡平缓。当控制点之间高差较大时，需要通过展线来克服高差，有时也需要采用回头展线或螺旋展线来克服高差；也可以采用修建桥梁的办法抬高低垭口或修建隧道的办法降低高垭口，使两控制点间的高差缩小。

当控制垭口之间有支脉横隔时，为不使路线绕行过远，缩短路线，有时需要采用上下起伏的纵坡，如图 6-2-23 所示。

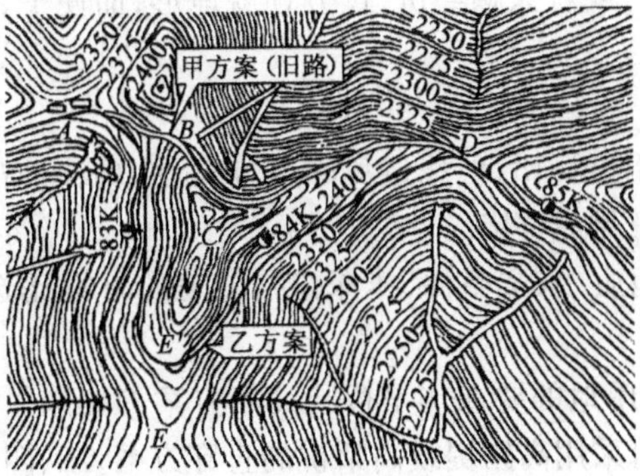

图 6-2-22　山脊线布局比较示意图

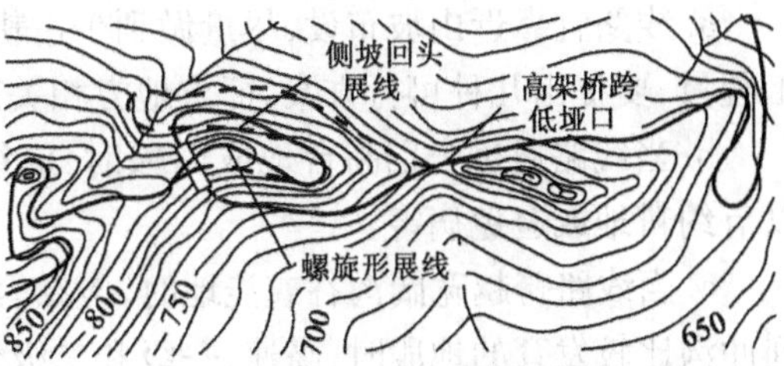

图 6-2-23　山脊展线示意图

（三）丘陵区选线

1. 地貌特点

丘陵区是介于平原区与山岭区之间的一种地形，可分为重丘区和微丘区两类。重丘区地形多为山丘连绵、山坳交错、此起彼伏，山形迂回曲折，岭低脊宽，山坡较缓，丘谷相对高差不大。重丘区与山岭区不易划出明确界限，其技术指标与山岭区大致相同。

2. 路线特点

丘陵区的地形决定了通过丘陵区路线的特点。

(1)局部方案多。

(2)为了充分适应地形,路线纵断面会有所起伏。

(3)路线的平面以曲线为主,如图6-2-24所示。

图6-2-24　丘陵区地形

3. 路线布设原则

丘陵地区选线,要根据丘陵地区的地形特点(地形起伏,丘岗连绵,相对高差不大),选出方向顺直、工程量少的路线方案。

(1)微丘区选线,应充分利用地形,处理好平、纵线形的组合;不应迁就微小地形,造成线形迂回曲折;也不宜采用长直线,造成纵面线形起伏频繁。

(2)重丘区选线应注意:

①注意利用有利条件减少工程量。路线应随地形变化布设,在确定路线平、纵面线位的同时,应注意横向填挖的平衡。在横坡较缓的地段,可采用半填半挖或填多于挖的路基;在横坡较陡的地段,可采用全挖或挖多于填的路基。应注意挖方边坡的高度,不得因挖方边坡过高而失去稳定。同时,还应注意纵向土石方平衡,以减少废方与借方。

②注意平、纵、横的综合设计。不应只顾纵坡平缓,而使路线弯曲,平面标准过低;或者只顾平面直捷,纵面平缓,而造成高填深挖,工程过大;或者只顾经济,过分迁就地形,而使平、纵面过多地采用极限或接近极限的指标。

③注意少占耕地、不占良田。

a. 线路宜靠近山坡布设,尽量做到少占耕地、不占良田,但应避免因过分靠近山坡而增大工程量,要提出几种可行方案,征求地方相关部门意见后选定。

b. 当线路通过个别高台地或山鞍时,应结合地质、水文条件,作深挖与隧道的方案比选,以节约耕地或避免病害。

c. 当线路跨越宽阔沟谷或洼地时,应结合节约用地的要求作旱桥与高填方案的比选。遇到冲沟比较发育的地段时,高速、一级和二级公路可采用高路堤或高架桥的直穿方案,三、四级公路则宜采用绕越方案。

d. 应结合灌溉系统及流量要求,修建相应的桥涵,注意避免引起水害,冲毁或淹没农田。

4. 丘陵区的路线布设

在丘陵区布线时,针对不同的地形条件,可采用三种不同的布线方式。

(1)平坦地带——走直线。在两个已知控制点之间,地势平坦时,应按平原区以方向为主导的原则布线。

①当无地质、地物障碍物时,应走直连线路线。

②当有障碍物或靠近居民居住区时,可加设中间控制点,相邻控制点之间仍以直线连接。

③路线转折处应设长而缓的曲线。

(2)具有较陡横坡地带——沿匀坡线布线。

①如无地形、地物、地质上的障碍,应沿匀坡线布线。

②如有障碍,则在障碍处加设控制点,相邻两控制点间仍按匀坡线布设。

(3)起伏地带——走直连线和匀坡线之间。起伏地带属于具有横坡的地带,其特点是地面横坡较缓,匀坡线迂回。在这种地形条件下,如走直连线,路线最短,但起伏很大,为了减缓起伏,势必出现高填深挖,增大工程量;如走匀坡线,坡度虽均匀,但路线迂回,里程增长不合理。

这种"硬拉直线"和"走曲求平"的做法都不可取,如图 6-2-25 所示,如果路线走在直连线和匀坡线之间,比直连线起伏小,比匀坡线距离短,而且也减少了工程量。路线的具体位置,要根据地形起伏程度和路线等级而定。

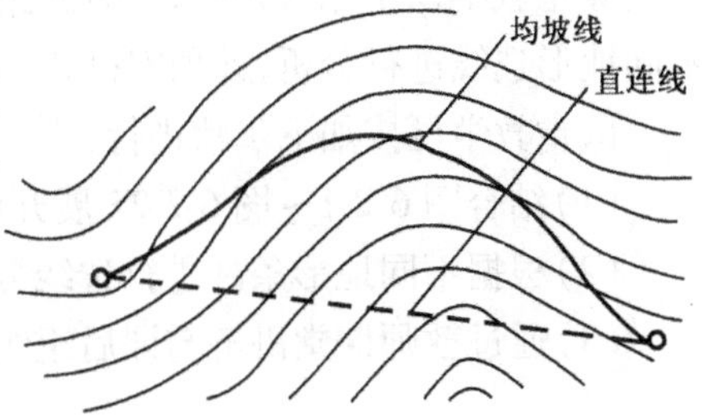

图 6-2-25　匀坡线示意图

①对于较小的起伏地带。在坡度和缓的前提下,一般是:低等级路工程宜小,路线可偏离直连线远些;高等级公路则尽可能缩短距离,使路线离直连线近些。

②对于较大的起伏地带。两端与谷底高差经常不同,在高差大的一端,纵坡常常是决定因素。一般以高差大的一端为主,结合梁顶的挖深和谷底的填高来确定路线的平面位置。

总之,在丘陵区选线,由于可通的路线方案较多,而且各方案之间的优缺点相差不大。因此,特别强调多跑、多看、多问、多比较,以确定一条合适的路线。

二、任 务 实 施

(一)任务布置

课题二:××公路路线选线

1. 基本资料

合适地形图,如图 6-2-26 所示(样图),二级公路,设计速度 $V = 60\text{km/h}$。

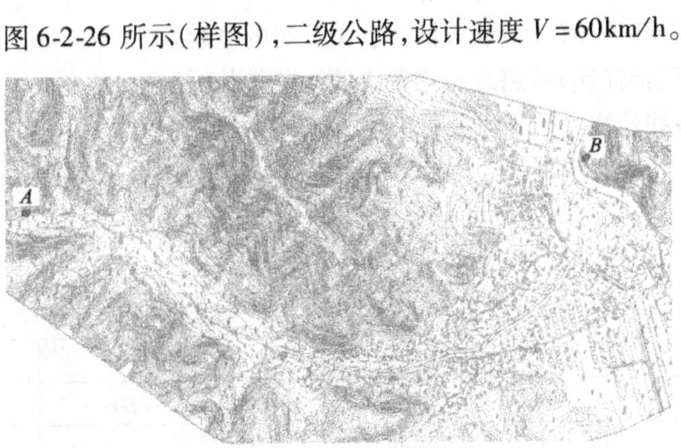

图 6-2-26　山岭区选线地形图

2. 任务

(1)在 A、B 两点之间初拟 2~3 个路线方案。

(2)在每个方案之间布设合适的控制点,逐渐安排路线走向。

(3)撰写路线布线报告。

3. 要求

(1)根据班级人数分成若干组,一般为 6 ~8 人/组。

(2)组长组织,集体完成上述任务(1)、(2)。

(3)各组员分工完成上述任务(3)的某方案布线报告,然后集体讨论,组长负责成果整理与结果分析,按任务目标要求上交《××公路路线选线报告》,供教师批阅。

(二)课堂教学

课堂教学以平原区路线、山岭区路线与丘陵区路线等的特征及布线要点为主线,根据各类不同地形选线进行分析,计划安排 2 学时。

课堂教学可按如下步骤进行:

(1)结合图 6-2-1 ~图 6-2-25 展开课堂教学,提出各类地形条件下的选线要点。

(2)根据不同地形条件进行选线分析。

(3)通过教师课堂讲解与课后组织讨论相结合的方式展开教学。

学习效果评价反馈

(一)学生自评

每位学生根据本工作任务的学习目标,自主完成下述[自测 1] ~[自测 10],并根据表 6-3-1的要求,完成自我检验。

[自测 1]如何理解路线方案、据点、路线总方向的相关概念?

[自测 2]影响路线方案选择的主要因素有哪些?

[自测 3]简述公路路线选线过程及选线步骤。

[自测 4]简述路线方案选择的一般内容。

[自测 5]简述平原区路线布局原则。

[自测 6]如何理解沿河(溪)线、越岭线、山脊线的概念。

[自测 7]简述沿河(溪)线路线布局解决的问题是什么。

[自测 8]越岭线选线时需要解决哪些问题?

[自测 9]越岭线有哪些展线方式?

[自测 10]简述丘陵区路线布设有哪些特点。

学 生 自 评 表 表 6-3-1

任务名称:公路选线分析							
组号		姓名		学号		自评成绩	
题号		自测 1	自测 2	自测 3	自测 4	自测 5	合计
满分		10	10	10	10	10	100
得分							
题号		自测 6	自测 7	自测 8	自测 9	自测 10	
满分		10	10	10	10	10	
得分							

（二）学习小组评价

主讲教师根据班级人数、学生学习情况等因素合理分组，然后以学习小组为单位，完成授课前布置的课题一和课题二的相关任务，组长根据组员的完成情况，按表6-3-2的要求，完成学习小组评价。

学习小组评价表　　表6-3-2

组号		姓名		学号		成绩	
课题			计算（分析）正确性	分析合理性	独立完成能力	参与主动性	创新能力	得分
			15%	15%	8%	6%	6%	50%
课题一：××公路路线方案比较分析								
课题二：××公路路线选线								
组长签名			日期			合计		
备注：本学习情境共设置2个课题，每课题各占50%								

（三）任课教师评价

主讲教师根据学生的学习态度，对公路选线分析进行综合评价，按表6-3-3的要求，完成教师对学生的评价。

教师对学生的学习效果评价表　　表6-3-3

组号		姓名		学号		成绩	
任务名称：公路选线分析							
评价内容	评价依据					分数	得分
学习态度情况	上课纪律、学习主动性等评价					20	
任务自测情况	自测成果的正确性与准确性、完成成果的质量、上交资料的规范程度等评价					20	
小组成果报告情况	路线方案比较分析报告，公路路线选线报告					30	
在小组中所起的作用	学生参与讨论时发表的观点及其观点在成果中采纳的情况等评价					10	
完成的工作量	参与完成小组工作的贡献大小（完全参与为满分，基本参与得基本分）					10	
学生独立解决问题的能力	主要对学生的创新思维能力、组织能力，学生在遇到问题时的判断能力等进行评价					10	
教师签名		日期				合计	

学习情境七　公路定线与放线

工作任务一　纸 上 定 线

学习目标

1. 了解纸上定线和实地放线的注意点；
2. 了解纸上定线的概念；
3. 分析纸上定线和实地放线的步骤；
4. 根据教材相关知识完成课后[自测1]~[自测3]；
5. 正确完成长度为2~3km的纸上定线。

任务描述

教师根据全班组数准备若干套地形图及相关设计要素(包括公路等级、设计车速、地形分类等)，学生分组(视班级总人数可分5~6人/组)，每组推选一名组长负责任务的组织与实施，最终以组为单位上交路线平面设计分析报告。各组在接到任务后，认真学习《标准》及《规范》的相关要求，结合教师讲课并视需要收集其他相关信息，每组各成员单独准备分析材料，完成路线纸上定线，然后分组讨论并由一人做好记录，每组上交《××公路纸上定线报告》。

学习引导

本工作任务沿着以下脉络进行学习：

1. 任务布置(公路路线纸上定线，提出完成任务的内容与要求)；
2. 课堂教学(纸上定线)；
3. 课后思考与总结；
4. 完成第二部分的相关任务；
5. 上交成果：《××公路纸上定线报告》；
6. 学生自测与自评；
7. 组长对组员考核。

一、相 关 知 识

公路定线是指在选线布局中确定的“路线带”范围内，根据公路等级，结合地形、地质及其他自然条件，综合考虑平、纵、横三方面的合理安排，最终确定公路中线的确切位置。

公路定线是公路测设中的关键，它不仅要解决工程技术、经济方面的问题，还要考虑公路与周围环境的协调，以及工程技术标准、国家政策等因素的影响。因此，要求定线人员在把握定线技巧的基础上，充分了解公路的使用任务、性质和要求，熟悉路线所经地区的地形、地质情况，通过设计方案的比选、反复试线，在众多相互制约的因素中，定出一条最佳的路线设计方案。

根据公路等级、技术要求和自然条件,公路定线一般有纸上定线、实地定线和航测定线三种方法。对技术等级高、地形地物复杂的路线,必须先进行纸上定线,然后把纸上所定的路线敷设到实地上;实地定线就是直接在现场通过插点、穿线、定交点的方法定出公路中线的定线过程,它一般适用于公路等级较低、地形条件简单的路线;航测定线是利用航摄相片、影像地图等航测资料,借助于航测仪器建立与实地完全相似的立体光学模型,在模型上直接定线。

公路定线按不同的地形条件,所要解决问题的重点不同。

平原微丘区的地形比较平缓,路线的纵坡一般不受高程限制,定线的重点是如何正确地绕越控制点之间的障碍,建立起中间控制点,使控制点间的路线顺直短捷。

山岭重丘区地形复杂,高差大,横坡陡,定线的重点是如何利用有利地形,安排好纵坡,避免工程艰巨和不良地质地段。

现以路线平、纵、横面受限制较严的越岭线为例,对纸上定线的方法与步骤阐述如下。

1. 拟定路线走向

在大比例尺地形图上(一般为1:1 000~1:5 000),根据路线的起、终点和中间控制点,仔细分析控制点间的地形、地质及地物情况,选择地势平缓、山坡顺直、河谷开阔及有利于回头展线的地点等,拟定路线各种可能的走向,完成路线的总体布局。

2. 放坡试线

设等高线间距为 h,选用的平均坡度为 $i_{均}=5.0\%\sim5.5\%$(视相对高差而定),则等高线平距 $a=h/i_{均}$。从垭口开始,使两脚规的开度等于 a(比例与地形图相同),自上而下依次在等高线上截取1,2,3…点,直至山脚控制点附近。如果放到山脚控制点时其位置和高程均接近控制点,说明放坡试线方案成立,否则应调整或修改走向重新放坡试线,直至方案成立,将已定1,2,3…各点连成折线,称为匀坡线。如图7-1-1所示。

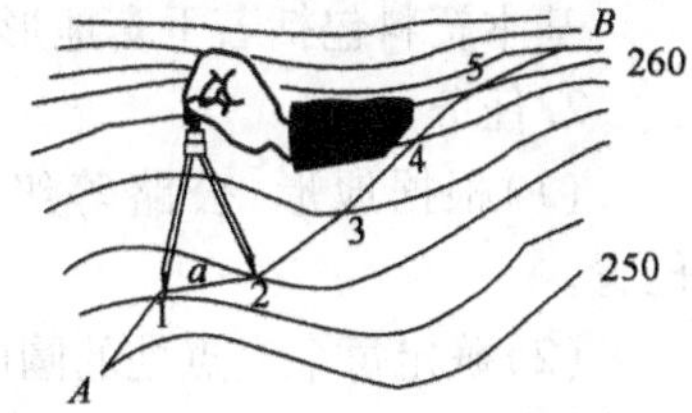

图7-1-1 纸上放坡示意图

3. 定导向线

根据已得到的匀坡线,分析路线所经地带的地形、地物及工程艰巨情况,选择出应避让或绕越的中间控制点,调整中间控制点前后的纵坡,重新在等高线上放坡,截取1′,2′,3′…各点,将1′,2′,3′…各点连成折线,称为导向线。

4. 修正导向线

(1)在导向线的基础上,初步进行平面试线,并确定圆曲线半径,量出地形变化特征点桩号及对应的地面高程,绘制纵断面地面线,初步拉坡,然后计算出各桩号概略设计高程。

(2)在平面试线各桩号的横断面方向上,点出与概略设计高程相应的各点,这些点的连线是具有理想纵坡、中桩处不填不挖的折线,称为修正导向线。

(3)根据修正导向线各点横断面方向的地形,绘制横断面地面线,用路基模板在横断面图上找出路基中线不填不挖、工程经济或起控制作用的最佳位置,以及路基中线可以活动的范围。将取得的最佳位置点用不同符号标在平面图上,这些点的连线是具有理想纵坡、横断面位置最佳的平面折线,称为二次修正导向线。

5. 定线

定线是在分析研究二次修正导向线上各特征点的性质和可活动范围的基础上,反复试线,按规定的技术标准进行最后定线,具体操作有两种做法。

(1)直线形法。在二次修正导向线上,按弃少就多、保证重点的原则,先用直尺绘出与较多地形相适应的一系列直线段，然后用适当的平曲线连接相邻直线。直线形定线法适用于地形简单的平原微丘地区。

(2)曲线形法。此法适用于以曲线为主的连续线形。具体定线时，仍以二次修正导向线为基础，但定线的过程与直线形法相反，即根据导向线上各点受地形、地物控制的宽严程度，先用不同的圆弧分别拟合控制较严的地段，定出圆曲线部分，然后用适当的缓和曲线顺滑连接相邻圆曲线。若相邻圆曲线之间相距较远，也可根据需要插入直线段，形成一条以曲线为主的平面线形。曲线形定线法适用于地形、地物复杂的丘陵或山岭地区。

6. 纵断面设计

路线确定以后，量出路中线穿过每一等高线处的桩号及高程，绘制纵断面图中的地面线，进行纵坡设计。根据设计纵坡，检查所定路线是否经济合理，如填挖过大，应进行修改。修改即调整纵坡或改移中线，或两者都改，应对平、纵、横三方面充分研究后确定。

纸上定线是一个反复试定路线的过程，平面试线的修改次数越多，最后所定路线的设计质量越高，直到认为再修改已无显著效果时，纸上定线工作才算完成。

二、任务实施

(一)任务布置

课题一：××公路路线纸上定线

1. 基本资料

基本资料包括若干套地形图及相关设计要素(公路等级、设计车速、地形分类等)。

2. 任务

(1)根据地形、公路等级、纵断面、填挖等，在要求的控制点间确定路线走向及交点位置。

(2)确定每个交点处的圆曲线半径、缓和曲线长，根据交点坐标、圆曲线半径、缓和曲线长度计算曲线要素、里程桩号等，编制直线曲线转角表。根据计算的平面设计资料，在图中注明相应的里程桩号。

(3)分组讨论并详细分析各图中公路平面设计的合理性。

3. 要求

(1)根据班级人数分成若干组，一般为6~8人/组。

(2)以组为单位，各组员完成上述任务(1)、(2)，组长负责检查各成员的计算或分析结果，做好记录，供集体讨论。

(3)全组共同完成上述任务(3)，组长负责成果的记录与整理，按任务目标的要求上交成果，供教师批阅。

(二)课堂教学

课堂教学以公路纸上定线为主线，围绕公路纸上定线的方法与步骤、公路放样方法组织实施，计划安排2学时。

课堂教学可按如下步骤进行：

(1)公路由于受到技术条件、自然地理与社会经济等因素的制约，从路线的起点到终点之间不可能是一条直线，而是由许多直线段和曲线段(包括圆曲线和缓和曲线)构成。由此提出公路定线，结合公路等级讲解定线方法。

(2)地形不同，纸上定线的侧重点也不同。现以越岭线为例，讲解纸上定线的方法与步骤。

[**案例1**] 如图7-1-2所示为某山岭重丘区部分地形图,图中已定出两个控制点:垭口位置A点和山坡坡脚D点,在A点和D点之间需设计一条越岭线,其定线过程如下:

①拟定路线走向。由图7-1-2中的等高线可看出,该部分东南方向地形较陡,西北方向地形较缓,且在西北处有较为平坦的山脊,由此确定路线的大致走向应为西南方向。

②放坡试线。由图7-1-2得出等高线间距为2m,A点与D点之间相对高差接近60m,选用的平均坡度应不大于5.5%,则等高线平距$a = h/i_{均}$。从垭口A点开始,使两脚规的开度等于a,自上而下依次在等高线上截取$a,b,c,\cdots$,直至D点附近。如果放到D点时其位置和高程均接近D点,说明放坡试线方案成立,否则调整或修改走向重新放坡试线,直至方案成立,将已定$A,a,b,c,\cdots,D$各点连成折线,形成均坡线。

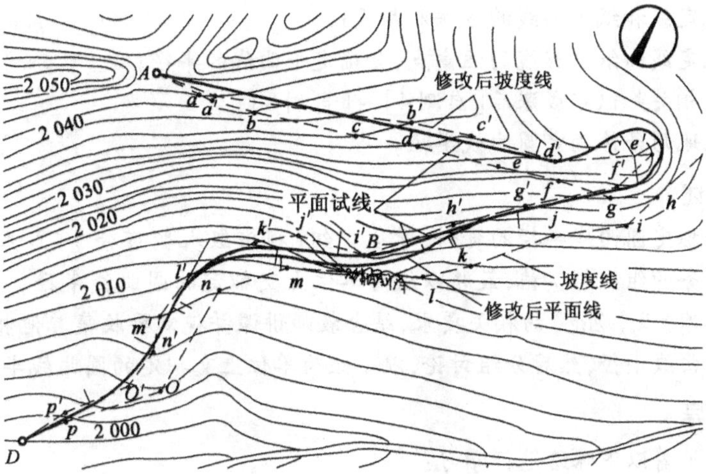

图7-1-2 纸上定线平面图

③定导向线。由图7-1-2中的匀坡线可看出,匀坡线在B处陡崖中间穿过,而且有利于设置回头曲线的C点也没有利用,为此将B和C两处定为中间控制点,然后调整B、C两处前后路线的纵坡,重新在等高线上放坡,截取$a',b',c',\cdots$各点并连接,确定出导向线。

④修正导向线。根据导向线初步拟定出平面线形,拟定圆曲线半径,量出地形变化特征点桩号及地面高程,绘制纵断面图,参考地面线设计理想纵坡,计算出各桩号概略设计高程。然后从纵断面与特殊横断面两方面考虑,对导向线进行修正,确定出修正导向线,如图7-1-3所示。

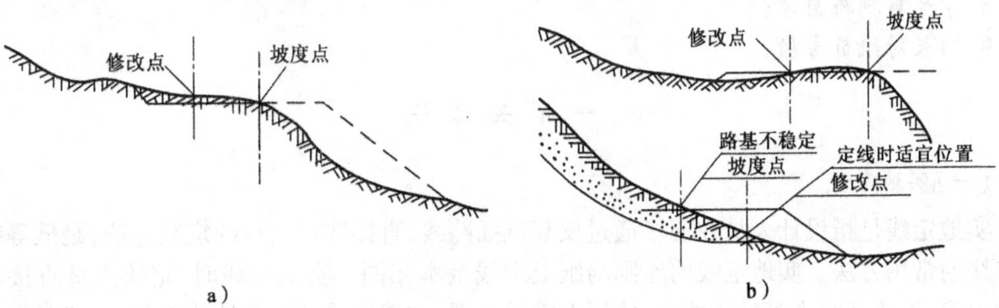

图7-1-3 修正导向线图示

a)属于经济性修改点;b)属于控制性修改点

⑤定线。在修正导向线上,按"弃少就多、保证重点"的原则,用直尺绘出与较多地形相适应的一系列直线段,然后用适当的平曲线把相邻直线连接起来,如图7-1-2所示。

(3)公路实地放样是公路施工的依据,学生应在复习测量知识的基础上掌握公路中线、纵断面、横断面放样方法。

(4)纸上定线的重点是:正确理解纸上定线的工作过程、目的,重点掌握公路中线、纵断面、横断面放样方法。以课堂组织结合实地案例的方式,通过分析总结组织教学。

工作任务二　实 地 定 线

学习目标

1. 了解实地定线的概念和纸上移线的原因;
2. 掌握实地定线和纸上移线的方法和步骤;
3. 分析实地定线和纸上移线的注意点,会确定平曲线的半径;
4. 根据教材相关知识完成课后[自测4]~[自测8];
5. 根据实地地形条件确定圆曲线半径。

任务描述

教师准备好拟定圆曲线半径的资料,学生分组(视班级人数可分5~6人/组),每组推选一名组长负责任务的组织与实施,最终以组为单位上交拟定的圆曲线半径。各组在接到任务后,认真学习《标准》及《规范》的相关要求,结合教师讲课并视需要收集其他相关信息,每组各成员单独拟定圆曲线半径,然后分组讨论,以小组为单位上交拟定的圆曲线半径。

学习引导

本工作任务沿着以下脉络进行学习:

1. 任务布置(实地定线和纸上移线,提出完成任务的内容与要求);
2. 课堂教学(公路实地定线);
3. 课后思考与总结;
4. 完成第二部分的相关任务;
5. 课堂教学(公路纸上移线);
6. 课后思考与总结;
7. 上交成果:圆曲线半径的拟定;
8. 学生自测与自评;
9. 组长对组员考核。

一、相 关 知 识

(一)实地定线

实地定线是指设计人员在现场通过反复试插路线,直接选定交点的定线方法,是低等级公路定线的常用方法。实地定线的原则与纸上定线基本相同。实地定线时,定线人员直接面对实际地形、地质及水文等具体情况,较纸上定线直观;在现场受视线条件的限制,定线时存在一定的片面性和局限性,因此要求定线人员有一定的选线经验,要多跑、多看、多问,摸清路线所经地带的地形、地质等变化情况,反复试定路线,才能定出好的路线。

1. 以点定线

当路线不受纵坡限制时,定线以平面和横断面为主要考虑因素。其要点是:以点定线、以线交点。如在平原微丘区实地定线时,以点定线就是在路线布局和逐段安排阶段确定的控制点之间,结合各种因素,进一步选定影响中线位置的小控制点,然后根据这些小控制点,大致穿出直线;以线交点就是再结合路线的标准,进一步调整各段直线,使之在满足路线标准的前提下,通过主要的小控制点,最后延长相邻两直线交出交点。

(1)控制点的加密。两控制点较远时,一般不可能作直线(特别是地形困难、等级较低的公路),常常需要设置交点,使路线转弯,避开障碍物,利用有利地形,以达到技术与经济的要求。加密控制点,就是在实地寻找控制和影响公路中线位置的具体点位。所谓小控制点,就是结合路线标准,在平、纵、横三个方面找到对局部路线位置起控制作用的点。小控制点有经济性和控制性两种控制点。

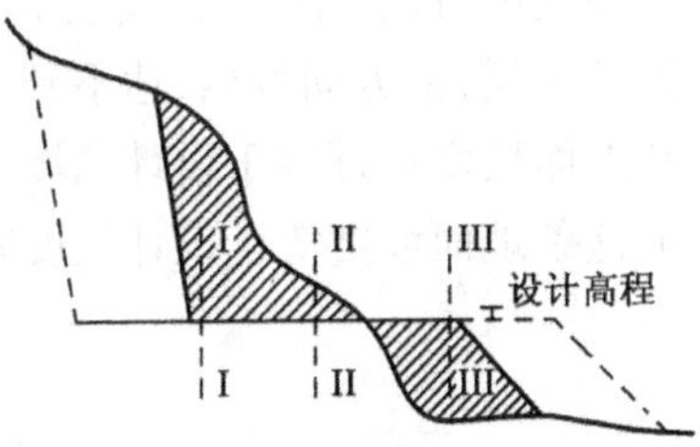

图 7-2-1　横断面经济点

经济性控制点指在路线穿过斜坡地带时,考虑横向填挖平衡或横向施工经济(有挡土墙及其他加固边坡时)等因素而确定的小控制点。如图 7-2-1 中 II-II 中线位置,使挖方面积和填方面积大致相等,这时的线位即为经济控制点。由于这类点仅从横向施工经济出发控制线位,因此它只能作为穿线定点的参考位置。

控制性的点是受艰巨工程、不良地质、地物障碍、路基边坡稳定等因素限制所确定的公路中线位置的控制点。图 7-2-2 所示为几个主要因素对线位影响的示意图。从图 7-2-2 中可看出,控制点的位置还与路基的形状尺寸、加固方式、通过不良地质地段的工程控制、地表形状、路基设计高程等因素有关。定线时应综合考虑这些因素,合理确定小控制点的位置。

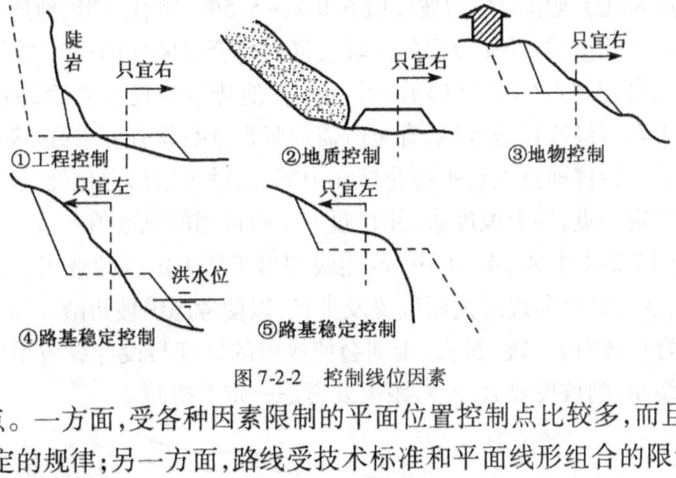

图 7-2-2　控制线位因素

(2)穿线定点。一方面,受各种因素限制的平面位置控制点比较多,而且这些点在平面上的分布又没有一定的规律;另一方面,路线受技术标准和平面线形组合的限制,不可能照顾到每一个控制点。因此,穿线定点,就是根据技术标准和线形组合的相关要求,满足控制点和照顾多数经济点,前后照顾,用穿线的办法延长直线,交出转角点。

此外,在具体穿线定点时,还应考虑两交点之间的直线长度、平面视距、纵坡和平纵面线形的相互协调,以及路线与桥梁、路线与其他特殊构造物的配合等问题。

2. 放坡定线

当两控制点间高差较大,路线受纵坡限制时,定线应以纵坡为主导,采用放坡定线。如山岭区越岭线的实地定线,其方法和步骤如下:

(1)分段安排路线。在路线全面布局所拟定的主要控制点之间,根据地形、地质、水文等情况,自上而下用粗略试坡的方法确定中间控制点,从而确定路线轮廓方案。

(2)放坡。放坡就是在现场按照要求的设计纵坡(或平均坡度)在实地找出地面坡度线、确定越岭线平面基本走向的工作,其实质就是对路线设计的限制因素(如最大纵坡、最大与最小坡长及平均纵坡等)进行合理安排。放坡是越岭线定线的一个重要环节,它对争取高程,处理平、纵、横之间的关系起着重要作用。

如图 7-2-3 所示,此路段的地形为山岭重丘区,天然地面坡度角均在 20°以上,而设计纵坡(或平均纵坡)有一定要求,路线由 A 点到 B 点,如果沿最大地面自然坡度方向 AB(即垂直于等高线的方向)前进,路线上不去,显然不可能实施。如果路线沿等高线走(即 AC 方向),虽然纵坡平缓,但方向偏离,达不到上山目的,因此,就需要在 AB 和 AC 方向间找到 AD 方向线,使其地面坡度正好等于设计纵坡(或平均纵坡)i,这样既使路线纵坡平缓,又使填挖数量最小,寻求这条地面坡度等于设计坡度线(或平均纵坡)$i_{均}$的工作就是放坡的任务。

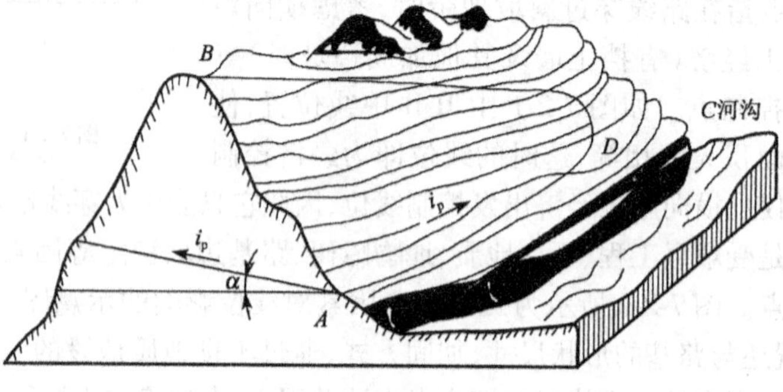

图 7-2-3　放坡示意图

放坡时,根据《标准》规定的平均坡度值 5.0% ~5.5%,结合地形、地质、水文等具体情况,分段拟定各区段的平均纵坡,并使放出的纵坡度同时符合纵断面的设计要求。

放坡一般从最高控制点(如垭口)开始,一人在地势较高处安置经纬仪于路中线控制点处,盘左,然后上下调节经纬仪望远镜,直至所需的竖盘读数符合要求,以满足经纬仪视线与道路纵坡倾斜角一致。指挥前点人员手持花杆在山嘴、山坳等地形变化处、计划变坡处及顺直山坡上每隔一定距离定一点,插上坡度旗,并在旗上注明选用的纵坡值。按上述方法定出的这些坡度点的连线如图 7-2-4 中 $A_0, A_1, A_2\cdots$,该连线相当于纸上定线的修正导向线,称为导向线。放坡传递坡度时,要估计平曲线的大概位置及半径,以便考虑纵坡折减。对拟定要跨的山沟和要穿的山嘴或山脊放坡时要"跳"过去,否则会使放出的坡度与设计纵坡误差太大。若准备对山沟或山嘴进行绕越,则坡度要放缓,对距离要考虑一定的折减。

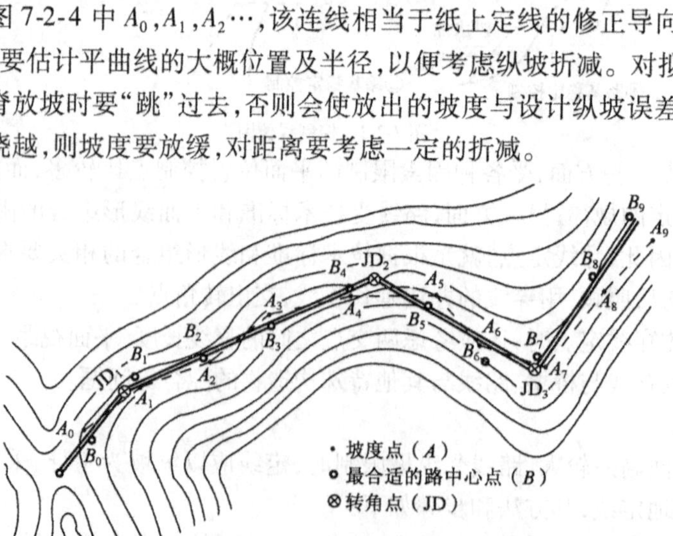

图 7-2-4　放坡定线示意图

（3）与横断面进行核对。放坡定出的坡度线（即导向线），主要是从纵坡安排方面考虑的，对路基稳定特别是横断面上的填挖方数量的考虑较少。因此，还应根据路基设计的要求，在坡度线上，选择横坡较陡或高填、深挖的特征点位置，定出横断面方向上相应特征点（如经济点、控制点和最合适的路中线位置点等），并插上标志，这些点的连线如图 7-2-4 中 $B_0,B_1,B_2,\cdots$，该连线相当于纸上定线的二次修正导向线，称为修正导向线。根据经验，一般当地面横坡在 1∶5 以下时，中线在坡度点上下方对路基稳定和工程经济影响不大；当横坡为 1∶5～1∶2 时，中线与坡度点以重合为宜；当横坡大于 1∶2 时，中线宜在坡度点上方，以形成全挖的台口式断面为好。

（4）穿线定交点。修正导向线是具有合理纵坡、横断面上位置最佳的一条折线。根据修正导向线进行实地穿线，穿线应在满足平面线形要求的前提下，尽可能多地靠近或穿过导向线上各特征点，特别要注意穿过控制性严的点，裁弯取直，使路线平、纵、横三方面配合协调，穿出与地形相适应的若干直线，延伸相邻两条直线定出交点，如图 7-2-4 中 JD_1、JD_2、JD_3，即为路线的导线。穿线交点这一工作很重要，定线人员必须反复试插，多次修改，才能定出合理的路线。

（5）设置平曲线。路线导线确定以后，即可根据交点偏角及附近地形、地质等情况，确定合适的圆曲线半径并敷设平曲线。

（6）纵断面设计。根据有关外业资料，绘制纵断面图，进行纵坡设计。

实地定线的纵坡设计，一般都是在平面已经确定的基础上进行。虽然在实地定线时已充分考虑了纵断面及横断面的具体要求，但限于定线的经验、视野以及对所经地形、地质的了解程度，定出的路线难免会顾此失彼，存在一定的局限性。因此，实地定线的室内纵坡设计，不仅要解决工程经济和技术标准问题，还要实现平、纵面线形的配合和协调，这就要求设计人员不断调整纵坡，通过反复试坡修改，才能取得满意的结果。

在纵断面设计中，如果靠调整纵坡无法满足要求时，则应考虑调整平面线形。若平面线形改动不大，可根据已有路线导线和横断面资料，绘制带状平面图，通过纸上移线的办法解决；若因工程经济与平、纵面线形配合矛盾很大时，必须对平面线形作重大的改动，此时应按定线的具体要求，通过现场改线，重新定出路线。

（二）圆曲线半径选定

无论是纸上定线还是实地定线，在路线定线后，都要根据路线交点的实际情况，酌情选定圆曲线半径。《标准》规定：各级公路不论转角大小均应设置平曲线。为提高公路使用质量，应尽可能选用较大的圆曲线半径。一般情况下，宜选用大于《标准》所规定的一般最小半径，只有当受地形、地物或其他条件限制时，方可采用小于一般最小半径的半径，不要轻易采用极限最小半径。

圆曲线半径的选定，除要与弯道本身所在位置的地形、地物条件相适应，使曲线沿理想的位置通过外，还要考虑与弯道前后的线形标准相协调。如在长而陡的坡道下端和两长直线中间，不宜插设小半径平曲线；在陡坡路段，不宜设小半径平曲线。圆曲线半径的确定可采用下列方法。

1. 单交点法

单交点法是实地定线最常用的方法之一。它是用一个交点来确定一段单圆曲线的插设曲线方法，适用于一般转角不大或实地能直接钉设交点的情况。

1）根据外距控制半径

（1）在交点附近有地物，平曲线线位受地形、地物制约时，其半径的选定通常可以用单交点法或双交点法解决，平曲线预期通过的理想线位，一般是结合现场实际予以首先确定，然后按平曲线要素的几何关系来推算适应上述线位要求的相应半径值。对于转角不大,线位受限制不严的平曲线,通常采用单交点法,控制点位取曲线中点(QZ),根据预期中点线位至交点的实测距离 $E_{控}$,按下式即可计算出相应半径值:

$$R = \frac{E_{控}}{\sec\frac{\alpha}{2} - 1} \tag{7-2-1}$$

式中:$E_{控}$——实测控制的外距,m;

α——路线的交点偏角,rad。

由式(7-2-1)求得的 R 值,在满足要求的前提下,一般取值应为5m或10m的整倍数。

(2)用外距控制线位高低或工程数量。当路线相邻直线的等高线线位高程基本相同,此时平曲线部分的线位若能与相邻直线大致在同一高程上最为合适,若按此要求所得的圆曲线半径值满足《标准》的规定,则即为所求值。此外,当路线绕越山嘴时,可按外距值大小选择圆曲线半径。其中 E 值越大,工程数量越大,具体选定半径可根据公路等级的高低合理确定。

2)用切线长控制半径

选定圆曲线半径,除受地形、地物制约外,有时还应考虑线形要求。如当同向或反向曲线间直线长度较短时,为解决曲线敷设与衔接的问题,通常采用限制切线长度的方法来推求圆曲线半径,如图7-2-5a)所示。桥梁或隧道两端的曲线起、终点到桥头或隧道口应留有一定长度的直线段,如图7-2-5b)所示,此时的圆曲线半径也应根据切线长来选定。

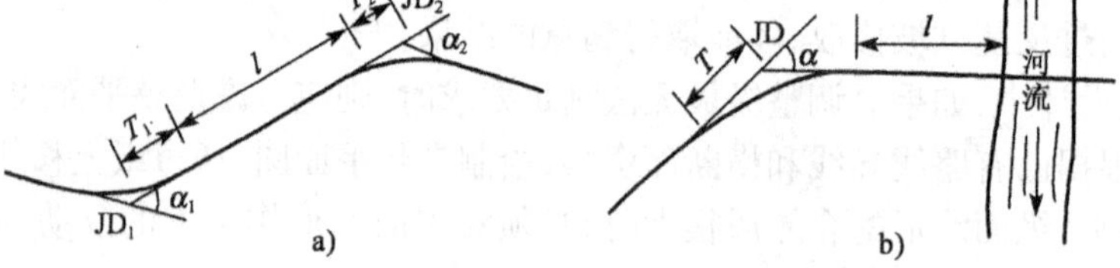

图7-2-5 用切线长度控制半径

对采用单交点法选定的圆曲线半径,一般应首先选定出受地形或地物等要素限制较严的圆曲线半径,依此计算该平曲线的切线长度 T_1,然后考虑留出《标准》规定的直线长度 l(当反向或同向曲线径向连接时,直线长度 $l=0$),最后以留余部分作为切线长度反算另一个曲线半径,计算公式为:

$$R = \frac{T}{\tan\frac{\alpha}{2}} \tag{7-2-2}$$

3)用曲线长控制半径

当已知交点偏角,其他条件不受限制时,如果圆曲线半径选得过小,则曲线长度必然太短,对行车不利。此时应用平曲线的最短允许长度来控制半径,其计算公式为:

$$R = \frac{180L}{\alpha\pi} \tag{7-2-3}$$

式中:L——要求的平曲线长度,m。

2. 双交点法

双交点法是指当路线偏角较大及交点受地形或地物障碍限制,无法钉设交点时,可采用在前后直线上选两个辅助交点来代替原交点,敷设曲线选择半径的方法。

当转角较大,交点因过远或交点处无法安置仪器时,可考虑采用虚交点法。虚交点法常用纸上图解法来选定圆曲线半径。纸上图解法是根据实测辅助导线 AB 的转角大小及 AB 导线长度,在纸上按一定比例作图,定出虚交点位,如图 7-2-6 所示,通过图解可选出与地形相应的圆曲线半径,然后根据图解结果,现场校验选定的曲线半径是否合适。

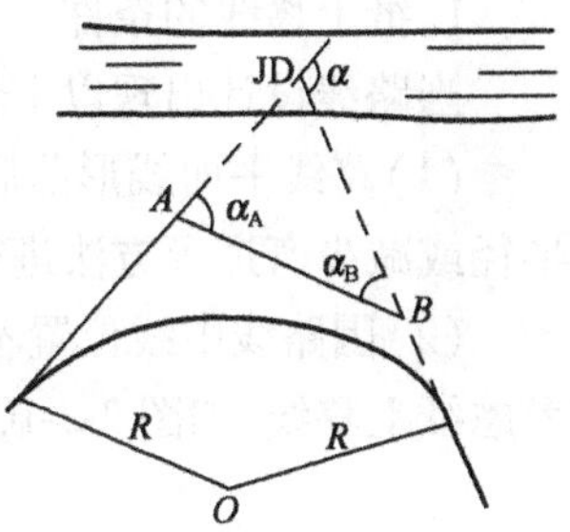

图 7-2-6　虚交点

采用双交点法选定圆曲线半径,一般应先选择曲线适宜通过的点位 C,如图 7-2-7 所示,然后通过 C 点作切线 AB 与前后导线交于 JD_A 和 JD_B,测量 α_A 和 α_B 的大小及 AB 长度,按下式求出圆曲线半径,即

$$R = \frac{AB}{\tan\frac{\alpha_1}{2} + \tan\frac{\alpha_2}{2}} \tag{7-2-4}$$

当按式(7-2-4)计算出曲线半径后,应在现场定出平曲线的起点 D、公切点 C 及终点 F,当以上三点通过校验无法满足线位要求时,可改用虚交点法或复曲线法选定半径,如图 7-2-6 和图 7-2-8 所示。

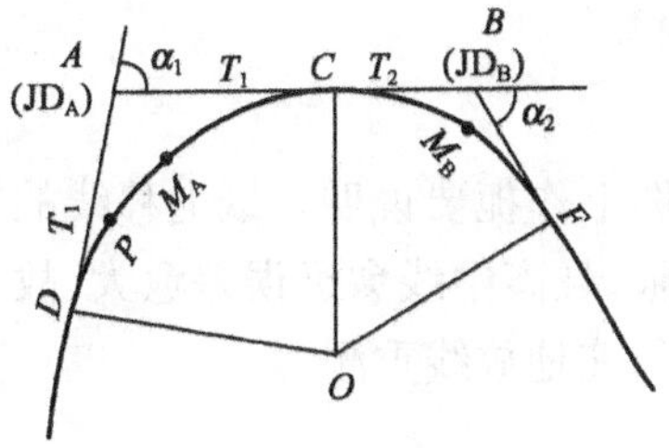

图 7-2-7　双交点法

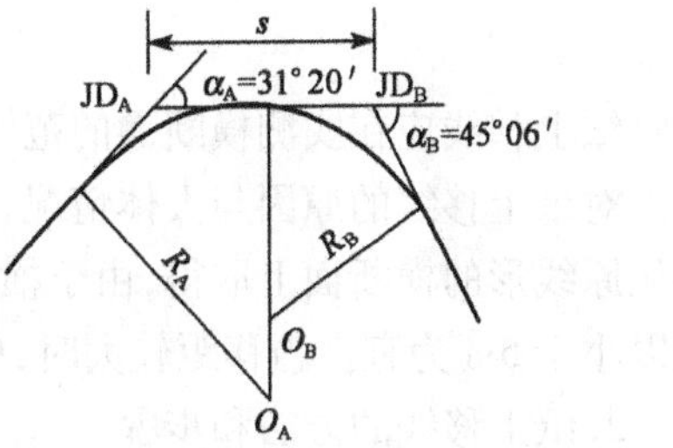

图 7-2-8　复曲线法

采用复曲线法选定半径,一般应先定出受地形控制较严的一侧的曲线半径,然后反算相邻曲线半径,要求曲线除通过理想线位外,还应注意两相邻曲线的半径值不宜相差过多,其比值一般以不大于 1.5 为宜。

3. 回头曲线定线法

一般来讲,有回头曲线的地方,路线受地形约束较大,主曲线和辅助曲线的平、纵面控制较严,定线时稍有不慎便会对线形和工程量影响很大,因此,插线时必须反复试线,才能得到满意的结果。回头曲线定线的方法很多,通常采用切基线的双交点定线。

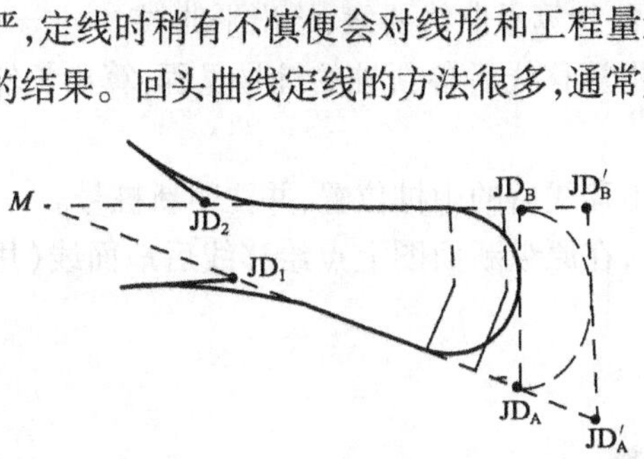

图 7-2-9　回头曲线定线法

按照放坡的导向线,先确定辅助曲线交点 JD_1、JD_2 和上下线位置,如图 7-2-9 所示,然后通过反复移动基线 JD_A-JD_B 来控制确定主曲线,直到满意为止。其具体方法同切基线的双交点法。

(三)纸上移线

在公路定线的过程中,由于定线时考虑不周、受地形条件限制或其他原因,难免产生个别路段因平面中线位置不当致使工程量过大、标准或线形不够理想等问题。此时可在分析研究已定路线平、纵、横图纸资料的基础上,采用纸上移线的方法,修改局部路线,使设计达到经济合理的要求,它对提高设计质量,降低工程费用起着一定的作用。

1. 纸上移线的条件

当路线设计出现以下情况时，应考虑纸上移线。

(1)路线平面线形前后不协调或平、纵线形配合矛盾突出时，应采取调整交点位置、改变半径或减少弯道等方法进行移线。

(2)因路线中线位置不当，使工程量过大、边坡过高，或需设高挡墙和大的砌石工程时，应考虑纸上移线，如图 7-2-10 所示。

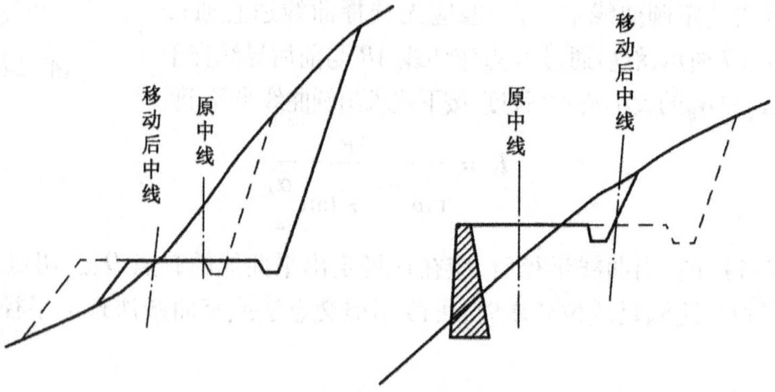

图 7-2-10　横断面移线示意图

纸上移线应在实测横断面的范围内进行。

对纸上移线的原因与大体情况，应在纸上移线平面图上作扼要说明。纸上移线的资料主要从原线形的横断面上取得，由于横断面的实测范围有限，且离中线愈远误差愈大，故移距一般以小于 5m 为宜。当移距较大时，应在定出移改导线后，实地放线重测。

2. 纸上移线的方法和步骤

(1)绘制移线路段大比例尺(一般采用 1:200 ~ 1:500)路线平面图，注明交点编号、曲线起终点以及各桩位置。

(2)根据移线的目的，在纵断面图上试定出合理纵坡，算出各桩的填挖值。

(3)根据纵断面图上各桩填挖值，在横断面图上找出各桩经济或控制性的路基中心线位置，量出偏移原中心线的距离(即移距)，分别用不同的符号标记在平面图上。

(4)参照平面图上的标记，经反复试定修改，定出修改后的导线。用正切法算出各交点偏角，并使移线与原线角度闭合。同时，拟定圆曲线半径，计算平曲线要素，绘出平曲线。

(5)根据移线起点与原线桩号里程的对应关系，推算移线后各新桩的桩号里程，算出长链或短链值，注在移线终点。

(6)按各桩的平面移距，在相应各横断面图上绘出移线后的中桩位置，并注明新桩号。

(7)根据横断面图上移线前后中桩处的相对高差，在原纵断面图上点绘移线后地面线(用虚线表示)，重新设计纵坡及竖曲线。

(8)设计路基横断面，并计算土石方数量。

二、任 务 实 施

(一)任务布置

课题二：不同条件下的圆曲线半径拟定

1. 基本资料

(1)某公路的平曲线偏角 $\alpha = 17°17'13''$，缓和曲线长度 $l_h = 70$m，该曲线内侧需绕过某建筑物，如图 7-2-11 所示，外距控制不得大于 7.0m，试求平曲线最大半径。

(2)某公路的平曲线偏角 $\alpha = 6°15'32''$，为了使平曲线长度大于 300m，试求平曲线最小半径。

(3)图 7-2-8 中，JD_A 与 JD_B 之间直线段距离 $s = 54.20$m，转角 $\alpha_A = 31°20'$，$\alpha_B = 45°06'$，拟设复曲线通过，试求圆曲线半径。

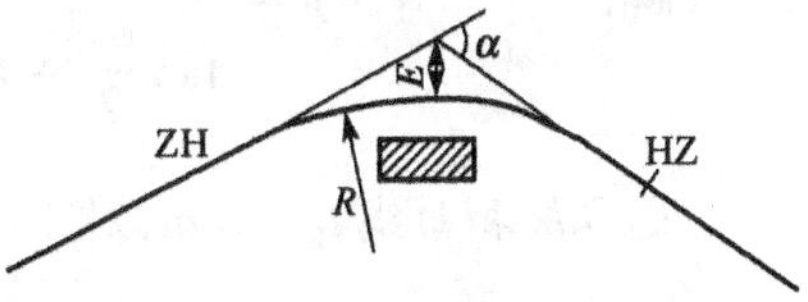

图 7-2-11 某公路平曲线图

2. 任务

根据上述资料分别拟定圆曲线半径。

3. 要求

(1)根据班级人数分成若干组，一般为 6 ~ 8 人/组。

(2)以组为单位，各组员完成上述任务，组长负责检查各成员的计算或分析结果，做好记录供集体讨论。

(3)按任务目标的要求上交拟定的圆曲线半径，供教师批阅。

(二)课堂教学

课堂教学以公路实地定线为主线，围绕公路实地定线的方法与步骤、圆曲线半径确定方法、纸上移线的方法与步骤组织实施，计划安排 2 学时。

课堂教学可按如下步骤进行：

(1)地形不同，实地定线的方法也不同，重点讲解山岭重丘区实地定线的方法与步骤。

(2)通过定线确定交点位置，考虑行车特点，在交点处需设平曲线，结合案例完成圆曲线半径的确定的教学。

[案例 1] 如图 7-2-12 所示为微丘区三级公路，路线交点受一建筑物限制，已知转角 $\alpha = 46°38'$。试求在不拆除建筑物的条件下能够设多大的圆曲线半径。

解：根据以上要求，首先应测出交点 O 至建筑间的距离 OM，实测结果为 15.10m，已知该弯道路基横断面如图 7-2-13 所示，则：

$$E_{控} = 15.10 - (3.5 + 1.9 + 1.2 + 2) = 6.5(\text{m})$$

$$R = \frac{E_{控}}{\sec\frac{\alpha}{2} - 1} = \frac{6.5}{1.089 - 1} = 73(\text{m})$$

取整 $R = 70$m。当 $R = 70$m 时，外距 $E = 6.23$m，所以能满足上述要求。

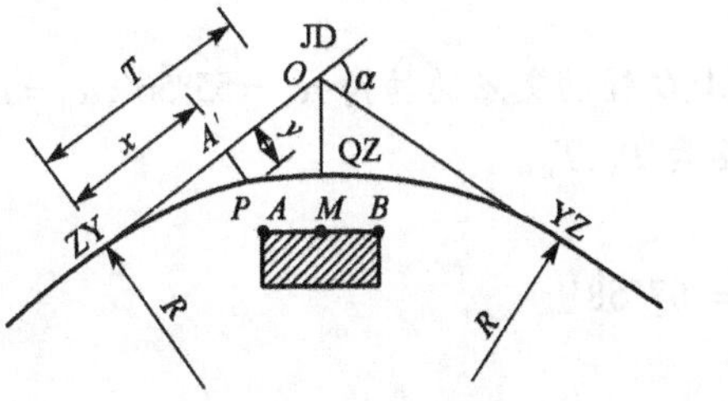

图 7-2-12 某三级公路平曲线图

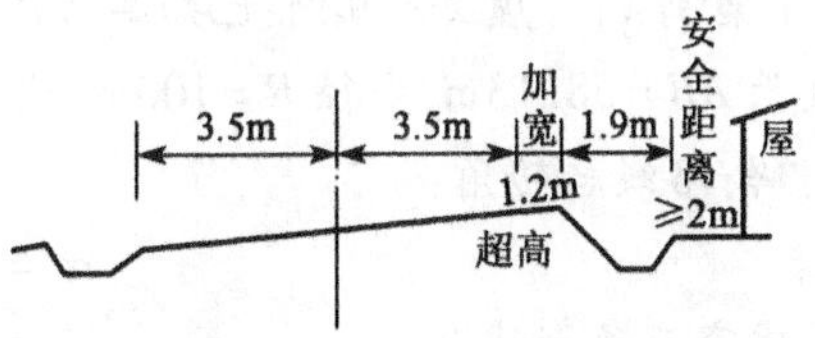

图 7-2-13 弯道路基横断面图

如果仅以曲线中点(QZ)难以判断整个曲线是否与地形、地物全部吻合时，应补点进行复核，还应验核建筑物左上角 A 点是否阻碍路线，此时可自 A 点作切线的垂线交于 A' 点，量得 A' 至曲线起点(ZY)的距离 x，然后按已定的圆曲线半径 R 值，根据切线支距近似公式 $y = x^2/2R$ 求得相应 y 值，从而定出曲线上对应点位 P 点，再根据 PA 间实有距离，即可判断路线能否通过。如有妨碍，则应重新调整半径，直至满足要求为止。

[案例 2] 如图 7-2-14 所示，为双交点曲线。已知 $\alpha_A = 50°30'$，$\alpha_B = 42°02'$，$AB = 69.15m$，试求圆曲线半径。

解：

$$R + p = \frac{AB}{\tan\frac{\alpha_A}{2} + \tan\frac{\alpha_B}{2}} = \frac{69.15}{0.47163 + 0.38420} = 80.80\ (m)$$

选取缓和曲线 $l_h = 40m$，则

$$p \approx \frac{l_h^2}{24(R+p)} = \frac{40^2}{24 \times 80.80} = 0.83(m)$$

$$R = 80.80 - 0.83 = 79.97(m)$$

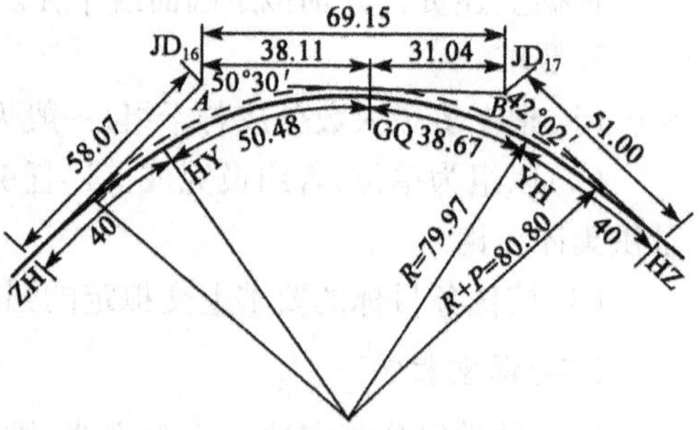

图 7-2-14 双交点曲线(尺寸单位：m)

将 $R = 79.97m$ 代入计算公式校核：

$$p = \frac{l_h^2}{24R} = \frac{40^2}{24 \times 79.97} = 0.83(m)$$

$$q = \frac{l_h}{2} - \frac{l_h^3}{240R^2} = 20 - 0.04 = 19.96(m)$$

$$T'_1 = (R+p)\tan\frac{\alpha_A}{2} = 80.80 \times 0.4716 = 38.11(m)$$

$$T'_2 = (R+p)\tan\frac{\alpha_B}{2} = 80.80 \times 0.3842 = 31.04(m)$$

$$AB = T'_1 + T'_2 = 38.11 + 31.04 = 69.15(m)$$

由此可确定，圆曲线半径 $R = 79.97m$，$l_h = 40(m)$。

[案例 3] 已知某交点偏角 $\alpha = 15°$，若要使平曲线长度满足 $L = 40m$，求圆曲线半径。

解：

$$R = \frac{180L}{\alpha\pi} = \frac{180 \times 40}{15\pi} = 152.79(m)$$

取整 $R = 155m$。

[案例 4] 虚交点算例：已知某弯道交点 JD_{23}，A、B 辅助交点的转角 $\alpha_A = 55°56'$，$\alpha_B = 12°02'$，基线长 $AB = 58.13m$，半径 $R = 100m$，试计算曲线要素 T_A、T_B。

解：路线总转角：

$$\alpha = \alpha_A + \alpha_B = 67°58'$$

虚交三角形边长：

$$a = \frac{\sin 55°56'}{\sin 67°58'} \times 58.13 = 51.95(m)$$

$$b = \frac{\sin 12°02'}{\sin 67°58'} \times 58.13 = 13.07(m)$$

切线总长：

$$T = 100 \times \tan\frac{67°58'}{2} = 67.41(\text{m})$$

终点到辅助曲线交点的距离：

$$T_A = 67.41 - 13.07 = 54.34(\text{m})$$

$$T_B = 67.41 - 51.95 = 15.46(\text{m})$$

[案例 5] 已知某六点圆曲线，实测资料见表 7-2-1，圆曲线半径 $R = 500\text{m}$，试计算该曲线。

某圆曲线实测资料 表 7-2-1

辅助交点	A	B	C	D	E	F
转角	18°46′	15°32′	27°05′	−20°36′	24°41′	13°14′
基线长(m)		l_1 = 112.40	l_2 = 128.64	l_3 = 131.86	l_4 = 138.57	l_5 = 153.45

解：根据已知条件，作出草图如图 7-2-15 所示。

①先列表计算有关数据，见表 7-2-2。

②计算 a、b、T_A、T_B。

$$a = \frac{\sum_{i=1}^{n}[l_i\sin(\sum_{j=1}^{i}\alpha_j)]}{\sin(\sum_{i=1}^{n+1}\alpha_1)} = \frac{454.498}{0.98061} = 463.48(\text{m})$$

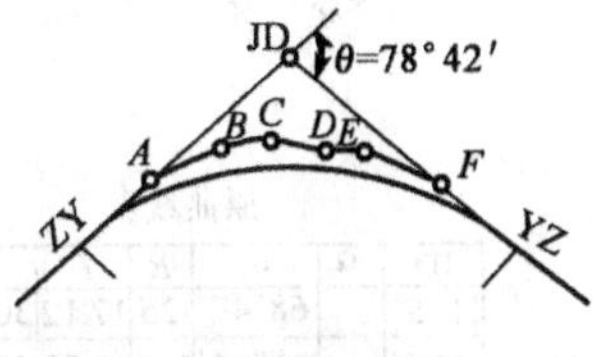

图 7-2-15 多交点圆曲线计算图示

多交点圆曲线数据计算表 表 7-2-2

辅助交点号	A	B	C	D	E	F	$\sum$
α_i	18°46′	15°32′	27°05′	−20°36′	24°41′	13°14′	
$\sum\alpha_i$	18°46′	34°18′	61°23′	40°47′	65°28′	78°42′	
$\sin\sum\alpha_i$	0.32172	0.56353	0.87784	0.65320	0.90972	0.98061	
$\cos\sum\alpha_i$	0.94684	0.82610	0.47895	0.75719	0.41522	0.19595	
l_i	112.40	128.64	131.86	138.57	153.45		
$l_i\sin\sum\alpha_i$	36.161	72.493	115.752	90.154	139.578		454.498
$l_i\cos\sum\alpha_i$	106.425	106.270	63.514	104.924	63.707		444.480

$$b = \sum_{i=1}^{n} l_i\cos(\sum_{j=1}^{i}\alpha_j) - a\cos\sum_{i=1}^{n+1}\alpha_i = 444.48 - 463.483 \times 0.1960 = 253.66(\text{m})$$

则切线长：

$$T = R\tan\frac{\alpha}{2} = 409.97(\text{m})$$

$$T_A = 409.97 - 353.66 = 56.31(\text{m})$$

$$T_B = 409.93 - 463.48 = -53.51(\text{m})$$

(3)纸上移线比较难理解,在理解纸上移线原因与目的基础上,结合工程案例讲解纸上移线的方法。

[案例6] 某公路采用实地定线确定了平面线形,在进行纵断面、横断面设计时发现在JD_{175}、JD_{176},即里程桩号为K50+311.88~K50+424.77处需开挖的土石方数量过大,易出现深路堑。为解决此问题,需依据已有的平、纵、横图纸资料,进行纸上移线,以减小工程量。

解:①绘制K50+311.88~K50+424.77路段平面图,如图7-2-16所示。

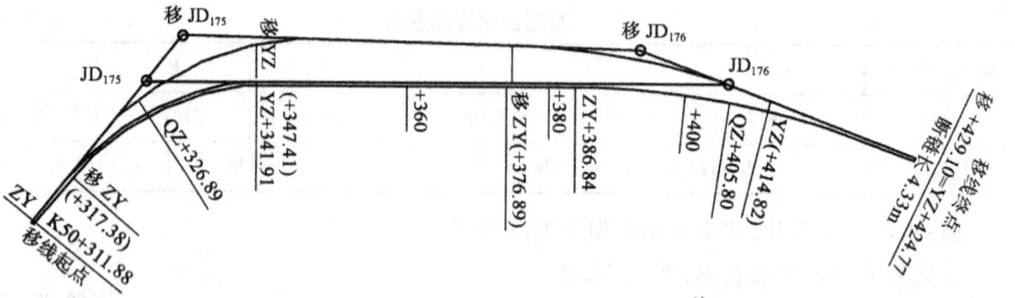

原曲线表

JD	α_z	α_y	R	T	L	E
175		68°49′	25	17.12	30.03	5.30
176		21°44′	100	19.20	37.93	1.83

移线曲线表

JD	α_z	α_y	R	T	L	E
175		68°49′	25	17.12	30.03	5.30
176		21°44′	100	19.20	37.93	1.83

原桩号	移线桩号	移距 左	移距 右
K50+311.88	K50+311.88	0	0
+326.89	+327.80	2.7	
+341.91	+345.30	4.9	
+360	+363.40	5.0	
+380	+383.40	4.8	
+386.84	+390.20	4.2	
+400	+404	2.4	
+405.80	+410	1.8	
+424.77	+429	0	0

注:

此段移线原因为土石方数量过大,线位偏右,将JD_{175}与JD_{176}间直线平行左移5m,两曲线要素不变,断链长4.33m,土石方减少4 000m^3左右。

K50+311.38~K50+424.77					
纸上移线平面图					
图号		比例		日期	

图7-2-16 纸上移线平面图

②以减小开挖深度为目的,在纵断面图上试定纵坡,如图7-2-17所示,计算各桩号合理的开挖深度。

③根据各桩号的开挖深度,在横断面上找出合适的路基中心线位置,量出移距,如图7-2-18所示。

④在平面图上依据移距表示出相应标记,参照标记,定出修改后的导线,如图7-2-16所示。计算各交点偏角,拟定半径,计算平曲线要素,绘出平曲线,见图7-2-16。

⑤推算移线上的新桩号,量各桩号的移距,将新老桩号及移距填入移距表中,见图7-2-16。

⑥依据各桩移距在横断面图上找出相应中桩位置,注明新桩号,如图7-2-18所示。

⑦根据图7-2-18中各横断面图确定出各桩号移线后中桩处的地面高程,并在纵断面图上绘出移线后地面线,重新设计纵坡,如图7-2-17所示。

⑧依据图7-2-18设计横断面,并计算土石方数量。

(4)本任务的重点是:让学生知道实地定线的方法和步骤,会根据实地地形条件确定圆曲线半径,理解纸上移线的原因。实地定线、纸上移线比较难理解,课堂上应尽量结合相应设计案例组织教学。

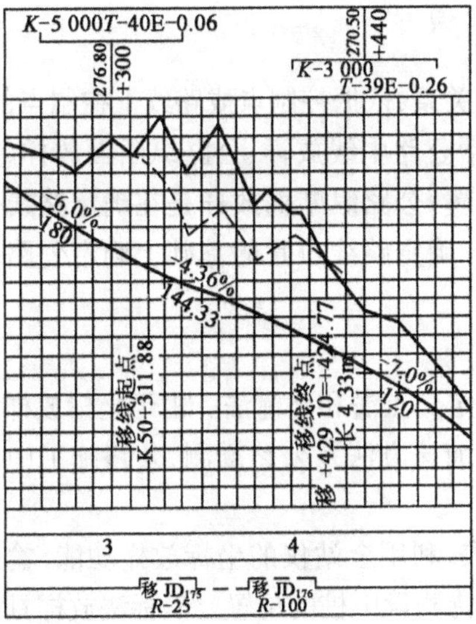

图 7-2-17 纸上移线纵断面图

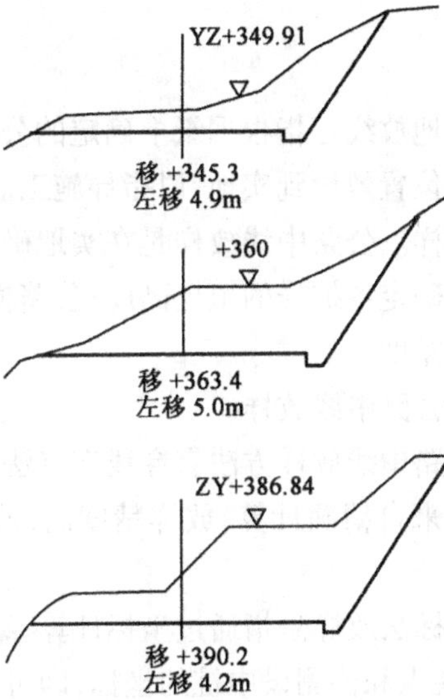

图 7-2-18　纸上移线横断面图

工作任务三　实 地 放 线

学习目标

1. 了解实地放线的主要任务；
2. 掌握中桩放样、纵断面放样及横断面放样的方法和步骤；
3. 分析实地放线的成果可靠性；
4. 根据教材相关知识完成课后[自测 9]和[自测 10]；
5. 根据给定的设计资料进行实地放线(包括中桩放样、纵断面放样及横断面放样)。

任务描述

教师准备典型的公路路线设计成果，学生分组(视班级总人数可分 5～6 人/组)，每组推选一名组长负责任务的组织与实施，最终以组为单位完成现场实地放线。各组在接到任务后，认真学习相关知识，结合教师讲课并视需要收集其他相关信息，每组各成员单独完成实地放线所需的数据并相互检查其正确性，然后以组为单位在现场进行实地放线，完成后报告教师检查验收。

学习引导

本工作任务沿着以下脉络进行学习：

1. 任务布置(实地放线，提出完成任务的内容与要求)；
2. 课堂教学(实地放线)；
3. 课后思考与总结；
4. 完成第二部分的相关任务；
5. 现场验收：公路实地放线成果；
6. 学生自测与自评；
7. 组长对组员考核；
8. 教师考核。

一、相 关 知 识

实地放线是指根据纸上确定的公路中线与导线关系，依据控制点或路线上控制点的位置，将路线位置敷设到实地，以指导施工。实地放线包括公路中线放样、公路纵断面放样、路基横断面放样。公路中线放样是在实地确定公路中线位置；公路纵断面放样是在确定路线位置的基础上确定各桩号的填挖高度；公路横断面放样是在确定路线位置的基础上确定公路填筑或开挖的宽度。

1. 公路中线放样

公路中线放样方法有穿线交点法、拨角法、直接定交点法和坐标法。由于坐标放样法的数据全部来自精确计算，放样精度高，放样速度快，目前该方法在公路勘测、公路施工中已广泛使用。

坐标法放样是指通过坐标计算，编制逐桩坐标表，利用全站仪的坐标放样功能，输入测站点、后视点和待测设中桩的坐标，即可在实地标定出待测设中桩的位置。坐标法放样具体步骤如下：

(1)在测站点安置全站仪，瞄准后视点，选择设置测量模式。

(2)输入测站点和后视点的坐标，完成定向工作。

(3)输入待测设中桩的坐标。

(4)转动照准部使水平角为0°00′00″，完成待测设中桩的定向工作。

(5)持棱镜者将棱镜置于待测设中桩方向上，前后移动棱镜，使全站仪面板上显示0.000m时，即该点为待测设中桩的精确点位。

重复(3)～(5)步，即可放样出其他中桩。当改变测站点位置时，重复(1)～(5)步。

2. 公路纵断面放样

公路纵断面放样是指依据路基设计表中各个中桩的设计高程，根据施工现场已有的水准点，利用水准测量或三角高程测量的方法，将各个中桩的设计高程测设到地面，以此控制各个中桩的填挖高度。

(1)水准测量法。如图7-3-1所示，已知水准点BM_A的高程为H_A，欲放样B点的高程H_B。在BM_A与B点间安置水准仪，后视立在BM_A点上的水准尺读数为a，则B点水准尺读数可按式(7-3-1)计算。

$$b = a + H_B - H_A \tag{7-3-1}$$

放样时，在B点徐徐打入木桩(或先打入木桩，在靠近木桩侧面上下移动水准尺)，直至前视B点上所立水准尺的读数为b(或在先打下的木桩上沿尺底在木桩侧面画一条水平标志线)，即可得到放样的高程。

(2)倾斜视线放样。已知倾斜坡度时，可采用设置倾斜视线的测设方法，利用经纬仪或其他仪器进行放样。如图7-3-2所示，其步骤如下：

①将经纬仪安置在A点，量出仪器高为i，并在B点立尺。

②转动望远镜，使望远镜在B处尺上的读数等于仪器高i，此时，望远镜的倾斜视线与设计的坡度线平行，当中间各桩点P_1、P_2…上的标尺读数都为i时，则各桩顶点的连线就是所需放样的已知坡度线。

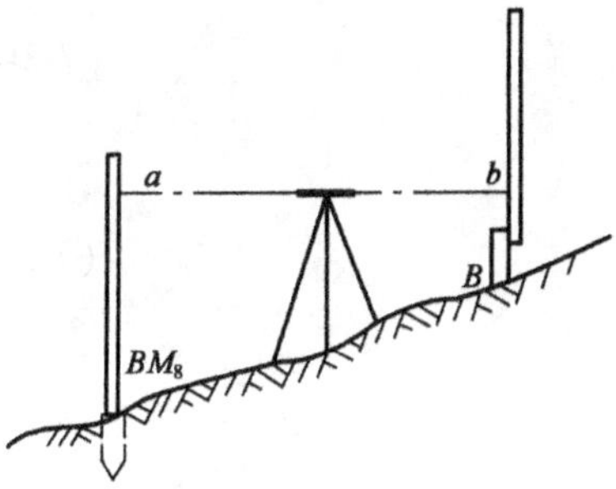

图 7-3-1　水准测量法

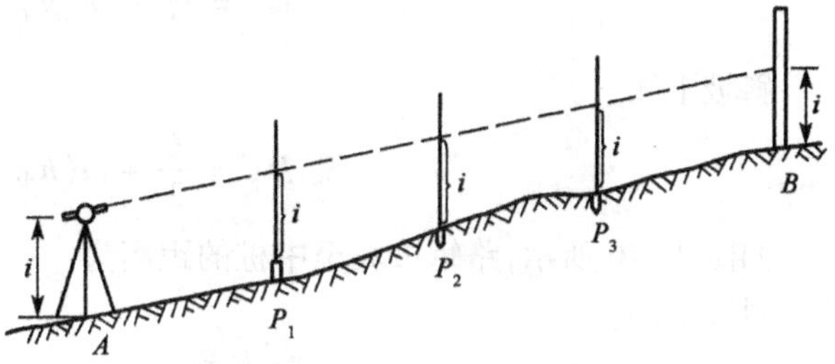

图 7-3-2　倾斜视线放样

3. 路基横断面放样

路基横断面放样的主要工作就是放样路基边桩。路基边桩测设是指在地面上将每一个横断面的路基边坡线与地面的交界点用木桩标定出来。边桩的位置由两侧边桩至中桩的距离来确定。常用的边桩测设方法有图解法和解析法。

(1)图解法。该法是直接在横断面图上量取中桩至边桩的距离,然后在实地用皮尺沿横断面方向测量其位置。当填挖方不大时,采用此法较简便。

(2)解析法。该方法是通过计算求解路基边桩至中桩的平距。

①平坦地段路基边桩的测设。对于填方路基,如图 7-3-3 所示,路堤边桩与中桩的距离为:

$$D = \frac{B}{2} + mh \tag{7-3-2}$$

对于挖方路基,如图 7-3-4 所示,路堑边桩至中桩的距离为:

$$D = \frac{B}{2} + S + mh \tag{7-3-3}$$

式中:B——路基设计宽度;

1 : m——路基边坡坡度;

h——填方高度或挖方深度;

S——路堑边沟顶宽。

以上是断面位于直线段时求解 D 值的方法。若断面曲线上有加宽时,在用上述方法求出 D 值后,还应于曲线内侧的 D 值中加上加宽值。

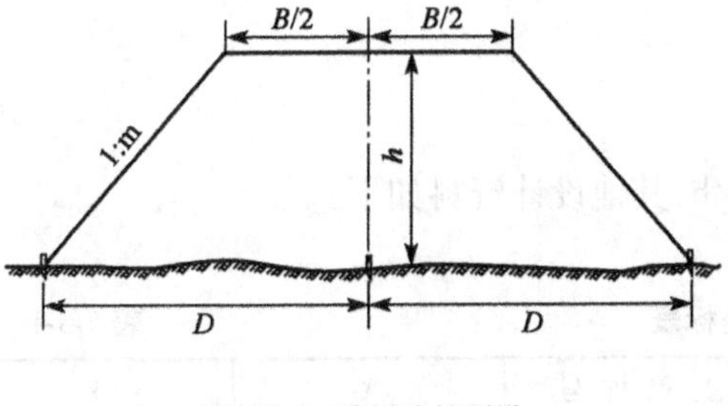

图 7-3-3　路堤边桩测设

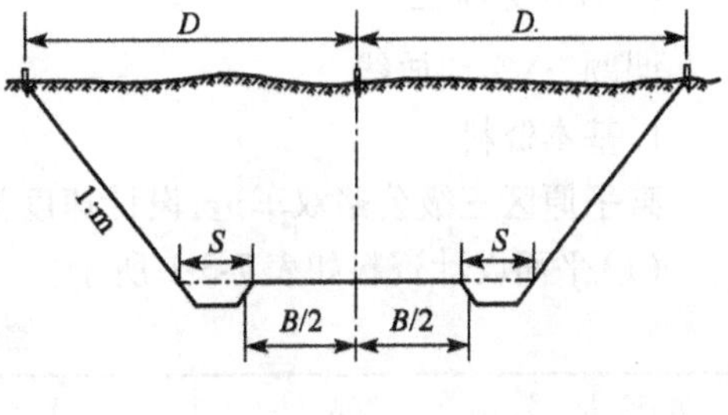

图 7-3-4　路堑边桩测设

②倾斜地段路基边桩的测设。在倾斜地段,边桩至中桩的距离随着地面坡度的变化而变化。如图 7-3-5 所示,路堤边桩至中桩的距离为:

斜坡上侧:

$$D_{上} = \frac{B}{2} + m(h_{中} - h_{上}) \tag{7-3-4}$$

斜坡下侧:

$$D_{下} = \frac{B}{2} + m(h_{中} + h_{下}) \tag{7-3-5}$$

如图 7-3-6 所示,路堑边坡至中桩的距离为:

斜坡上侧:

$$D_{上} = \frac{B}{2} + m(h_{中} + h_{上}) + S \tag{7-3-6}$$

斜坡下侧:

$$D_{下} = \frac{B}{2} + m(h_{中} - h_{下}) + S \tag{7-3-7}$$

式中,B、S 和 m 已知;$h_{中}$ 为中桩处的填挖高度,亦为已知;$h_{上}$ 和 $h_{下}$ 分别是斜坡上、下侧边桩与中桩的高差,在边桩定出之前为未知数。

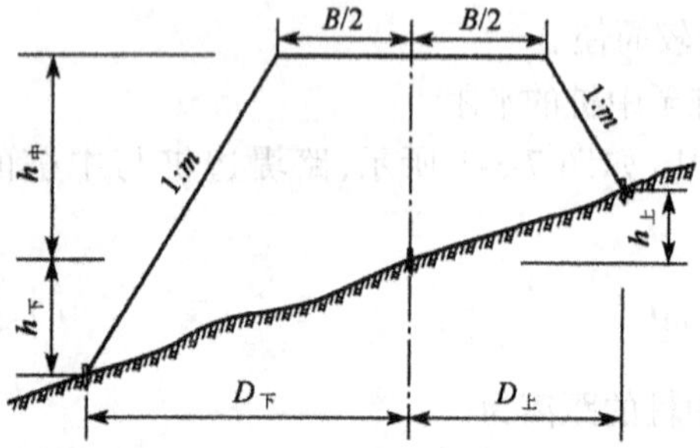

图 7-3-5　斜坡地段路堤边桩测设

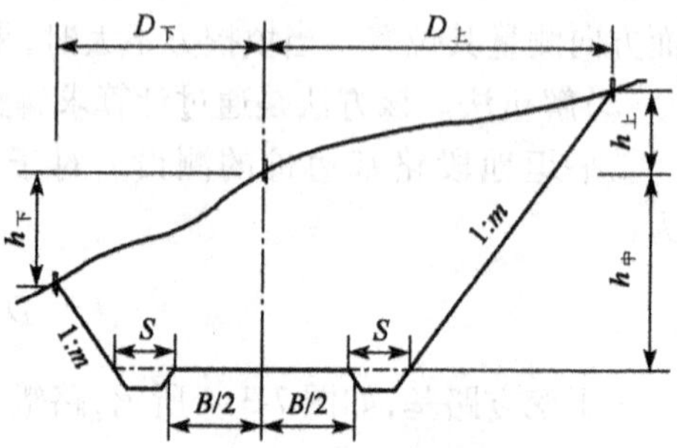

图 7-3-6　斜坡地段跨路堑边桩测设

在实际工作中采用逐次渐近法测设边桩。先根据地面实际情况,并参考路基横断面,估计边桩位置;然后测定该估计位置与中桩的高差,并以此作为 $h_{上}$ 和 $h_{下}$ 代入式(7-3-4)~式(7-3-7),计算 $D_{上}$ 和 $D_{下}$,并据此在实地定出其位置。若估计位置与其相符,即得边桩位置。否则,应按实测资料重新估计边桩位置。重复上述工作,直至相符为止。

二、任 务 实 施

(一)任务布置

课题三:实地放线

1. 基本资料

某平原区三级公路双车道,设计速度为 40km/h,其他设计资料如下:

(1)平面设计资料如表 7-3-1 所示。

路线逐桩坐标表　　表 7-3-1

里 程 桩 号	X	Y	里 程 桩 号	X	Y
ZH +070.55	3 116 959.311	479 405.5384	YH +204.86	3 117 199.849	480 498.780 5
K2 +150	3 116 995.337	479 476.353	K2 +250	3 117 037.571	479 566.985 5
HY +170.55	3 117 004.379	479 494.804	HZ +304.86	3 117 191.563	480 598.433 9
QZ +187.71	3 117 167.380	479 984.085			

(2)路基标准横断面图如图7-3-7所示。

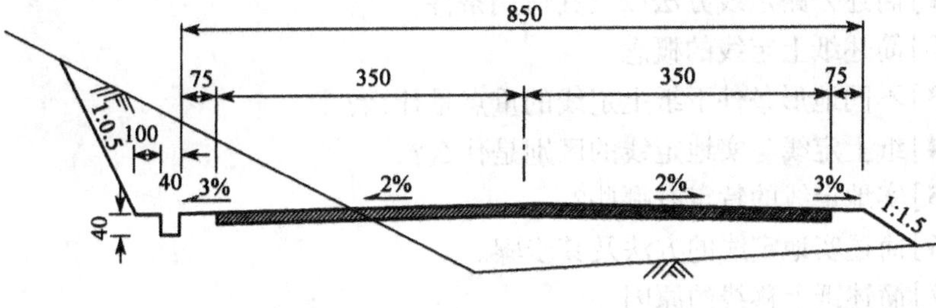

图7-3-7 路基标准横断面图(单位尺寸:cm)

(3)路线起点(ZH+070.55)填挖值$T=0.35$,转坡点设在K2+200,前坡$i_1=+0.6\%$,后坡$i_2=-0.5\%$,路线终点(HZ+304.86)填挖值根据实地测设确定。

2.任务

(1)首先在现场初定两个控制点,并设定其中一个控制点坐标值为(3 116 918.327,479 317.365),控制边坐标方位角$\alpha_{12}=32°18'12''$,用全站仪确定另一控制点的坐标值。

(2)根据表7-3-1提供的路线中桩坐标进行路线中线放样。

(3)用水准测量法放出路线各点的填挖高度。

(4)用解析法放出各桩横断面边桩。

3.要求

(1)根据班级人数分成若干组,一般为6~8人/组。

(2)以组为单位,共同完成任务(1)、(2)、(3)。

(3)组长分配任务,要求每个组员分析至少两个断面的横断面数据,然后相互检查分析结果的正确性。

(4)全组共同完成任务(4),按任务目标的要求上交《××公路路线实地放线报告》,供教师批阅。

(二)课堂教学

课堂教学以公路实地放线为主线,围绕公路中桩放样、公路纵断面放样、路基横断面放样的方法与步骤组织实施,计划安排3学时。

课堂教学可按如下步骤进行:

(1)首先介绍实地放线的目的与实地放线的主要内容,在介绍公路中心线放样的各方法的基础上重点介绍坐标放样的步骤,可采用案例教学法模拟全站仪操作的每个步骤。

(2)利用图7-3-2展开教学,重点讲明倾斜法放样的每个步骤。

(3)路基横断面放样的核心是采用"逐次渐近法"定出倾斜地段的路基边桩,课堂教学时应重点讲明式(7-3-6)、式(7-3-7)的应用过程,并结合图7-3-5和图7-3-6展开教学,介绍时可引入合适的案例,以加深学生的理解。

学习效果评价反馈

(一)学生自评

每位学生根据本学习情境及各工作任务的学习目标,自主完成下述[自测1]~[自测

10]，并根据表 7-4-1 的要求，完成自我检验。

[自测 1]简述公路定线方法以及其适用条件。

[自测 2]简述纸上定线的概念。

[自测 3]不同地形条件下纸上定线的重点是什么？

[自测 4]纸上定线与实地定线的区别是什么？

[自测 5]实地定线的特点有哪些？

[自测 6]简述实地定线的方法及其步骤。

[自测 7]简述纸上移线的原因。

[自测 8]简述纸上移线的方法和步骤。

[自测 9]什么是公路中线放样、纵断面放样以及横断面放样？

[自测 10]公路中线如何放样？

学生自评表　　　　表 7-4-1

任务名称：定线与放线						
组号		姓名		学号		自评成绩
题号	自测 1	自测 2	自测 3	自测 4	自测 5	合计
满分	10	10	10	10	10	100
得分						
题号	自测 6	自测 7	自测 8	自测 9	自测 10	
满分	10	10	10	10	10	
得分						

（二）学习小组评价

主讲教师根据班级人数、学生学习情况等因素合理分组，然后以学习小组为单位，完成授课前布置的课题一至课题三的相关任务，组长根据组员的完成情况，按表 7-4-2 的要求，完成学习小组评价。

学习小组评价表　　　　表 7-4-2

组号		姓名		学号		成绩	
课题		计算（分析）正确性	熟练程度	独立完成能力	参与主动性	创新能力	得分
		10%	5%（10%）	5%	5%（10%）	5%	30%（40%）
课题一：××公路路线纸上定线							
课题二：不同条件下的圆曲线半径拟定							
课题三：实地放线							
组长签名		日期			合计		
备注：本学习情境共设置 3 个课题，课题一、课题二各占 30%，课题三占 40%，括号内为课题三评价标准							

（三）任课教师评价

任课教师根据学生的学习态度，从纸上定线、实地放线、实地定线三个方面对学生的分析问题能力、计算能力、创新能力及学习主动性进行评价，按表 7-4-3 的要求，完成教师对学生的评价。

教师对学生的学习效果评价表 表 7-4-3

组号		姓名		学号		成绩	
任务名称:定线与放线							

评 价 内 容	评 价 依 据	分数	得分
学习态度情况	上课纪律、学习主动性等评价	10	
任务自测情况	自测成果的正确性与准确性、完成成果的质量、上交资料的规范程度等评价	30	
小组成果报告情况	纸上定线、实地放线、实地定线等方面的设计与计算能力评价	30	
在小组中所起的作用	学生参与讨论时发表的观点、在成果中采纳的情况等评价	10	
完成的工作量	参与完成小组工作的贡献大小(完全参与为满分,基本参与得基本分)	10	
学生独立解决问题的能力	主要对学生的创新思维能力、组织能力,学生在遇到问题时的判断能力等评价	10	
教师签名	日期	合计	

学习情境八　公路外业勘测

工作任务一　公 路 初 测

学习目标

1. 了解公路初测的目的和任务；

2. 熟悉公路初测外业测量、调查及内业工作的内容；

3. 会进行路线平面控制测量、路线高程控制测量和路线地形图测量；会进行小桥涵勘测、路基与路面调查、路线交叉勘测的调查；

4. 根据教材相关知识完成课后[自测1]~[自测5]；

5. 正确完成路线的平面局部方案分析报告。

任务描述

教师准备某路线平面局部方案图及相关要素（包括公路等级、路线平面线形三要素等），学生分组（视班级总人数可分5~6人/组），每组推选一名组长负责任务的组织与实施，最终以组为单位上交路线平面局部比选方案分析报告。各组在接到任务后，认真学习《标准》及《规范》的相关要求，结合教师讲课并视需要收集其他相关信息，每组各成员单独准备分析材料，然后分组讨论，由一人做好记录并整理上交《××公路路线平面局部比选方案分析报告》。

学习引导

本工作任务沿着以下脉络进行学习：

1. 任务布置（路线局部方案比选及相关要素，提出完成任务的内容与要求）；

2. 课堂教学（公路初测）；

3. 课后思考与总结；

4. 分组讨论并整理，完成第二部分的相关任务；

5. 上交成果；

6. 学生自测与自评；

7. 组长对组员考核。

一、相 关 知 识

初步测量是两阶段设计和三阶段设计中的第一阶段外业测量工作，简称初测。其目的是根据批准的《计划任务书》所拟定的路线基本走向及公路等级进行导线、高程、地形、地质、土、小桥涵和其他构造物、路线交叉、概算资料等的测量和调查工作，落实路线局部方案，选定路线中线位置，确定人工构造物布设方案。初步测量应根据批复的工程可行性研究初步拟定的路线起终点、中间控制点及路线基本走向，在地形图、数字地面模型或航测相片上进行研究，拟定路线方案。

(一)公路初测的前期准备

1.公路初测的准备工作

初测的前期工作是保证公路外业测量顺利进行的一个重要步骤,其主要内容包括:搜集与项目相关的技术、经济、社会、自然条件以及测绘等资料;通过地形图、数字地面模型或航测相片反复研究,拟订勘测方案;根据初步确定的勘测方案编写工作大纲和技术设计书。

(1)搜集资料。一般应包括如下资料:

①各种比例尺地形图、航测相片,国家及有关部门设置的三角点、导线点、水准点等资料;

②沿线自然地理概况、地质、水文、气象、地震基本烈度等资料;

③沿线农林、水利、铁路、公路等有关部门的规划、设计、规定、科研成果等资料;

④对改建公路除上述资料外,还应搜集原有公路的测设、施工、养护、路况等档案资料。

(2)室内研究。室内研究主要是把握和理解《计划任务书》所确定的路线基本走向和公路等级,熟悉沿线地形、地质、地理等条件,拟订各种可能方案,在地形图(1:10 000~1:50 000)或航测相片上进行室内路线研究,经过对路线方案的初步比选,拟订出需要勘测的方案(包括比较线)及需现场重点落实的问题,根据初步确定的勘测方案编写工作大纲和技术设计书。

2.公路现场踏勘

踏勘是在初测前对初拟的路线方案进行现场全面调查和核实工作,是勘测前必须做的一项重要工作。踏勘主要包括现场核查、路线总体方案布设、方案取舍和修正等方面的工作。踏勘应根据准备阶段确定的初拟勘测方案,对工程进行现场踏勘;现场踏勘过程中,应根据项目特点及自然、地理、社会环境调整并确定勘测方法与勘测方案。在现场踏勘中,一般需做以下工作。

(1)应根据初拟方案,针对下列主要内容进行现场核查。

①核查所搜集的地形图与沿线地形、地物有无变化,对拟订的路线方案有无干扰,核查沿线居民的分布、农田水利设施、主要建筑设施,并研究相应的路线调整方案。

②核查沿线各种地上和地下管线、重要历史文物、名胜古迹、旅游风景区、自然保护区、景观区点等,应注意研究路线布设后,对环境和景观的影响。

③对沿线重点工程和复杂的大桥、中桥、隧道、互通式立体交叉等,应逐一核查落实其位置与设置条件,了解沿线主要建筑材料的产地、质量、储量和运输条件,若缺少筑路材料,应提出解决的方法。

④核查工作应与当地政府或主管部门取得联系,对重要的路线方案,对地方规划或现有设施有干扰的方案,应征求相关部门的意见。

(2)根据不同地形特点,进行路线总体方案的布设。

①对于平原微丘区路线,应处理好路线与农田、水利、道路、村庄和其他建筑物的关系,路线应短捷、舒顺,并注意整体线形的协调和连续性。

②对于越岭路线,应选择好垭口和坡面,确定垭口控制点,需要展线时,应充分利用自然坡面展线,不得已时可采用回头展线。山腰线应布设于地形、地质、水文情况良好的一侧山坡,并应通过纵坡调整,避开支河发育、剥蚀严重的"鸡爪"地形和悬崖陡坡。

③对于沿河线,应根据河岸两侧自然条件、农田、水利、居民分布及洪水淹没等情况,确定所走河岸及跨河换岸的地点;应注意洪水调查,合理控制洪水高程。

④对于改建公路的路线,应着重调查原有路基、路面、桥涵、防护和排水系统与主要病害情

况，以及原有道路的平、纵面情况，提出对原道路的利用、改善或另择新线方案。

(3)进行方案比选。在现场踏勘的过程中，应对可行性研究报告或室内拟订的各种局部比较方案进行研究比较，对优劣较为明显的方案，通过现场踏勘确定其取舍；不能确定其优劣时，应作为比较线，进行初测比较。

(4)对初拟方案进行修正。经过现场踏勘，应根据实际情况对初拟的路线方案和比较方案进行调整或修正，确定路线走向后进行初测。

(二)公路初测的外业测量工作

1. 路线平面控制测量

公路平面控制测量包括路线、桥梁、隧道及其他大型建筑物的平面控制测量。路线平面控制测量的目的，一是控制地形，二是用作定测时放线的依据。平面控制测量应采用GPS测量、导线测量、三角测量或三边测量方法进行。《公路勘测规范》(JTG C10—2007)规定，对二级及二级以上公路必须进行平面与高程控制测量；对三、四级公路应进行平面控制测量。控制测量时应根据公路等级、路线所在地区的地形和作业条件、拟投入的仪器设备、高级控制点的数量和分布位置等，确定测量控制网的布网方式和作业方式。初测的主要任务是进行导线距离丈量、交点转角测设及平面坐标的量测工作，其等级应满足《公路勘测规范》(JTG C10—2007)的有关要求，主要内容如下：

(1)GPS基线测量。GPS基线测量的中误差应小于式(8-1-1)的计算误差，各等级控制测量固定误差a、比例误差系数b的取舍应符合表8-1-1的规定。计算GPS测量大地高差的精度时，a、b可放宽至2倍。

$$\sigma = \pm\sqrt{a^2 + (b \cdot d)^2} \tag{8-1-1}$$

式中：σ——标准差，mm；

a——固定误差，mm；

b——比例误差系数，mm/km；

d——基线长度，km。

GPS测量的主要技术要素 表8-1-1

测量等级	固定误差 a(mm)	比例误差系数 b(mm/km)	测量等级	固定误差 a(mm)	比例误差系数 b(mm/km)
二等	≤5	≤1	一级	≤10	≤3
三等	≤5	≤2	二级	≤10	≤5
四等	≤5	≤3			

(2)导线布置。初测导线的布设应全线贯通。导线点位应选在稳固处，导线点宜尽量接近路线位置，并便于测角、测距、测绘地形及定测放线。导线点的间距应在50~500m之间，根据需要可增设加桩，加桩应取至整米。布设导线点时，应做好现场记录，并绘出草图。

(3)导线长度测量。导线边长度应优先采用全站仪测量，也可用钢尺和基线法测量，其相对限差至少应满足1/10 000，单位取至厘米(cm)。

(4)水平角测量。水平角测量采用全测回法测量右角，经纬仪精度指标不应低于J_6级。两个半测回限差在60″内取平均值，符合导线和闭合导线差为$\pm 60'' \sqrt{n}$(n为置镜点总数)。施测中，每天至少观测一次磁方位角，其校核差不大于2°。

当路线起、终点附近有国家或其他部门平面控制点，且引测较方便时，可根据需要进行联测,形成闭合导线。

2. 路线高程控制测量

初测中的路线高程控制测量主要是沿导线布置水准点,测出导线点和加桩高程,初测时的高程控制测量要求如下:

(1)路线高程测量,应按《规范》的有关要求执行。

(2)尽量利用路线经过地区已有国家或其他部门的水准点,但对原水准点应进行逐一检测;若原高程系统与本路线高程系统不一致时,应进行换算。

(3)路线布置的平面控制桩、中线桩和设计需要高程控制的点,如对干渠、水坝、河堤、管线、铁路等,都应测量其高程。

3. 公路地形图测量

地形图分为路线地形图和工点地形图。路线地形图是以导线(或路线)为依据的带状地形图,主要供纸上定线或路线设计用。工点地形图是利用导线(或路线)或与其取得联系进行测量,为特殊小桥涵和复杂的排水、防护、改河、交叉口等工程布设的专用地形图。地形测量的精度要求高,测绘工作量大。路线地形图的测绘要求主要有以下几方面。

(1)路线地形图应全线贯通实测,测图比例尺应根据设计阶段、工程性质及地形、地貌等因素按表8-1-2选用。

地形图比例尺的选用 表8-1-2

设计阶段或工程性质	比 例 尺	设计阶段或工程性质	比 例 尺
工程可行性研究	1∶10 000	施工图设计	1∶1 000、1∶2 000、1∶5 000
初步设计、技术设计	1∶2 000、1∶5 000	重要工程	1∶500

(2)地形图的基本等高距应符合表8-1-3的要求。

地形图基本等高距 表8-1-3

地 形 类 别	不同比例尺的基本等高距(m)			
	1∶500	1∶1 000	1∶2 000	1∶5 000
平原	0.5	0.5	1	2
微丘	0.5	1	2	5
重丘	1	1	2	5
山岭	1	2	2	5

(3)路线地形图的测绘宽度。当采用"纸上定线法"进行初测时,路线中线两侧各测绘200~400m;当采用"现场定线法"进行初测时,路线中线两侧测绘宽度为150~250m。

(4)应利用国家或其他有关部门所测地形图,但使用时应进行现场核查,对有变化处需进行补测。

(5)高速公路和一级公路采用分离式断面时,地形图测绘宽度应包括中间范围。但当两线离开很大时,则可不测中间部位。

(6)测绘地形用的导线图,一律按路线前进方向从左向右展绘,采用坐标法绘制导线,坐标网格间距采用10cm。网格对角线及导线点间长度的误差均应不大于0.5mm。

(7)地形测图精度,应符合有关规定的要求。

4. 路线测量

(1)在地形测量之后,应进行纸上定线;受条件限制或地形、方案较简单时,也可采用现场定线。

(2)进行路线定线时,应正确掌握和运用技术标准。定线时,应做好总体布局,根据各类地形特点,结合人工构造物的布设,进行路线平、纵、横面的协调布置,定出合理的线位。对地形、地质、水文条件复杂、工程艰巨的路段,应拟订出可能的比较方案,进行反复分析比较后确定采用的方案。

(3)纸上定线。

①应将有特殊要求或控制的地点、必须避绕的建筑物或地质不良地带、地下建筑或管线等标注于地形图上。

②山岭地区的越岭路线,需进行纵坡控制的地段应在地形图上进行放坡,将放坡点标示于图上。

③在地形图上选定路线曲线与直线位置,定出交点,计算坐标和偏角,拟定平曲线要素,计算路线里程。

④沿路线中线按一定桩距从地形图上读出其高程,点绘纵断面图。对于河堤、铁路、立体交叉等需要重点控制的地段或地点,应实测高程,点绘纵断面图,并以此进行纵坡设计。

⑤应根据路线中线线位,在地形图上测绘控制性横断面,并按纵坡设计的填挖高度进行横断面设计,作为中线横向检验和计算路基土石方数量的依据。

⑥依据纸上定线的线位及实地调查资料,初步确定人工构造物的位置、交角、类型与尺寸。

⑦综合检查路线线形设计及有关构造物的配合情况,如有不合理的情况,应对纸上定线线位及纵坡作进一步修改、优化,直到满意为止。线形设计可采用透视图法检验平、纵、横组合情况。

⑧纸上定线后,应进行实地查看,对高填深挖地段、大型桥梁、隧道、立体交叉以及需要特殊控制的地段,应进行实地放线检验、核对,并以此作为各专业工程勘测调查的依据。

⑨所确定的线位应总体配合恰当、技术经济合理、线形连续顺适。对需进行比较的方案,应按上述步骤方法定出线位、计算工程量,并进行技术经济比较。

(4)现场定线。

①现场踏勘前应在1:50 000的地形图上对路线进行总体布置,拟定主要技术指标,确定控制点、绕避点,选择路线合适的线位。

②越岭路线或受纵坡控制的路线,应选择好山坡坡面进行放坡试线,然后确定展线方式,并重新分段安排纵坡,即可开始布线。

③根据各种地形的定线要点及控制点进行布线和穿线定点,钉设交点、转点和选定半径。

④测定交点,进行中桩、水准、横断面和地形等的测量。

⑤通过内业工作,对路线进行平、纵、横面综合检查,以确定线位。

(三)公路初测的勘测与调查

1.工程地质初勘与调查

公路初测时,应根据测设的任务和要求,进行工程地质初步勘察(简称初勘)。初勘的目的主要为选定路线、路基、路面及小型人工构造物的设计方案和编制初步设计文件,提供必要的工程地质资料。

初测阶段的工程地质调查与测绘工作,应从全局考虑,查明和研究关键性工程地质问题,为评价工程地质条件提供依据。

工程地质调查的基本内容是调查地形、地貌、地层、地质构造、工程地质条件、水文地质条件,确定地震烈度大于7度的界限。

一般路段工程地质调查与测绘的精度是每公里设一个勘探点,深1.5~2m,勘探点应设在地形特征点处,并按工程地质分段取样试验。水、土、砂、砾(碎)石等试验按常规项目进行,岩石一般宜在大型料场取样检测。

初勘的任务应根据初测与初步设计的有关技术要求,结合沿线工程地质条件,完成下列工作:

(1)根据工程地质条件,优选路线方案。

(2)在路线基本走向范围内,对各路段可能布线的区间进行工程地质初勘。

(3)重点勘察对路线方案起控制作用的不良地质地段,明确路线能否通过或如何通过。

(4)提供编制初步设计所需要的全部工程地质资料。

2.筑路材料初勘与调查

根据已有地质资料,初步确定材料产地,进行现场调查,并视需要进行取样试验。查明沿线天然筑路材料的分布、种类、质量、数量、开采条件及运输条件。

天然筑路材料调查,要着重对大型料场进行调查,不应有遗漏。初勘材料蕴藏量的允许误差为±30%,同时不小于设计需要的3倍。

所有材料的调查,都必须记录于材料料场记录簿中,对料场位置、材料成因、主要矿物成分、颗粒组成、成品率、开采难易程度、开采方法、开采的季节性、蕴藏量、运输方式等都应进行说明,以满足编制初步设计文件的需要。

在资料整理过程中,应对所调查的料场(主要对材料的质量、数量、开采条件)作出初步评价,在合理安排供应范围和蕴藏量满足各路段需要的基础上,进行必要的取舍,并提供下列资料:

①编写天然材料调查说明书;

②绘制天然材料料场供应示意图;

③整理各项原始资料及材料试验成果。

3.小桥涵勘测与调查

小桥涵勘测的主要任务是进行桥涵水文及有关桥涵设计资料的搜集、整理和分析工作。勘测时,应根据初步设计任务的要求,结合当地自然条件,搜集有关资料,选定概略位置,选择结构类型,拟定孔径及估定基本尺寸,估列附属工程,并提出设计时应解决的问题和注意事项。

小桥涵位置的确定,一般应按导线走向结合纸上定线线位,采用"逢沟设涵"的原则,同时考虑水利建设、农田灌溉、路基排水及便于交通等特殊要求,合理选定。

一般不对涵址作特殊测量,但要定出涵洞与路线的交角及涵底纵坡。对于小桥、复杂的涵洞等附属工程,可进行必要测量,以便进行工程量计算。

小桥涵的选择,以因地制宜、就地取材、便于施工、利于养护为原则,同一路段的结构类型应尽量统一并采用标准形式。

小桥涵孔径,可采用现场确定,也可采用设计流量与汇水面积的关系的方法求得。对于小桥涵的其他结构尺寸,可根据路线纵坡、涵洞与路线的交角,桥涵处河床高程、预估的冲刷深度等予以确定。

初测时需搜集的资料,主要包括地形图、水文、气象、岩石、植被、冰冻深度、农田水利工程及规划,以及当地的水文和暴雨流量计算等有关资料;若为旧路改建,应查明桥涵位置、结构形式、荷载标准、跨径、高度、长度、基础形式及埋深、修建年代、损毁修复等情况，并通过现场鉴定，以确定其利用程度。

完成小桥涵初测后，应提供如下资料：

（1）小桥涵野外资料调查记录、桥涵汇流面积图及流量、孔径计算资料。

（2）附属工程调查资料。

（3）小桥涵初测说明。

（4）如果是旧路改建，还应调查原有桥涵资料调查记录。

4. 路基、路面调查

路基、路面调查，主要是搜集如下资料：沿线水文及水文地质的特征，气象资料，农田水利设施的现状、发展规划，表土性质、厚度及其对路基、路面的影响等；路线所在区域的公路自然区划及其特征；路面需用材料质量和产量。确定一般路基防护工程（包括边坡加固、挡土墙、驳岸、护坡、改河工程）的概略位置、结构形式和轮廓尺寸；概略分段提出路面结构类型、厚度和材料用量。在当地有多种材料可供选用或材料供应有困难需要远运时，应提出不同的路面结构类型并进行比较。

对原有公路的改建，则需对旧路的路基和路面的使用状况、结构物等使用的破坏程度、原因、机理进行调查，提出利用、改善或新建的方案。

5. 路线交叉勘测

路线交叉包括公路与公路、公路与铁路、公路与乡村道路以及公路与管线交叉。路线交叉勘测应在研究视察报告的基础上，对公路沿线的各种交叉进行资料搜集、交叉口形式选择，并进行必要的测量。

1）资料搜集

（1）对大型或复杂的交叉应进行坐标控制测量和高程控制测量，并根据需要测绘比例尺为1：500～1：5 000的地形图。

（2）公路与公路交叉。

①调查相交公路的名称、相关区域的路网规划、交叉位置、地名及里程、修建时间、公路等级、技术标准、路面结构类型、排水和防护工程情况及其在路网中的作用。

②补充调查相交公路的交通量、交通组成。

③测量交叉角度、交叉点高程、纵坡、路基宽度、路面宽度及厚度。

（3）公路与铁路交叉。

①调查铁路名称、等级、轨距、轨道数、净空、运行情况、交叉位置地名、与铁路交叉处里程、铁路路侧附属设施、排水条件以及铁路的技术标准、规划、施工要求等。

②测量交叉点铁路轨顶高程、交叉角度及路基宽度。

（4）公路与乡村道路交叉应调查相交道路的性质、路面结构、排水条件、交通量及规划。测量路基宽度、路面宽度及路面高程。

（5）公路与管线交叉应进行以下勘测与调查：

①测量公路与管线交叉的位置、交叉角度、交叉点悬高或埋置深度、杆塔高度以及受影响的长度。

②调查管线的种类、技术标准、型号、规格、用途、编号、敷设时间等。

（6）互通式立体交叉、分离式立体交叉、复杂的平面交叉应实地放出交叉桩，测量交叉桩号、交叉角度和地面高程。

(7)各种交叉的位置、交叉形式、相交道路改移方案等，均应征求地方政府或主管部门的意见。

2)初测时交叉口的选择原则和布设要求

勘测时，交叉口的形式、类型和位置的选择原则及具体布设要求，应符合现行标准、规范、规程的有关规定。

3)初测时交叉口的勘测工作

初测时交叉口的勘测工作，应按以下要求进行：

(1)根据选定路线及搜集的资料，综合考虑交叉道路的性质、技术标准、交通量及转向车流分布的发展规划、自然条件等因素，合理选定交叉口类型、位置和形式。对于立体交叉和复杂的平面交叉，应提出可供比较的方案，通过勘测工作后确定其取舍。

(2)一般平面交叉，应按路线与被交叉道路的几何关系，利用路线地形图，定出交叉口的位置。立体交叉和复杂的平面交叉，应根据拟选定的比较方案位置，实地测绘工点地形图，并据以进行交叉口布置。

(3)交叉口的布置图必须经现场核对，认真比选后确定采用方案，为初步设计提供所需资料。

6. 概、预算资料调查

概、预算资料调查，应符合《公路工程基本建设项目概算预算编制办法》(JTG B06—2007)的有关规定。应调查的资料及要求如下：

1)施工组织的形式和工资标准的调查

(1)了解上级对工程施工期限的要求，落实施工单位，了解其施工组织编制情况、生产能力及施工机械化程度等。

(2)向工程所在省(自治区、直辖市)、市或地区调查现行工资标准(包括各种补贴)及其计算方法。

2)外购材料调查及采运调查

(1)主要外购材料的供应价格及供应地点，包括材料的出厂价格和可能发生的包装费和供销部门手续费。

(2)地方性外购材料，应调查砂、石、砖、石灰、工业废料等的当地规定或市场供应价格，以及主要厂、场的生产能力。

(3)对材料的运输方式、运距、运输条件及承运能力等方面进行调查。

3)征用土地和拆迁建筑物及补偿费用调查

(1)当地政府关于土地补偿费，青苗补偿费，安置补偿费，被征用土地上的建筑物、构筑物、坟墓、水井、树木等附属物，文物保护，土地征用等收费标准及文件。

(2)搜集拆迁建筑物、构筑物和其他设施等的补偿费用标准和办法。

(3)拆迁电力、电信设施或与铁路、水利等工程干扰所发生的工程费用及其拆迁规模和数量。

4)临时工程调查

(1)根据工程需要，调查落实沿线可供利用的道路(包括地方道路及大车道等)、桥梁情况。

(2)了解沿线可供利用的房屋数量及其价格。

(3)调查供电电源及电费标准，并向电信、电力部门协商能否利用原有的线路、电杆加挂工地临时电信、电力设施以收取费用。

5)其他费用调查

(1)主、副食运输补贴——距工地最近的粮食、蔬菜、燃料、水供应地点及运距。

(2)气温、雨量等资料——路线所经地区的海拔高度、气温、雨量、雨季和施工季节等有关资料。

(3)其他费用资料——工程所在地区可能发生并符合规定的地方性的应纳入概、预算费用的资料。

(4)施工队伍调迁费——主要调查工程所在的省(自治区、直辖市)或有关部门对计算专业队伍的调迁费的规定与要求。

(5)施工机具运输费的调查——主要调查运输调运地点、运距、运输方式和计价方式。

7.环境保护勘测与调查

高速公路、一级公路和经过水源保护区、自然保护区、风景名胜区、文物古迹保护区经济林带等有特殊意义的公路,应编制《环境影响评价报告》,调查和核实沿线环境影响敏感点,并根据《环境影响评价报告》拟订相应对策和环保工程方案。环保工程方案确定后,对沿线的环境保护工程,都应进行相应的调查和必要的勘测,以便确定环保设计方案,以及具体位置和规模,以满足设计要求。

(1)当地园林工程和适种植被情况。

(2)沿线既有道路环保工程实际情况。

(3)沿线国家生态保护区、野生动物保护区的情况。

(4)沿线水源保护区和湿地的情况。

(5)拟建公路可能对当地的生态环境造成的影响。

(四)公路初测的内业工作

经初测,即可按初步设计的深度和要求进行内业整理工作。

(1)初测的内业工作:

①复核、检查、整理外业资料;

②进行纸上定线或移线及局部方案比选;

③初步拟订各种构造物设计方案并综合检查定线成果:

④编制勘测报告及有关图表制作与汇总。

(2)应逐日复核外业资料、检查外业原始记录资料,如有差错、遗漏,必须及时纠正或弥补;对于向其他部门搜集的资料,应根据测设需要,检查、分析其是否齐全、可靠和适用,做到正确取用。

(3)综合检查、协调路线设计与有关专业及结构物布设的合理性,并进行现场核对。

(4)初测应提交的成果包括:

①各种调查、勘测原始记录及检验资料;

②纸上定线或移线成果及方案比较资料;

③各种主要构造物设计方案及计算资料;

④路基、路面、桥梁、交叉、隧道等工程设计方案图及比较方案图;

⑤沿线设施、环境保护、筑路材料等设计方案;

⑥平纵面缩图、主要经济技术指标表、勘测报告及有关协议、纪要文件。

二、任 务 实 施

(一)任务布置

课题一:《××公路路线平面局部比选方案分析报告》

1. 基本资料

某四级公路为双车道,设计速度为 20km/h,路线在 JD_{97} ~ JD_{98}之间跨越黑河,如图 8-1-1 所示。

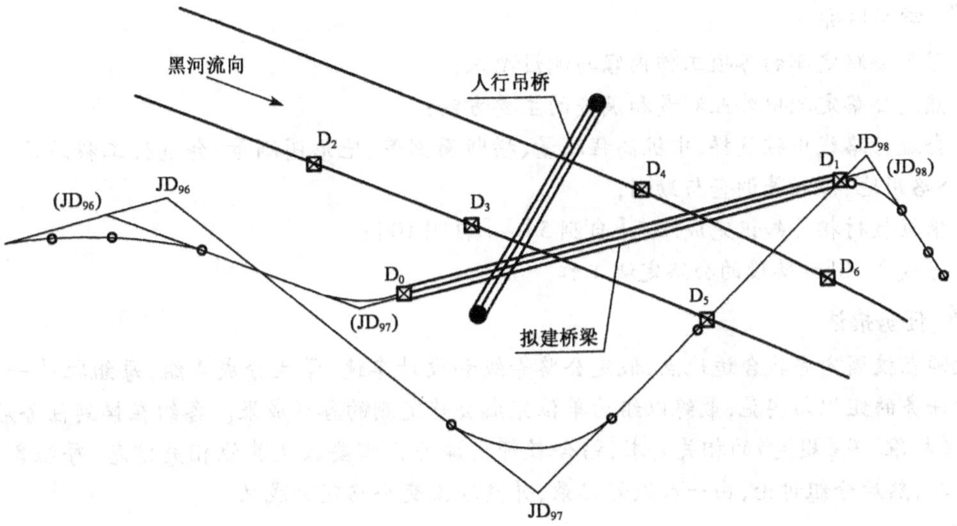

图 8-1-1 某公路平面线形图

2. 任务

分组讨论并详细分析图 8-1-1 中公路路线各方案的优缺点,并推荐最佳方案。

3. 要求

(1)根据班级人数分成若干组,一般为 6 ~ 8 人/组。

(2)以组为单位,各组员分别准备分析报告,组长负责检查各成员的分析结果,做好记录供集体讨论。

(3)全组共同讨论,组长负责成果的记录与整理,按任务目标的要求上交《××公路路线平面局部比选方案分析报告》,供教师批阅。

(二)课堂教学

课堂教学以进行公路初测工作为主线,围绕公路初测的前期准备、外业测量工作的内容和方法、外业勘测与调查内容及要求、公路初测的内业工作等组织实施,计划安排 2 学时。

课堂教学可按如下步骤进行:

(1)由路线两阶段设计提出初测与定测,以越岭线等实例讲解工可、初步设计、施工图设计的区别及相应视察、初测、定测的区别。

(2)拟定一实体设计项目,引导学生分析总结公路初测的前期准备工作。

(3)公路初测的外业测量工作和勘测、调查工作是公路初测的重点,应以教师讲解与学生课后思考相结合的方式组织教学。

(4)结合幻灯片,以实体项目的内业资料讲解公路初测的内业工作并提交成果。

(5)初测的重点是:首先知道公路视察、初测与定测的区别,在此基础上,掌握公路初测的外业测量工作要求与内容,清楚公路初测的勘测与调查方法,知道公路初测内业工作内容以及提交成果的编制方法。公路初测的内容实践性较强,课堂组织应结合实体项目的外业资料及成果、图片,以及相应案例组织教学。

工作任务二　公路定测

学习目标

1. 了解公路定测的各项工作内容与测设要求;

2. 熟悉公路定测中外业测量和调查的主要方法;

3. 会进行路线中桩放样、中桩高程测量、横断面测量、地形图测量;会进行工程地质、筑路材料、公路用地、桥涵等调查与勘测;

4. 根据教材相关知识完成课后[自测5]~[自测10];

5. 完成2~3km路段的公路定测工作。

任务描述

教师在校园内寻找合适地点,假定公路等级和设计车速,学生分成4组,每组推选一名组长负责任务的组织与实施,最终以组为单位完成公路定测的各项成果。各组在接到任务后,认真学习《标准》及《规范》的相关要求,结合教师讲课并视需要收集其他相关信息,每组各成员积极参与,然后分组讨论,由一人做好记录,并整理上交公路定测成果。

学习引导

本工作任务沿着以下脉络进行学习:

1. 任务布置(公路定测内容和成果,提出完成任务的内容与要求);

2. 课堂教学(公路定测);

3. 课后思考与总结;

4. 完成第二部分的相关任务;

5. 上交成果:公路定测成果;

6. 学生自测与自评;

7. 组长对组员的考核;

8. 教师考核。

一、相关知识

公路定测即定线测量,也称公路施工图测量,它是一阶段施工图设计或两阶段设计第二阶段的工作。定线测量的任务是按已批准的计划任务书或初步设计,结合现场地形、地物条件进一步优化、调整和完善线形、线位及构造物位置,具体核实路线方案,即将纸上定线的路线方案进行实地放线、测角、敷设中桩、测出各桩地面高程和横断面地面线,修正初测地形图和其他勘测调查工作,其目的是为施工图设计和编制工程预算提供资料。

(一)公路定测的准备工作

定测阶段的准备工作包括资料搜集、方案研究和现场核查,它是定测前的重要环节,其目的是弄清初步设计的意图和沿线的变化情况，以便进一步优化线形及构造物的设计方案，保证定测工作的质量。

1. 资料搜集

定测阶段应搜集工程可行性研究、初设阶段勘测、设计的有关资料以及审查、批复意见；搜集初测有关的记录、计算及设计资料。

2. 现场核查

为保证定测的质量与定测的顺利进行，应进行以下几方面检查：

(1)应对初步设计所搜集的资料进行现场核查。

(2)核查沿线地形、地貌及地物的变化情况。

(3)全面检查初测阶段施测的路线平面、高程控制测量，当检测成果与初测成果的较差符合限差要求，并且控制点分布可以满足设计要求时，应采用原成果，否则，应对整个控制网进行复测或重测，并应重新进行平差计算。

(二)公路定测的外业测量工作

公路定测的外业测量工作可分为选线组、测角组、中桩组、水平组、横断面组、地形组、调查组、桥涵组、内业组共九个作业组进行。如果采用纸上定线方法进行测量，则可将选线和测角组合为一个放线组。

1. 放线组

放线组首先检查初步设计阶段设置的测量控制点，如有丢失，不能满足放线要求时，应增设或补设控制点。应对原有测量控制点进行检测，其成果与初测成果的较差在限差以内时，采用原成果作为放线的依据；超出限差时，应予重测。对新增或补设的测量控制点，应予联测。

1)实地放线

放线组实地放线时，根据测量控制点和纸上定线计算成果，可采用极坐标法、拨角法、支距法、直接定交点法放线。高速公路、一级公路应采用极坐标法放线；二、三、四级公路可采用拨角法、支距法或直接定交点法放线。采用拨角法、支距法、直接定交点法等方法放线时，中线一般每隔5km(特殊情况不远于10km)应与初测控制点联测，其闭合差不应超过表8-2-1的规定。

中线闭合差 表8-2-1

名　　称	高速公路、一级公路	二级及二级以下公路
水平角闭合差(″)	$\pm 30\sqrt{n}$	$\pm 60\sqrt{n}$
长度相对闭合差	1/2 000	1/1 000

注：n 为交点数。

(1)极坐标法放线。采用极坐标法放线，可不设置交点桩，其偏角、间距和桩号均以计算资料为准。放线时，应一次放出整桩与加桩，亦可只放直、曲线上的控制桩，其余用链距法测定。

供链距法测定中桩的控制桩(公里桩，转点桩，曲线起、中、终点桩等)应读数两次，其点位差不得大于2cm，并于桩顶钉小针以示点位。

测站转移前，应观测核对相邻控制点的方位角；测站转移后，应对前一测站所放桩位重放1～2个桩点，以便校核。采用支导线敷设个别中桩，只限于两次传递，并应与控制点闭合。

(2)拨角法放线。根据纸上定线,计算各路段的方向、距离、交角等资料,采用经纬仪在现场拨角量距,定出路线转点和交点。

拨角法放线,应重新实测偏角和距离,并据以敷设中线,其数据以实测值为准。一般每隔3~5个交点与导线点闭合一次,必要时应调整线位,消除实地放线与纸上定线间的累积误差。

(3)支距法放线。根据纸上定线线位与控制点位置的相互关系,采用量取支距的方法放出路线上的特征点,并据此穿线定出交点和转点。

实地放线后,应结合地形、地物复查线位与线形,必要时予以现场修改,使之完善。放线后,应实测交角、距离,并据以测定中桩,其数据以实测值为准。

(4)直接定交点法。利用图纸上和地面上明显特征点的位置,直接在现场定出路线交点,并测角量距,敷设中线,其数据以实测值为准。直接定交点法,通常用于地形平坦,路线较少受限,地面目标明显,或公路改建等定测放线。

2)延长直线钉设转点或交点

(1)交点至转点或转点间的距离,一般控制在50~500m之间;当点间距离小于50m时,应设置远视点。

(2)正倒镜的点位横向偏差每100m不应大于5mm;当点间距离大于400m时,最大点位差不应大于20mm。二级以下的公路,点位差值可放大至两倍。符合以上偏差范围时,可分中定点。

(3)延长直线时,前后视距离宜大致相等。当距离小于100m时,应用测针或垂球对点;当距离较远时,可用花杆对点,并以杆脚为照准目标,如有困难时,至少应照准花杆长度的一半以上。

(4)采用拨角法、支距法、直接定交点法钉设交点时,宜采用设骑马桩的方法定出交点桩。

2. 中桩组

中桩组的主要任务是在现场钉设中桩、敷设曲线,并核实、调整、完善路线中线。

1)中桩钉设

需要钉设的中桩包括路线的起终点桩、公里桩、百米桩、平曲线主点桩、桥梁或隧道中轴线控制桩以及按桩距要求根据地形、地物、地质需要设置的加桩等。凡下列位置应设加桩:

(1)路线纵、横向地形显著变化处。

(2)与水渠、管道、电信线、电力线等交叉处或与既有公路、铁路、便道交叉处。

(3)拆迁建筑物处。

(4)桥梁、涵洞和隧道等构造物处。

(5)土质变化及不良地质地段起、终点处。

(6)省、地(市)、县级行政区划分界处。

(7)改建公路变坡点、构造物和路面面层类型变化处。

加桩一般应取位至米,特殊情况可取位至0.1m。

路线中桩间距应不大于表8-2-2的规定。

中桩间距 表8-2-2

直线(m)		曲线(m)			
中原微丘区	山岭重丘区	不设超高曲线	$R>60$	$30<R<60$	$R<30$
≤50	≤25	≤25	≤20	≤10	≤5

注:表中R为曲线半径,以米(m)计。

2)写桩与钉桩

所有中桩应写明桩号,对转点及曲线主点桩还应写明桩名,桩的尺寸见图 8-2-1。为了便于找桩和避免漏桩,所有中桩应按 0 ~ 9 的循环序号在背面编号。中桩的书写常用红油漆或油笔。

3)断链及处理

在中桩钉设与丈量过程中,出现桩号与实际里程不符的现象叫断链。断链产生的原因较多,主要有两种:一种是由于计算和丈量发生错误造成的;另一种是由于局部改线、分段测量等客观原因造成的。断链有"长链"和"短链"之分,当路线桩号长于地面实际里程时叫短链,反之叫长链。断链桩宜设于直线段,不得设在桥梁、隧道、立交等构造物范围之内。断链桩上应标明换算里程及增减长度。断链桩号写法如下:

长链:K3 + 110 = K3 + 105.21　　　长链 4.79m

短链:K3 + 157 = K3 + 207　　　短链 50m

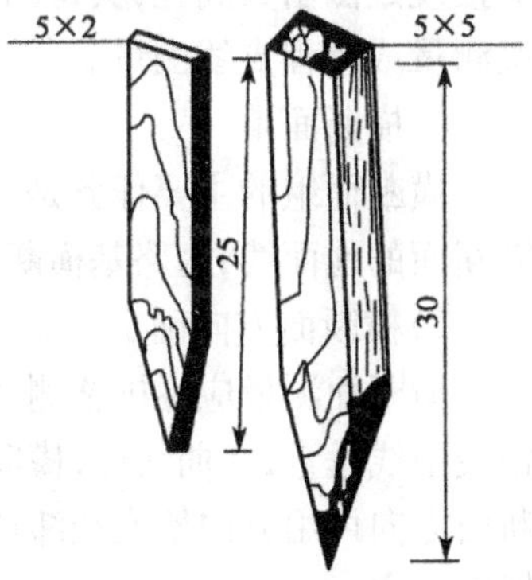

图 8-2-1　桩志(尺寸单位:cm)

所有断链桩号应填在"总里程及断链桩号表"上,考虑断链桩号的影响,路线的总里程应为:

$$路线总里程 = 终点桩里程 - 起点桩里程 + \sum 长链 - \sum 短链$$

3. 水平组

水平组的任务是对路线中线各中桩高程进行测量,并沿线设置水准点,为路线纵断面和横断面设计、施工提供高程资料。

水平组通常分基平和中平两个组,基平测量主要是设置临时水准点,并进行水准点高程的测量,中平测量主要是对各中桩进行水准测量。

(1)水准点的设置。水准点的高程应引用国家水准点,并争取沿线联测,形成闭合路线。采用假定高程时,假定高程应尽量与实际接近,可借助于 1:10 000 或 1:50 000 的地图进行假定。

沿线布设水准点,应有足够的数量,平原微丘区布设间距为 1 ~ 2km;山岭重丘区布设间距为 0.5 ~ 1.0km。在大桥、隧道、垭口及其大型构造物所在处应增设水准点。水准点应设在测设方便、牢固可靠的地点。对设置的水准点,应在记录本上绘制草图,并记录位置及其所对应的路线的桩号,以便编制"水准点表"。

公路定测中进行水平测量时,若初测已设置了水准点,则只需对初测水准点逐一检查,如丢失或损坏,应加以恢复或补设。

(2)基平测量。基平测量一般采用一组仪器,在两水准点间往返各观测一次,也可用两组仪器各作一次单程观测进行符合。基平测量读数应精确到毫米(mm)。公路定测中进行基平测量时,若初测已进行了水准点测量,则在定测时应对初测水准点逐一进行检测,符合精度要求时可采用初测高程;超出精度要求时,应复测,并予以更正。水准点距定测中线应为 50 ~ 200m,过小或过大时,应予迁移。对恢复、补设、迁移的水准点,均应进行联测,并与相邻的初测水准点闭合,其技术要求与精度应符合相应的规定。

(3)中平测量。中平测量一般采用单程法,用水准仪以相邻两水准点为一测段,从前一水准点引测,对测段范围内所有路线中桩逐一测量其地面高程,然后符合到下一个水准点,如果与基平符合,即可计算测段内全部中桩地面高程,否则应重测。中平高程测量应起闭于水准点，其允许误差：高速公路、一级公路为 $\pm 30\sqrt{L}$mm；二级及二级以下公路为 $\pm 50\sqrt{L}$mm。中桩高程检测限差：高速公路、一级公路为 ±5cm；二级及二级以下公路为 ±10cm。中平读数精度转点尺读至毫米(mm)，中桩则读至厘米(cm)。

中桩高程应测量桩志处的地面高程。对沿线需要特殊控制的建筑物、管线、铁路轨顶等，应按规定测出其高程，其检测限差为 ±2cm。对于相对高差悬殊的少数中桩高程，可用三角高程测量或单程支线测量。

4. 横断面组

横断面组的主要任务是实地测量每个中桩在路线法线方向的地面起伏变化情况，并画出横断面的地面线，为路基横断面设计、土石方数量计算及公路施工放样提供资料。

1)横断面方向确定

横断面测量应逐桩施测，测量前应首先确定横断面的方向。在路线直线段，横断面方向与路线中线垂直；在曲线段，横断面方向与该点的切线垂直，即为该点的法线方向。直线段的横断面方向可用方向架或经纬仪作垂线确定；曲线段的横断面方向可用弯道求心方向架或经纬仪来确定。

2)横断面测量方法

横断面测量可采用抬杆法、水准仪皮尺法、手水准法、视距测量、三角高程测量、钓鱼法等方法测量。高速公路、一级公路横断面测量应采用水准仪皮尺法、横断面仪法、全站仪法或经纬仪视距法，二级及二级以下公路横断面测量可采用水准仪皮尺法。

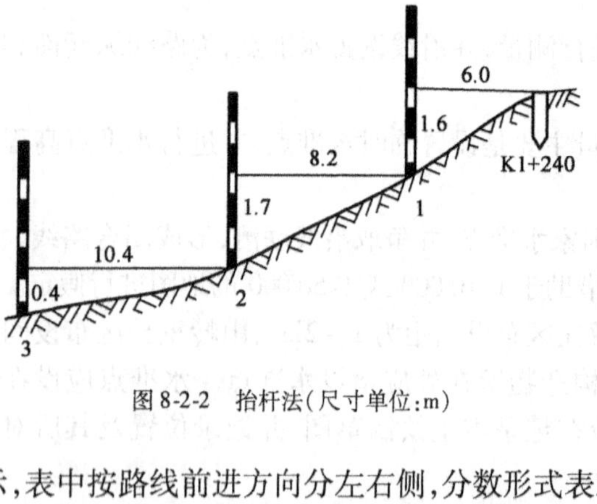

图 8-2-2　抬杆法(尺寸单位:m)

(1)抬杆法。抬杆法指利用花杆直接测量平距和高差，如图 8-2-2 所示，根据地面情况选定变坡点 1、2、3…，将标杆竖立于 1 点上，皮尺靠在中桩地面拉平，量出中桩点至 1 点的水平距离，而皮尺截于标杆的红白格数(通常每格为 0.2m，图中的黑白格仅为示意图)即为两点间的高差。测量员报出测量结果，以便绘图或记录，报数时，通常省去“水平距离”四字，高差用“低”或“高”报出，例如图 8-2-2 中桩点与 1 点间，报为“6.0m 低 1.6m”，记录如表 8-2-3 所示，表中按路线前进方向分左右侧，分数形式表示各测段的高差和距离，分子表示高差，正号为升高，负号为降低，分母表示距离。自中桩由近及远逐段记录。该方法简便、易行，在实际中经常采用，它适用于路线横向地面变化较多较大的地段。但由于该方法测站较多，测量和累积误差较大。

(2)水准仪皮尺法。当视线开阔，横坡不大，对横断面精度要求较高时，可用水准仪施测高差，配合卷尺丈量距离。该测量方法与纵断面水准测量一样(采用视线高程法)，即后视中桩后，求得视线高程，减去所有断面点的中视读数，即得各点高程。若仪器安置得当，一站可测多个横断面。

(3)其他施测方法。在不良地质地段需作大断面图时，可用经纬仪作视距测量，并用三角高程测量施测横断面。对于一些陡岩地段，可采用如图 8-2-3 所示的交会法，即选择合适点位 A、B，丈量 AB 之间的距离 L，利用经纬仪实测竖直角 α_A、α_B，图解交会出 C 点。交会时交角不宜太小，距离 L 应有足够的长度。对于深沟路段可用钓鱼法施测，如图 8-2-4 所示。

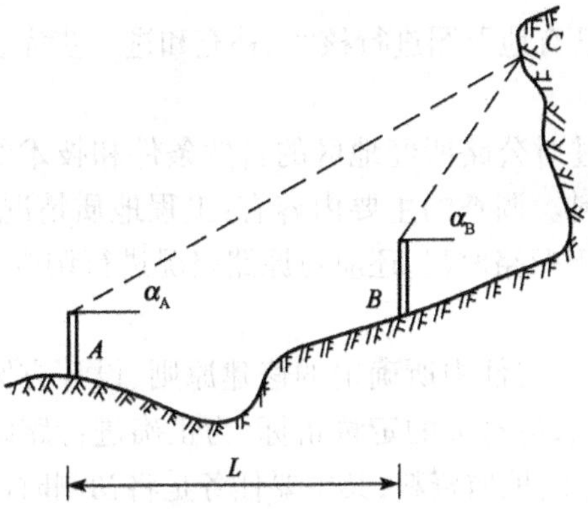

图 8-2-3　交会法

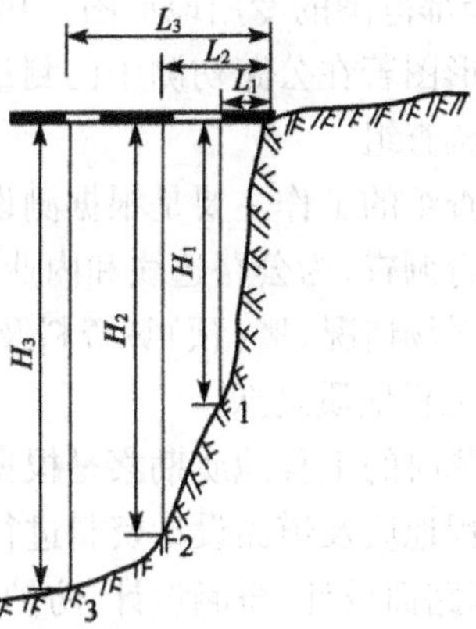

图 8-2-4　钓鱼法

3）测量精度及测图范围

横断面中的高程、距离的读数取位至0.1m。横断面测量检测限差应符合表8-2-3的规定。

横断面测量检测限差　　表 8-2-3

路　　线	距　　离	高　　程
高速公路、一级公路	±（L/100＋0.1）	±（h/100＋L/200＋0.1）
二级及二级以下公路	±（L/50＋0.1）	±（h/50＋L/100＋0.1）

注：L——测点至中桩的水平距离（m）；
　　h——测点至中桩的高差（m）。

横断面的测量范围，应根据地形、地质、地物及设计需要确定，一般要求左右宽度不小于20m。高速公路、一级公路的分离式路基和二、三、四级公路的回头曲线路段，应测出连通上、下路线的横断面，并标注相关关系。横断面测量应反映地形、地物、地质的变化，并标注相关水位、建筑物、土石分界等位置。

4）横断面图的绘制

横断面应在现场点绘成图并即时核对，消除差错。点绘的方法是：以中桩点为中心，分左右两侧，按测得的各侧相邻地形特征点之间的平距和高差或倾角与斜距等逐一将各特征点点绘在横断面上，各点连线即构成横断面地面线。

当现场无绘图条件时，也可采用现场记录、室内整理绘图的方法，但必须进行现场核对。其记录方式见表8-2-4。点绘断面按由下向上、由左向右的原则安排断面位置。绘图比例一般为1∶200，对有特殊情况需要的断面可采用1∶100的比例。

横断面测量记录表　　表 8-2-4

左　　侧	桩　　号	右　　侧
……		……
平 $\frac{-0.4}{10.4}$　$\frac{-1.7}{8.2}$　$\frac{-1.6}{6.0}$	K1＋240	$\frac{+0.6}{2.8}$　$\frac{+1.2}{3.2}$　$\frac{+1.2}{3.4}$
平 $\frac{-0.8}{1.8}$　$\frac{-0.4}{6.2}$　$\frac{-1.4}{1.4}$	K1＋220	$\frac{+0.4}{1.8}$　$\frac{+1.0}{2.0}$　$\frac{+1.2}{3.0}$ 同坡

5. 地形组

地形组的任务就是根据设计的需要，按一定比例测绘出沿线一定宽度范围内的带状地形图(或局部范围的专用地形图),供设计和施工使用。

地形图若在公路初测中已测量,定测时只需对已有地形图进行核实、补充和进一步完善。

6. 调查组

调查组的工作主要是根据测设任务的要求,通过对公路所经地区的自然条件和技术经济条件进行调查,为公路选线和内业设计收集原始资料。调查的主要内容有:工程地质情况、筑路材料料场情况、概(预)算资料及杂项情况等。对于旧路改建,还应对原路路况进行调查。

1)工程地质勘探

定测时的工程地质勘察是根据已批准的初步设计文件中所确定的修建原则、设计方案等有关工程地质及道路设计资料进行勘探,通过详勘,取得有关的定量指标,为正确进行路线布设、路基路面设计、桥涵设计、防护工程设计提供可靠的地质资料,其主要任务是将初测时的地质任务进行详细勘察,查明需要地段的详细地质、水文地质及不良地质地段的地质资料。

(1)准备工作。

①充分研究初勘资料,熟悉已批准采用方案的工程地质资料,了解所进行详勘的资料。

②认真领会初步设计的审批意见,研究落实有关措施。

③研究对详勘工作的要求,据以拟订工作计划,落实工作量、组织安排及技术装备。

(2)工程地质详勘主要内容。

①路线方面。在工程地质复杂和工程艰巨的地段,会同选线人员研究路线布设及所采取的工程措施;调查沿线范围的地貌单元和地貌特征、地质构造、岩石、水文地质、植被、土的种类、地面径流及不良地质现象情况,并分段进行工程地质评价;分段测绘具有代表性的工程地质横断面、标明土、石分类界限,并划分土、石等级;调查气象、地震及施工、养护经验等资料;编写公路地质说明书。

②路基方面。调查分析自然山坡或路基边坡的稳定状况,根据地质构造、岩性及风化破碎程度以及其他影响边坡稳定的因素,提出路堑边坡或防护加固措施;对于沿溪线,应查明河流的形态、水文条件、河岸地貌、地质特征、河岸稳定情况、受冲刷程度等,进而提出防护类型、长度及基础埋置深度等意见;对路基坡面及支挡构造物进行调查,提出路基土的分类和水文地带类型。

③路面方面。收集有关气象资料,研究地貌条件,划分路段的道路气候分区,并提出土基回弹模量建议值,供路面设计时采用;调查当地常用路面结构类型和经验厚度。

详勘要求对沿线地形、地貌、地质构造、岩层产状、性质、成因、厚度、类别、风化程度、岩土变化规律、地下水露点、埋藏深度,地表积水、排水条件等,分段进行详细描述。描述时应重点突出,并依其地质情况评述本路段的地质对沿线的路基、路面、桥涵、附属结构等的影响并提出相应的工程措施。

④特殊地质、不良的地质地区的详勘和全线路基排水系统的详勘,按《公路工程地质勘察规范》(JTJ 064—98)进行。

⑤路基取土调查,应根据初步设计确定的取土方案,可不另进行专门勘察,但对于沿线集中取土或线外大型取土坑,均需进行详勘,每处可设 2 ~3 个勘探点,勘探深度应穿过取土层以下 0.5m,并选取有代表性的土样以鉴定土的路用性质。

⑥隧道工程地质详勘,通常包括两项内容:一是隧道方案与位置的选择,二是隧道洞口与洞身的勘测,它主要为隧道设计与施工提供所需的地质资料。

2)筑路材料调查

筑路材料调查就是根据就地取材的原则选定料场，如石料、砾石、砂、黏土、水等路用材料。通过调查确定材料的数量、使用品质、开采与运输条件。

(1)料场选择。公路料场分为路侧料场和基地料场两种。路侧料场是供应附近合理运距范围内的路段；基地料场不仅供应附近路段，同时为其他路段或其他建筑所用。选择料场时应考虑以下因素：

①使用条件。应根据不同的工程需要选择不同的砂石材料。对于供应铺筑路面用的碎石材料，应为质地均匀，有足够的强度，含泥量小，不夹杂扁片，具有棱角状或天然级配的材料。一般用作构造物的基础石料，必须有足够的强度和稳定性。

②开采条件。主要应从矿层的产状条件、水文地质条件、开采季节、工作台面大小和废土堆置场地等方面考虑。如具有板状或棱柱状节理的岩浆岩以及岩层均一的沉积岩，一般都易于开采和加工，但如节理过于发育，会降低石料强度和开采效率。

③运输条件。主要应考虑运输支线的距离和修筑支线的难易程度，以及料场和路线的相对高度和运输工具等因素。

(2)调查内容。

①开采条件调查：料场工作面的概略范围，有用层和覆盖层的厚度，开采工程等级，废方堆放位置，宜开采的季节及可采取的措施，机械开采的可能性，开采时附近的居住条件，开炸石料时对附近群众和房屋的安全及其处理措施。

②运输条件调查。公路用建筑材料的运输条件，主要考虑支线运距和运输路线的情况，宜采用的运输方式，需要修筑便道的长度和便桥座数，运输的季节性及相应的措施。

③数量和质量调查：确定材料蕴藏量，对各类料场进行必要的取样试验，据以评价材料的质量，并估计各种材料的成品率。

被调查的资料应能满足施工设计图表的编制的要求，一般情况下应提交的资料有：天然筑路材料说明书、天然筑路材料料场一览表、天然筑路材料料场供应示意图、调查记录资料及试验成果。

(3)调查方法。料场调查方法分为勘测与勘探。在料场范围内，需根据实地的地形特点布置探坑，勘探线最好成网状。通过勘探，以确定材料界限、覆盖土层厚度与料层厚度，以估计筑路材料的蕴藏量，开挖探坑的数量、位置与深度，与实地勘探面积、地质构造、有无露头等方面有关。

进行料场调查时，还应对不同的材料分别取样，以便进行材料试验，进一步了解材料的使用品质，同时填写野外调查记录表，如表8-2-5所示。

野外调查记录表 表8-2-5

____年____月____日	第____页	料场草图　　第____页
1. 料场名称：	2. 编号：	勘探点
3. 位置：K____ + _____左 右 m		
上路桩号：K____ + _____		
料场描述：		
蕴藏量计算：		

续上表

____年____月____日　　第____页	料场草图　第____页						
	编号	层深(m)	层次	岩石描述	工程等级	取样	
						编号	深度(m)
支线工程：							
占地调查：							
料场取舍说明：							

(4)蕴藏量计算。计算料场的蕴藏量,首先应根据料场所处的地形与探坑布置情况确定其计算方法,常采用的有算术平均法、平等断面法、三角形法等。蕴藏量详细调查的允许误差为±15%,一般各料场的总蕴藏量不应少于设计需要量的两倍。当料场蕴藏量很大且不受限制时,则不必计算其蕴藏量,直接以“丰富”表示即可。

3)公路用地、拆迁及预算资料调查

公路用地及拆迁建筑物等资料,应通过实地调查或测绘,提供征用土地及拆迁建筑物等位置、范围及数量,为施工图设计提供必需的资料。

(1)用地调查。

①应在沿线测绘用地图,并根据设计需要提供永久性占地和临时占地数量。所用地图比例尺为1:500~1:2 000,图中应标出中线、桩号、各类土地(水田、旱地、鱼塘、菜地、果园等)的分界线、用地宽度、使用人或单位。

②应调查各类土地常种作物和近三年的平均产量,调查统计独立果树的价值以及树木的株数、直径和产量。

(2)拆迁调查。

①应调查拆迁建筑物的位置、范围尺寸、结构类型(房屋应注明层数)。

②需拆迁建筑设施,如电力、管道、电信等设施;应调查所在单位、位置及长度等,对于重要的建筑设施,如文物、铁路、水利或通信设施等,则应同主管部门协商,落实处理方案及工程措施。

③调查沿线伐树、挖根、除草及挖淤泥等的路段长度,并结合工程设计的需要计算其工程量。

(3)预算资料调查。预算资料调查可在初测调查的基础上进行补充调查和核实。

7. 桥涵组

桥涵组的主要任务是调查与搜集沿线桥涵水文与地质、地形资料,配合路线的总体布设,进行实地勘测,提出桥涵及其他构造物的技术要求,确定桥涵位置、结构形式、孔径大小、进出口形式、埋置深度以及上下游防护处理措施等。

1)小桥涵的位置和类型选择

小桥涵的位置原则上应服从路线走向,其位置通常根据路线布局大致确定。但桥涵的位置也需根据实地地形、地质与水文条件等综合考虑才能具体落实。如设置的涵洞是正交还是斜交,设在沟边还是沟底等,均需合理安排。一般情况下,下列位置应设置小桥涵。

(1)一沟一桥(涵)。凡路线与一条明显沟形的干沟小溪、河流相交,当上游的汇水面积大于0.1km^2时,原则上应设一座小桥或涵洞。

(2)农田浇灌涵。路线经过农作物区,当跨越水田、水渠时,为了不影响农田的水利灌溉,必须设置满足排水要求的农田浇灌涵。

(3)路基边沟排水涵。在山区公路的傍山线,为排除路基内侧的边沟水,通常每隔200~400m需设置一道涵洞,其具体位置可根据路线平面图、纵断面图及横断面图综合考虑、合理选定,一般设置在纵坡变化处。

(4)路线交叉涵。当公路与公路、铁路或其他道路相交时,为了不使边沟阻水,同时也不致冲坏相交道路的路基,一般应设路线纵向排水涵。

(5)其他类型涵洞。当路线经过积水洼地、池塘等处,为沟通两侧水位,应设置涵洞。路线穿过村镇时,为保证地面水排水畅通,也可设置涵洞。

小桥桥位的确定应考虑选在河面顺直、地质条件良好、河床稳定、桥位中线尽可能与洪水主流方向正交、河面窄且水流平缓处的河段上。

涵洞一般顺沟设置,河道或沟渠弯曲时,可视地形条件裁弯取直;山沟较深时,可在沟边设涵;山坡纵坡较大时,可改设平缓引水沟;当相邻两沟距离接近时,则在不影响路基正常排水情况下,可引水并沟。

小桥涵的类型,按修建材料可分为石拱桥涵、混凝土桥涵、钢筋混凝土桥涵;根据水力特征可分无压力式、半压力式和压力式涵洞。小桥涵形式的选定主要根据公路等级、使用性质和任务,按适用、经济、坚固、因地制宜、就地取材和便于施工等原则来选择。

2)小桥涵址测量

小桥涵测量是在桥涵位置确定后,确定小桥涵的孔径、墩台高度、结构类型、基础形式及埋深和必要的附属工程等。涵洞测量一般只需测量涵洞中心桩处的路线横断面和进出水口的涵洞横断面。而小桥涵测量则除测量桥中心处的路线纵断面外,还应测出河沟上下游各距中心线5~10m处平行于路线的纵断面、桥台处的路线横断面、河床比降图、桥位地形图等,供设计小桥时使用。

(1)基本要求。

①小桥涵沿路线中线方向的断面测量,应与路中线测量同步完成,并注意适当加密中桩、实测沟渠以及与路线的交角。对地形复杂的小桥涵,应对路线中线两侧或河床两侧各施测一个或几个断面,其测量范围和精度应能满足涵底纵坡和进出水口设计、布置桥孔、调治防护工程、计算开挖土石方工程数量等的需要。

②小桥涵位于地质、地形复杂,布置小桥涵及其附属构造物困难或兼有改河、改道工程及环境协调等综合处理要求的地段时,应测绘1∶200~1∶1 000工点地形图。改河工程应按布设要求进行纵、横断面测量,并相应测量原河道相关范围内的河床纵坡和河床横断面。

(2)小桥涵测量。

①桥址测量。

a.测绘桥位中心及上下游平行线即河床横断面,在桥址河床横断面图上应标明桥位中心桩号、设计水位或调查洪水位、地貌特征等,还需将地质试坑或地质柱状图绘于河床断面图上。然后在图上布孔、定出桥位中心桩号及桥的高度(包括桥面设计高程及梁底高程),检查侧墙和锥坡的基础有无悬空及埋置过深现象。

b. 测量河床比降图，从河床比降图上显示出上下游河（沟）底纵剖面的实际情况（如有无陡坡、跌水、淤积、冲刷等现象），为水力计算提供依据。

c. 当桥位处的地形条件比较复杂时，或河（沟）弯曲、水流紊乱，需纸上研究设计方案时，需进行测绘桥址处的工点地形图，图纸比例可采用1∶200～1∶500；测图范围以设计需要为准，当测区范围较大时，测图比例可取1∶1 000，等高距一般采用0.5m或1m。

②涵址测量。

a. 涵位中心纵断面测量。当涵位及其与路线的交角确定后，自涵位中心沿涵洞中心方向分别往上下游施测纵断面，施测长度以满足布设涵洞要求为准，一般施测到中心上下游各20m，若遇有改沟、筑坝或设缓流设备等附属设施时，应适当延长。

b. 涵址河（沟）横断面测量。在涵洞中心及上下游进出口处，各测一个垂直于涵位中线的涵洞横断面图。在平原区较顺直的河沟处，只测涵位中桩一个横断面；当山区河沟沟形十分曲折，地形起伏较大时，则需增设几个横断面，借以了解涵位附近的地形全貌。

c. 涵址平面示意图勾绘。为了便于在内业设计时了解涵址附近的地形、全貌，应绘制出每一个涵洞处的平面示意图。勾绘时，一般先按比例绘好路线与涵洞方向的关系图，然后用目测的方法将地形、地貌、地物等勾绘在此图上，目测时应尽量保证准确性，必要时可用花杆或步测来量测。

3）小桥涵地质调查

小桥涵地质调查的目的在于搜集基底处的工程地质及水文地质情况，为准确选定桥涵及附属工程的基础类型和尺寸、埋置深度等提供有关资料。调查的内容包括：基底地质土的类别与特征，有无不良地质情况、土的冻结深度及水文地质对桥涵基础与施工有无影响。

调查的方法以视察为主，挖深为辅。若地质条件相对简单，通过已有资料及调查天然露头，足以查明基底的地质情况时，一般不进行专门的地质钻探。当地质条件复杂时，则需进行现场钻探，探坑的布置位置、深度，应根据地质情况和设计要求确定。每座小桥涵一般布设1～2个探坑，分别布置在沟底中心或两侧台基附近，挖深不小于基底埋深以下1～2m。如果条件许可，最好在挖探的同时，分层选取有代表性的土样做试验，小桥涵地质调查要保证桥涵施工后基础稳定可靠。

（三）公路定测的内业工作

勘测阶段的内业工作，其主要任务是对外业测量期间测量成果进行整理、复核、校对和编制。它一方面沟通各个外业组之间的业务关系，保证测量成果的准确可靠；另一方面，内业工作是综合性的设计工作，各测设组搜集的资料与设计成果是否符合要求、是否合理，都要经过内业工作的综合比较论证，以便进一步完善各项设计。

勘测阶段的内业工作是保证勘测顺利进行、测量成果质量好坏的关键。其具体表现在以下几方面。

（1）内业人员应主动向选线人员了解方案情况，掌握各路段的定线意图和布设情况，以及选线人员对测设工作的意见和要求。其中包括分段定线依据和技术指标，如路线走向，放线坡度，路基填挖高度控制，平、纵、横线形配合要求，以及沿线人工构筑物布设等。摸清底细后，据以检查实测结果与原意图有无出入，以便更好地指导内业设计。

（2）内业人员应协助测量队长对外业的勘测质量进行检查，逐日复核外业当天交回的野外记录和原始资料，检查容许误差，发现错误、漏测或不完善的情况，及时通知有关外业人员，迅速纠正或补测，以免贻误工作。内业人员在检查和复核各外业资料时，应注意的有关事项如下：

①测角方面。应复核转角、分角读数和视距计算是否正确；实测转角和采用半径值同选线所定数据有无出入，影响如何；平曲线要素计算是否正确；交点固定资料是否齐全。

②中桩方面。中线丈量的精度是否符合要求；平曲线要素与测量记录是否一致；中桩里程是否有错；弯道加桩、地形、地物等加桩是否齐全。

③水准测量方面。基平测量的精度是否达到要求；水准点布设是否可行；中平测量是否符合要求；有无漏测、记错或计算错误。

④横断面方面。核对横断面桩号与中桩记录是否一致，有无漏测或错测，横断面施测的宽度是否符合要求；地物界限及标注是否清楚明确；有无需要加测横断面等情况，如有则应及时补测或重测。

⑤地形方面。检查中线展绘有无错误，施测范围是否符合要求；图幅的拼接是否吻合、连续，地形、地物测绘的精度是否符合要求。

(3)对所有外业资料经检查无误后，按设计文件规定的图表格式和内容填写齐全，存查备用。如直线、曲线及转角一览表、水准点资料一览表、保护桩资料一览表、总里程表、路基设计表、纵断面图、横断面图、小桥涵设计资料一览表、交叉口设计资料一览表等。具体格式可参见《公路工程设计文件图表示例》。

(4)编制外业期间的工作计划，并根据实际的外业进程作及时调整。

(5)点绘纵、横断面地面线，并进行纵坡设计，然后到现场核对，检查原定线方案是否合理，平、纵、横配合如何，拉坡有无问题等。

(6)做好器具、测绘用品、外业记录手册、设计文件图表、技术资料、标准图、图书及计划报表等领用、保管及管理工作。

(7)定测阶段应完成和提交的成果如下：

①各种调查、勘测的原始记录、图纸及资料；

②各专业勘测调查的质量检查及分析评定资料；

③路线纵、横断面设计及各种底图、底表；

④各项测设主要计算分析论证资料；

⑤各项测设主要设计布置图及设计底表；

⑥外业勘测说明书及有关协议和文件。

二、任务实施

(一)任务布置

课题二：公路定测

1. 基本资料

教师在校园附近或公路勘测实训基地选定路线基本走向，大致设6~10个交点，规定公路等级与设计速度。

2. 任务

(1)选线组根据实地地形，采用现场定线方法，选定交点、转点并现场确定平曲线半径，测定交点坐标，计算平曲线要素、中桩桩号、中桩坐标等，确定公路中线位置。

(2)中桩组根据计算结果敷设中桩，并编制直线曲线转角表。

(3)水平组设置水准点并测其高程,测量所有中桩、加桩高程并记录。

(4)横断面组测绘路线各中桩的横断面地面线。

3. 要求

(1)将班级人数分成4组。

(2)以组为单位,各组完成上述任务,组长负责组织任务实施与安排、检查各成员的计算或分析结果,每组完成一个交点后交换工作。

(3)全组共同完成上述任务后,组长负责成果的记录与整理,按任务目标的要求上交《直线曲线转角表》、《逐桩坐标表》、中桩高程记录、横断面记录、横断面图,供教师批阅。

(二)课堂教学

课堂教学以公路定测为主线,围绕公路定测的任务、前期准备工作、外业测量工作、内业整理工作组织实施,计划安排4学时。

课堂教学可按如下步骤进行:

(1)在公路初测的基础上,结合实体公路设计项目设计阶段引出公路定测,区分公路定测与公路初测的异同点,明确公路定测的任务。

(2)为顺利完成公路定测的外业测量工作,首先需进行公路定测前的准备工作,拟定一实体设计项目,引导学生分析总结公路定测的前期准备工作。

(3)公路定测的外业测量工作是公路施工图设计的基础,也是公路定测中的重点,公路定测外业测量工作设计内容较多,为了条理清楚,结合实际公路定测过程,依据放线组、中桩组、水平组、横断面组、地形组、调查组、桥涵组分别讲述其包含的内容及方法。

[案例] 陕西略阳县观(音寺)大(黄院)公路为四级公路改建工程,根据建设单位意见,勘察设计工作采用一次定线,一阶段施工图设计。

①定测。某设计单位在接到略阳县交通局的委托后,立即组织专业技术人员赴现场进行调查、踏勘,对路线的走向、主要控制点进行了详细的调查和核对。为了确保测设质量和工期,在外业勘察工作前进行了技术装备、技术资料的准备,以及仪器设备的检校等工作,为保质保量完成该段公路测设作了充分的准备。

2009年7月14日,全体测设人员进入测设现场,7月16日至17日,根据路线走向和方案,在路线带上埋设预制水泥混凝土控制桩,随后利用GPS全球定位系统进行平面控制测量,18日又进行了高程控制测量。2009年7月19日,开始利用导线点成果对旧路中线及边线进行坐标控制,利用控制的结果在计算机上定线,为充分利用旧路、掌握好技术指标、节约工程投资打下了良好的基础。定线完成后,分路线组、中线组、横断组三个测量专组以及经济调查、平交调查、桥梁涵洞调查、路基路面调查、排水防护调查、工程地质调查六个调查组进行了测设工作,于2009年8月13日完成了该段公路的外业勘测工作。在外业勘测工作完成后,组织全体人员于2009年8月15日正式开始该段公路内业设计工作。2009年8月31日,内业设计工作基本完成,文件进入审查及出版工作阶段。

②路线走向及主要控制点确定。该段公路位于略阳县正东方向,起点位于观音寺乡街上村,与略(阳)观(音寺)公路相连接,终点止于略阳县大黄院村,是略阳县县域公路网的重要组成部分,路线走向基本上是由北向南,沿黑河右岸南下,途经海棠沟村、包家沟村,在棒槌崖设桥跨河换岸后继续沿黑河南下,经刘家沟、孟家河村至李家河再次设桥换岸,经炉子坝沟口到达黄草岭后设桥跨河换至黑河左侧继续南下,再经过张家坪、庄房坝,在李家坝处设桥换至黑河右侧,经和平村后走高线经四垭豁翻越山岭至终点大黄院村,与大黄院至茶店公路相接,路

线全长18.857km。路线的主要控制点为：街上村、棒槌崖、孟家河、李家河、黄草岭、李家坝、和平村、大黄院村。

③沿线地形、地质、地震、气候、水文等自然地理状况调查。

a. 地理位置。拟建项目地处汉中市西部略阳县境内，略阳县地处秦岭山脉西段南坡山峦腹地，地跨东经105°42′~106°31′，北纬33°07′~33°38′之间。略阳县东临勉县，西连甘肃省康县、成县，南接宁强，北毗甘肃省辉县，是通往四川的交通要道。

b. 地形、地貌。该路线位于秦岭南麓，区内总的地形是西北高，东南低，西北向东南倾斜。该县境内山岭纵横、沟壑交错、地形复杂。项目区地跨秦岭梁褶皱带、山峦起伏较大，坡陡、切割深，地质构造复杂，水流急，且瀑布较多，雨量充沛，易发生大的径流，故侵蚀强烈。

c. 地质、地震、气候及水文条件：

a）工程地质。路线所经地段，以沉积岩、火成岩、变质岩为主并交替存在。沿线分布有盆地、山地和丘陵，地形复杂。土的分布及类型受气候、纬度和水文地质条件的影响，也受到长期人为活动的影响，类型多样、分布复杂。砂质土是组成盆地及河床、河漫滩的主要土，成因于第四纪，属洪积相，夹有砂、砾石层，分布在黑河河滩及一些阶地上。亚黏土成因于第四纪，属洪积相，分布在辖区内河流二至四级阶地上，下面有砾石层和砂砾石层，其中红色黏土富含姜结石，并具有弱膨胀性。基岩的成因时代为震旦、寒武、奥陶和志留系。岩石种类较多，片岩、板岩、千枚岩、石灰岩等，是本区山地丘陵的主体。

b）气候特征。本地区属于亚热带北缘山地暖温带湿润季风气候。其特点是冬季西伯利亚强冷空气南下，可翻越秦岭南侵；夏季副热带高压北抬西伸，势力强大时也可越岭北侵，冷暖气流均可到达，成为特殊的亚热带北缘山地暖温带湿润季风气候。项目区冬无严寒，夏无酷暑，雨量充沛，光热较差。春季冷暖反复交替，气温回升缓慢，雨量偏少；夏季多洪；秋季多淋；冬季雨雪稀少，较干燥，日照偏少。

项目区年平均气温为13.2℃，日极端最低气温为-11.2℃。年最低气温在1月份，月平均气温为1.8℃，日极端最高气温为37.7℃，最热在七月，月平均气温为23.7℃。年平均日照时间为1 558.3h，属于日照低值县。平均无霜期有236天。

c）水文条件。项目所在区域水资源丰富，沟河纵横，主要河流为黑河，属长江流域汉江水系。项目区年平均降水量为860mm，最多年（1981年）为1 353.6mm，最少年（1965年）为597.7mm。年降水时间主要集中在7~9月份，占全年的56.6%。

d）地震烈度。依据国家地震区划图，本区域地震强度为七度。

e）不良地质现象。本区为洪水、泥石流、山体滑塌、滑坡多发县，省防汛重点县。

④原有旧路状况。设计改建的观（音寺）大（黄院）公路是略阳县公路县域公路网的组成部分。原观（音寺）大（黄院）公路于1975年建成通车。总体的路基宽度为4.0~7.5m，无路面。坑槽遍布，原路基本没有排水设施，排水不畅，挖方边坡坡度不一，剥蚀、冲蚀严重，部分河弯地段旧路路基高度甚至低于黑河最大洪水位高度，受冲刷严重，局部路基宽度仅为4m左右，多数路段无法会车，行车状况极差。总之，原有公路技术指标极低，路基、路面毁坏严重，抵抗自然能力差，已不能满足县域经济迅速发展和社会主义新农村建设的需要，也不符合超前发展的原则，影响了略阳县东部山区社会经济的蓬勃发展，严重制约了当地社会经济的对外交流、商品交流和社会文化的发展。

项目建成后，由于技术标准提高，可以缓解和改善现有公路总体运输能力较差、行车平均速度较低的交通状况，拟改建的观大公路贯穿略阳县的观音寺乡、黑河坝乡，一方面不仅可带动沿线乡村的经济发展，另一方面可更好地沟通与省道309线的联系，提高略阳县整体路网的水平，促进略阳县的工农业生产和社会经济发展。

⑤筑路材料与公路建设的关系。本区域内筑路材料比较丰富，路基、路面用土、砂、片(块)石、碎石、水泥、石灰等建筑材料距本路较近，开采方便，运距短，可就近上路。路线沿线群众修路热情高，各级领导重视，这为公路建设创造了极为有利的条件。

a. 中粗砂。砂场位于沿线黑河河滩，河滩里有丰富的河砂，少覆盖层，颗粒均匀、纯净，含泥量少；主要成分为石英、长石；质地坚硬，可作为沿线路基及排水、防护工程用砂。

b. 路面用碎石。沿线多处路侧分布大量的石灰岩，岩石出露，破碎程度较轻，可开挖深度大，岩石储量丰富，而且易于开采，工程性能较好，而且黑河河道也有丰富的碎石，在K8 +000、K12 +880等地段可设碎石场，性能均能满足路面面层用碎石和桥涵混凝土碎石的要求，采用汽车运输可直接上路。

c. 块、片石。沿线多处路侧或河滩上分布有石料场，沿线块、片石储量较多，开采方便，可沿便道上路，块、片石以石灰岩、玄武岩为主，岩石坚硬，强度高，整体性好，可开挖高度大，工程性能好，抗压强度在30MPa以上，工程性能较好，可作为沿线排水工程、防护工程及小桥涵工程用石料。

d. 水泥。略阳县水泥厂生产各种强度等级的水泥，年产量大，性能稳定，产品质量达到了国家相关标准要求，其水泥可用于桥涵工程、路基防护和排水工程，运输方便，在路线起点上路。

e. 工程用水。沿线河流水资源较丰富，水质良好，可作为工程用水。

f. 工程用电。沿线电力供应情况较好，路段电力分布均匀，等级齐全，供电有保证，工程用电可与供电部门联系，必要时亦可考虑自发电。

⑥路线与周围环境和自然景观的协调情况。本段路线改建工程是在原有公路基础上对局部路段进行裁弯取直，拓宽改建。在路线平、纵、横设计中，充分考虑了路线与自然景观的关系，力求平、纵、横组合设计合理。采用低填、浅挖路基及合理的排水设计，努力做到路线与沿线自然景观及周围环境协调一致，尽量避免对沿线生态环境的破坏。

⑦与有关部门的协调情况。该段公路的改建设计中，充分考虑了少占耕地、少拆迁的原则。根据建设部门的要求，在满足标准的前提下尽量利用旧路、既有桥涵结构物及支挡防护结构物。

(4)公路定测的内业工作是对外业测量成果的整理、复核、校对和编制，结合实体公路设计项目的定测成果讲解公路定测内业工作的注意点及需要提交的成果。

(5)公路定测的重点是：首先知道公路视察、初测与定测的区别，在此基础上，掌握公路定测的外业测量工作要求与内容，清楚公路定测的勘测与调查方法，知道公路定测内业工作内容以及提交成果的编制方法。公路定测的内容实践性较强，课堂上应结合实体项目的外业资料和成果、图片及相应案例组织教学。

学习效果评价反馈

(一)学生自评

每位学生根据本学习情境及各工作任务的学习目标，自主完成下述[自测1]~[自测

10],并根据表 8-3-1 的要求,完成自我检验。

[自测 1]什么是初测,其目的与任务是什么?

[自测 2]初测的前期准备工作有哪些?

[自测 3]初测的外业测量工作包括哪几方面的内容?

[自测 4]初测的外业勘测与调查工作包括哪几方面?

[自测 5]初测需提交哪些成果?

[自测 6]什么是公路定测,其目的与任务是什么?

[自测 7]公路定测的前期准备工作有哪些?

[自测 8]公路定测的外业测量工作包括哪几方面?

[自测 9]公路定测调查工作包括哪几方面?

[自测 10]公路定测需提交哪些成果?

学 生 自 评 表　　表 8-3-1

<table>
<tr><td colspan="8">任务名称:公路外业勘测</td></tr>
<tr><td>组号</td><td></td><td>姓名</td><td></td><td>学号</td><td></td><td>自评成绩</td><td></td></tr>
<tr><td colspan="2">题号</td><td>自测 1</td><td>自测 2</td><td>自测 3</td><td>自测 4</td><td>自测 5</td><td>合计</td></tr>
<tr><td colspan="2">满分</td><td>10</td><td>10</td><td>10</td><td>10</td><td>10</td><td>100</td></tr>
<tr><td colspan="2">得分</td><td></td><td></td><td></td><td></td><td></td><td rowspan="5"></td></tr>
<tr><td colspan="2">题号</td><td>自测 6</td><td>自测 7</td><td>自测 8</td><td>自测 9</td><td>自测 10</td></tr>
<tr><td colspan="2">满分</td><td>10</td><td>10</td><td>10</td><td>10</td><td>10</td></tr>
<tr><td colspan="2">得分</td><td></td><td></td><td></td><td></td><td></td></tr>
</table>

(二)学习小组评价

主讲教师根据班级人数、学生学习情况等因素合理分组,然后以学习小组为单位,完成授课前布置的课题一与课题二的相关任务,组长根据组员的完成情况,按表 8-3-2 的要求,完成学习小组评价。

学习小组评价表　　表 8-3-2

<table>
<tr><td>组号</td><td></td><td>姓名</td><td colspan="2"></td><td>学号</td><td></td><td>成绩</td><td></td></tr>
<tr><td colspan="3" rowspan="2">课题</td><td>计算(分析)
正确性</td><td>熟练
程度</td><td>独立
完成能力</td><td>参与
主动性</td><td>创新能力</td><td>得分</td></tr>
<tr><td>20%</td><td>10%</td><td>10%</td><td>5%</td><td>5%</td><td>50%</td></tr>
<tr><td colspan="3">课题一:××公路路线平面局部比选方案分析报告</td><td></td><td></td><td></td><td></td><td></td><td></td></tr>
<tr><td colspan="3">课题二:公路定测</td><td></td><td></td><td></td><td></td><td></td><td></td></tr>
<tr><td>组长签名</td><td colspan="2"></td><td>日期</td><td colspan="2"></td><td>合计</td><td colspan="2"></td></tr>
<tr><td colspan="9">备注:本学习情境共设置 2 个课题,每课题各占 50%</td></tr>
</table>

(三)任课教师评价

主讲教师根据学生的学习态度,对学生在公路初测、公路定测两个方面的分析问题能力、计算能力、创新能力及学习主动性进行评价,按表 8-3-3 的要求,完成教师对学生的评价。

教师对学生的学习效果评价表 表8-3-3

组号		姓名		学号		成绩	
任务名称:路线纵断面							
评价内容		评价依据				分数	得分
学习态度情况		上课纪律、学习主动性等评价				10	
任务自测情况		自测成果的正确性与准确性、完成成果的质量、上交资料的规范程度等评价				30	
小组成果报告情况		公路初测、公路定测等方面的操作与计算能力评价				30	
在小组中所起的作用		学生参与讨论时发表的观点、在成果中采纳的情况等评价				10	
完成的工作量		参与完成小组工作的贡献大小(完全参与为满分,基本参与得基本分)				10	
学生独立解决问题的能力		主要对学生的创新思维能力、组织能力,以及学生在遇到问题时的判断能力等评价				10	
教师签名		日期				合计	

学习情境九　公路路线 CAD

工作任务一　公路路线 CAD 的基本认知

学习目标

1. 了解公路路线 CAD 的发展过程及 CAD 系统的总体设计流程；
2. 掌握数字地面模型(DTM)的采集方法、DTM 质量控制要求及应用；
3. 分析原始数据的录入格式和原始数据录入的方法；
4. 根据教材相关知识完成课后[自测 1]～[自测 3]；
5. 正确完成公路 CAD 认识报告。

任务描述

教师结合当地实际情况提供相应的公路 CAD 设计软件，学生分组(视班级总人数可分5～6 人/组)，每组推选一名组长负责任务的组织与实施，最终以组为单位上交公路 CAD 认识报告。各组在接到任务后，在计算机房利用已经安装的软件进行现场操作，结合教师讲课并视需要在硬盘中建立文件夹和有关数据文件，各成员单独操作，然后分组讨论，由一人做好记录，并整理上交《公路 CAD 认识报告》。

学习引导

本工作任务沿着以下脉络进行学习：

1. 任务布置(矢量化的电子地形图及相关设计要素，提出完成任务的内容与要求)；
2. 课堂教学(公路路线 CAD 基本认知)；
3. 课后思考与总结；
4. 以组为单位上机操作；
5. 小组各成员相互交流上机心得，组长记录并整理；
6. 上交成果：《公路 CAD 认识报告》；
7. 学生自测与自评；
8. 组长对组员考核。

一、相 关 知 识

早在 20 世纪 60 年代，公路设计人员就开始运用计算机技术，解决公路路线中繁冗重复的计算问题。随着计算机图形处理功能的发展和动态可视化技术的日渐成熟，以及 GPS、航测、遥感等现代测量技术的应用和普及，公路 CAD 已逐步发展成为集数据采集与处理、设计、分析、优化于一体的集成化系统，主要表现为基于数字地面模型(DTM)的自动化数据采集过程、实时动态可视化的高效辅助设计过程、三维路线(或全景)透视图检验，以及快速规范的成果文件输出过程。以现代测量技术采集原始数据并加以处理等多方面的进一步发展,公路 CAD 技术已基本上实现了手段先进、过程高效及外业测设内业化的预期目标。

(一)公路路线 CAD 系统的总体设计流程

公路路线设计内容广泛,除平面、纵断面、横断面、土石方数量计算等几大块主要内容外,还牵涉到土石方调配、透视图生成、路线交叉、排水,并与中小桥、涵洞、挡土墙等构造物关系密切;考虑到设计一体化,还包含对数字地面模型系统以及地形原始数据的处理。路线 CAD 系统是一个复杂、庞大的系统,各个专业部分一般是以子系统或功能模块方式进行分散开发,各子系统具有一定的相对独立性,相互间又有十分紧密的联系,如何协调各子系统(或模块)之间的关系,提高其系统的整体性、系统性以及易维护、易扩充的功能,提高对路线设计全过程的支持程度,路线 CAD 系统总体设计具有重要作用。

一个先进实用的路线 CAD 系统,必须建立在数字地面模型(DTM)的基础之上,有功能强大的 DTM 作为支撑,才能为路线设计提供所需的一切地形原始数据,有利于路线多方案比选和优化设计,也使路线的三维设计、可视化设计、高交互性成为可能。随着公路勘测新技术的发展,如遥感(Remote Sensing,RS)、地理信息系统(Geographic Information System,GIS)和全球定位系统(Global Position System,GPS),常称为"3S 技术",以及全站仪、扫描仪、数字摄影测量等新技术的应用,使地形数据采集自动化成为可能,而 DTM 作为连接野外勘测(数据采集)和内业设计(CAD 系统)之间的纽带和桥梁,在设计系统中起着重要的作用。只有基于 DTM 的路线 CAD 系统,才可能成为覆盖公路测设全过程的一体化集成系统,这也是公路测设现代化的发展方向。

目前常用的公路路线 CAD 系统,除在功能上必须满足路线设计的各种要求外,在软件上,其图形语言功能、交互功能、智能化、集成化、柔软性、友善性都提高到了一定的高度,已建立起集成化 CAD 系统。工程数据库作为集成化 CAD 系统的核心技术,取代了传统的数据文件管理方式。

图 9-1-1 所示的路线 CAD 系统总体结构示意图,反映了路线 CAD 系统中各系统之间的关系。

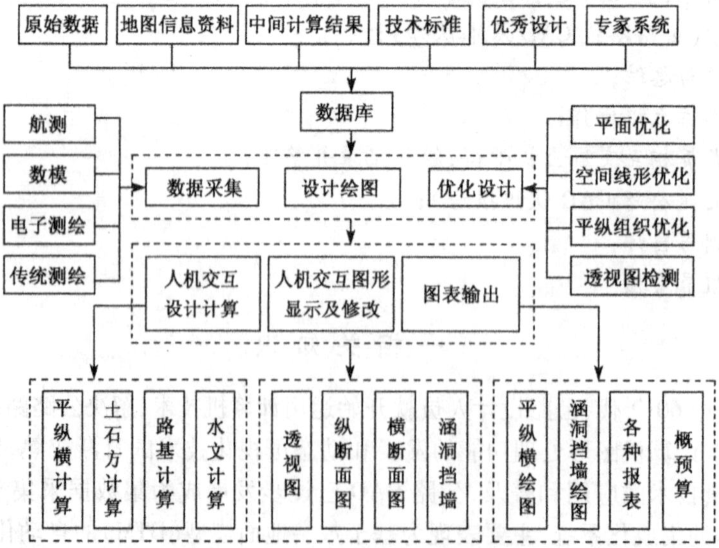

图 9-1-1 路线 CAD 系统总体结构示意图

（二）公路路线 CAD 的有关数据文件

为完成一条公路的线形设计任务，一方面需要采集大量原始数据，如平面测设资料、纵断面地面线高程、横断面地面线资料等；另一方面又需按一定格式输入这些原始数据，建立相关数据文件。在常用的公路 CAD 设计软件中，需要建立的数据文件包括：平面设计数据文件、纵断面地面线数据文件、横断面地面线数据文件、纵断面设计数据文件、超高及加宽设置数据文件、标准横断面设计数据文件、路线桩号序列数据文件、路线设计参数控制文件及其他附属文件等。因篇幅受限，以下仅就平面、纵断面和横断面原始数据文件的基本格式作简要介绍。

1. 平面数据文件

平面数据文件，一般需包含公路起终点及交点坐标及桩号、圆曲线半径和缓和曲线设计参数等，平面数据文件的格式随应用软件的不同而异，一般格式如下：

交点数	起点桩号						
起点编号	坐标	坐标	0				
交点号	坐标	坐标	R	L_{S1}	L_{S2}	R_1	R_2
交点号	坐标	坐标	R	L_{S1}	L_{S2}	R_1	R_2
……							
终点编号	坐标	坐标	0				

一般地，平面数据文件采用平面交互设计，并通过“输出文件”获得成果，如图 9-1-2 所示。

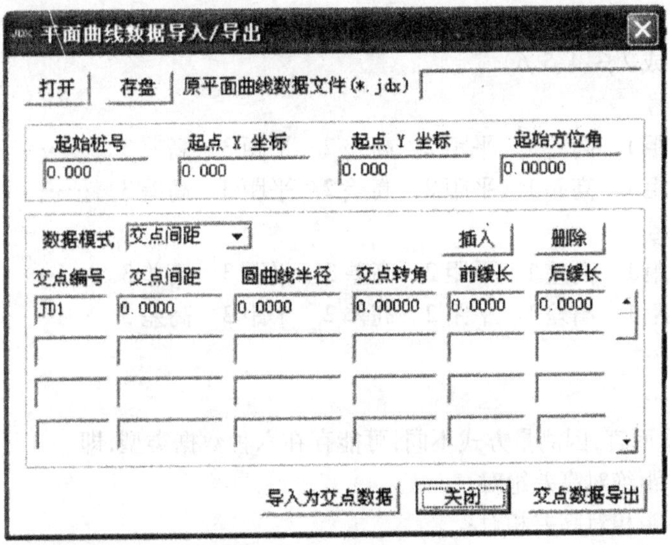

图 9-1-2 平面数据导入与导出

2. 纵断面、横断面地面线数据文件

纵、横断面地面线数据文件是根据公路外业测设成果，或采用交互输入，或利用 DTM，通过纵、横断面的插值获得成果；或者通过“文件编辑器”进行编辑输入得到（图 9-1-3）。纵、横断面地面线数据繁多，而且容易出错，因此，在设计时建议利用 DTM。纵、横断面数据文件的一般格式参考如下。

（1）纵断面地面线文件。

基本格式：

桩号　　地面高程

桩号　　地面高程

……

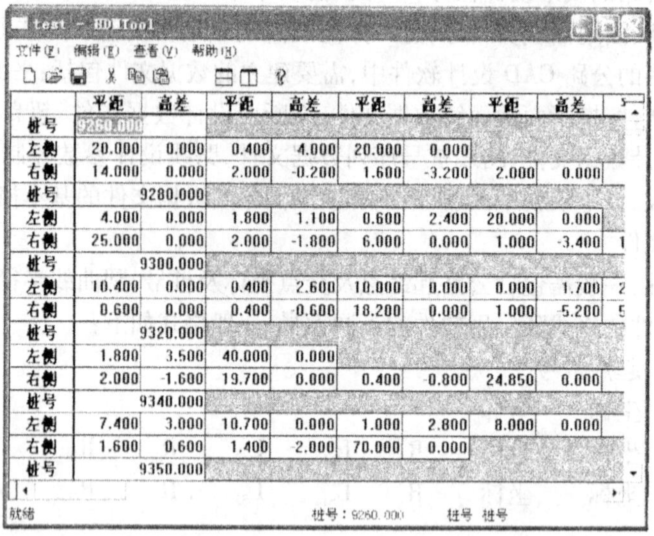

	平距	高差	平距	高差	平距	高差	平距	高差	5
桩号	9260.000								
左侧	20.000	0.000	0.400	4.000	20.000	0.000			
右侧	14.000	0.000	2.000	-0.200	1.600	-3.200	2.000	0.000	
桩号		9280.000							
左侧	4.000	0.000	1.800	1.100	0.600	2.400	20.000	0.000	
右侧	25.000	0.000	2.000	-1.800	6.000	0.000	1.000	-3.400	1
桩号		9300.000							
左侧	10.400	0.000	0.400	2.600	10.000	0.000	0.000	1.700	2
右侧	0.600	0.000	0.400	-0.600	18.200	0.000	1.000	-5.200	5
桩号		9320.000							
左侧	1.800	3.500	40.000	0.000					
右侧	2.000	-1.600	19.700	0.000	0.400	-0.800	24.850	0.000	
桩号		9340.000							
左侧	7.400	3.000	10.700	0.000	1.000	2.800	8.000	0.000	
右侧	1.600	0.600	1.400	-2.000	70.000	0.000			
桩号		9350.000							

图 9-1-3　横断面数据输入的“文件编辑器”

(2)横断面地面线文件。

基本格式：

1(或 2、3、4、5、6)
桩号
平距 1　高差 1　平距 2　高差 2　平距 3　高差 3　……
平距 1　高差 1　平距 2　高差 2　平距 3　高差 3　……
桩号
平距 1　高差 1　平距 2　高差 2　平距 3　高差 3　……
平距 1　高差 1　平距 2　高差 2　平距 3　高差 3　……
……
……

就横断面数据而言，因测量方式不同，可能存在六种数据类型，即

类型 1——平距绝对高差绝对；
类型 2——平距相对高差相对；
类型 3——平距绝对高差相对；
类型 4——平距相对高差绝对；
类型 5——平距绝对高程绝对；
类型 6——平距相对高程绝对。

其中，平距绝对是指横向点的平距以距中桩的绝对距离为基准；平距相对是指某一横向点的平距以距前一横向点的相对距离为基准。高差绝对和高差相对与之类似。

(三)数字地面模型(DTM)

数字地面模型(Digital Terrain Model，简称 DTM)，是指地形表面形态等多种信息的数字表示，是一定范围内规则或不规则网格点的平面坐标(x,y)及其高程(z)的数据集。DTM 具有如

下特点：

(1)可以以多种比例尺的地形图、纵横断面图和立体图的形式显示地形信息。

(2)采用数字媒介存储，精度不会损失。

(3)容易实现自动、实时更新，适合于各种定量分析与三维建模。

1. DTM 数据采集的方法

(1)地面测量。利用自动记录的测距经纬仪（常用电子速测经纬仪或全站经纬仪）在野外实测。速测经纬仪一般都有微处理器，可以自动记录和显示有关数据，还能进行多种测站上的计算工作。其记录的数据可以通过串行通信，输入计算机中进行处理。

(2)现有地图数字化。即利用数字化仪对已有地图上的信息（如等高线）进行数字化的方法，目前常用的数字化仪有手扶跟踪数字化仪和扫描数字化仪。

(3)空间传感器。利用全球定位系统 GPS，结合雷达和激光测高仪等进行数据采集。

(4)数字摄影测量。这是 DTM 数据采集最常用的方法之一。利用附带的自动记录装置（接口）的立体测图仪或立体坐标仪、解析测图仪及数字摄影测量系统，进行人工、半自动或全自动的量测来获取数据。

2. DTM 数据质量控制

数据采集是 DTM 的关键，任何一种 DTM 内插方法，均不能弥补取样不当所造成的信息损失。数据点太少，会降低 DTM 的精度；数据点过密，又会增大数据量、处理的工作量和不必要的存储量。这需要在 DTM 数据采集之前，按照所需的精度要求确定合理的取样密度，或者在 DTM 数据采集过程中根据地形复杂程度动态调整采样点的密度。进行 DTM 数据采集时，需注意以下要求：

(1)公路数字地面模型应满足任意点或断面的地面高程插值计算，等高线，距离、坡度、面积、体积的量算以及路线平面图、地形透视图的制图要求。

(2)基础数据的精度应符合以下要求：

①以摄影测量为数据源生成的 DTM，其高程插值相对于邻近高程控制点的高程误差应满足表 9-1-1 的规定。

摄影测量数据的 DTM 高程插值精度 表 9-1-1

采集数据的比例尺	地形类别	中误差(m)	采集数据的比例尺	地形类别	中误差(m)
1∶500	平原	≤ ±0.2	1∶2 000	平原	≤ ±0.3
	微丘	≤ ±0.4		微丘	≤ ±0.5
	重丘	≤ ±0.5		重丘	≤ ±1.1
	山岭	≤ ±0.7		山岭	≤ ±1.6
1∶1 000	平原	≤ ±0.25	1∶5 000	平原	≤ ±0.4
	微丘	≤ ±0.45		微丘	≤ ±0.9
	重丘	≤ ±0.7		重丘	≤ ±2.6
	山岭	≤ ±1.3		山岭	≤ ±4.0

②以图形数字化为数据生存的 DTM，其高程插值相对于原地形图的高程误差不得超过原图等高距的 1/2。

③以野外实测数据生存的 DTM，其高程插值相对于最近高程控制点的高程中误差应满足表 9-1-2 的规定。

野外实测数据的 DTM 高程插值精度　　表 9-1-2

地形类别	中误差(m)	地形类别	中误差(m)	地形类别	中误差(m)	地形类别	中误差(m)
平原	≤±0.2	平原	≤±0.5	微丘	≤±0.4	微丘	≤±0.7

(3)各分区 DTM 接边时,不应出现漏洞、重叠,其起始、结尾坐标数据应吻合,接边误差不得大于高程插值中误差的 2 倍。满足精度要求范围内的接边误差应在编辑时予以修正。

(4)数字地面模型应用于施工图设计阶段时,必须通过野外实测采集原始三维地面数据。DTM 高程插值中误差应不大于 ±0.2m。

(5)纵、横断面插值应符合以下要求:

①采用数字地面模型计算公路纵、横断面时,中桩桩距和横断面取值应符合表 9-1-3 的规定。

纵、横断面插值间距　　表 9-1-3

设计阶段		中桩桩距(m)	横断面取点间距(m)
初步设计	方案比选	25~50	5~10
	优化设计	10~30	2~5
施工图设计		5~20	1~2

②横断面地面线的宽度应符合公路设计的需要。

(6)等高线可通过三角网模型或矩形网与三角网的混合模型进行等值线自动追踪生成。

3. DTM 数据的应用

公路勘测设计主要涉及平面、纵断面、横断面、路基土石方量、透视图等几方面。在平面线形初定的情况下,由所建立的带状 DTM 内插出纵、横断面,自动绘制公路路线平面图或地形图,而不必进一步进行野外测量。设计者可利用地形图进行选线、定线工作,在这个过程中,计算机可以根据试定的平面线形,自动产生纵断面地面线,作为定线的依据。另一方面,在平面线形确定的基础上,计算机可自动从数模(DTM 数据)中内插出纵断面地面线,供纵断面、横断面设计使用。随着计算机 CAD 技术的发展,数模在公路线形设计中的应用日益广泛,具体表现在以下三方面:

(1)三维数字地面模型(DTM)的自动化数据采集与优化。

(2)实时、动态与可视化的高效辅助设计。

(3)准确及时的三维路线(或全景)透视图检验。

二、任务实施

(一)任务布置:

课题一:《公路 CAD 认识报告》

1. 基本资料

基本资料为合适的公路 CAD 设计软件。

2. 任务

(1)在计算机上安装 AutoCAD2000 或以上版本操作系统,同时安装合适的公路设计系统。

(2)运行已安装的操作系统,观察该操作系统的主菜单结构,认识软件最基本的操作步骤,比如如何建立和管理数据文件,如何采用人机交互设计,软件运行后一般会提供哪些成果等。

(3)根据学习情境一提供的资料,编写一段平面设计数据文件。

(4)根据学习情境二提供的资料,编写一段纵断面地面线数据文件。

(5)根据学习情境三提供的资料,编写一段横断面地面线数据文件。

3. 要求

(1)根据班级人数分成若干组,一般为6~8人/组。

(2)以组为单位,全组共同完成上述任务(1)、(2),组长负责成果的记录与整理。

(3)各组员完成上述任务(3)、(4)、(5),组长负责检查各成员的计算或分析结果。

(二)课堂教学

课堂教学以CAD二次平台开发的公路路线设计系统为主线,围绕CAD二次平台的系统构成、地面数字模型DTM技术及原始数据录入格式及方法,引导学生在掌握一定基础知识的基础上,通过上机模拟实训等展开教学,计划安排3学时。

课堂教学可按如下步骤进行:

(1)结合图9-1-1或其他合适图片展开课堂教学,提出公路路线设计系统的基本构成与人机交互设计的实现方案,同时提出软件运行时所需提供的基础数据,如平面设计基础资料、路线纵断面地面线资料、横断面地面线资料等。

(2)利用目前国内常用的公路路线设计软件,如"纬地道路设计系统"、"海地公路优化设计系统"等。讲课时,教师应展示这些软件的相关说明,简要介绍软件所需提供的基础数据及相应格式,并适当运行程序,验证所提供数据文件的正确性,并通过输出成果等方式激发学生的学习兴趣与成就动机。

(3)数字高程模型(DTM),简称数模,它是公路路线CAD系统的一个重要组成部分,是人们利用CAD技术进行快速高效设计的一个重要手段,学生在学习时比较抽象。因此,教师在讲课时可从计算机应用入手,采用案例法与图解法相结合的方法引导学生入门,同时进一步说明数模的技术要求。

[案例1] 请用纬地三维道路CAD系统(以下简称"纬地"),描述公路路线CAD交互设计的基本步骤。

解:①在计算机桌面上双击"纬地"操作系统,运行程序。

②如图9-1-4所示,点击"项目"→"新建项目",指定项目名称、路径,新建公路路线设计项目。

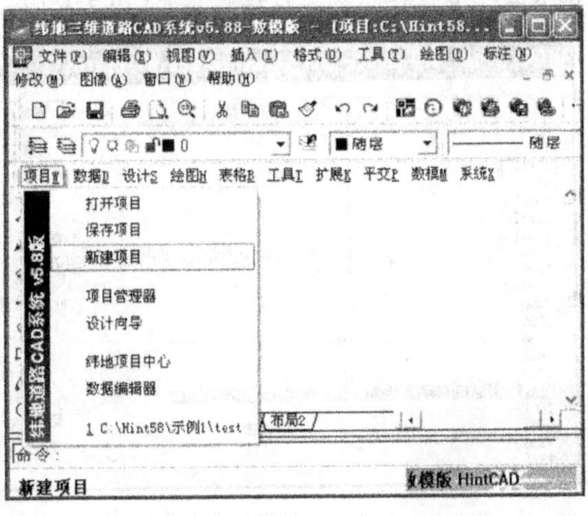

图9-1-4 纬地三维道路CAD系统主菜单

③点击“设计”则可进行路线平、纵、横交互设计。

④点击“绘图”则可进行平面自动分图、路线透视图绘制等交互设计项目。

⑤点击“表格”则可输出设计所需的各类路线设计表格。

[案例2] 如图9-1-5所示为某山岭区公路某路段的平面设计线，请用“纬地”中的数模功能获取纵、横断面数据的基本步骤。

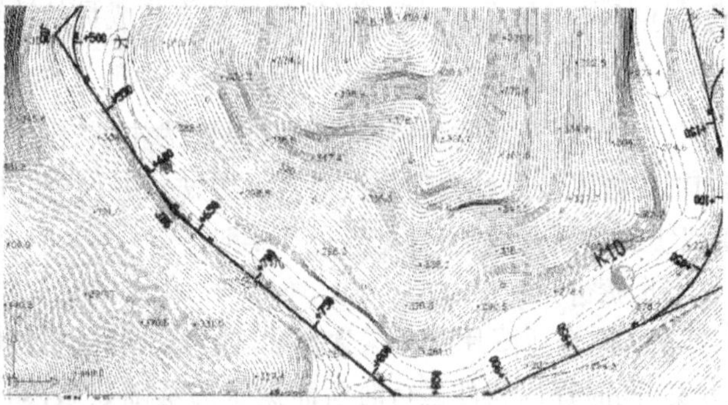

图9-1-5 某山岭区路形图

解：①新建项目，建立平面数据文件同以上案例1的第一步、第二步。

②如图9-1-6所示，点击“数模”→“新数模”菜单项，进行系统初始化。

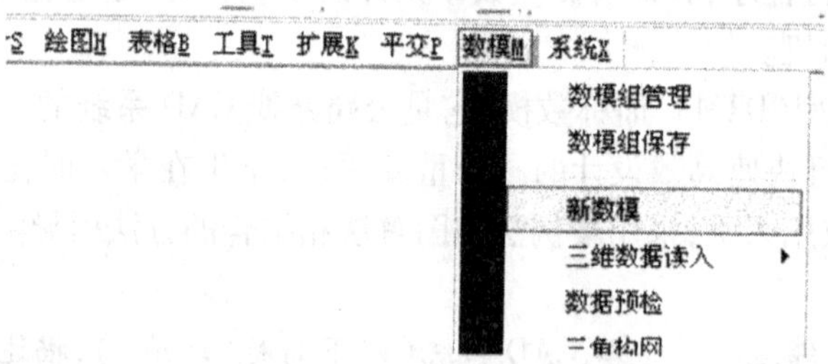

图9-1-6 新数模建立并初始化

③点选“数模”→“三维数据读入”→“读入dwg和dxf格式”菜单项，根据提示选取所要读入的dwg文件，并设置相应线条的属性，如把地形图中计曲线(层名:T800)、首曲线(层名:T802)设置为约束线，把某些地形特征点设置为控制点等(图9-1-7)。

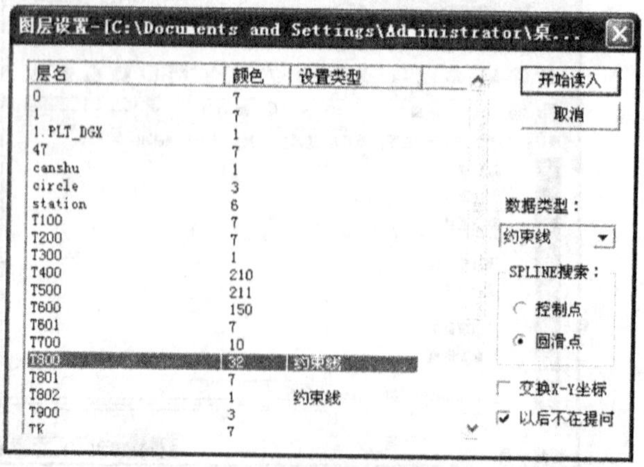

图9-1-7 数据类型设置

④点选“数模”→“三角构网”菜单项，程序开始对已经读入内存的所有三维点进行排序、检索、按 DT 理论构建三维数字化地面模型。

⑤点击“数模”→“三角建模”→“输出三维地面模型”，程序调用所有的三维点，能及时在 AutoCAD 平台绘制出相应的三维地面模型，如图 9-1-8 所示。

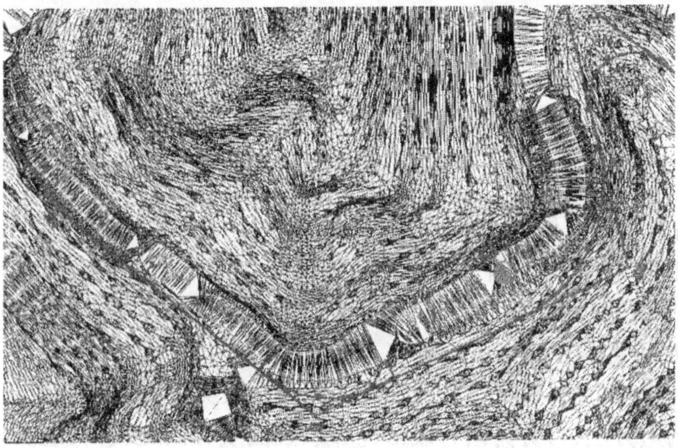

图 9-1-8　三维地面模型

⑥点击“数模”→“三角应用”→“纵断面插值”，即可获得全线纵断面地面线数据。

⑦点击“数模”→“三角应用”→“横断面插值”，即可获得全线横断面地面线数据。

⑧依据所获得的纵、横断面地面线数据，即可进行路线纵断面设计与横断面设计。

工作任务二　路线辅助设计

学习目标

1. 了解路线辅助设计的一般方法；
2. 掌握路线辅助设计的实现过程；
3. 分析各种交互设计的应用及数据处理；
4. 根据教材相关知识完成课后[自测 6]～[自测 10]；
5. 正确完成长度为 2～3km 的路线辅助设计。

任务描述

教师提供具有代表性的矢量化电子地图，并在图中标明路线起终点及中间主要控制点，布置任务的具体内容及有关要求。学生分组（视班级总人数可分 5～6 人/组），每组推选一名组长负责任务的组织与实施，最终以组为单位上交路线辅助设计成果（电子文档）。各组在接到任务后，在计算机房利用已经安装的软件进行现场操作，结合教师讲课并视需要在硬盘中建立文件夹和有关数据文件，各成员单独操作，然后分组汇总电子文档并上交成果。

学习引导

本工作任务沿着以下脉络进行学习：

1. 任务布置（矢量化的电子地形图及相关设计要素，提出完成任务的内容与要求）；
2. 课堂教学（路线辅助设计）；
3. 课后思考与总结；

4. 以组为单位进行上机操作；

5. 小组各成员相互交流上机心得，组长记录并整理；

6. 上交路线辅助设计电子文档；

7. 学生自测与自评；

8. 组长对组员考核；

9. 教师考核。

一、相关知识

(一)交互式平面设计

近年来，随着计算机软硬件技术的快速发展与 CAD 技术在公路设计中的广泛应用，以及我国公路建设步伐的加快，对设计提出了更高的要求，许多公路工程设计和研究人员提出了很多有应用价值的平面线形设计新方法。这些方法在理论上及技术应用上均有创新，丰富和完善了公路平面线形设计的传统方法。

(1)按定线的操作方法，可分为直线型和曲线型两大类方法。

(2)按曲线构造方法，可分为组合线形(直线、圆曲线和回旋线)构造法和样条曲线拟合法两类。

(3)按具体应用方法，可分为交点法、卵形曲线法、复合导线法、五单元导线法、模式法、积木法、线元法、控制法、参数线元法、位移法、试算优化法、三次样条曲线拟合法等。

(4)按曲线形式，可分为单圆曲线、复曲线、凸形曲线、卵形曲线、S 形曲线、C 形曲线、回头曲线等。

(5)按定线的过程可分为静态法和动态法两种。

上述每一种方法都有自己的特点和具体的应用场合，如曲线法适用于立交定线，而传统的交点法适用于常规测设方法的定线。但不管采用哪种平面定线方法，其最终结果是一样的，即平面线形是由直线、圆曲线和缓和曲线构成的平面线串。

交互式平面设计是根据实际情况，人工给定需创造性思维、综合决策确定的部分平面线形设计参数，剩余参数通过键盘输入或鼠标拖动输入，由计算机完成计算和绘图工作。为了使人机更好的配合，在交互设计过程中，待定设计参数随鼠标的拖动实时显示在屏幕上，根据这些信息，设计者即时调整设计参数，使之满足设计规范的要求，符合地形、地物等约束条件，可快速得到合理的平面设计线形。

1. 交互平面设计模式

交互平面设计的核心是不同线形之间的合理衔接，衔接方法不同，构成了不同的设计模式。按现有的设计模式，大致可分为二单元模式和三单元模式两大类，具体分类如图 9-2-1 所示。

两单元模式是在给定的两个线形单元之间，用一段或两段回旋线光滑连接。根据两个给定单元的线形和位置的不同，可分为：

(1)基本型：直线—回旋线 1—圆曲线—回旋线 2—直线。

(2)凸形：直线—回旋线 1—回旋线 2—直线。

(3)卵形：圆曲线 1—不完整回旋线(曲率半径 R_1—R_2)—同向圆曲线 2。

(4)C 形：圆曲线 1—回旋线 l—回旋线 2—同向圆曲线 2。

(5)S 形：圆曲线 1—回旋线 1—回旋线 2—反向圆曲线 2。

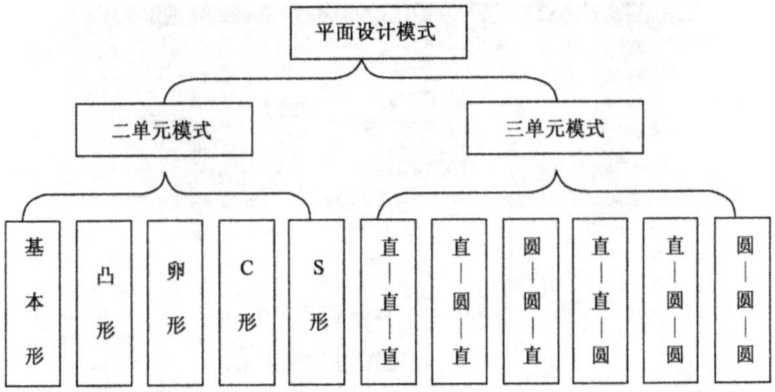

图 9-2-1　交互式平面设计模式分类

三单元模式是在两个给定单元之间插入一个可动单元,并以回旋线将 3 个单元相连。根据可动单元的不同,可分为:

(1)插入圆曲线类。在两个给定单元之间插入一段圆弧,两端分别以回旋线与给定单元相连接。

(2)插入直线类。在两个给定单元之间插入一段直线,两端分别以回旋线与给定单元相连接。

各种设计模式的具体计算公式可参考有关路线 CAD 线形计算的专用书籍。

2. 交互式平面设计的实现方法

交互式平面设计的方法通常有参数输入法和鼠标拖动法两种。

(1)参数输入法。参数输入法是早期路线 CAD 系统中平面设计采用的方法,它从键盘输入设计控制参数,由程序计算出设计结果,并以对话框形式或图形形式显示在屏幕上,设计者主观判断设计结果是否合理,主要依据经验对设计参数作出进一步调整,直到认为设计结果比较满意为止。在设计过程中,计算机只完成其中的计算内容和结果显示部分,对参数的选择和调整还需人工通过键盘输入完成。这种方法定线速度慢,受主观因素控制,通常适用于简单线形的定线工作。

(2)鼠标拖动法。鼠标拖动法的主要特征是"交互设计、动态修改",当设计者对设计结果不满意时,无需从头重新设计,只要在前次设计结果的基础上,通过鼠标拖动即可对设计参数进行动态修改,直至认为设计结果比较满意为止。整个设计过程是动态连续的,设计结果可实时显示。

从控制内容上看,鼠标拖动法可包括以下设计功能:动态导线布设,交互式平面布线,动态修改圆曲线半径、回旋线参数或长度、交点位置等。

一个好的路线 CAD 系统在平面辅助设计时应该同时具备参数输入法和鼠标拖动法两种功能,最初的控制设计参数从键盘输入,设计参数的寻优通过鼠标拖动逐步完成。

3. 导线法交互式平面设计应用

以纬地道路 CAD(HintCAD)系统为例,扼要介绍导线法交互式平面设计的方法。

HintCAD 系统的导线法交互式平面设计界面如图 9-2-2 所示,可选择的控制参数有交点位置、第一缓和曲线、第二缓和曲线和圆曲线半径四项。

1)平曲线设计模式

平曲线设计模式有 13 种,如图 9-2-3 所示。

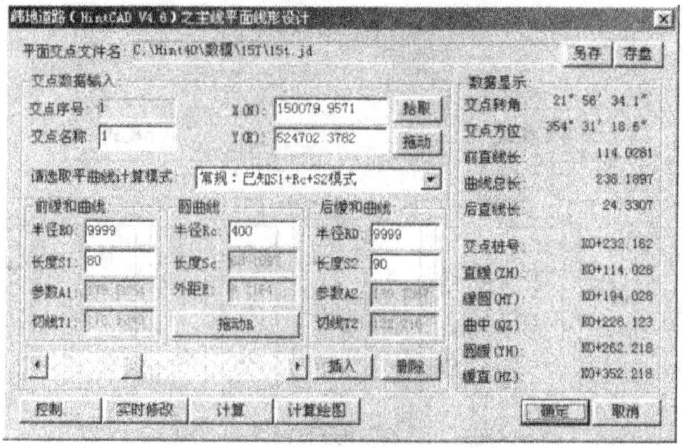

图 9-2-2　导线法平面辅助设计界面

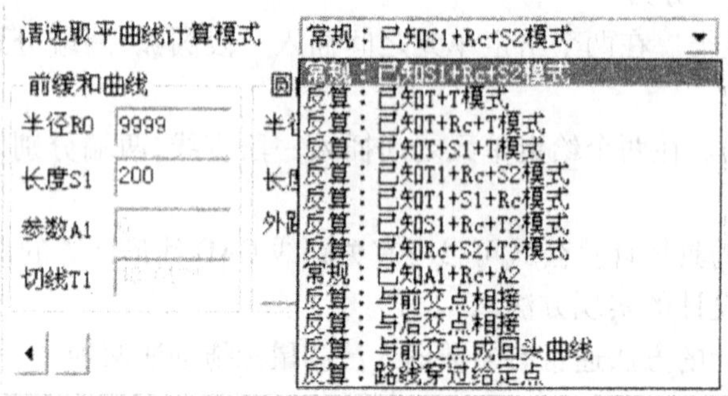

图 9-2-3　平曲线计算模式

(1)常规方法(常规 $S_1+R_c+S_2$ 模式)。这种方法是常规辅助设计方法，已知 S_1、S_2 和 R_c，计算主圆曲线长度 S_c，外距 E，切线长 T_1 和 T_2，缓和曲线参数 A_1 和 A_2，交点桩号(JD)及平曲线主点桩号(ZH、HY、QZ、YH、HZ)，前直线长、后直线长、曲线总长。

(2)圆曲线的切线反算方式(反算 $T+T$ 模式)。输入切线长($T=T_1+T_2$)，反算圆曲线半径 R_c 和长度 S_c。当用户所输入的切线长度大于前一交点曲线的缓直(HZ)点到本交点之间的直线长度时，程序将提示输入有误，并自动以前一交点曲线的缓直(HZ)点到本交点之间的直线长度为切线长，计算得到其他的曲线数据。

(3)对称曲线的切线反算方式 1 ($T+R_c+T$)。输入切线长度($T=T_1=T_2$)、圆曲线半径 R_c，反算 S_1、S_2、S_c。当程序通过计算发现缓和曲线的长度过小(<10.0)或过大($>1\,000$)时，会发出警告。

(4)对称曲线的切线反算方式 2($T+L_s+T$)。输入切线长度($T=T_1=T_2$)、S_1，反算 S_2、S_c。

(5)非对称曲线切线反算方式 1($T_1+R_c+S_2$)。输入 T_1、R_c 和 S_2，反算其他参数和桩号。此方式下交点的曲线组合为非对称组合方式，即中间设置圆曲线，两端设置不同参数的缓和曲线。

(6)非对称曲线切线反算方式 2($T_1+S_1+R_c$)。输入 T_1、S_1 和 R_c，反算其他参数和桩号。

(7)非对称曲线的切线反算方式 3($S_1+R_c+T_2$)。输入 S_1、R_c 和 T_2，反算其他参数和桩号。

(8)非对称曲线的切线反算方式 4 (R_c + S_2 + T_2)。输入 R_c、S_2 和 T_2，反算其他参数和桩号。

(9)常规曲线参数计算方式($A_1 + R_c + S_2$)。输入 A_1、R_c 和 A_2，反算其他参数和桩号。在设计缓和曲线时，可以选用 A_1 和 A_2 来控制缓和曲线，此法由 A_1 和 A_2 来控制，其计算原理与($S_1 + R_c + S_2$)模式相同。

(10)反算与前交点相接计算方式。此法采用与相邻交点平曲线相接的计算，以及复曲线、卵形曲线等的设计。先选择该计算模式，输入前后缓和曲线控制参数，单击"试算"按钮，系统即自动反求圆曲线半径，使该交点平曲线直接与前一交点平曲线相接。

(11)反算与后交点相接计算方式。与方法(10)类同。

(12)反算与前交点成回头曲线的计算方式。此法用于将当前交点和相邻的前一同向交点自动设计成同半径曲线，且两交点的圆曲线直接相接。用户还可以在当前交点的后部和前一交点的前部指定一定长度的缓和曲线。此法主要用于自动设置回头曲线。

(13)反算使路线穿过给定的控制点。在设计曲线时，需要经过某一平面控制点，如桥梁控制点、建筑物控制点等。用户可以在平面图中，用鼠标点击该控制点，系统会自动计算经过此点的曲线参数，当计算成功后，显示计算后的参数。如果计算失败，则显示提示信息。

2)交互式平面曲线设计

交点数据输入有以下三种方法：从对话框输入；从图形屏幕上拾取；用鼠标在屏幕上拖动。用鼠标拖动的方式不仅支持交点数据的动态修改，而且还支持曲线数据的动态修改。

对圆曲线和缓和曲线设计的功能主要包括：曲线设计模式选择，各种设计模式的计算及结果显示，用鼠标拖动动态修改圆曲线半径。每个功能都有一个控制按钮，以启动相应的命令执行该功能。

通过移动横向滚动条分别给每个交点设置平曲线，用平曲线计算模式选择曲线组合，然后选择相应的参数设置曲线。曲线设置可按以下步骤进行。

(1)用横向滚动条选择要设置平曲线的交点，用平曲线计算模式选择曲线组合。

(2)设置"前缓和曲线"、"圆曲线"和"后缓和曲线"参数。

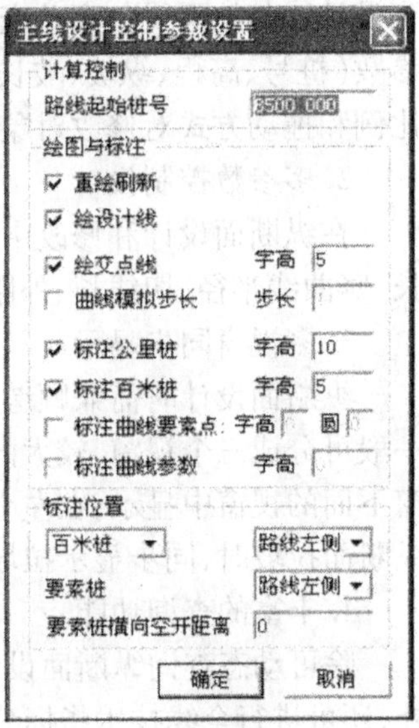

图 9-2-4　控制参数设置示意

(3)点击"试算"按钮，进行各种接线计算，如果所选曲线参数超出线形几何条件，系统将反馈计算有关失败的信息，在满足几何条件的情况下，系统将计算结果显示在相应的参数框内。

另外，用户可以点击"实时修改"和"拖动 R"按钮，根据命令行的提示，实时拖动修改交点位置和圆曲线半径 R。

(4)用户根据计算结果，判断参数是否满足《标准》和《规范》的要求，以及是否满足线形设计要求等，如果不满足上述要求，则调整曲线参数重新计算，直至满意为止。

在设计曲线的过程中，要随时注意主对话框右边"数据显示"区内的信息，如"前直线长"、"后直线长"及各主点桩号等。

(5)点击"控制"按钮，选择平面图控制参数，如图 9-2-4 所示。

(6)在"主线设计控制参数设置"对话框内，设置"绘图与标注”参数,“标注位置”参数,“路线起始桩号”等,按“确定”按钮返回主对话框。

(7)点击“计算绘图”按钮,系统自动绘制路线平面图。当计算不能完成时,对话框中的数据将不会刷新,并且在AutoCAD命令行中将出现计算不能完成的提示信息,用户在调整参数后继续进行计算。

(8)点击“存盘”或“另存”按钮,将平面设计数据保存到指定的数据文件中。

(二)交互纵断面设计

当路线平面设计完成后,就可以进行纵断面辅助设计。交互设计的第一步是要输入路线纵断面地面线数据,由系统根据提供的数据生成纵断面地面线图,用户可在地面线图上直接拉坡,确定变坡点桩号与高程,进行纵断面设计。

纵断面地面数据获取的传统方法通常有两种。第一种是按传统方式在野外进行实地路线勘测,用水准仪,或红外测距仪三角高程测量,或用全站仪高程测量得到中桩地面高程。野外实测的地面数据精度高,适用于施工图设计阶段。第二种是在初步设计阶段采用纸上定线时,在大比例尺地形图上根据绘出的路中线和桩号,在图上读出各中桩地面高程。

纵断面设计的任务是根据绘出的路线纵断面地面线,进行拉坡设计,确定纵向变坡点里程桩号、高程及竖曲线半径等设计参数。在传统的路线CAD系统中,计算机主要完成图形绘制和设计计算工作,纵坡设计和竖曲线半径的确定需要人工完成。在整个设计过程中,要依据地形变化及控制点要求,兼顾平纵配合,经过多次试算和反复调整才能确定每个变坡点的位置和竖曲线半径,设计工作量较大。在考虑土石方工程量和填挖平衡等经济问题时,要经过横断面设计,计算土石方量后才能核准。每个纵坡方案的修改和调整,似重做一次纵断面、横断面设计和土石方计算,大大延长了设计时间,增加了工作量。

采用交互式纵断面设计,设计者在一个近似的三维空间中进行拉坡,能实时得到平、纵、横三方面的设计信息,设计方案的修改和调整是在动态可视的环境中进行和完成。

通常纵断面交互设计应包括如下功能。

1. 动态拉坡设计和修改

用户在图上用鼠标拖动坡度线进行纵坡设计,坡度线随鼠标移动而驱动,使设计者随时看到设计线与地面线的高差变化。用鼠标对修改对象进行拖动时,屏幕上实时显示相应的设计参数(桩号、高程、纵坡、坡长、竖曲线半径、切线长、外距等),可以方便地选择拖动步长、拖动比例和拖动方式对修改对象进行高精度调整。

2. 多参数控制设计

在纵断面设计和修改中,可以对多个参数进行控制和调整,如变坡点桩号、高程、纵坡、坡长、竖曲线半径、切线长、外距等。

3. 多视窗同步显示

纵断面设计时需兼顾考虑平纵配合和横断面填挖情况,采用多视窗同步显示很有必要。一般可分成三个视窗,较大的主视窗显示纵断面设计信息,按思维习惯将平面信息安排在主视窗下面的视窗中显示,在左上角或右上角开启另一个视窗,显示横断面填挖信息。在主视窗中纵断面拉坡时,同步显示拉坡区段内平曲线位置和鼠标位置处桩号的横断面填挖状态。

4. 丰富的查询功能

除可动态查询纵断面设计的各项技术参数和随时查询设计线要素、控制点、断链等信息外,还可进行全线技术指标分析,估算填挖工程量和绘制给定路段的土石方累计曲线。

5. 灵活多变的图表绘图功能

路线纵断面设计图的图幅大小、绘图范围与比例、图框样式、栏目内容与栏数、标注顺序、标注文字样式与属性等内容，均可由用户自由选择，并保存备用。

交互式纵断面设计时，首先人工输入或人机交互输入平面设计资料和控制点资料，计算机显示中桩地面线，以便设计者实时拉坡，然后设计者在可视环境中用鼠标和键盘进行动态拉坡和实时检查，对不合理的地方反复修改，直到满意为止。交互过程中可以实时观察到平纵面配合的情况，最后由计算机完成后续计算，输出设计结果。纵断面交互设计的流程如图 9-2-5 所示。

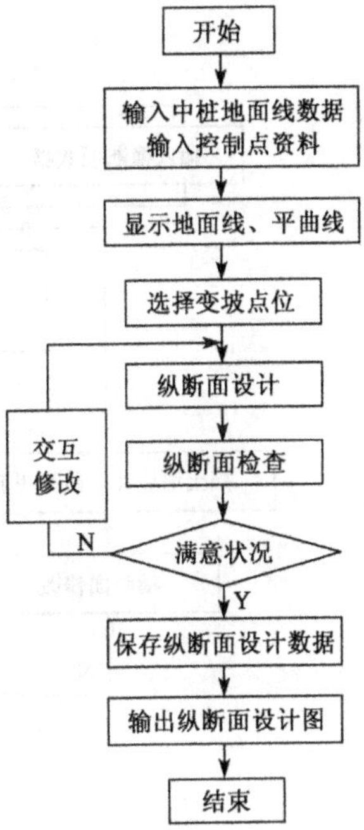

图 9-2-5　纵断面交互设计流程示意图

(三)交互式横断面设计

在路线平面、纵断面设计完成之后，应进行路基横断面设计和土石方工程量计算。横断面设计的工作内容是，按纵断面填挖高度将横断面设计线设置在横断面地面线图形上，并按一定要求设置填挖边坡、边沟、排水沟及支挡结构物等设施。该工作在技术上并不复杂，但需考虑的因素较多，工作量大，适宜采用计算机处理。

在横断面交互设计时，需要提供必需的横断面地面数据，数据的获取方法通常有两种：一种是用水准仪、皮尺、花杆等测量仪器实地采集；另一种是利用数字地面模型(DTM)，根据平面设计提供的路线逐桩坐标和切向方位角，从数模中内插获取地面数据。

横断面地面线数据有多种数据格式，通常有下面 3 种格式：

(1)绝对距离(测点至中桩之距离)、绝对高程。

(2)绝对距离、绝对高差(测点与中桩的高差)。

(3)相对距离(后一测点至前一测点之距离)、相对高差。

为了适应不同的数据格式，公路 CAD 系统提供了不同数据格式之间的转换功能，在横断面计算之前，将横断面地面数据转换成 CAD 系统需要的格式。

横断面设计的任务是由设计者确定各中桩的横断面形状、尺寸、坡度等参数，根据中桩填挖高度，按路基标准横断面图的有关要求，根据实地具体情况套用到相应的横断面地面线上，然后计算出各断面中设计线与地面线之间所围成的填方与挖方面积，并据此计算相应的路基土石方工程量。由于进行横断面设计时要综合考虑地形、地物、地质、水文及构造物等方面的情况，若完全依赖程序设计，很难完全实现设计者的意图，必须视具体情况的变化辅以交互修改工作。所以，横断面交互设计可分成三步进行：第一步由设计者确定典型横断面各要素，包括路幅、填方边坡、挖方边坡、边沟位置及尺寸、排水沟位置及尺寸、挡土墙位置及尺寸等要素；第二步是根据已定的相关参数、横断面地面线资料，通过交互输入与适当修改，生成各里程桩的横断面设计图；第三步由程序按所设计的横断面计算填挖方面积与路基土石方工程量。横断面设计流程如图 9-2-6 所示。

1. 标准横断面设计

标准横断面是程序进行自动戴帽时采用的横断面设计模板，它包括路幅、填挖边坡和两侧边沟或排水沟等三部分，如图 9-2-7 所示。

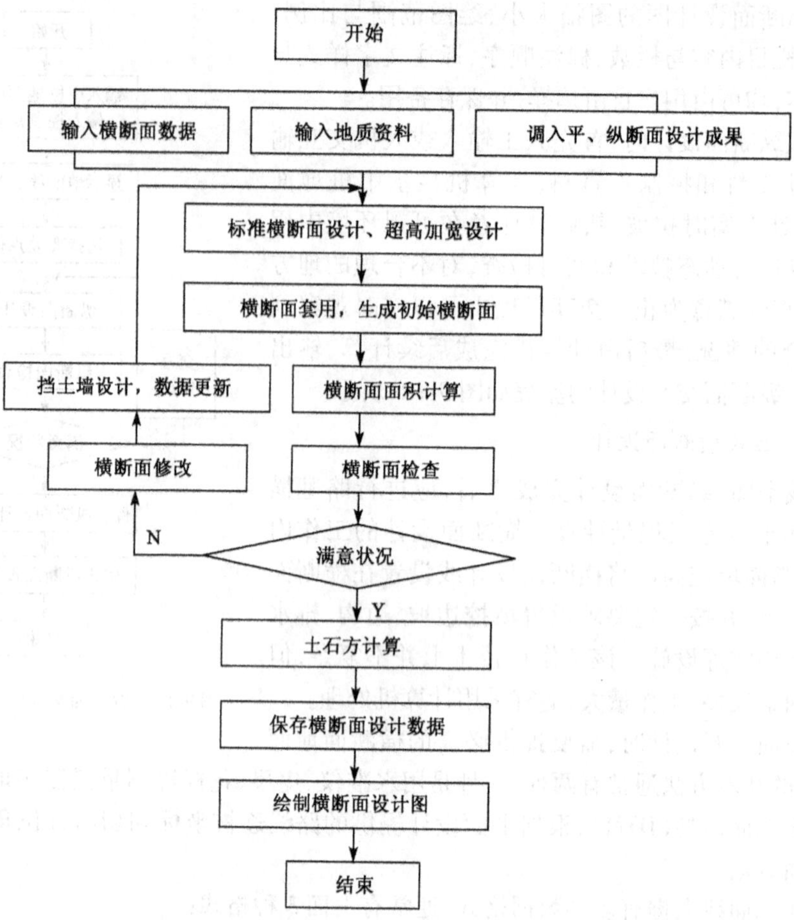

图 9-2-6　横断面设计流程图

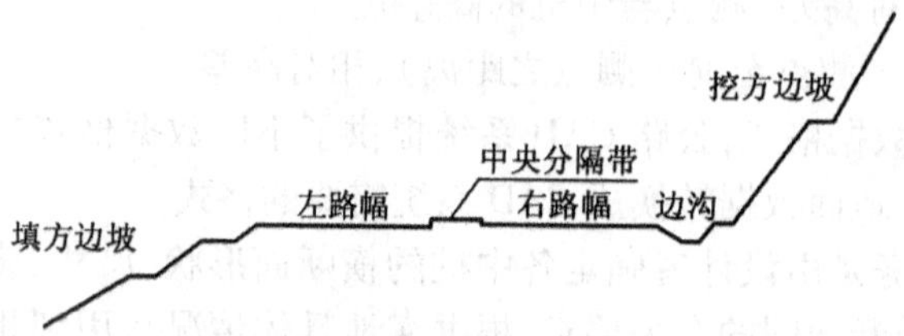

图 9-2-7　标准横断面设计模板示意图

(1)路幅设计。路幅包括公路宽度和横向坡度,路幅的形式由公路类型、等级等因素确定。公路及互通式立交匝道的路幅由行车道、路缘带、硬路肩、土路肩组成。对于高速公路、一级公路等对向分道行驶的公路,还应设置中央分隔带,如图 9-2-8 所示。城乡结合部的道路往往采用城市道路的设计断面,即采用三块板以上断面形式,其路幅一般包括中央分隔带、行车道、绿化带、非机动车道、人行道,如图 9-2-9 所示。

对双向行驶公路的路幅设计,一般以公路中线为轴线,将公路分为左右两幅(有中央分隔带时将其分成左右两部分)分别设计,采用双向横坡度,由公路中线或中央分隔带边缘向两侧倾斜,其横坡度值根据路面类型和当地自然条件确定。而对分离式单向行驶的公路和立交单向匝道的路幅设计,按单幅考虑,采用单向横坡度。

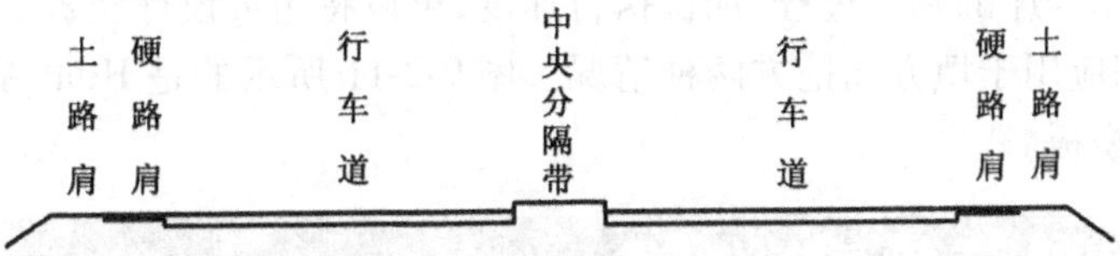

图 9-2-8　公路标准横断面示意图

图 9-2-9　带附加板块的道路标准横断面示意图

为了能进行灵活多样的路幅设计，可以将行车道、路缘带、硬路肩、土路肩、中央分隔带等路幅单元组成通用设计模板，用于各级公路及互通式立交匝道的路幅定义，单元宽度和横坡度由程序提供的交互窗口输入，或在系统的设计向导引导下定义路幅中各组成部分的尺寸。当某公路不设中央分隔带时，可将其宽度置为零。将绿化带、非机动车道、人行道等单元组成附加设计模板，用于城市道路或其他类型道路。图 9-2-10 所示的是纬地系统设计向导中的路幅设计模板。

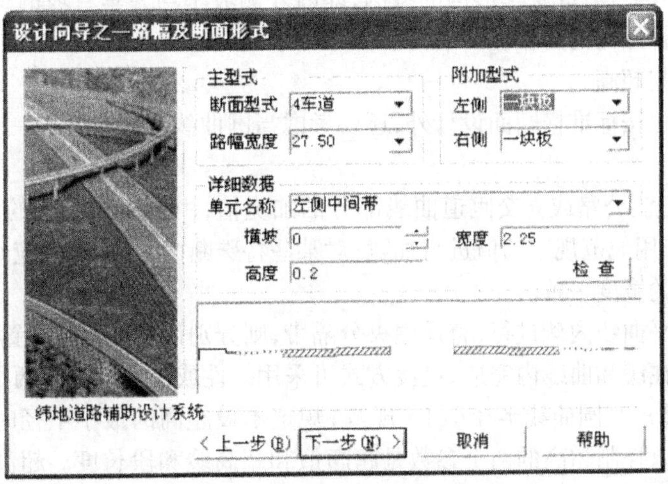

图 9-2-10　设计向导中的路幅设计模板

(2)填挖边坡设计。路基边坡设计是横断面设计中较难处理的部分，主要体现在边坡形式的多样性。从路基填挖情况来看，分填方边坡和挖方边坡两类；从边坡段数来看，分单级边坡和多级边坡；从边坡坡度来看，分陡坡、缓坡和平坡三种。经对边坡的仔细分析，无论多复杂的边坡形式都可分解成由简单边坡组合的形式，而每一简单边坡均由坡度、坡高和坡宽 3 个参数中任意两个参数控制，所以任意多级、复杂边坡都可以用坡段数和简单边坡的两个控制参数来描述。

为了减少应用程序的判断过程,加快执行速度,可以将边坡设计模板定义成挖方边坡和填方边坡两类,分别应用于填方和挖方两种情况。图 9-2-11 所示的是 HintCAD 系统设计向导中的填方边坡设计模板。

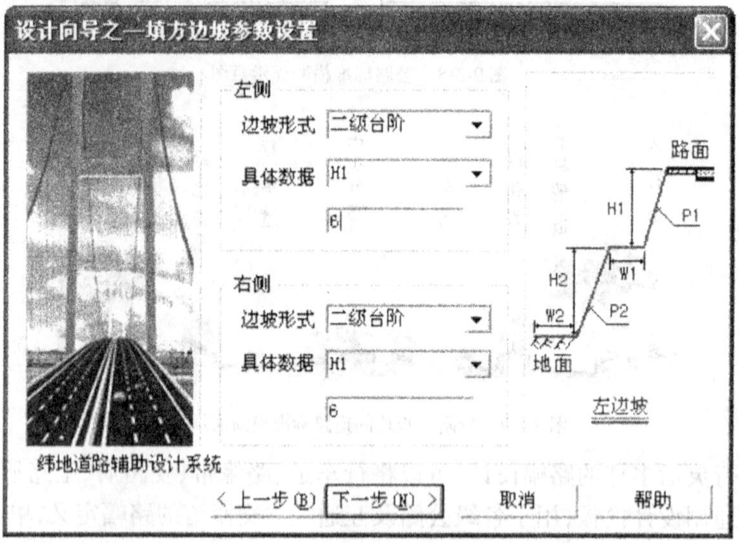

图 9-2-11　设计向导中填方边坡设计模板

(3)边沟和排水沟设计。边沟和排水沟的断面形式分为矩形、梯形和三角形三种类型。可以用一个边沟设计通用模板来统一定义,梯形沟可用沟深、沟底宽、内侧坡率及外侧坡率 4 个参数控制;矩形沟可看成是梯形沟的特例,即内外侧坡率均为垂直坡的梯形沟;三角形沟是沟底宽为零时的梯形沟的特例。

2. 路面加宽与超高

在曲线段上除按标准横断面设计外,还要考虑当圆曲线半径较小时一定路段的路面超高与加宽。

(1)路面加宽。公路或立交匝道曲线部分的加宽值,由圆曲线半径的大小决定。对标准宽度的行车道,采用规范规定的值进行加宽;对某些特殊断面,其加宽值应经调整,使加宽后的总宽与标准规定的宽度一致。

路面加宽在平曲线内侧进行,若设中央分隔带,则分别计算确定并设置内外侧加宽值。路面加宽过渡段应在缓和曲线内完成,过渡方式可采用线性或高次抛物线两种线形。

(2)路面超高。当圆曲线半径小于《规范》规定不设超高的最小半径时,应在曲线上设置超高及其缓和段。控制超高的两个参数是超高值和超高缓和段长度。超高值应按公路等级、设计速度和曲线半径等情况确定;超高缓和段长度应小于该弯道的缓和曲线长度。

超高缓和段形式根据旋转基线的不同和有无中央分隔带的不同情况,有 6 种不同的超高方式,其内容可参见学习情境二。

对路面加宽和超高的设计计算,一般可由设计者向系统提供公路等级、设计速度、圆曲线半径、缓和曲线长度、断面形式、横坡度以及超高旋转方式等参数,由程序自动进行计算完成。对个别特殊情况,也可修改相关数据文件,合理确定设计参数,由系统调用修改后的数据文件,并完成后续计算。

任何断面自动设计程序都无法像人脑那样灵活地洞察地面线的各种变化,尽管大多数设计断面在自动戴帽下完成设计，但总会有少量设计断面不能完全符合设计者的意图。因此，在横断面自动戴帽完成之后，对那些不令人满意的设计断面进行交互修改是必不可少的环节。

横断面修改的内容主要包括横断面设计线修改（边坡线、边沟位置等）、地面线修改（地面线外延、挖台阶处理等）、挡土墙设计修改、与横断面设计相关的文件及表格的刷新（横断面数据文件、填挖面积表等）。

横断面交互修改可通过人机交互设计的方法来完成。首先要检查出那些不合理的设计断面，这步工作采用人工检查和计算机分类检索相结合的方法完成。第二步是对有问题的断面进行修改。此步工作量大，系统应提供一些灵便的修改工具，如挖台阶处理工具、挡土墙设计工具等，设计者可借助系统提供的修改工具和修改命令进行修改。最后要对修改变动的内容自动进行数据刷新，这是横断面交互设计的关键，这步工作必须由系统来完成。横断面交互修改流程如图 9-2-12 所示。

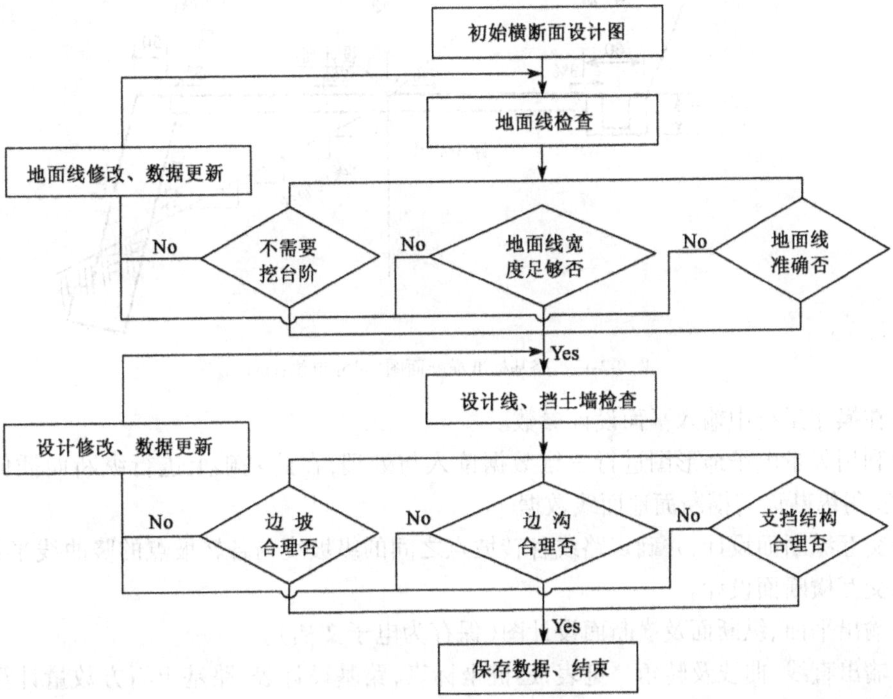

图 9-2-12 横断面交互修改流程示意图

二、任 务 实 施

（一）任务布置：

课题二：《路线辅助设计》

1. 基本资料

（1）合适的矢量化电子地形图（要求所选区域属于重丘区地形），图上指明路线起终点及主要控制点。

（2）设计要素：三级公路，设计速度 $V=30\text{km/h}$，路基宽度 $B=8.5\text{m}$，标准横断面如图 9-2-13所示。

2. 任务

(1)利用“纬地”或其他合适软件新建项目。

(2)根据教师提供的矢量化电子地形图,在图上定出路线起终点与各交点位置,并确定每个交点处的合适半径与相应的缓和曲线长度。

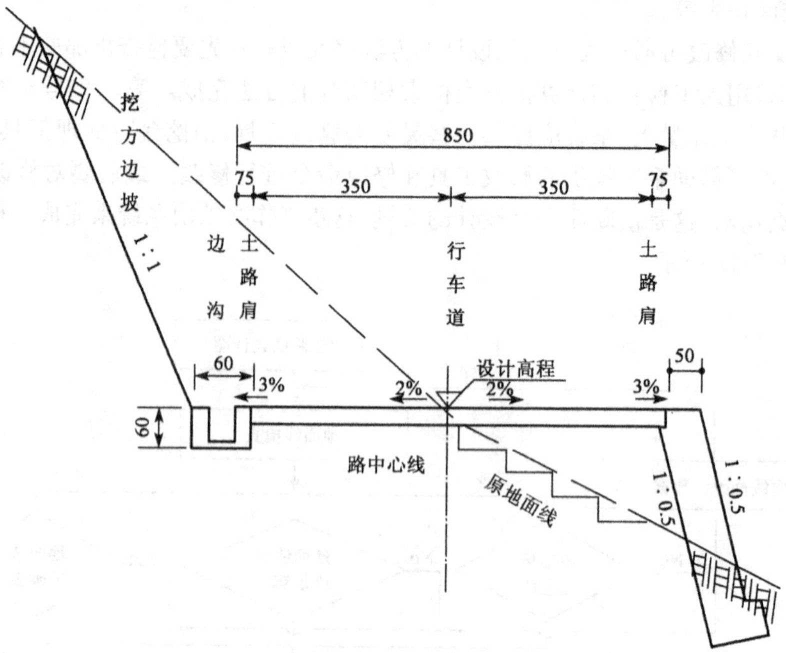

图 9-2-13　路基标准横断面图(尺寸单位:cm)

(3)在操作系统中输入平面设计参数。

(4)利用矢量电子地形图进行三维数据读入与处理,在此基础上进行纵断面插值与横断面插值,获得纵断面与横断面地面线数据。

(5)交互纵断面设计,并确定路线各转坡点之间的纵坡度与各转坡点的竖曲线半径。

(6)交互横断面设计。

(7)输出平面、纵断面及横断面设计图(保存为电子文档)。

(8)输出直线、曲线及转角一览表,逐桩坐标表,路基设计表,路基土石方数量计算表等其他相应表格(保存为电子文档)。

3. 要求

(1)根据班级人数分成若干组,一般为 6 ~ 8 人/组。

(2)以组为单位,全组共同完成上述任务(1) ~ (5),组长负责成果处理。

(3)各组员完成上述任务(6) ~ (8),组长负责检查各成员的计算或分析结果。

(二)课堂教学

课堂教学以路线辅助设计为主线,围绕平、纵、横交互设计及横断面交互修改设计等各个知识点,引导学生在掌握路线设计的基础上,通过上机模拟实训等展开教学,计划安排 3 学时。

课堂教学可按如下步骤进行:

(1)在工作任务一的基础上,以软件操作为主,通过案例进行平面交互设计,课堂教学时可精选典型矢量电子地形图,通过预设的路线导线,在图上进行平面交互参数输入,其中可列举不同的平面线设计模式进行交互设计，直至数据保存与成果输出。

(2)在进行纵、横断面交互设计的课堂教学时，首先应重点描述纵、横断面地面线数据模式及数据的获取，特别要强调数模(DTM)在纵、横断面地面线插值的运用；其次是分别演示纵、横断面交互设计，横断面修改交互设计的具体步骤和方法；最后演示各类数据文件的保存与成果输出。

(3)教师利用已选定的矢量电子地形图，以演示的教学方法对软件进行多方位操作，直至成果输出。

学习效果评价反馈

(一)学生自评

每位学生根据本学习情境及各工作任务的学习目标，自主完成下述[自测1]~[自测10]，并根据表9-3-1的要求，完成自我检验。

[自测1]公路路线CAD一般必须具备哪些数据文件？

[自测2]一个好的公路路线CAD系统，在软件上应具备哪些功能？

[自测3]什么是数字高程模型DTM，它具有哪些特点？

[自测4]随着计算机CAD技术的发展，数模在公路线形设计中的应用日益广泛，主要表现在哪些方面？

[自测5]如何利用矢量电子地形图进行纵、横断面插值？

[自测6]交互平面设计的核心是什么？交互平面设计的模式有哪些？其主要表现在哪些方面？

[自测7]纵断面地面数据获取的方法有哪几种？

[自测8]通常情况下，纵断面交互设计应包括哪些功能？

[自测9]在公路路线CAD系统中，横断面地面数据的格式一般有哪些？

[自测10]请叙述交互横断面设计的基本步骤。

学生自评表 表9-3-1

任务名称：公路路线CAD						
组号		姓名		学号		自评成绩
题号	自测1	自测2	自测3	自测4	自测5	合计
满分	10	10	10	10	10	100
得分						
题号	自测6	自测7	自测8	自测9	自测10	
满分	10	10	10	10	10	
得分						

(二)学习小组评价

主讲教师根据班级人数、学生学习情况等因素合理分组，然后以学习小组为单位，完成授课前布置的课题一和课题二的相关任务，组长根据组员的完成情况，按表9-3-2的要求，完成学习小组评价。

学习小组评价表

表 9-3-2

组号		姓名		学号		成绩	
课题		计算(分析)正确性	熟练程度	独立完成能力	参与主动性	创新能力	得分
		20%	10%	10%	5%	5%	50%
课题一:公路 CAD 认知报告							
课题二:路线辅助设计							
组长签名		日期			合计		
备注:本学习情境共设置两个课题,每课题各占 50%							

(三)任课教师评价

任课教师根据学生的学习态度,对学生在公路路线 CAD 基本认知、路线辅助设计两方面的分析问题能力、计算能力、创新能力及学习主动性进行评价,按表 9-3-3 的要求,完成教师对学生的评价。

教师对学生的学习效果评价表

表 9-3-3

组号		姓名		学号		成绩	
任务名称:公路路线 CAD							
评 价 内 容	评 价 依 据					分数	得分
学习态度情况	上课纪律、学习主动性等评价					10	
任务自测情况	自测成果的正确性与准确性、完成成果的质量、上交资料的规范程度等评价					30	
小组成果报告情况	公路路线 CAD、路线辅助设计等方面的设计与计算能力评价					30	
在小组中所起的作用	学生参与讨论时发表的观点、在成果中采纳的情况等评价					10	
完成的工作量	参与完成小组工作的贡献大小(完全参与为满分,基本参与得基本分)					10	
学生独立解决问题的能力	主要对学生的创新思维能力、组织能力,以及学生在遇到问题时的判断能力等评价					10	
教师签名		日期				合计	

参考文献

[1] 中华人民共和国行业标准. JTG B01—2003 公路工程技术标准[S]. 北京:人民交通出版社,2004.

[2] 中华人民共和国行业标准. JTG D20—2006 公路路线设计规范[S]. 北京:人民交通出版社,2006.

[3] 中华人民共和国行业标准. JTG C10—2007 公路勘测规范[S]. 北京:人民交通出版社,2007.

[4] 金仲秋. 公路设计技术[M]. 北京:人民交通出版社,2007.

[5] 王建林. 公路工程技术[M]. 北京:中国电力出版社,2009.

[6] 郑益民. 公路工程 CAD 基础教程[M]. 北京:人民交通出版社,2008.

[7] 陈方晔,李绪梅. 公路勘测设计[M]. 北京:人民交通出版社,2005.

[8] 郭腾峰,王蒙. 道路三维动态可视化几何设计——纬地三维道路 CAD 系统教程[M]. 北京:中国电力出版社,2002.

[9] 俞高明. 公路工程[M]. 北京:人民交通出版社,2005.

[10] 彭彦彬,项志盛. 道路工程[M]. 郑州:黄河水利出版社,2008.

[11] 刘伯莹,姚祖康. 公路设计工程师手册[M]. 北京:人民交通出版社,2002.

[12] 王刚领. 公路工程测量与施工放线一本通[M]. 北京:中国建材工业出版社,2009.

[13] 周志坚,徐宇飞. 道路勘测设计[M]. 北京:科学出版社,2008.

[14] 刘培文. 道路勘测定线与施工放样技术[M]. 北京:人民交通出版社,2007.

[15] 孙家驷. 道路勘测设计[M]. 北京:人民交通出版社,2007.